《新世界信使》研究

以
中国来信
为中心

柯卉 著

上海古籍出版社

贵州省重点学科（民族学）
贵州省区域内一流建设培育学科（民族学）　　资助出版
凯里学院"中国史"一流学科

目　　录

序言 …………………………………………………… 邹振环　1

绪论 ……………………………………………………………… 1

总论　编者·新世界·中国来信

第一章　耶稣会辑刊《新世界信使》概况 ………………… 17
　第一节　编撰者——奥地利会省耶稣会士 ………………… 21
　第二节　辑刊编撰体例 ……………………………………… 30
　第三节　新世界：地图与插图 ……………………………… 38
　本章小结 ……………………………………………………… 55

第二章　《新世界信使》中国来信概述 …………………… 58
　第一节　中国来信数量辨析 ………………………………… 58
　第二节　转译《奇异并富有教益的书信》 ………………… 64
　第三节　奥地利、波希米亚会省耶稣会士的书信 ………… 76
　第四节　德意志其他会省耶稣会士的中国书信 …………… 85
　第五节　其他中国来信——以葡萄牙耶稣会士书信为主 … 90
　本章小结 ……………………………………………………… 95

专题　生存·教案·时事·人物

第三章　宫廷与基层：清代前中期在华耶稣会士的生存空间 … 99
  第一节　作为特例存在的宫廷耶稣会士 … 100
    一、不同的宫廷服务 … 100
    二、北京的生活 … 105
    三、钦天监内的风波 … 112
  第二节　基层传教士的生存 … 115
    一、被宽待时期的生活 … 116
    二、禁教时期的困境 … 120
    三、关于钱财的用处 … 125
  本章小结 … 128

第四章　乾隆十二年"苏州教案"纪略
    ——第694号文献与《苏州致命纪略》的对勘阅读 … 131
  第一节　第694号文献特色章节——"南京" … 133
  第二节　追溯"福安教案" … 136
  第三节　"苏州教案"与中国信徒 … 140
  第四节　不可信的罪名与异象 … 143
  第五节　涉案官员的结局 … 147
  本章小结 … 152

第五章　在华耶稣会士记录的"国际新闻" … 155
  第一节　清代前中期教皇特使访华报导 … 155
    一、教皇特使铎罗的中国来信 … 158
    二、教皇特使嘉乐访华事宜 … 161
    三、雍正初年教皇特使访华简讯 … 165
  第二节　雍正、乾隆与西洋"远人" … 168

  一、雍正一朝：擢升戴进贤，处死穆经远 …………………… 169
  二、雍正的原则：传教绝无可能 …………………………… 174
  三、乾隆对西洋人才的需求 ………………………………… 176
  四、乾隆视察钦天监 ………………………………………… 179
 第三节 1743、1748年的澳门危机 ………………………… 183
  一、1743年澳门危机——"夷人晏些嘘" ……………………… 184
  二、1743年持续的危机 ……………………………………… 187
  三、1748年澳门危机——轻视中方诉求的后果 …………… 189
  四、来自中国皇帝的训斥 …………………………………… 193
  五、《澳门约束章程》的不同版本 …………………………… 194
 本章小结 ……………………………………………………… 197

第六章 清代前中期在华耶稣会士研究 ……………………… 199
 第一节 康熙中晚期基层传教士方记金 …………………… 199
  一、钦差洪若翰的同伴 ……………………………………… 199
  二、中国传教初体验 ………………………………………… 205
  三、营救山东方济各会士 …………………………………… 208
  四、最后的葬礼 ……………………………………………… 216
  五、在华传教最实用建议：学医、送礼 …………………… 219
  六、忠告：警惕来华东正教教士 …………………………… 225
 第二节 清代耶稣会士费隐在华事迹述评 ………………… 228
  一、"诚是一种别般人物" …………………………………… 230
  二、奔赴东方 ………………………………………………… 233
  三、测绘《皇舆全览图》 ……………………………………… 236
  四、恪尽职守的宫廷临时工 ………………………………… 245
 第三节 特约中国通讯员——南京主教南怀仁 …………… 250
  一、候补宫廷天文学家 ……………………………………… 252
  二、冒险入境内地 …………………………………………… 254
  三、湖北教务：神迹、异证 ………………………………… 257

四、编撰最新中国教会史 ………………………………… 262
　　五、南怀仁的中国观察 …………………………………… 271
　第四节　宫廷西洋乐师——波希米亚耶稣会士魏继晋研究
　　　　　　………………………………………………………… 278
　　一、奉召入京 ……………………………………………… 279
　　二、音乐与教务 …………………………………………… 281
　　三、《驳谬说书》 ………………………………………… 284
　本章小结 ……………………………………………………… 293

结语 ……………………………………………………………… 296

参考文献 ………………………………………………………… 299

附录一　刘松龄八封信件译文 ………………………………… 314
附录二　德意志各会省来华耶稣会士书信列表 ……………… 375
附录三　葡萄牙耶稣会士中国来信列表 ……………………… 389

后记 ……………………………………………………………… 391

序　言

　　如果说师生是一种缘分,那我和柯卉博士却前后有着两段缘分。

　　第一段在我还是副教授时,柯卉以高分考上复旦大学历史系硕士生。她本科学的是英语专业,父亲是中医,她说自己对中医一直很感兴趣,希望我给她出一个题目,能让她把自己原有的学术积累和兴趣点结合起来。那时我正在做明清西学史,研究利玛窦,于是我建议她去看与利玛窦交往甚多的明代名医王肯堂的资料。据我所知,利玛窦的《交友论》和《二十五言》都有王肯堂的删编版。2000年,她写出了《王肯堂的生平与学术》的硕士论文初稿,洋洋洒洒好几万字,作为一个英语专业毕业的学生,能很快转换角色,进入史学专业的写作,实属不易。她很有语言天赋,硕士在读期间,学有余力,还到同济大学进修德语,德语后来也成为她撰写博士论文和博士后出站报告的主要工作语言。

　　2001年春,柯卉的硕士论文通过答辩,该文从广阔的文化角度研究了王肯堂,在大量占有这位名医第一手资料的基础上,指出王肯堂博闻广识,具有兼容并收的治学特点,并着重分析了王肯堂与利玛窦的交往及其对西学的理解,结合王肯堂的个性特征剖析其医学成就,评价王肯堂的学术地位。硕士论文获得了评审老师和答辩专家的一致好评。硕士毕业那年,她成功申请到赴德国慕尼黑大学攻读博士的机会,学习科学史,朱维铮先生和我分别为她写了推荐书,我们都对她抱有很高的期望。

　　有很长一段时间我们没有联系。2001年我评上教授后,也可以指导博士生了。之后大约过了五六年,她出乎意料地来函告知我在德国没有完成博士研究,已经在杭州成家,希望来沪报考我的博士生。考虑到她的实际状况,我建议她去浙江大学历史系深造。果不其然,她顺利成了浙江大学历史系计翔翔教授中外关系史研究方向的博士生。读博的第二年,她还申请到德国奥古斯都大公图书馆的私立奖学金,并在那里做了半年的资料调研。2015年她以《17—18世纪德意志学者的中国研究》为题,完成了博士论文答辩。博士毕业后,她初心不改,2016年4月,她提出想进入复旦大学历史学系中国史博士后流动工作站深造。博士后,又称博士后研究员,指那些在取得博士学位之后在大学或科研机构中有限期地专门从事相关研究或深造的人。博士后并非学历或者学位,而应被视为一种工作岗位,在我国常有误解,以为博士后是比博士更高一级的学位,所以常把"做博士后研究"误作"读博士后"。不过,这也说明在大陆做博士后的情况与海外不同,大陆高校的博士后多由学校研究生院统一管理,很多一流高校又明确规定新申请入职者需要有博士后研究的经历,因而在大陆学界变相造成一种视博士后为较之博士更高一级学历的印象。

在选择我作为联系导师的进站候选人方面,我是格外严格的。柯卉说了自己的两个优势打动了我:一是她告知其博士论文的主要工作语言是德语,而懂得英语和德语,还愿意来从事"中国史"博士后研究的并不多;二是她说自己无所牵挂,丈夫也积极支持她离开杭州来复旦,因此她能全身心地投入研究工作。于是,有了我和她的第二段缘分,她成了我在复旦大学中国史博士后工作站指导的第一个博士后。

柯卉的博士论文重点在考察17—18世纪欧洲境内德意志学者对于中国语言文字的研究方式、特点,以及相关的文化思考。她最初拟定的博士后报告的选题为《来华德意志耶稣会士的中国观》,我希望工作报告不仅仅是作博士论文的增补工作,而应该是在博士论文的基础上有一个重大的跳跃。博士后工作报告是另一项具有探索、开拓、创新等性质的科学研究,有类似德国教授论文的写作。既要有宏阔的视野,也要有深入的聚焦点。经过反复讨论,结合她自身的学术积累,最后确定的选题为《18世纪耶稣会辑刊〈新世界信使〉研究——以中国来信为中心》。

柯卉进入流动站后,我看到的是一个勤奋的女博士,废寝忘食,经常一两个月就给我一篇论文稿,希望我帮她提意见和建议。经常是初稿的修改意见刚刚传出,她的修订稿又发到了我的邮箱。功夫不负有心人,在站期间,她成果累累,先后在《德国研究》《澳门理工学报》《基督教学术》《国际汉学》《清史研究》等有影响的刊物上发表了多篇学术论文。柯卉是全职,且又是自费,她前前后后在复旦度过了四年多的博士后生活。完成的出站报告,先是被复旦中国史博士后工作站的评审专家评为当年出站的优秀报告,次年又被评为复旦大学研究生院唯一一篇文史类优秀出站报告。本书即是在其出站报告的基础上修订完成的。

德文本《新世界信使》之前虽然有若干书信已被整理翻译成中文,如捷克耶稣会士严嘉乐的《中国来信(1716—1735)》(丛林、李梅译,大象出版社,2002年)和斯洛文尼亚学者米加主编,朱晓珂、褚龙飞译《斯洛文尼亚在中国的文化使者——刘松龄》(大象出版社,2015年),后者收入了长期担任钦天监西洋监正刘松龄的信函,但德文本《新世界信使》有关"中国来信"的全面研究工作仍尚未充分展开。柯卉的这部论著以《新世界信使》有关"中国来信"为基本资料,首先从全球史的角度研究《新世界信使》的编者、版本、内容结构,然后特别讨论了在早期全球信息传递网络中"中国来信"的文献价值。2005年法国杜赫德的《耶稣会士中国书简集——中国回忆录》已有了中文译本,《新世界信使》里的中国来信共计190份,其中转译法国耶稣会士中国书简的数量是68份,柯卉的论著在研究《新世界信使》中国来信过程中,注意将之与《耶稣会士中国书简集——中国回忆录》予以比较,证明了《新世界信使》是在转译法国耶稣会士中国来信基础之上,大量搜集和整理了德意志耶稣会士的中国来信。这一发现尤为重要,为将两个不同语种的中国来信进行文献比较,提供了进一步研究的新路径。

论著全书分"总论"和"专题"两大部分,上述是第一、二章"总论"的特色,第三至第六章为"专题",重点是在具体个案方面,其中有将《新世界信使》中国来信中有关"福安教案""苏州教案"的记述,与同时代中外文献记录进行比勘对读,如汉文文献《苏州致命纪略》和杜赫德《耶稣会士中国书简集——中国回忆录》汉译本进行比勘;雍正、乾隆与西洋耶稣会士,这一专题虽已有相关研究,但主要利用德文资料来考察戴进贤、南怀仁和魏继晋等17—18世纪来华的德意志学者的生平与文化活动,则有诸多未被学界发现的问题。该书的三个附录特别引人注目,附录一"刘松龄八封信件译文"、附录二"德意志各会省来华耶稣会士书信列表"、附录三"葡萄牙耶稣会士中国来信列表",系统清理了相关的德文资料,为学界提供了进一步研究的资料基础。全书资料丰富,考订扎实,不仅在选题和资料上属填补空白之作,而且在比勘西文和汉文文献方面,也具有方法论探索的意义。可以说,该书实实在在地推进了西方汉学史和中西文化交流史的研究。

承柯卉博士的雅意,要我为其第一部专著作序,让我又重温了在这四分之一世纪与她所结下的这两段缘分。一个学者在学术上走向成功有多个不同的路径,但勤奋、踏实、持之以恒是不可或缺的重要素质,柯卉博士具备了这样的品质,所以她的成功在意料之中。是为序。

邹振环

2022年8月25日于复旦大学光华西楼

绪　　论

一、选题的由来

法国耶稣会士费赖之(Louis Pfister)编撰《在华耶稣会士列传及书目》，[1]众多参考文献之中有一部《威尔特-博特》，根据文后参考文献目录可知，"威尔特-博特"是德语"Welt-Bott"的音译，编撰者为"斯托克林(Stöcklein)"。译者冯承钧将费赖之著作中除法文外的西书保持原名，1986年该译著的整理者将"Welt-Bott"简单音译。费赖之著作梅乘骐、梅乘骏译本《明清间在华耶稣会士列传(1552—1773)》，保留了原著抄录的书名"Welt-Bott"。[2]

费赖之的这部著作是后世学者研究在华耶稣会士生平重要的参考文献，但著作中使用到的原始西文文献，并不引人关注。经查实，这是一部18世纪出版的德文本耶稣会辑刊，辑刊全名《新世界信使：耶稣会提供的各类信息——包罗万象的书信、文稿、游记，(大部分)出自两个印度和其他海外国度的耶稣会传教士之手，不仅增长见识，且妙趣横生》[Der Neue Welt-Bott mit allerhand Nachrichten dern Missionarium Soc. Jesu. Allerhand so Lehr- als Geist-reiche Brief, Schriften und Reis-Beschreibungen, welche (meistens) von denen Missionariis der Gesellschaft JESU aus Beyden Indien und andern über Meer gelegenen Ländern]。"Bott"在现代德语中不再使用，其

---

[1] [法]费赖之著，冯承钧译：《在华耶稣会士列传及书目》，中华书局，1995年。
[2] [法]费赖之著，梅乘骐、梅乘骏译：《明清间在华耶稣会士列传(1552—1773)》，上海天主教教区光启社，1997年。

含义为"messenger",可译为信使、送信人。以下简称《新世界信使》[Der Neue Welt-Bott(The New World Messenger)]。[1]

耶稣会士斯特克莱因(Joseph Stöcklein,1676—1733)是辑刊的首位编撰者,在他去世之后,同会成员接续完成编辑工作。1726—1761年间,辑刊共计出版40册。谷歌学术尚能够正常使用的时期,笔者得以下载其中的大部分卷册。各册收录文献以阿拉伯数字依次编序,总计812件。解读辑刊全部内容将会是一项持久且艰巨的工作,本文目前拟定研究重点有二:

其一,《新世界信使》辑刊概况,对辑刊编撰者及其编撰历史、编撰特色的叙述。

其二,《新世界信使》中国来信概况,以及以中国来信为基础文本的专题研究。

二、国内外研究现状

中文学术界对《新世界信使》及其中国来信的了解与关注度不高。大陆境内目前已知的,仅有北京大学图书馆收藏有《新世界信使》四本共计15册,钤"北京大学图书馆藏印":分别是第5—8册[1]、第9—11册[2]、第17—20册[3]、第29—32册[4]。[2]《北京大学图书馆藏西文汉学珍本提要》扼要介绍这部辑刊,译为《耶稣会传教士传教志》,并称斯特克莱因另著有"《新世界之舟》(Der Neue Welt-Bott),为研究耶稣会传教史的宝贵资料"。[3] 第一种译名《耶稣会传教士传教志》和《新世界之舟》其实都是指《新世界信使》,且《新世界之舟》译名不确,该条目撰写者很可能将"Bott"误认为是现代德语的"Boot(舟、船)"。

---

[1] 下凡引用该书,简称中译名《新世界信使》,仅注页码。《新世界信使》各册标题文字并不完全统一,其中会强调指出分册内容重点,如该辑刊第16册,因为讨论重点之一为中国纪年方法,标题页文字"Des neuen Welt-Botts oder Allerhand so Lehr- als Geist-reiche aus Beyden Indien, aus China und andern über Meer gelegenen Ländern in Europa angelangter Nachrichten"。

[2] 北京大学图书馆特藏阅览室,索书号:282.5/L569G(Bd.1-4)。

[3] "本馆收藏有5—11期、17—20期、29—32期,装订成四卷"。张红扬主编:《北京大学图书馆藏西文汉学珍本提要》,广西师范大学出版社,2009年,第381页。

华裔学者夏伯嘉(R. Po-Chia Hsia)在《明末至清中叶天主教西文文献中的中国：文献分布与应用讨论》一文中提及《新世界信使》："继汤若望之后，德、奥籍耶稣会传教士在中国曾扮演重要的角色，戴进贤、纪理安、魏继晋、鲍友管、庞嘉宾的书信，一部分在 18 世纪已经出版。德、奥耶稣会士模仿法国会士出版的书信集，于 1726 至 1758 年间出版了五部 36 册的书信集，书名 Welt botte，全名为……"[1]

《新世界信使》收录的中国来信具备多重文献价值，此前并不为人熟知的来华"小众"耶稣会士，如方记金（Hieronymi Franchi，1667—1718）、费隐（Xavier-Ehrenbert Fridelli，1673—1743）、魏继晋（Florian Bahr，1706—1771）、南怀仁（Gottfried Laimbeckhoven，1707—1787）等人，均有多封书信保存在《新世界信使》之中。拙文《在华耶稣会士与后"礼仪之争"时代——德意志耶稣会士魏继晋研究》[2]《清代前中期在华耶稣会士与道明会士之关系》《清代前中期在华耶稣会士与东正教教士之关系》，均以《新世界信使》中国来信作为主要参考文献。

与中文学术界相比，海外学术界对《新世界信使》及其中国来信的关注度更高。除了书目形式的简短介绍，[3] 相关研究成果大致可以分成两类：一类是以《新世界信使》为研究对象，对该辑刊的编撰者、内容特色、时代影响等方面进行分析；一类是将《新世界信使》作为 18 世纪的原始文献，加以参考引用，或者是将其中文献转译成其他语种，方便更多的研究者使用。

德国学者杜尔（Renate Dürr）的研究方向是近代早期欧洲历史

---

[1] [美]夏伯嘉：《明末至清中叶天主教西文文献中的中国：文献分布与应用讨论》，《复旦学报》2010 年第 5 期，第 10—18 页，第 14 页。《新世界信使》出版周期和出版数量，有其他不同说法，本文随后会进行解释。
[2] 柯卉：《在华耶稣会士与后"礼仪之争"时代——德意志耶稣会士魏继晋研究》，《德国研究》2017 年第 2 期，第 81—96 页。
[3] 例如比利时汉学家钟鸣旦（Nicolas Standaert）编撰的《中国基督教手册》，提及《新世界信使》，出版时限被界定为"1728—1748"，参见 Standaert, Nocolas (edit.), Handbook of Christianity in China, Vol. One, Leiden/Boston/Köln: Brill, 2001.

并海外殖民地历史。《新世界信使》研究是杜尔近年来的重点研究课题。2007年,杜尔发表专题论文,讨论《新世界信使》的内容特点——《作为信息集市的〈新世界信使〉?知识传递——耶稣会身份建构的重要特征》。[1] 杜尔在文章中主要以德语区耶稣会士在南美洲的地理人文探索为例,分析这部辑刊编撰者对待新世界知识的根本态度:认知自然、认知神、认知世界以及自我认知之间,可以有机结合,并行不悖。2013年,杜尔发表以《新世界信使》研究为主题的论文——《令人振奋的知识:〈新世界信使〉对世界知识的戏剧性表达》。[2] 该篇论文的关键词包括前现代、知识史、戏剧性、全球化,杜尔在其中分析《新世界信使》的编撰特色,将这部辑刊与18世纪"戏剧文学(Theatrum-Literatur)"相联系,称其是"知识大众化(Wissenspopularisierung)"趋势下的产物,体现了18世纪欧洲的"全球化"导向。两篇论文皆从18世纪欧洲信息、知识传播的新局面切入,研究《新世界信使》的主要编撰者以及辑刊的整体特点,指出这部辑刊在18世纪欧洲知识新形态建构中的地位与影响。

杜尔对《新世界信使》收录文献的研究,以美洲来信为主,且重点关注《圣经》学研究。不过,杜尔在2018年推出最新研究成果——《天堂在中国:斯特克莱因编撰的年表(1729)》,[3] 讨论《新世界信

---

[1] Dürr, Renate, „Der Neue Welt-Bott als Markt der Informationen? Wissenstransfer als Moment jesuitischer Identitätsbildung". In *Zeitschrift für Historische Forschung 34*, Berlin: Duncker & Humblot, 2007, S. 441-466.

[2] Dürr, Renate, „Wissen als Erbauung: zur Theatralität der Präsentation von Wissen aus aller Welt im Neuen Welt-Bott". 会议论文集《近代早期知识的戏剧风格》(Roßbach, Nikola/Baum, Constanze, *Theatralität von Wissen in der Frühen Neuzeit*, Wolfenbüttel: Herzog August Bibliothek, 2013)。http://diglib.hab.de/ebooks/ed000156/id/ebooks_ed000156_article11/start.htm, 2018年5月7日获取。

[3] Dürr, Renate, „Locating Paradise in China: Joseph Stoecklein's Chronology (1729) in Context". In *German History*, Vol. 36, Issue 4, 2018, pp. 497-521. 同名德语论文:„Das Paradise im fernen Osten: die Chronologie Joseph Stöcklein S. J. (1729) als Kommentar zur Zeitgeschichte". In *Religiöses Wissen im vormodernen Europa-Schöpfung, Mutterschaft, Passion*, ed. by Dürr, Renate/Gerok-Reiter, Annette/Holzem, Andreas/Patzold, Steffen, Paderborn 2018.

使》编者斯特克莱因如何从近代早期全球史的角度，以中国历史纪年为参照，讨论犹太教并基督教历史。18世纪欧洲知识界一度热衷于将《圣经·旧约》记述与中国远古史互为参看，讨论原初语言、大洪水之后人类的去向。斯特克莱因相信耶稣会士有关中国远古史的记述。杜尔认为斯特克莱因是首位将"天堂"定位在中国西藏边境的欧洲学者。[1]

杜尔还与美国学者斯特拉舍尔（Ulrike Strasser）合著《全球知识、宗教热情与欧洲启蒙运动的形成》（Global Knowledge, Religious Devotion, and the Making of Enlightment Europe），该书即将由Brill出版社发行，这部著作使用的主要参考文献是《新世界信使》。两位学者的综述认为：这部辑刊交织着宗教与科学、理性与激情，内容包括来自世界边缘地带的各类信息：植物、动物、地理、文化等等，塑造了启蒙时代的"知识生产（production of knowledge）"以及"欧洲的自我认识（European self-understanding）"。[2]

除了与杜尔合作《新世界信使》研究，斯特拉舍尔还与Galaxis Borja González联名发表论文——《德国人的环球之旅：传教士作品、殖民地身份认同——以斯特克莱因〈新世界信使〉为个案的研究》。[3] Galaxis Borja González同样是一位重视并直接利用《新世界信使》的学者，著有《耶稣会士关于〈新世界〉的报告——耶稣会的

---

[1] Dürr, Renate, „Locating Paradise in China: Joseph Stoecklein's Chronology (1729) in Context", p. 498.
[2] https://history.ucsd.edu/people/faculty/strasser.html, 2019年12月10日获取。
[3] Strasser, Ulrike/Borja González, Galaxis, „The German Circumnavigation of the Globe: Missioanry Writing, Colonial Identity Formation, and the Case of Joseph Stöcklein's Neuer Welt-Bott". In Friedrich, Markus/Schunka, Alexander (edit.), *Reporting Christian Missions in the Eighteenth Century, Communication, Culture of Knowledge and Regular Publication in a Cross-Confessional Perspective*, Wiesbaden: Harrassowitz Verlag 2017, pp. 73-92. 该论文集的封面采用了《新世界信使》的一幅插图，两位编者在导言（第1页）将《新世界信使》称为"18世纪最早、最重要的传教士辑刊之一"。

美洲主题书籍在启蒙时期德语区图书市场的出版、流通与认可》。[1]该著作将《新世界信使》作为基础文献,研究启蒙运动时期海外新知识在德语区的传播。

除了杜尔及其合作者的研究成果,还有欧洲学者利用《新世界信使》研究启蒙运动时期欧洲传教士在世界边缘地区活动、18世纪欧洲与美洲的跨文化交流以及社会人类学研究,例如 Alexandre Coello de la Rosa 著《边缘地带的耶稣会士:马里亚纳群岛传教史(1668—1769)》、[2]温特(Helge Wendt)的论文《跨文化的饮食史——以南美洲德语区耶稣会传教士为例(18世纪)》。[3]

将《新世界信使》中国来信作为参考文献加以利用的学者之中,首推法国学者费赖之。所著《在华耶稣会士列传及书目》,可以查找到《新世界信使》中国来信的全部作者及完成书信,不过若干作者的信件编码与原著记录不符。所叙述的信件内容也过于简略,一些长信的内容介绍仅有寥寥数语,难以获知信件全貌和丰富信息。

德国汉学家柯兰霓(柯蓝妮,Claudia von Collani)自21世纪初以来,持续关注《新世界信使》和其中的中国来信。柯兰霓给予《新世界信使》高度评价,认为这部辑刊是继西班牙道明会士卡萨斯(Bartolomé de Las Casas)《西印度毁灭述略》之后最重要的传教史文

---

[1] Borja González, Galaxis, *Jesuitische Berichterstattung über die Neue Welt. Zur Veröffentlichungs-, Verbreitungs- und Rezeptionsgeschichte jesuitischer Americana auf dem deutschen Buchmarkt im Zeitalter der Aufklärung*. Göttingen: Vandenhoeck & Ruprecht, 2011.

[2] Coello de la Rosa, Alexandre, *Jesuits at the Margins: Missions and Missionaries in the Mariana Islands (1668 - 1769)*, London & New York: Routledge, 2015.

[3] Wendt, Helge, „Interkulturelle Essensgeschichte am Beispiel zweier deutschsprachiger Jesuitenmissionare in Südamerika (18 Jahrhundert)". In *Zeitsprünge*, 16(3/4), 2012, S. 198 - 224. https://www.researchgate.net/publication/269389725_Interkulturelle_Essensgeschichte_am_Beispiel_zweier_deutschsprachiger_Jesuitenmissionare_in_Sudamerika_18_Jahrhundert,2019年8月20日获取。

献。[1] 2003 年,柯兰霓发表《对〈新世界信使〉的研究初探》,[2]该文总结了数量有限的前人研究成果,对《新世界信使》首位编撰者以及辑刊的整体结构、中国来信数量、作者来源做了初步介绍。[3]《新德意志人名辞典》"约瑟夫·斯特克莱因"条目的编撰者亦是柯兰霓。[4]

除了综合性概述,柯兰霓对《新世界信使》中国来信也有释读,论文成果包括:《上川岛沙勿略墓园——据耶稣会士庞嘉宾[5]报导》,[6]利用《新世界信使》刊载的庞嘉宾信件以及附图,描述耶稣会远东开教者沙勿略墓园详情;《奇迹、死亡与魔鬼:〈新世界信使〉所见世界各地自然与超自然现象》,[7]依旧从教会史研究角度切入,讨论教皇就中国礼仪争端颁布禁令之后,中国传教环境改变,在华耶稣会士记述中国教区事务的侧重点随之转换。

---

[1] „Heute zählt der ‚Welt-Bott' mit seinen Berichten über Religionen, Sitten und Gebräuche aus Jesuitenmissionen in China, Indien, Amerika und an der Levante neben Bartolomé de Las Casas ‚Kurzgefaßter Bericht von der Verwüstung der Westind. Länder ' (1552, dt. 1790) zu den wichtigsten missionsgeschichtlichen Quellen und findet auch sprachgeschichtliches Interesse". https://www.deutsche-biographie.de/pnd133740145.html # ndbcontent, 2018 年 6 月 1 日获取。

[2] Collani, Claudia von, „Der Neue Welt-Bott. A Preliminary Survey". In *Sino-Western Cultural Relations Journal* XXV(2003), pp. 16 – 43.

[3] 笔者的统计与柯兰霓的统计略有不同,详见第二章第一节。

[4] Collani, Claudia von, „Stöcklein, Joseph". In *Neue Deutsche Biographie* 25 (2013), S. 384 – 385.

[5] 庞嘉宾(Gaspard Castner, 1665—1709),出生于慕尼黑,1697 年抵达澳门。在华传教数年后,1702 年启程返欧,为中国"礼仪之争"辩解,撰有《中国礼仪之争始末》,于 1707 年回返中国,参见[法]费赖之《在华耶稣会士列传及书目》,第 494—495 页。

[6] Collani, Claudia von, „Franz Xavers Grab auf Shangchuan. Nach dem Bericht von Gaspar Castner S. J". In Haub, Rita, Oswald, Julius (Hrsg.), *Franz Xaver-Patron der Missionen. Festschrift zum 450. Todestag* (Jesuitica 4) (Regensburg: Schnell & Steiner, 2002), S. 122 – 150.

[7] Collani, Claudia von, „Miracles, Death and Devil: Natural and Supernatural Events between the Worlds as described in der *Neue Welt-Bott*". In *About Books, Maps, Songs and Steles: the Wording and Teaching of the Christian Faith in China*, (Leuven Chinese Studies XXI)(Leuven 2011), pp. 200 – 227.

以来华耶稣会士为对象,特别是德语区各会省来华耶稣会为对象的专题研究,属于直接利用《新世界信使》中国来信的领域。例如泽里克(Alfred Zerlik)对宫廷耶稣会士费隐的研究——《弗雷德利神父:来自林茨的中国传教士和地图测绘师》,[1]卡拉尔(Joseph Krahl)的南怀仁研究——《危机中的中国传教团:莱姆贝克霍芬主教和他的时代(1738—1787)》。[2]亨克尔在《弗洛里安·巴尔(1706—1771):一位在北京宫廷的西里西亚耶稣会士及乐师》一文中简单回顾魏继晋的生平事迹。[3]夏伯嘉编撰的《贵族赞助人和耶稣会传教团:玛丽亚·特蕾西娅·冯·富格—韦伦布尔格(1690—1762)与中国、越南的耶稣会传教士》,[4]收录宫廷耶稣会士魏继晋、鲁仲贤(Joannis Walter,1708—1759)与富格伯爵夫人多封来往信件。

海外学者还将《新世界信使》部分中国来信进行转译,其中两位来华耶稣会士的中国书信已经出版中文译本。

一位是来华耶稣会士严嘉乐(Karl Slaviček,1678—1735,隶属波希米亚会省,1716 年抵达中国)的中国来信。1935 年,捷克学者符拉什吉尔(Josef Vraštil)将《新世界信使》收录的 5 封严嘉乐来信编撰出版。1995 年,捷克学者高马士(Josef Kolmaš)推出修订版,增加了数封严嘉乐与同会省法国耶稣会士以及欧洲境内学者的通信。该书

---

[1] Zerlik, Alfred, *P. Xaver Ernbert Fridelli*, *Chinamissionar und Kartograph aus Linz*, Schriftenreihe des Institutes für Landeskunde von Oberösterreich 14, Linz 1962.

[2] Krahl, Joseph, *China Missions in Crisis: Bishop Laimbeckhoven and his Times 1738-1787*. Analecta Gregoriana, Vol. 137. Series Facultatis Historiae Ecclesiasticae: sectio B. n. 24 Rom, 1964. https://austria-forum.org/af/AustriaWiki/Gottfried_von_Laimbeckhoven,2018 年 8 月 26 日获取。

[3] Henkel, Willi, „Florian Bahr(1706-1771), ein schlesischer Jesuitenmissionar in China und Musiker am Hof in Peking", In Archir für Schlesische Kirchengeschichte, Bd. 34, Hildesheim: August, Lax, 1976.

[4] Hsia, R. Po-Chia, *Noble Patronage and Jesuit Missions: Maria Theresia von Fugger-Wellenburg (1690-1762) and Jesuit Missionaries in China and Vietnam*, Rome: Institum Historicum Societiatis Jesu, 2006.

信修订版的中译本已于2002年出版。[1]

另一位是来华耶稣会士刘松龄（Augustinus von Hallerstein，1703—1774，出生于今天的斯洛文尼亚，长期担任钦天监西洋监正）。2009年，卢布尔雅那大学汉学教授米加（Mitja Saje）主编的论文集《刘松龄——智慧与虔诚，清代宫廷耶稣会士的多元文化遗产》出版，[2]该书后半部分为刘松龄私人信件的英译本，包括《新世界信使》刊录的8封刘松龄信件。2015年，该论文集的中文版《斯洛文尼亚在中国的文化使者——刘松龄》面世，[3]不过出自《新世界信使》的刘松龄8封信件的译文品质欠佳。

三、创新点与本书结构

《新世界信使》及其中国来信是本书的研究对象，该辑刊的出版与当时欧洲社会的人文环境密切关联。本书的创新点之一，是从历史发展角度研究《新世界信使》的编者、版本、内容结构，并将之作为基本资料放到早期全球信息传递网络中进行讨论。

创新点之二：对比研究《新世界信使》中国来信与《奇异并富有教益的书信》（*Lettres édifiantes*）[4]中国来信，证明《新世界信使》是在转译法国耶稣会士中国来信的基础上，收入非法籍耶稣会士，特别是德意志各会省耶稣会士中国来信的扩展类公开出版物。

---

[1] ［捷克］严嘉乐著，丛林、李梅译：《中国来信（1716—1735）》，大象出版社，2002年，2006年第2次印刷。中译者将 Der Neue Welt-Bott 称为《新世界信息》。

[2] Saje, Mitja (edit.), *A. Hallerstein-Liu Songling-*, *The Multicultural Legacy of Jesuit Wisdom and Piety at the Qing Dynasty Court*, Maribor: Association for Culture and Education Kibla; Ljubljana: Arhiv Republike Slovenije, 2009.

[3] ［斯洛文］米加主编，朱晓珂、褚龙飞译：《斯洛文尼亚在中国的文化使者——刘松龄》，大象出版社，2015年。中译者将 Der Neue Welt-Bott 称为《新世界报告》，笔者此前论文中曾袭用该译名。

[4] *Lettres Édifiantes et Curieuses écrites de Missions étrangères par quelques Missionnaires de la Compagnie de Jésus*，简称 *Lettres Édifiantes et Curieuses*，法国耶稣会士郭弼恩（Charles le Gobien，1653—1708）、杜赫德（Jean Baptist Du Halde，1674—1743）等主编的辑刊，出版周期1702—1776年。

《新世界信使》出版之际，法国耶稣会士编撰的辑刊《奇异并富有教益的书信》已经在欧洲图书市场流通。《奇异并富有教益的书信》中国来信出版有中译本，名为《耶稣会士中国书简集——中国回忆录》。[1] 18世纪耶稣会辑刊内的中国来信首次译成中文出版，有助于中国基督教会史及耶稣会在华历史的研究。中国学者的外语能力固然不能与欧美学者相提并论，但将一些重要的涉中原始文献或者二手研究著作译为中文不失为一种有益尝试，尽管该中译本的品质一度被诟病。遗憾的是，《中国回忆录》的译者没有顺势开展辑刊的相关研究，只在第一册的开头简要介绍了法文本辑刊的出版历史以及此后的版本情况，当然也没有关注到同时期耶稣会德文本辑刊《新世界信使》。

创新点之三：将《新世界信使》中国来信有关"福安教案""苏州教案"的记述与同时代中外文献中的相关记载进行比勘对读，发现诸多未被学界注意的问题。

创新点之四：利用《新世界信使》中国来信，研究后"礼仪之争"时代来华德意志耶稣会士的活动事迹。目前此一阶段来华耶稣会士研究侧重法国耶稣会士。

本书正文分为六章。第一章、第二章属于"总论"。第一章为耶稣会辑刊《新世界信使》概况，叙述奥地利耶稣会士斯特克莱因及其继承者的编辑工作，总结该辑刊的编撰体例，介绍代表新世界具象认识的地图和插图在该辑刊中的刊录情况，以期让中文读者了解《新世界信使》的基本面貌。《新世界信使》首位编辑斯特克莱因确定了文献材料的取舍和编撰规则，由其主编的前三辑出版后反映良好。

第二章为《新世界信使》中国来信概述。一直以来，隶属法国在华传教区的耶稣会士与隶属葡萄牙在华传教区的耶稣会士，各自有相对独立的机构管理和财政运转体系，耶稣会辑刊编撰中也存在类

---

[1] [法]杜赫德编：《耶稣会士中国书简集——中国回忆录》，大象出版社，2005年。共计六册，前三册在2001年出版，完整六册本在2005年推出，包括平装本与精装本两种。译者：第1、5册：郑德弟、吕一民、沈坚；第2、6册：郑德弟；第3册：耿昇、朱静；第4册：耿昇。本文随后引用该中译本，简称《中国回忆录》，仅标注册数和页码。

似的界限。《新世界信使》与《奇异并富有教益的书信》,出版周期接近,体例接近,都收录数目可观的中国来信。不同的是,《奇异并富有教益的书信》中国来信的作者绝大多数是在华法国耶稣会士,很少收录其他会省在华耶稣会士的书信或文献。《新世界信使》编者转译《奇异并富有教益的书信》的同时,注重利用非法籍耶稣会士,特别是德意志地区各会省来华耶稣会士的书信和报告。

第三章为在华耶稣会士的生存状态,是以中国来信为基础的专题研究之一。

《新世界信使》相当数量的中国来信以新闻形式,记述雍、乾禁教时期传教士在华秘密传教活动以及来自官方的打压。清廷全面禁教政策的推行与罗马教廷发布严禁宽待中国礼仪的谕令几乎同步,两种决议的出台是东西方文化不兼容的后果,在华耶稣会士是该后果的直接体验者。后"礼仪之争"时代在华耶稣会士如何开展工作?如何生存?作为容留西洋人的基地,北京和澳门的局势有哪些最新变化?此类与在华欧洲传教士生存相关的讯息,被耶稣会士及时传递到欧洲。

明末以来,不断有耶稣会士供职北京。禁教时期,宫廷耶稣会士虽然忧虑传教局势,但物质生活仍然有保障,西洋人在钦天监的地位依然较为稳固。基层耶稣会士的生存状态以全面禁教为分界点,此后每况愈下,无论是精神还是物质层面皆陷入困境。乾隆十三年,两位耶稣会神父因为违反朝廷禁教令被处死,此次事件被后人称为"苏州教案"。本章第三节记述《新世界信使》中国来信对此次教案的详细报导,让同时代读者了解中国教会史重大事件的同时,获知18世纪中国司法审判程序。

第四章为在华耶稣会士记录的国际新闻,是中国来信专题研究之二。

"国际新闻"是笔者的定义,指的是发生在中国境内,涉及中外双方当事人的新闻事件。《新世界信使》的"国际新闻"包括:18世纪上半叶教皇特使访华,雍正、乾隆与在京西洋"远人"的接触,1743年与1748年澳门城两次危机事件。

教皇特使铎罗(Carlo Tommaso Maillard de Tournon, 1668—1710)、嘉乐(Carlo Ambrogio Mezzabarba, 1685—1741)来华被视为中梵外交史上的重大事件。两位特使来华的目的是解决中国"礼仪之争",但并未圆满完成使命,欧洲方面的舆论沸沸扬扬,耶稣会却陷于沉默。《新世界信使》编撰者打破沉默,列出铎罗自写书信、来华耶稣会士王以仁(Petri van Hame/Pierre van Hamme, 1651—1727)的嘉乐访华报导,以及雍正年间教皇特使访华简讯。

与第三章所述宫廷耶稣会士生存状态有所不同,作为新闻事件报导的皇帝与耶稣会士之间的关系,信息更加具体。例如,雍正皇帝处置参与康熙晚期夺嫡之争的葡萄牙耶稣会士穆经远(Joannes Mourao, 1661—1726),同时晋升德意志耶稣会士戴进贤(Ignatius Kögler, 1680—1746)的职位;乾隆对精通画技的郎世宁(Giuseppe Castiglione, 1688—1766)青睐有加,但对欧洲天文学、数学兴趣索然。

在华耶稣会士因为澳门的特殊重要性,对澳门西洋人聚居地安全与否极为关注,他们料想18世纪的欧洲读者同样关心澳门西洋人的生存,尤其是他们拥有可作为该主题新闻报导的一手信息。另一方面,乾隆初期在澳门爆发的两次危机事件,与清政府出台涉外司法律例密切相关,利用在华传教士的第三方角度,有助于了解更多历史细节。

第五章为《新世界信使》中国来信专题研究之三——人物。

《新世界信使》中国来信的作者,多为名气、声望皆不出众的在华耶稣会士。本章讨论的四位研究对象可以分为两类:一类是基层传教耶稣会士方记金、南怀仁,另一类是北京宫廷耶稣会士费隐、魏继晋。

方记金在华期间正值康熙统治后期,虽然康熙因为与罗马教皇特使铎罗的接触并不愉快,但中国全境尚未严格禁教,基层传教士的活动得到默许。方记金在他的书信中汇报自己在江西、山东的传教经历,对东正教教士来华表示忧虑,对新来中国者给出务实建议,如此种种,显示他对天主教在华继续发展的乐观心态。

同为基层传教士的南怀仁来自奥地利会省,活跃在中国境内严禁天主教传播的时期,长期担任南京主教。《新世界信使》收录南怀仁早期中国来信12封。这些书信披露南怀仁的基层传教经历,以及来自湖北传教区的奇迹、神迹,更主要的是记述全面禁教时期中国最新教会史。南怀仁借助大量中文文献,以新闻事件形式通报乾隆十一年"福安教案",很可能是迄今所见最早最完整的案件陈述。

相比基层传教士,北京宫廷传教士受到中国官方禁教法令的影响较小。费隐、魏继晋二人皆得以在北京终老,他们既是"天主的仆人",也是鞍鞯皇帝的仆从,但与同时期兴趣广泛的法国耶稣会士不同,费、魏两人在履行宫廷服务之余,无意开展中国语言、科学、历史文化等领域的专项研究。尽管费隐几乎全程参加了康熙《皇舆全览图》的绘制,魏继晋承担了乾隆《华夷译语》六种欧洲语言词汇表中的德语词汇表编撰。魏继晋在后"礼仪之争"时代表现不俗,撰有护教著作,驳斥新教神学家莫舍姆(Johann Lorenz von Mosheim/Johann Lorenz Mosheim/Moßheim,1693—1755)。

本书属于《新世界信使》及其中国来信的先导研究成果,这部辑刊在天主教传教史、早期全球化信息传播、地图学、《圣经》学、跨文化交流中的多重文献价值,有待未来进一步展开。2019年4月17日,德国维尔茨堡大学神学院乌迪内教授(C. Udeani)主持以《新世界信使》中国来信为主题的讨论——"《新世界信使》,在华耶稣会传教士的书信,激励人心,知识与中国学 Der Neue-Welt-Bott, Briefe aus der Chinamission der Jesuiten zwischen Erbauung, Wissenschaft und Chinakunde"。[1] 除了解析中国来信在东西方科学交流、西方中国形象建构中的价值所在,还从"宗教传播媒介(die religiösen Medien Europas)"(戏剧作品、[2]教会史著作、道德典范集、布道作品集)视角,考察《新世界信使》中国来信的广泛影响力。

---

[1] https://www.uni-wuerzburg.de/en/gsik1/events/single/news/der-neue-welt-bott-briefe-aus-der-chinamission-der-jesuiten-zwischen-erbauung-wissenschaft-und-chi/,2019年9月2日获取。

[2] 耶稣会士撰写的大量非神学主题作品之中,戏剧作品数量占有相当的比例,参见[美]夏伯嘉著、余芳珍译《天主教世界的复兴运动(1540—1770)》,上海人民出版社,2015年,第200页。

《新世界信使》研究
——以中国来信为中心

总 论

编者·新世界·中国来信

第一章 耶稣会辑刊《新世界信使》概况

1726年,耶稣会[1]奥地利会省的斯特克莱因神父(Joseph Stöcklein,1676—1733)编撰的《新世界信使》首册在奥格斯堡和格拉茨出版。《新世界信使》的完整书名:*Der Neue Welt-Bott mit allerhand Nachrichten dern Missionarium Soc. Jesu. Allerhand so Lehr- als Geist-reiche Brief, Schriften und Reis-Beschreibungen, welche (meistens) von denen Missionariis der Gesellschaft JESU aus Beyden Indien und andern über Meer gelegenen Ländern*[《新世界信使,有着耶稣会传教士提供的各类信息——包罗万象的书信、文稿、游记,(大部分)出自两个印度和其他海外国度的耶稣会传教士之手,不仅增长见识,且妙趣横生》]。

卷首的这幅图画诠释了《新世界信使》名称的含义。因为对18世纪的欧洲人来说,"新世界"是欧洲以外的广阔世界,是"两个印度和其他海外国度"。来自"新世界"的"报告",绝大部分是海外传教士从所在地发回的信件和报导,也有少部分是欧洲传教士撰写的游记以及纪念文章。有着良好学术训练的耶稣会士们在开展传教活动之余,将他们对陌生国度的观察、体会等等加以记述,来自海外的书信与报告从多条线路进入欧洲,并及时进入图书流通市场,满足欧洲读者迫切了解海外新世界的愿望。

---

[1] 耶稣会(Jesuitenorden)的对外称谓是 Societas Jesu(英文 Society of Jesus、德文 Gesellschaft Jesu、葡文 Companhia de Jesus、西班牙语 Compañía de Jesús)。耶稣会士的姓名之后标注"S. J",即该称谓的拉丁文首字母缩写。

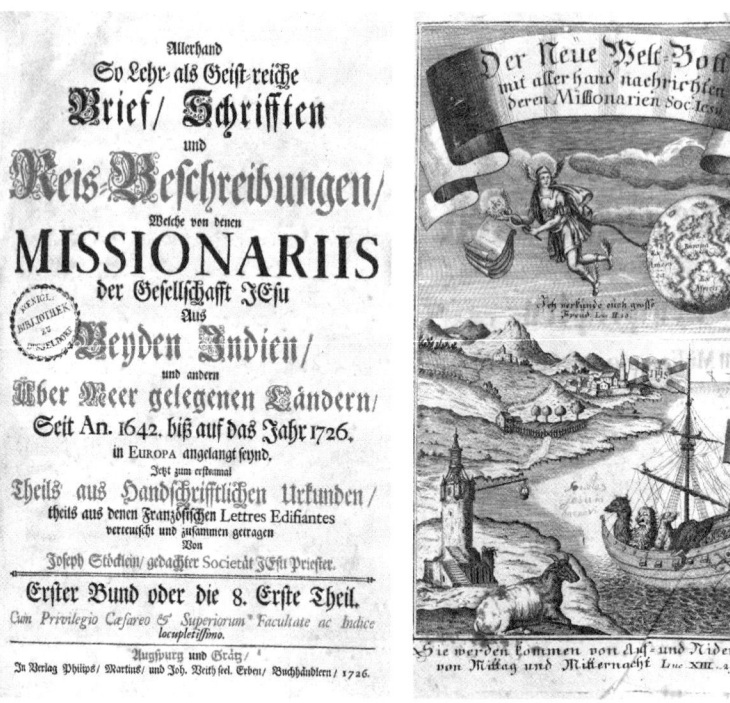

《新世界信使》第 1 辑第 1 册封面　　《新世界信使》第 1 辑卷首(封二)图〔1〕

　　《新世界信使》的文献来源地或报导区域大致可以分为印度以东、印度以西两个区域。前者包括：中国、印度莫卧儿、菲律宾群岛、越南东京(今越南北部)、交趾支那(今越南南部)，内容主要是各地的

---

〔1〕 上端卷所带文字是辑刊标题"新世界信使：耶稣会传教士提供的各类信息"。耳后和脚踝处长有翅膀的人物为信使，所持手杖上缠绕双蛇，手杖顶端光球有双翅环抱，其上字母 IHS 为教会标识。信使腰部有系绳，拖着一个地球仪，位于中心的是欧洲，右侧为亚洲，下方为非洲，左侧为美洲。信使脚下有两行文字："我给你们报告一个大喜讯。"思高版《圣经·路加福音》2∶10："天使向他们说：'不要害怕！看，我给你们报告一个为全民族的大喜讯。'"图中有两面旗帜，近处船舶上悬挂的旗帜上字母 IHS 为教会标识；大船、码头象征耶稣会传教士梯山航海的旅程。远处建筑物旁的旗帜上有斜交叉十字，中部所绘为耶稣会标识：IHS字母下有三个铁钉图样。图片下端文字："他们将从东、南、西、北而来。"思高版《圣经·路加福音》13∶29："将有从东从西，从北从南而来的人，在天主的国里坐席。"

基督教发展历史、现状以及地方历史、地理信息。印度以西地区的报导主要关涉南美地区,特别是巴西、巴拿马的地理信息、基督教发展。其他"海外国度"则包括埃及、亚美尼亚、埃塞俄比亚,主要内容仍然是各地的基督教会发展历史。

耶稣会从创立之初便重视海外传教,赴海外传教耶稣会士从一开始即以书信形式通报所在地区的教务状况,介绍各地地理、人文环境等信息。作为罗马公教(一般称天主教)中一个年轻的修会,耶稣会成立于16世纪。其创始人是西班牙贵族罗耀拉(Ignatius de Loyola,1491—1556),1622年被梵蒂冈教廷列为圣徒。1540年,耶稣会获得教皇的正式批准,成为罗马天主教众多修会中的新生力量,并很快以对教皇的忠诚而著称。当时梵蒂冈教廷的势力日益遭到世俗君主以及欧洲宗教改革势力的威胁,耶稣会的建立,被认为是天主教内部改革的结果之一。

既是改革结果,耶稣会与天主教传统的托钵修会有所不同,它的成员不需要统一着装,也不需要固定在某个修道院修行,相反,罗耀拉鼓励其会员前往世界各地传播福音。创始团队成员之一的沙勿略(Franciscus Xaverious,1506—1552)在1619年被教廷封圣,以"印度使徒""日本使徒"著称。赴远方传教的成员既广,彼此之间的信息沟通就显得尤为必要。创立之初,罗耀拉就对修会内部以及成员之间的通信交流作出具体规定。根据罗耀拉对修会建制的要求,耶稣会士不住在修道院内,他们根据会内领导的安排,前往修会所在的各个驻地或会院,海外传教耶稣会士的驻地或会院则更为分散。在这样的情况下,罗耀拉为本会成员制定了通信制度:规定耶稣会成员定期写信,汇报所在地的教务、新闻等等;要求各省会长每月向总会长书面汇报一次,各区会长每周向省会长汇报一次。这样的沟通频率,对于海外传教区人员来说不可能实现,但书面汇报制度一直严格执行,且为确保书信能够安全送达欧洲,耶稣会规章中对书信的传抄、寄送等都有详细要求。日本学者高濑弘一郎对耶稣会文献作了以下区分:书信、报告书、年报、会议记录、规则、名册和会计报告。另一位日本学者柳谷武夫则将耶稣会士的书信分为三类：致全体耶稣会士的信件，大部分得到出版；写给会中领导以及其他成员的信件，其中部分被出版；非公开出版的信件。[1]

在《新世界信使》出版之前，法文本耶稣会士书信集已经在巴黎出版。1702年，法国耶稣会士郭弼恩推出耶稣会辑刊——《耶稣会某些传教士写自中国和东印度的书简》(Lettres de quelques missionnaires de la Cie de Jésus écrites de la Chine et des Indes Orientales)。次年，郭弼恩主编的辑刊第二辑推出，更名为《奇异并富有教益的书信》(Lettres Édifiantes et Curieuses écrites de Missions étrangères par quelques Missionnaires de la Compagnie de Jésus，简称 Lettres Édifiantes et Curieuses)，[2]由此开始了绵延数十年的出版活动。郭弼恩的编撰工作截至1708年，此后接替工作的是更为人们所熟知的杜赫德神父，承担了1711—1743年法文本耶稣会士辑刊的编撰工作。1749—1758、1774—1776年，继续编撰法文本耶稣会士书简集的是帕图耶(Patouillet)神父，1780年接任此项编撰工作的是德凯尔伯夫(de Querbeuf)神父。[3]

日本学者对耶稣会文献的分类不完全适用于《奇异并富有教益的书信》以及《新世界信使》。这两部公开出版的辑刊中收录的耶稣会士书信，接收人并不仅仅是同会成员或会中领导，收信人有的是家人朋友，有的是有意资助或正在资助耶稣会海外传教活动的欧洲人士。

---

[1] 转引自戚印平《远东耶稣会史》，中华书局，2007年，第464页注释3。

[2] 这部法文本书简集的中译名并不统一。全译名包括《耶稣会传教士关于海外传教活动的珍贵有教益的通信集》[严嘉乐：《中国书信(1716—1735)》，1935年捷文版前言(摘录)，第9页]；《耶稣会某些传教士写自外国传教区的感化人的珍奇的书简》([法]杜赫德编：《中国回忆录》第1册，中文版序，第13页)。费赖之著作 Notices biographiques et bibliographiques sur les Jésuites de l'acienne mission de Chine (1552 -1773) 冯承钧译本《在华耶稣会士列传及书目》简译为"传教信札"；梅乘骐、梅乘骏译本《明清间在华耶稣会士列传(1552—1773)》简译为《书信集》。范存忠《中国文化在启蒙时期的英国》(译林出版社，2010年，第28页)译为《有益而有趣的书信》。本文采用译名《奇异并富有教益的书信》。

[3] http://dictionnaire-journaux.gazettes18e.fr/journal/0814-lettres-edifiantes-et-curieuses，2018年3月20日获取。

第一节　编撰者——奥地利会省耶稣会士

《新世界信使》的首位编撰者是斯特克莱因神父，[1]来自耶稣会奥地利会省。

耶稣会奥地利会省成立于 1563 年，截止 1773 年耶稣会被取缔之前，该会省辖区包括奥地利和匈牙利[波希米亚在 1622 年之后成为独立的耶稣会会省，因斯布鲁克（Innsbruck）和哈勒（Hall）的耶稣会士则隶属于上德意志会省]。18 世纪的耶稣会奥地利会省共计有 1 900 名会士，神圣罗马帝国皇族的告解神父也由他们担任。[2]

耶稣会奥地利会省成员中不乏出色的学者和海外传教士，例如担任维也纳天文台台长的马克西姆·赫尔（Maximilian Hell，1720—1792）、地图测绘专家 Joseph Liesganig（1719—1799）。其中赫尔曾经主持出版北京耶稣会士合作完成的天文观测文集，1768 年以《天文观测》(*Observationes astronomicae*) 的名称在维也纳出版。[3] 18 世纪奔赴中国、东南亚地区传教的奥地利会省耶稣会士，包括长期担任钦天监西洋监正的刘松龄，以及服务于越南宫廷的纽介堡（Joseph Neuegebauer）。

1676 年 7 月 31 日，斯特克莱因出生于 Oettingen，他的生日也是耶稣会创始人罗耀拉的纪念日（1556 年，罗耀拉在这一天去

---

[1]　冯承钧将其译为"斯托克林神甫"[法]费赖之：《在华耶稣会士列传及书目》，第 301 页；严嘉乐中国书信中译本译为"什托克兰"[捷克]严嘉乐：《中国书信（1716—1735）》，第 670 页。
[2]　https://jesuiten.at/geschichte/，2018 年 3 月 28 日获取。
[3]　这部天文观测汇编的编撰者是钦天监西洋工作人员：戴进贤、严嘉乐、徐懋德（André Pereira，1690—1743）、刘松龄，参见兹马戈·斯密特克（Zmago Šmitek）《中国宫廷最后一位伟大的天文学家：刘松龄》，[斯洛文]米加主编：《斯洛文尼亚在中国的文化使者——刘松龄》，第 29 页。

世)。[1] 耶稣会士对类似的"巧合"颇为看重,在华传教先驱利玛窦(Matteo Ricci,1552—1610)的生年与被封圣的"印度使徒"方济各·沙勿略去世在同一年,这一"巧合"常常会被提及。

斯特克莱因在维也纳学习神学、哲学,并于1700年10月9日在维也纳加入耶稣会。"他之所以能够比其他申请者更优先入会,如他幸运的生日所展现的那样,是他的学识以及不同寻常的美德,他在世界著名的、古老的维也纳的高等学府获得双重荣誉称号:博物学博士(Doctors der Welt-Weisheit)、神学学士(Baccalaurei in der Gotts-Gelehrtigkeit)"。[2] 斯特克莱因在维也纳圣安娜(教堂)的耶稣会初修院(Prob-Haus)接受了为期两年的培训。35岁时,斯特克莱因应召成为皇家军队随军牧师团成员,此后成为首席随军牧师。他在军队10年,随同欧根亲王(Prinz Eugen)参加过西班牙王位继承战以及对奥斯曼土耳其帝国的战争。[3]

斯特克莱因担任随军牧师多年,随出征士兵一起风餐露宿,受过严寒、酷暑、饥饿的磨砺。在此过程中,他与许多大人物结识,且受到大人物的赏识,其中包括汉诺威选帝侯,后来的英国国王乔治一世。"斯特克莱因可以不经通传,自由拜访施塔勒贝格的魁多伯爵(Graf Quidobaldi von Stahrenberg),但他宁愿在他自己的小房间,默默工作,也不愿意抛头露面在宫廷里受大人物们的接见"。[4] 斯特克莱因很可能因为健康原因离开了军队。1720—1723年,他就任维也纳新城耶稣会学院的院长,1726年改任格拉茨耶稣会学院传道图书馆

---

[1] 《新世界信使》第29册刊文缅怀斯特克莱因(第572号,第141—154页)。缅怀文章的原稿以拉丁文撰写,出自《新世界信使》第三任编者普洛斯特(Petrus Probst)的手笔。第四任编者科勒(Francisco Keller)将其编译为德语出版。有关斯特克莱因的生平,若无特别注明,均出自这篇文章。

[2] 科勒主编:《新世界信使》第29册,第572号,第141页。

[3] https://www.deutsche-biographie.de/sfz127549.html,2018年5月15日获取。

[4] 科勒主编:《新世界信使》第29册,第572号,第152页。

(Bibliothecarii Catechetici)的负责人。[1] 很可能是这份固定工作给予斯特克莱因更多的自由时间,他开始阅读法国耶稣会士郭弼恩、杜赫德编撰的《奇异并富有教益的书信》。"如果我没有长期生病,为了帮助我身体康复,上级给予我半年假期,我不会开始这项工作。因为想充实自己的精神生活,我读了郭弼恩与杜赫德神父编撰的《富有教益的书信》,书信的提供者是我们的传教士们,随后,我开始了翻译工作"。[2] 此后直到去世,斯特克莱因投入大量时间和精力编辑翻译传教士海外书信。据悉,他每天投入 10 个小时,整理、编译包括神学、数学、历史、地理等丰富内容的文字材料。"他把现在的工作,即以《新世界信使》命名的信件编撰,视为第一要务,从两个印度,以及其他漂洋过海的国家辗转来到欧洲的,我们耶稣会的传教士,用西班牙语、葡萄牙语、意大利语、拉丁语或者德语写成的信件,它们在整个德意志地区受到普遍的欢迎"。[3]

斯特克莱因在《新世界信使》首册发表了 4 篇卷首语,分别表述他的编撰意图、编撰理念:第 1 篇《编者致全体耶稣会传教士,包括已经亡故的和仍然在海外传教的成员》,另外 3 篇是针对普通读者的解释和说明。德国学者杜尔认为《新世界信使》首卷的前言部分显示其与法文本耶稣会士辑刊的区别,因为后者的前言中声称其目标受众是耶稣会成员。与《奇异并富有教益的书信》的编撰者相比,斯特克莱因更重视普通读者群体,《新世界信使》的主题更直接体现了 18 世纪"知识大众化"的时代特点,"他努力地尝试,欲提供不同的阅读

---

[1] https://www.literaturportal-bayern.de/autorenlexikon?task=lpbauthor.default&pnd=133740145,2018 年 5 月 29 日获取。
[2] 斯特克莱因主编:《新世界信使》第 1 辑篇首语,第 8 页(原文未标页码)。"Hat ein langwierige Krankheit und die mir dernwegen zur Genesung von denen Obern vergönnete halb-jährige Ruhe mich zu diesen geringen Werck veranlaßt; weil ich nemlich zu einem Geistlichen Zeit-Vertreib die Frantzösische von RR. Patribus le Gobien und du Halde heraus gegebene ausserbauliche Brief unserer Missionariorum zu lesen/folgends aber zu übersetzen angefangen hab".
[3] 科勒主编:《新世界信使》第 29 册,第 572 号,第 148 页。

帮助,让接触广泛知识的途径变得更为简易"。[1]

斯特克莱因在《新世界信使》第1辑卷首语中宣称,人们总是容易对来自异域的信息容易产生兴趣,"因为几乎所有人都觉得外人的面包味道更好"。与此同时,他不忘恭维读者们:"若是没有好奇心满满的读者,世界报导或者旅行报告将一无是处。读者们待在家里,仅仅是通过阅读此类书信,就能够漫游整个世界。通过这样的做法,他本人几乎可以获得整个地球的知识,而不需要承担风险,不需要付出财力和精力。"[2]

地理大发现的推动力量是对以"印度"为代表的新世界的向往。《新世界信使》的完整名称清晰注明"两个印度",即东、西印度。哥伦布没有依循达·迦马的航线,而是另辟蹊径,由海路一直西行,来到今天的西印度群岛,葡萄牙人长期占据的亚洲殖民地果阿位于今天的印度半岛,荷兰人、英国人建立了"东印度贸易公司"。因此,标题"两个印度"无疑是指当时欧洲人了解的东、西印度地区,《新世界信使》的书信来源地与此相符:美洲、非洲、中国、东印度、鞑靼、波斯、土耳其、大亚细亚(Groß-Asien)。

斯特克莱因自信满满,认为不同类型的读者都可以从这部辑刊中读到他们认为有用的信息。神学家、法官们、医药学者、博物学家或哲学家、数学家、测绘学家、伦理学教师、历史编撰者、普通市民、士兵、手工艺人等,林林总总的潜在读者还包括建筑工、守堂人、水手、渔民等。换而言之,《新世界信使》的编者认为这部辑刊可以做到雅俗共赏,各取所需。比方说那些新世界的医药知识、治疗用药物,包括转译了来华法国耶稣会士殷弘绪(François-Xavier d'Entrecolles,1662/3—1741)关于中国人种痘的记述,"据我所知,相关记述不久前才从中国寄到欧洲"。[3]

---

[1] Dürr, Renate, „Wissen als Erbauung- zur Theatralität der Präsentation von Wissen aus aller Welt im Neuen Welt=Bott". http://diglib.hab.de/ebooks/ed000156/id/ebooks_ed000156_article11/start.htm.
[2] 斯特克莱因主编:《新世界信使》第1辑篇首语,第3页(原文未标页码)。
[3] 斯特克莱因主编:《新世界信使》第1辑篇首语,第4页(原文未标页码)。

满足欧洲读者,尤其是德语区普通读者对世界各地新消息的了解是斯特克莱因编撰辑刊的目的之一。1618—1648年的"三十年战争",被认为是造成德语日渐式微,德语区民众对母语"失去了基本的自尊和自信"的重要原因。[1] 按照德语史家波兰茨(Peter von Polenz,1928—2011)的观点,"在17、18世纪之交,稍为富足一点儿的市民阶层(Bürgertum)之间普遍存在一种风气,就是让孩子们与父母和同侪们都讲法语,而德语则真的只限于和下人(Gesinde)沟通"。[2] 但是,不懂外语的普通读者,同样有追求新知识的愿望,就如同马丁·路德当年使用德语翻译《圣经》一样。斯特克莱因对法文本耶稣会辑刊大量的翻译取用,展示了他精湛的法语水平,同时也说明他对"预设读者的期待"。[3]

斯特克莱因编撰辑刊的另一个更重要目的,是为海外传教耶稣会士辩护。18世纪上半叶的欧洲,关于海外耶稣会士有种种负面传言。比如说在中国的耶稣会士,就被认为在中国做官,身着丝绸衣服,出行有轿子,过着富足舒适的生活。斯特克莱因认为,如果他的读者们对耶稣会士"没有成见",就会发现海外耶稣会士其实过着严谨的生活,"马杜拉(Madura)的传教士们的生活就极为清苦。住茅草房,房间里没有桌子和椅子,床铺就是一张鹿皮或虎皮。穿的衣服是亚麻布,木头做的拖鞋,喝的是发臭池塘里的水,吃的是没有盐和调料的水煮野菜、大米和其他植物"。[4]

不过,斯特克莱因在辑刊首册篇首语中特别强调,他无意介入关于"中国宗教争端"(die Sinische Religions-Händel)的讨论。

---

[1] 关子尹:《莱布尼茨与现代德语之沧桑——兼论"语文作育"与民族语言命运问题》,《同济大学学报》(社会科学版)2005年第1期,第1—11页。
[2] Polenz, Peter von, *Geschichte der deutsche Sprache*, S. 107. 转引自关子尹《莱布尼茨与现代德语之沧桑——兼论"语文作育"与民族语言命运问题》,《同济大学学报》(社会科学版)2005年第1期,第1页。
[3] [德]于尔根·奥斯特哈默著,刘兴华译:《亚洲的去魔化:18世纪的欧洲与亚洲帝国》,社会科学文献出版社,2016年,第271页。
[4] 斯特克莱因主编:《新世界信使》第1辑篇首语,第5—6页(原文未标页码)。

> 有人会问我,为何我完全不提及赫赫有名的中国宗教争端? 我读了如此之多的书信,想必会获得许多相关消息吧? 我以为,关于这些争端我已经足够熟悉,到此为止吧。我是一位和平爱好者,不喜欢争吵,宁愿远离有些人所热衷的笔诛墨伐,而不是卷入一个与我无关的争辩之中,这样我会感到更加愉快。不过,我充分相信,有些小说家(novellisten)以及一些吹牛皮说大话的人,他们因为此事对我们修会的在华传教士不仅无端指责,而且大肆污蔑。瞎子如何能辨明色彩,至于那些缺少常识和理智的人,我对他们的无知深表同情。(就算我对此争端不予抗辩)我也可以毫不费力地获胜。他们既不懂 statum quæstionis,也不懂 speciem facti,德语又说得不好,既不明白他们自己在说什么,也不清楚他们自己的立场态度。因此我好心建议他们,既不要在心中坚持肆无忌惮的亵渎言辞,也不要让这样的言论出现在他们的侮辱性文章中,他们对这样的手段一知半解。尽管我保持沉默,但愿时间会驳斥另一些人此前的所作所为,让整个公正的世界都目睹他们的愚蠢,成为永远的笑柄。[1]

斯特克莱因生前完成了《新世界信使》前 24 册的编撰,当他在 1733 年去世之后,第 21—24 册的整理出版由同会的迈尔(Carl Meyer)神父代为完成,并在 1736 年面世。迈尔表示,之所以继承斯特克莱因的事业,除了荣耀天主的名,除了耶稣会上级指派的任务,还因为数量可观的读者对于新世界新闻的喜爱:"在他去世之后,上级指派我将它们整理并出版。为了至高天主的荣耀,为了圣教会的要求,他为编撰这部著作付出了巨大努力,为数可观的有地位的读者已经听闻了他的博学,读者们期待获得更多最新的消息,我越多了解到这一切,就越发勤奋地继续完成编撰工作。"[2]但是,迈尔的身体状况长期不佳,他罹患严重的痛风,于 1739 年去世。

---

[1] 斯特克莱因主编:《新世界信使》第 1 辑篇首语,第 11 页(原文未标页码)。
[2] 斯特克莱因主编(迈尔整理):《新世界信使》第 21—22 合订册,前言第 1 页。

迈尔去世后的第二年,神圣罗马帝国皇帝卡尔六世(Carolus VI)去世,因为继承人争端引发帝国境内的诸侯纷争,战火迫近维也纳,人们纷纷撤往格拉茨,一同被带走的还有用于《新世界信使》编撰的信件、文本等材料,致使进一步的编撰工作暂时搁置。三年之后,和平再次回归奥地利,奥地利会省耶稣会士没有忘记编修《新世界信使》。接受耶稣会上级指示,普洛斯特神父(Pedro Probst)继续编撰《新世界信使》。

1748年,普洛斯特主编的《新世界信使》第25—28册在维也纳出版。普洛斯特在辑刊的篇首高度赞誉斯特克莱因:"虽说他从未跨越重洋前往异地传教,但他在自己的服务地点,以不同寻常的付出,将海外传教士的学说、富有情怀的信函加以收集整理,印制出版,令德语知识界能够获知其中的内容。"[1]

普洛斯特在前言部分回顾了辑刊25—28册的面世过程。1743年,他受命接管用于《新世界信使》编撰的大量文本材料,至于编撰用材料的收集工作一直都在陆续进行。普洛斯特对手头的材料进行了大刀阔斧的编辑,将他认为意义不大,或者说此前斯特克莱因已经收录过的许多内容重复的资料弃之不用,保留的只有他最新收获的信件和信息。斯特克莱因重视法国耶稣会士辑刊的做法一定程度上被科勒沿袭,"作为补充,我应当让德语区的读者了解《奇异并富有教益的书信》(Lettres edifiantes)最近一册的内容"。[2]尽管喜欢这一分配给自己的工作任务,但普洛斯特承认并没有充足的空闲时间从事《新世界信使》的编辑、翻译工作,这是他在前言部分解释辑刊未能及时出版的一个托词。造成出版延后的另一个原因,是来自耶稣会内部的出版审查,对此普洛斯特委婉地进行抱怨:"目前出版的4册,我指的是第25、26、27、28册,在1744年底尚未全部完成。这些书册按照惯例,必须经过为此设立的专门机构的审查,这样的形式又需要花费一年时间。我的意思是,经过他们一遍又一遍的浏览,才能拿到

---

[1] 科勒主编:《新世界信使》第29册,第572号,第149页。
[2] 普洛斯特主编:《新世界信使》第25册,前言第2页。

他们给我的印刷出版许可。于是乎,《新世界信使》第25、26册在1745年底从陌生人的手里交还给我,又过了半年,第27、28册也被归还。我和出版商约定了相关事项,他书面承诺会在1746年的圣弥格尔弥撒日完成出版印刷。"[1]除此之外,印刷用纸张未能如期送达也是导致《新世界信使》第25—28册推迟一年半出版的原因之一。

作为《新世界信使》的后继编撰者,普洛斯特秉承斯特克莱因的编撰理念,内容涵盖全方面、全世界的各类信息。既有基督教学说、道德伦理学说,也有法制、医学、博物、地理测绘、航海、手工艺等诸多领域的知识信息,以满足对欧洲以外的新知识、信息有浓厚兴趣的德语区读者。不过,健康问题始终困扰着《新世界信使》的几位编撰者。普洛斯特出于"不得而知的原因,背部佝偻不能伸",[2]科勒神父接替了普洛斯特的工作,编撰完成《新世界信使》的29—36册。其中的第30、34、35册集中刊登了耶稣会德语区各会省成员的中国来信,本文随后会有详细解析。

《新世界信使》首册及末册的出版时间以及辑刊总册数,学者们的说法不一。首册出版时间有1726年与1728年两种说法,末册出版时间有1758年与1761年两种说法,辑刊总册数有36册、38册、40册三种意见。

《在华耶稣会会士列传及书目》文后参考文献显示:"*Welt-Bott* (Stöcklein, s. j., et continuateurs). 40 parties en 5 Vol. in-fol. Augsbourg et Vienne, 1728-1761."[3]表明作者费赖之认定《新世界信使》在1728—1761年,共计出版40册。

索默尔沃热尔(Carlos Sommervogel,1834—1902)以及贝克尔(Augustin de Backer,1809—1873)所编撰的书目认定《新世界信使》的总册数为40册,首册出版时间为1726年,但两位编者似乎并没有

---

[1] 普洛斯特主编:《新世界信使》第25册,前言第2—3页。
[2] 科勒主编:《新世界信使》第29册,第572号,第141页。
[3] [法]费赖之:《在华耶稣会会士列传及书目》,第1094页。

查阅到第 39—40 册。[1]

法国学者考狄（高迪爱、高第，Henri Cordier，1849—1825）编撰《西人论中国书目》中介绍《新世界信使》："斯特克莱因编辑德文本《奇异并富有教益的书信》，对开本，共计 40 册，从 1728 年到 1761 年。存世不多。"[2]考狄书目中对《新世界信使》各分册的介绍截至第 36 册，不含第 37—40 册。

此外，芝加哥罗耀拉大学图书馆书目介绍：《新世界信使》的编撰时间为 1726—1758 年，1761 年出版的 37—40 册没有统计。[3]夏伯嘉的看法与此相同："德、奥耶稣会士模仿法国会士出版的书信集，于 1726 年至 1758 年间出版了五部 36 册的书信集，书名 Welt botte。"[4]捷克学者符拉什吉尔（Josef Vraštil）认同《新世界信使》共计 36 册之说，但又提及科勒之后还有一位编撰者索契尔（Francisco Xaver Socher），如此一来，卷册数与编者数不能完全对应。[5]

自 1726 开始，耶稣会辑刊《新世界信使》在奥格斯堡、格拉茨、维

---

[1] Sommervogel, Carlos/Backer, Augustin de, *Bibliothèque de la Compagnie de Jésus*, Vol. 7, Bruxelles: Oscar Schepens; Paris: Alphones Picard, 1890 - 1932; Augustin de Backer, *Bibliothèque des écrivains de la Compagnie de Jésus*, Ou Notices Bibliographiques, ed. 1853 - 1861. 参见北京大学图书馆网页书目介绍。

[2] [法]考狄编：《西人论中国书目》第 2 册，中华书局，2017 年，第 941 页："J. STÖCKLEIN- L'édition allemande des *Lettres èdifiantes* a été publiée en 40 vol. in-folio de l'année 1728 à l'année 1761. Elle est rare."Bibliotheca Sinica 2.0 的编者认同考狄观点。https://www.univie.ac.at/Geschichte/China-Bibliographie/blog/2014/02/13/der-neue-welt-bott/，2018 年 6 月 25 日获取。

[3] http://www.lib.luc.edu/specialcollections/items/show/105，2018 年 3 月 7 日获取。

[4] [美]夏伯嘉：《明末至清中叶天主教西文文献中的中国：文献分布与应用讨论》，复旦大学文史研究院编：《西文文献中的中国》，第 14 页。

[5] [捷克]严嘉乐：《中国书信（1716—1735）》（"1935 年捷克版前言（摘录）"），第 9 页。[孙敏学（Michael Schön）认为，《新世界信使》第 37—38 册的编者仍然是科勒，参见孙敏学 2016 年 6 月 15 日淡江大学讲座"Die Darstellung Chinas im Neuen Welt-Bott"《〈新世界信使〉中的中国形象》，http://excellent.tku.edu.tw/ExcResDtl.aspx?nid=AD3C869E1AF88F22，2018 年 10 月 17 日获取。

也纳陆续出版,耶稣会奥地利会省的多位神父接力完成了辑刊的编撰工作。他们的声名无论是当时还是后世,都鲜为人知,但这部经由他们编撰、翻译完成的辑刊,参与了18世纪世界范围内的知识传播以及知识网络建构。

第二节 辑刊编撰体例

《新世界信使》按照德语地区的印刷习惯,全文采用哥特式花体字(Fraktur)排版,少量拉丁文本内容以及拉丁文专有名词(包括人名、地名、物种等等)则采用拉丁圆体字(Antiqua),两种字体杂糅的做法也是当时德语出版物常见的印刷方式。哥特式花体字后来被视为德语出版物的标志性文字,1886年在上海创刊的《德文新报》(*Der Ostasiatische Lloyd*)曾经郑重讨论,该报是否应该放弃圆体字,改用符合德语出版物习惯的花体字印刷,以显示其与英美文化的差异。[1]

在借鉴《奇异并富有教益的书信》的基础之上,斯特克莱因为《新世界信使》设计了更为合理的编序方式,以书信、报告的来源地、时间为纲目,排列归置数量庞大的文献材料,"面对如此大量且千差万别的信件,我按照两条原则进行编序。第一条,按照年代依次排列;第二条:根据书信的写作地点进行排列"。[2] 偶有年代混杂的信件,例如写作时间较早,但最后送达欧洲时间较晚的信件,并不能完全贯彻按照年代为序的原则,斯特克莱因在文中都会予以说明。

《新世界信使》各册收录信件数量以及收录年代列表如下:

---

[1] 参见牛海坤《〈德文新报〉研究(1886—1917)》,上海交通大学出版社,2012年,第176—177页。

[2] 斯特克莱因主编:《新世界信使》第1辑篇首语,第9—10页(原文未标页码)。

册目序论	书信撰写时段	书信抵欧时段	出版时间	文档编号
(1辑)第1册	1642—1687	1642—1726	1726	第1—35号
(1辑)第2册	1688—1700	1642—1726	1726	第36—63号
(1辑)第3册	1700—1702	1642—1726	1726	第64—80号
(1辑)第4册〔1〕	1703—1704	1642—1726	1726	第81—96号
(1辑)第5册	1704—1711	1642—1726	1726	第97—126号
(1辑)第6册	1711—1715	1642—1726	1726	第127—149号
(1辑)第7册		1642—1726	1726	第150—184号
(1辑)第8册	1720—1725	1642—1726	1726	第185—217号
(2辑)〔2〕第9册		—1726	1727	第218—249号
(2辑)第10册		—1726	1727	第249—263号
(2辑)第11册		—1726	1727	第264—285号
(2辑)第12册		—1727	1729	第286—300号
(2辑)第13册		—1728	1729	第301—308号
(2辑)第14册		—1728	1729	第309—334号

---

〔1〕《新世界信使》第4册刊录16份文献,辑自143份文字资料。例如第90号为提交给西班牙国王的有关南美洲的报告,作者对当地异教徒(Heyden-Schikiten)生活有非常细致的讲述,包括当地的房屋造型、地理风貌、食物、医药、历史、日常生活方式等。

〔2〕《新世界信使》第2辑篇首标题特别注明本辑重点之一是中欧纪年法比较: "Allerhand so Lehr- als Geist-reiche Brief/Schriften/und Reis-Beschreibungen/ welche meistens von denen MISSIONARIIS SOCIETATIS JESU aus Beyden Indien/und andern über Meer gelegenen Ländern/……TOMUS SECUNDUS, oder Zweyter Bund Begreifft in sich abermal acht Theil/von dem Neuten anzufahen biß zum Ende des Sechszehenden/samt einer Ausgleichung der Sinischen mit der Europäischen Chronologie, wie auch einem allgemeinen Register."

(续 表)

册目序论	书信撰写时段	书信抵欧时段	出版时间	文档编号
(2辑)第15册		—1728	1729	第335—342号
(2辑)第16册[1]			1730	第343—377号
(3辑)第17册		—1730	1732	第378—393号
(3辑)第18册[2]		—1730	1732	第394—410号
(3辑)第19册		—1731	1732	第411—422号
(3辑)第20册[3]			1732	第423—427号
(3辑)第21/22册		—1731	1736	第429—453号
(3辑)第23/24册[4]			1736	第454—520号
(4辑I)第25册		(大部分) 1730—1740	1748	第521—533号

---

[1]《新世界信使》第16册,斯特克莱因将中国的纪年方法(归功于来华耶稣会士卫匡国、柏应理的译介)与犹太教的(mosaisch)、叙利亚的(syrisch)、埃及人的(egyptisch)、犹太人的(jüdisch)、希腊的(griechisch)、罗马的(römisch)纪年方法加以比较。

[2]《新世界信使》第18册为波斯专册,配有波斯地图。

[3]《新世界信使》第20册是以色列人出埃及的详细记述,包含有两幅新的地图。该册有数个附录,论及中国纪年方式与中国古代历史。

[4]《新世界信使》第23/24册较为特殊,是两册合订本,内容分为三部分。第一部分是对克鲁瓦著作的德语编译。克鲁瓦的著作介绍了土耳其境内希腊正教、亚美尼亚教会以及马隆人信仰的历史与现状。该著作完成于1691年,1695年在巴黎印刷,1715年第8版,首度被译为德语。第二部分是来自巴拉圭、中国、印度、南美阿根廷(图库曼)以及其他地区的消息与报告。第三部分是纪念在瑞典宫廷服务的奥地利会省耶稣会士 Mart. Gottscheer(1648—1731)神父的生平事迹。本册标题:Neuer Welt-Bott oder Allerhand So Lehr- als Geist-reiche Nachrichten aus Türckey deß Hoch-Edelgebohrnen Herrn DE LA CROIX, Weiland Königlich- Französischen Bottschaffts- Secretarii und zwischen-Gesandtens am Türcklischen Hof. Verschreibung deß gegenwärtigen Zustands. Der Griech-Armen-und Maronitischen so wohl Kirchen als Dienstbarkeit in der Türckey。

(续 表)

册目序论	书信撰写时段	书信抵欧时段	出版时间	文档编号
(4辑I)第26册			1748	菲律宾群岛介绍（西班牙语转译），不编号
(4辑I)第27册		（大部分）1730—1740	1748	第534—550号
(4辑I)第28册〔1〕		（大部分）1730—1740	1748	第551—555号
(4辑II)第29册〔2〕		（大部分）1730—1740	1755	第556—572号
(4辑II)第30册〔3〕		（大部分）1730—1740	1755	第573—594号
(4辑II)第31册		（大部分）1730—1740	1755	第595—622号
(5辑I)第33册		（大部分）1735—1745	1758	第641—667号
(5辑I)第34册〔4〕		（大部分）1746—1750	1758	第668—687号
(5辑I)第35册〔5〕		（大部分）1746—1750	1758	第688—698号

〔1〕《新世界信使》第28册包括来华耶稣会士南怀仁长篇海上旅行见闻（第555号，第64—134页）。
〔2〕《新世界信使》第29册有一个附录，编号第572号，刊录悼念斯特克莱因专文，回顾其生平事迹。
〔3〕《新世界信使》第30册为中国专册：Brief aus China。
〔4〕《新世界信使》第34册为中国专册，收录皆为中国来信：Brieffe aus dem Kayserthum China。
〔5〕《新世界信使》第35册为中国专册，收录皆为中国来信：Brieffe aus dem Kayserthum China。

(续 表)

册目序论	书信撰写时段	书信抵欧时段	出版时间	文档编号
（5辑I）第36册〔1〕		（大部分）1746—1750	1758	第699—723号
（5辑II）第37—40册〔2〕			1761	第724—812号

按照斯特克莱因最初的规划,《新世界信使》每8册为一辑,在他生前出版第一、二辑以及第三辑的前半辑。斯特克莱因重视《奇异并富有教益的书信》,辑刊各册有多封编译信件,还在封面页标注文献来源:"对法语本 Lettres Edifiantes 的翻译和整理。"

Theils aus Handschrifftlichen Urkunden / theils aus denen Französischen Lettres Edifiantes verteutscht und zusammen getragen Von JOSEPHO STÖCKLEIN, gedachter Geselllschafft JESU Priestern.

第1辑第8册封面页(部分)

除了《奇异并富有教益的书信》,斯特克莱因编译的法文本耶稣会辑刊还包括 Nouveaux Memoires de Missions de la Compagnie de Jesus dans le Levant(《黎凡特新志》)。《新世界信使》第10、11分册封面标题显示:"部分出自原始手稿,部分出自法文本 Nouveaux Memoires des Missions de la Compagnie de Jesus dans le Levant 的翻译和整理。"〔3〕其中,《新世界信使》第10册的主体内容是埃及以

---

〔1〕《新世界信使》第36册为交趾支那专册：Brieffe aus dem Königreich Cochinchina。
〔2〕按:编撰完成后似未规模化发行,存世数量稀少。
〔3〕《黎凡特新志》在1715—1755年陆续出版9辑,编撰者是弗勒里安(Thomae Caroli de Fleurian)神父,最新再版时间是2011年。

及亚美尼亚的教会史，第 11 册主体内容则为埃塞俄比亚史并基督教会史。

> Theils aus Handschrifftlichen Urkunden/ theils aus denen Französischen Nouveaux Memoires des Missions de la Compagnie de Jesus dans le Levant Verteutscht und zusammen getragen Von JOSEPHO STÖCKLEIN, gedachter Societät Priester.

第 2 辑第 11 册封面页（部分）

将当时最新出版的法文本耶稣会辑刊转译为德语，有利于在地理位置相对闭塞的德语地区推广新世界知识，帮助更多不谙法语的读者了解海外新世界，增加对耶稣会传教士工作的理解。当然，斯托克莱因没有忘记他作为德语区耶稣会会士的使命：那些来自"我们德意志传教士的书信，大部分是我直接获得的原件，我会将这些书信如实出版，让有兴趣的读者看到它们"。[1]

因为虑及德语区的普通读者，斯特克莱因尝试统一《新世界信使》的文字风格。"关于写法或者说风格，如正字法所要求的那样，简洁、清晰毫无疑问是我追求的目标。所以我没有使用那种令人光火的累赘表述，莱茵人、萨克森人都能看懂。本书的写法也不会与某一种方言相关联。希望前面提到的两个主要的德意志民族（Teutsche Haubt-Nationes）在文字书写方面能够调和，尽管这是一种理想愿景。如果能够实现，整个德意志地区有学识的人们之间就可以通行一种语言，运用同样一种语法、正字法和规则"。[2]

除了抱怨德语区各地的语言形式差异，斯特克莱因对欧洲各国语言在转译外国名词时的不一致同样表达了不满，他在《新世界信使》第 1 册篇首语中以"China"和"Qu"的发音为例："外国名词的发音上，每个欧洲国家都不一样，对此我无法忍受。简单的一个词 China，意大利人、西班牙和葡萄牙人读成 Tschina，法国人来读变成 Schina，

---

〔1〕 斯特克莱因主编：《新世界信使》第 2 册，前言，第 1 页（原文未标页码）。
〔2〕 斯特克莱因主编：《新世界信使》第 1 辑篇首语，第 9 页（原文未标页码）。

用我们的低地德语来读是 Zina。还有 Qu 的发音,西班牙人的发音像我们的 K,尽管他们在文字中所写的是 Qveda,Quito,Quantung,诸如此类,念起来却是 Keda,Kito,Kantung。同样的还有他们所写的 Mexico,Moxos,Xantung,不一而足,这些词的读音是 Meschico,Moschos,Schantung。"[1]

为了方便读者迅速查阅到感兴趣的海外信息或人名、地名,斯特克莱因编撰的 24 册刊物中,每 1 辑最后一册刊物的结尾部分,都提供按字母编序的索引表,其中第 3 辑第 24 册的结尾部分,字母序列下增设按分册排列的序列。方便读者的做法还包括,每册开头部分的前言对本册的内容精华进行提炼和介绍,以及随后的"内容提要(Zeiger)"扼要记述各封书信/文献的内容,如果是信件,则包括信件撰写者、收信人、时间、地点、信件语种或出处。接替斯特克莱因工作的三位耶稣会士继承了上述做法,使得这部耶稣会辑刊在编撰体例上保持一致性。不过,多人接力编撰的特点也让辑刊呈现出因人而异的区别。比如说,不同时期辑刊分册中出现的康熙、雍正的姓名音拼不尽相同:Cam-Hi/Kam-hi;Yum-kin/Yum-Tsching/Ium-Tsching。不过,这样的差别对于欧洲读者来说无关紧要。

与疾病缠身的迈尔和普洛斯特不同,科勒有意开拓前人事业,他秉承斯特克莱因的编撰宗旨,在每册的开头部分添加内容简介,方便读者阅读。相对减少了对法文本耶稣会辑刊的编译,增加了更多德语区各会省耶稣会士发自南北美洲、中国、印度以及交趾支那、越南东京的书信和报告。因此在他所编撰的期刊封面中,不再特别出现法文本辑刊的名称。如下图:第 4 辑首页标题"包罗万象的书信、文稿、游记,不仅增长见识,且妙趣横生,(大部分)是 1730—1740 年在欧洲收到的手稿及其他可靠消息",第 5 辑第 34 册标题"包罗万象的书信、文稿、游记,不仅增长见识,且妙趣横生,(大部分)是 1746—1750 年在欧洲收到的手稿及其他可靠消息"。

---

[1] 斯特克莱因主编:《新世界信使》第 1 辑篇首语,第 9 页(原文未标页码)。

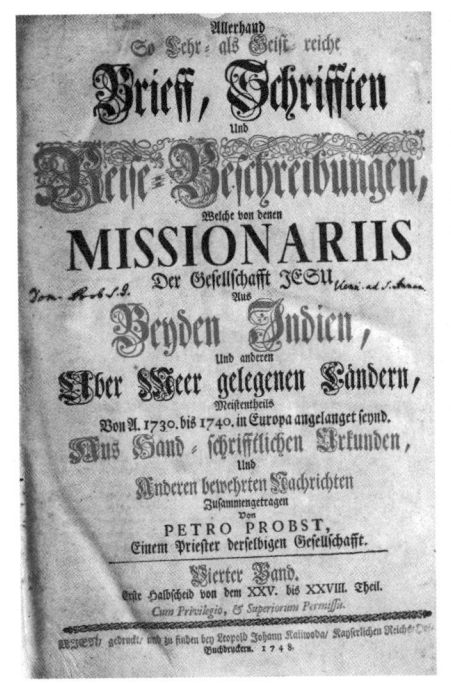

第 4 辑标题页　　　　　　第 5 辑第 34 册标题页

　　需要指出一点：《新世界信使》的编撰者并不刻意强调文献提供者的国别，而仅仅是在信件或文献篇首提及该作者所属的耶稣会会省。夏伯嘉称"德、奥耶稣会士模仿法国会士出版的书信集，于1726—1758 年间出版了 5 部 36 册的书信集，书名 Welt botte"，倾向于以国别而不是所属会省来区别耶稣会士，如"跟中国法属耶稣会不一样，中国副省一直以来包括来自欧洲天主教各个国家的传教士，当然，葡籍的传教士人数占优势，但是来自意大利、低地国家（今比利时）和德、奥等地的耶稣会士曾担当重要的传教角色"。[1] 这样的做法虽然符合当代习惯，但不尽符合当时的实情。耶稣会的创始人罗耀拉创会之初，刻意淡化成员之间的国别区分，虽然这一初衷后世并

---

〔1〕［美］夏伯嘉：《明末至清中叶天主教西文文献中的中国：文献分布与应用讨论》，复旦大学文史研究院编：《西文文献中的中国》，第 13 页。

未得到彻底贯彻,至少就《新世界信使》来说,编撰者更愿意以所属会省来划分海外书信的作者群体。

第三节 新世界:地图与插图

与单纯的文字记述相比,地图、插图在《新世界信使》中的出现,能够增强读者对这部辑刊的兴趣。斯特克莱因和出版商都深谙这一道理。但是,以当时的印刷出版条件,以及耶稣会奥地利会省给予的财政扶持来看,为辑刊增加地图、插图,无异于增加刊物的成本,如此一来,刊物的售价自然提高,市场竞争力下降,这不是斯特克莱因和出版商愿意看到的:"不仅是出版商,还有我本人都不愿意加重读者的经济负担。如果不是考虑到这一点,我非常愿意在这部著作中印制更多的铜版画和图像。"[1]尽管如此,斯特克莱因还是尽可能利用包括《奇异并富有教益的书信》在内的同时代欧洲出版物以及海外耶稣会士文献,为他编撰的辑刊刊印了数量可观的地图与插图。

《新世界信使》第 1 辑前 8 册的地图最为丰富,共计 11 幅,包括 1 幅台湾岛地图,出自《奇异并富有教益的书信》;第 2 辑有地图 9 幅;第 3 辑前 4 册(第 17—20 册)有地图 3 幅。在他去世后出版的第 3 辑后 4 册(第 21—24 册)以及后人续撰的辑刊之中,地图与图表数量有限,所以编撰者不再进行此类工作。

《新世界信使》1—36 册的地图、插图情况列表如下:[2]

第 1 册	封面内页	世界信使图
	前言 要点 4 插图	罗盘图(Windrose)

---

[1] 斯特克莱因主编:《新世界信使》第 1 辑篇首语,第 10 页(原文未标页码)。
[2] 《新世界信使》第 1—20 册出现的"地图(Land-Karte)""版画(Kupfferstichen)"以及"图表(Taffeln)",斯特克莱因进行了归类列表。

(续　表)

第1册	第4号	马里亚纳群岛图
第3册	第71号	加利福尼亚地图[1]
	第76号	印度 Carnate 地图
	第80号	埃塞俄比亚地图
第4册	第93号	阿拉伯、土耳其、塞浦路斯、美索不达米亚地图
第5册	第98号	长崎要塞及港口图
	第111号	亚马逊河及 Maragnon 区域图[2]
	第112号	莫索斯地图
第6册	第127号	帕劳群岛地图
	第137号	梅若翰身披枷锁像
	第138号	台湾岛图
第7册	第183号	马杜拉、东印度、斯里兰卡(Ceilan)
第9册	篇首页	康熙皇帝肖像
第9册	第226号	四个十字架并一些动物图像
第10册	第251号	Antinoa 城门轮廓图;埃及 Aschamunaim 的古老立柱图
	第251号	埃及太阳神庙图
	第252号	埃及全境图
第11册	第268号	希尔凡[3]、亚美尼亚、波斯地图

[1]《新世界信使》第2册第53号文献与第71号文献共用该配图。
[2]《新世界信使》第5册第111号文献:(摘录)耶稣会波希米亚省传教士弗里兹(Samuelis Fritz)所撰 Maragnon 河流域报告,完成于1707年。从源头到出海口,弗里兹进行了全程考察并绘制流域地图。
[3] Sirvan,地名,位于高加索东部。

(续　表)

第12册	篇首页	中国地图〔1〕
（表）	第286号	明清两朝皇帝世系表
（表）	第291号	苏努家族世系表
第13册	第301号	下底比斯图〔2〕
	第302号	以色列民穿越红海出埃及图〔3〕
	第306号	叙利亚地图
第14册	第309号	上川岛图、沙勿略墓〔4〕
第15册	第343号	帕劳群岛图
第16册	篇首页	下巴拉圭、上巴拉圭地图
（表）	第345号	各国纪年法
（表）	第358—369号	中国帝王年表
第17册	篇首页	殉道若瑟亲王像
第18册	第394号	波斯王国图
第19册（插图）	第417号	西奈山（Horeb）
第20册	第423号	以色列人旷野行图
	第424号	两幅小图 红海分开

〔1〕 出自来华耶稣会士柏应理（Philippe Couplet，1623—1693）著作，该册第286号附地图详细说明。
〔2〕 1717年西卡德神父（Claudius Sicard）发自开罗的信件。Nider-Thebais位于埃及。
〔3〕 1722年西卡德神父发自开罗的信件。
〔4〕 《新世界信使》第14册第309号文献：来华耶稣会士庞嘉宾对印度使徒圣沙勿略墓地的报导。

（续　表）

第 28 册	第 555 号	印度半岛、印度洋岛屿〔1〕
	第 555 号	果阿附近 Salsete 岛〔2〕
第 30 册	第 582 号	印度半岛、华南、东南亚地图〔3〕

由上表可以看出，斯特克莱因刊印的地图分为两大类：一类是当时欧洲最新的新世界地图，如加利福尼亚地图、南美洲亚马逊河流域图、巴拉圭地图以及南太平洋岛屿地图；一类是耶稣会士在北非、中东、印度洋地区游记的配图，部分与《圣经·旧约》相关联。

总体而言，《新世界信使》刊印的中国地图数量有限，仅有台湾岛图、上川岛并沙勿略墓园图以及一幅中国全图。

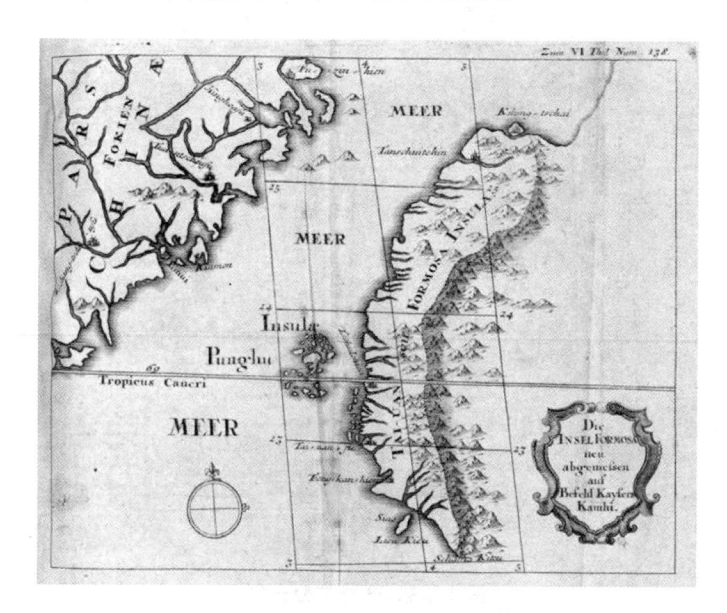

第 6 册第 138 号文献配图

〔1〕 南怀仁 1737 年 12 月 31 日信件，写于果阿附近的 Salsete 岛。
〔2〕 同上。
〔3〕 《新世界信使》第 30 册第 582 号文献为杜赫德神父信件。

台湾岛图出自法国耶稣会士冯秉正 1715 年信件(第 6 册第 138 号)。德文版仅列出台湾岛图,并未收录澎湖列岛地图。其中台湾岛以中央山脉为界限,标注地名包括鸡笼寨、淡水县、台湾/福摩沙岛等,与《中国回忆录》冯秉正信件中译本相同,右下角盾形空间内的文字"奉康熙皇帝之命,新测福摩沙岛"。

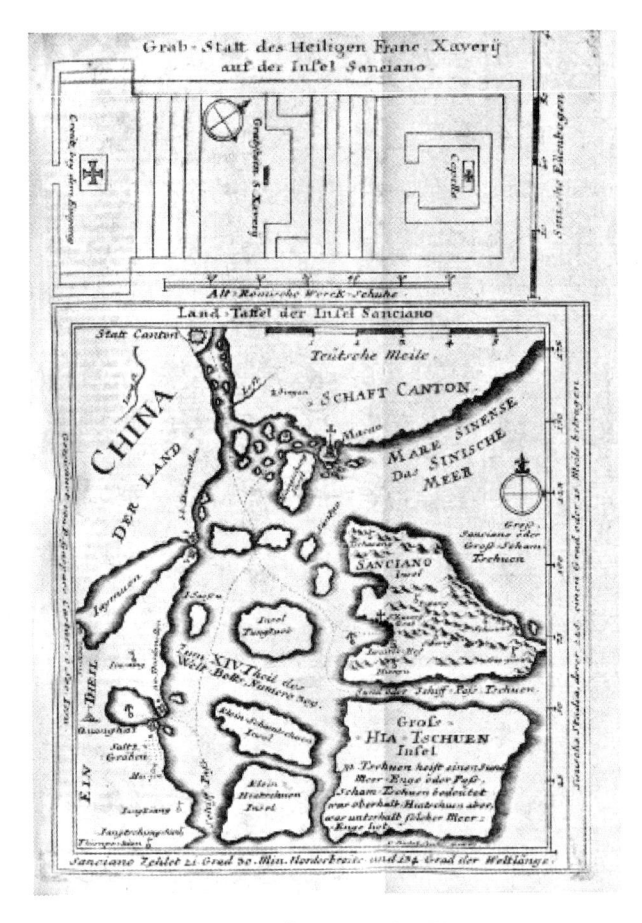

第 4 册第 39 号文献配图

上川岛并沙勿略墓园图出自《新世界信使》第 14 册第 309 号文献:来华耶稣会士庞嘉宾对印度使徒圣沙勿略墓地的报导。地图分上下两部分,上部为上川岛沙勿略墓园的结构图:入口处为十字架标识,中间是沙勿略的墓碑,后部是一座小礼拜堂,下部是上川岛地图,其上可以看到标识十字架的澳门、广州城、香山岛等,以虚线标注航路,以锚状图案标注停泊地点。沙勿略在 1552 年 12 月 2 日逝于上川岛,1553 年 2 月 27 日迁葬马六甲(Malaca)。1700 年,庞嘉宾在广东地方官员陪同下前往上川岛,修建墓园,并为多人施洗。

康熙时代北京西洋传教士会同中方人员完成的《皇舆全览图》当时已经通过在华传教士送到欧洲,法国地理学家制图家唐维尔(Jean Baptiste Bourguignon d'Avnille,1697—1782)、法国耶稣会士杜赫德都印制过这份中国地图集。[1] 不过,最新的中国全图始终没有出现在《新世界信使》,或许如斯特克莱因所说,减少地图数量是出于节约印刷成本的考虑,以免购买书籍的读者负担过重。[2]《新世界信使》刊印的唯一一幅中国全图,被认为转引自 17 世纪来华耶稣会士柏应理在欧洲出版的《中国哲学家孔子》附录部分。

《新世界信使》第 28 册刊载了南怀仁东方之旅的长篇记录。南怀仁从里斯本出发,抵达果阿。第 554、555 号是南怀仁的两封信件,分别完成于葡萄牙里斯本(1735 年 12 月 21 日)和果阿附近(1737 年 12 月 31 日)。南怀仁信件附有莫桑比克岛及其周边海域图。

据南怀仁自述,这幅地图是借鉴前人成果完成的作品:"第四部分也是最后一部分,叙述我们在东印度的停留,包括对于该地区的一些介绍,附录是我完成的一幅海图。如我所希望的那样,为了更加准确翔实地完成这幅海图,我付出诸多努力,不仅是依靠个人的体验经

---

[1] 唐维尔在 1730 年代出版了最新中国地图,杜赫德在 1735 年出版的《中华帝国全志》(Description géographique, historique, chronologique, politique, et physique de l'empire de la Chine et de la Tartarie chinoise, enrichie des carte générales et particulieres de ces pays, de la carte générale et des cartes particulieres du Thibet, & de la Corée ; & ornée d'un grand nombre de figures & de vignettes gravées en tailledouce)中选录了其中的中国全图和部分分省地图。唐维尔编绘中国地图期间,使用了以《皇舆全览图》为主的多种资料,详见程龙《〈中华帝国全志〉所附中国地图的编绘》,《中国文化研究》2014 年夏之卷,第 111—121 页。
[2] 斯特克莱因主编:《新世界信使》第 1 辑篇首语,第 10 页(原文不标页码)。

ABBILDUNG 7.1　China-Karte in NWB, Teil 12, vor S.1; übernommen aus: Philipp Couplet, *Tabula Chronologica Monarchiae Sinicae*, Paris 1687.

第 12 册篇首页中国地图[1]

历和测量,还从英国和法国出品的高质量地图中选用准确度最高的。"[2]

虽然中国地图数量有限,但《新世界信使》前 20 册有多幅插图与中国相关。康熙画像、苏努之子乌尔陈(洗名若瑟)身披铁

---

[1]　转引自 Dürr, Renate, *Das Paradies im fernen Osten: die Chronologie Joseph Stöcklein S. J. (1729) als Kommentar zur Zeitgeschichte*, S. 202。

[2]　普洛斯特主编:《新世界信使》第 28 册,第 555 号,第 64 页。

链图〔1〕以及"东京殉道梅若翰神父(P. Messari)"〔2〕像,皆是全页大尺幅。

| 第 2 辑篇首页 | 第 17 册篇首页 | 第 6 册梅若翰像 |

被斯特克莱因选用的康熙画像,应该出自法国耶稣会士白晋(Joachim Bouvet,1656—1730)在欧洲出版的著作的插图。〔3〕图中康熙皇帝的面貌已经被欧洲化,很少满洲人的模样:高鼻梁、大眼睛,气宇轩昂。图中文字:"康熙,中国并东鞑靼皇帝,生于 1654 年,1661 年继位,死于 1722 年,享年 68 岁。"

另有 5 幅小尺幅的插图。分别是《北京传教士墓地》、《北京的钟》、《汉字图例》(实为北京天主堂康熙御笔楹联)、《中国轿子》以及《北京城简图》。

---

〔1〕 法国神父樊国樑(Alphonse Favier,1837—1905)著《燕京开教略》[(北京)救世堂印本,1905 年],若瑟亲王像插图(《燕京开教略》中篇,第 65—66 页)与《新世界信使》这幅插图相似,但画面内容简略,无背景。

〔2〕 杜尔(Wissen als Erbauung- zur Theatralität der Präsentation von Wissen aus aller Welt im *Neuen Welt-Bott*)称之为"中国的一名殉道者(ein Märtyrer in China)",http://diglib. hab. de/ebooks/ed000156/id/ebooks _ ed000156 _ article11/start. htm。

〔3〕 1697 年,白晋的《中国皇帝画像》(*Portrait Historique de l'empereur de la Chine*)在巴黎出版。

46　《新世界信使》研究

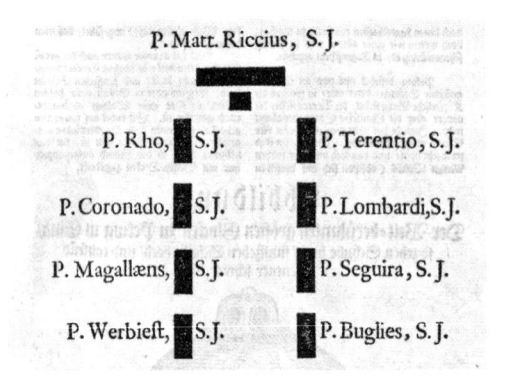

```
         P. Matt. Riccius, S. J.

    P. Rho, S.J.        P. Terentio, S.J.

    P. Coronado, S.J.   P. Lombardi, S.J.

    P. Magallæns, S.J.  P. Seguira, S. J.

    P. Werbiest, S.J.   P. Buglies, S. J.
```

北京传教士墓地

（黑色长方形：供桌；黑色小方块：石碑）

利玛窦神父

罗雅谷神父　　　　　　　邓玉函神父

郭多明神父(P. Coronado)[1]　　龙华民神父(Niccolò Longobardi)[2]

安文思神父　　　　　　　郑玛诺神父(P. Seguira)[3]

南怀仁神父　　　　　　　利类思神父

上面这幅插图展示的是18世纪早期北京传教士墓地的情况，出

---

[1] Domicique Coronatus，又名郭多敏，来华道明会会士。赵殿红：《西班牙多明我会士闵明我在华活动述论》，《暨南学报》（哲学社会科学版）2009年第5期，第124—133页。第125页提及P. Coronado："1665年5月9日在东堂去世的郭多敏。"北京滕公栅栏墓地有P. Coronado墓碑文，显示"多明我会士郭公之墓""郭先生讳多明，号西达"（林华等编：《历史遗痕》，中国人民大学出版社，1994年，第124页）。Coronado神父自述，其在顺治十年（1653）入境中国，康熙三年（1664）到山东济宁传教，参见中国第一历史档案馆、澳门基金会、暨南大学古籍研究所编《明清时期澳门问题档案文献汇编》第1册，人民出版社，1999年，第53页。

[2] 龙华民的生卒年说法不一：或说1556—1654/1655、1565—1654/1655，参见［法］费赖之《明清间在华耶稣会士列传1552—1773》，第79页，注释1、2；［法］荣振华等著，耿昇译：《16—20世纪入华天主教传教士列传》，广西师范大学出版社，2010年，第212—217页。

[3] 郑玛诺，字维信，1635年生，中国人，生于澳门，随卫匡国神父去罗马，入耶稣会，晋铎。1671年回国，1673年卒于北京，参见［法］费赖之《明清间在华耶稣会士列传(1552—1773)》，第426页。

现在《新世界信使》第 5 册第 97 号法国耶稣会士洪若翰（Jean de Fonteny,1643—1710）1703 年 2 月 15 日的信件之中。[1] 这幅插图的关联内容是洪若翰所述南怀仁神父（Ferdinand Verbiest,1623—1688）安葬事宜,记述简短。《中国回忆录》刊录洪若翰 1703 年 2 月 15 日信件没有这幅墓园图示,但记述南怀仁出殡安葬过程甚详。斯特克莱因在转译过程中有意做了大量删减,出于什么样的考虑,我们不得而知。或许他是担心那些关于中国特色葬仪的介绍,例如众人向遗体告别的方式:"但我们到达墓地门口时,大家在路中央一齐向着遗体跪下,并深拜了三下。"[2] 会让当时的欧洲读者联想到耶稣会反对者对耶稣会士的批评:过于宽容中国礼仪。

第 5 册第 97 号大钟插图　　　　　　基歇尔:《中国图说》插图

《北京的钟》插图仍然出自洪若翰 1703 年 2 月 15 日的信件,写于舟山。插图图说:中国北京世界闻名的大钟（尺寸）十法尺中国所有的钟都按照这种形状浇铸。据《新世界信使》转译洪若翰对北京大钟的文字介绍:"我们看到的还有那口大钟,重达 1 千

---

[1] 斯特克莱因主编:《新世界信使》第 5 册,第 97 号,第 9 页。
[2] 参见[法]杜赫德编《中国回忆录》第 1 册,第 268 页,第 267—268 页。

公担(Centner),10 英尺(Schuhe)宽,15 英尺高,外形看起来像一只圆筒,或者一只横切面呈圆形的钟。挂在一个用砖头和方石搭建的支架上,木质的顶棚已经被烧毁,现在上面仅用灯芯草席遮盖。"[1]《中国回忆录》所译洪若翰 1703 年 2 月 15 日信件没有出现这幅大钟插图,有关北京大钟的译文如下:"我们去看了著名的北京的大钟楼,有人向我们肯定地说,此钟重达几十万公斤。钟的形状为圆筒形,直径有十法尺。根据中国通常的比例,大钟的高度是宽度的一倍半。它被吊挂在由砖与方形石块砌成的台基之上。自其木结构的楼顶被烧毁后,它仅由一个草席顶覆盖。"[2] 相较之下,据《新世界信使》所译内容较为合理一些。

从形制上看,洪若翰所见很可能是北京城钟楼悬挂的大钟,不过《新世界信使》插图所见大钟的下部边缘呈圆形,明初以后铸成的中国钟,底部略有外扩,如明永乐年间铸成的三口大钟的底部边缘皆是如此。德意志耶稣会士基歇尔(Athanasius Kircher,1601/2—1680)在所著《中国图说》中将北京的大钟与埃尔福特的大钟进行了对比,相关信息被认为出自奥地利会省耶稣会士白乃心(Jean Grueber,1623—1680)的报告,信息源则是时任钦天监官员的耶稣会士南怀仁写给白乃心的信件。[3]

康熙御赐北京耶稣会士教堂的著名对联"无始无终先作形声真

---

[1] 斯特克莱因主编:《新世界信使》第 5 册,第 97 号,第 10 页。Centner,现代德语 Zentner,在德国 1 公担为 50 公斤,在瑞士为 100 公斤;Schuhe,现代德语 Schuh,参见潘再平主编《新德汉词典》,上海译文出版社,1999 年,第 1372、1037 页。

[2] [法]杜赫德编:《中国回忆录》第 1 册,第 259—260 页。

[3] 参见[德]阿塔纳修斯·基歇尔著、张西平等译《中国图说》,大象出版社,2010 年,第 384—385 页。基歇尔著作原名 *China Monumentis, Qua Sacris quà Profanis, Nec non variis Naturæ & Artis Spectaculis, Aliarumque rerum memorabilium Argumentis Illustrata, auspiciis Leopoldi Primi, Roman. Imper. Semper Augusti, Munificentißimi Mecœnatis*(Amstelodam:Apud Joannen Janssonium à Waesberge & Elizeum Weyerstraet,1667),即《中国,通过其神圣的、异教的碑刻、自然事物、技艺及其他发明来说明》,简称《中国图说》。

第一章 耶稣会辑刊《新世界信使》概况　49

第 5 册第 107 号图片上端文字：　　《中国回忆录》第 2 册，
"北京耶稣会士宫廷教堂的碑文"　　第 31、32 号文献之间的插页

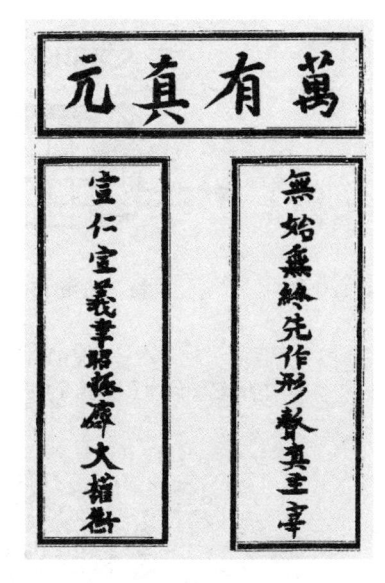

主宰 宣仁宣义聿昭拯济大权衡"，横批"万有真元"，作为配图出现在《新世界信使》第 5 册第 107 号文献之中。第 107 号文献专文介绍法国耶稣会士北京教堂的御赐对联，汉字图片及文字介绍皆转引自《奇异并富有教益的书信》，[1]文献标题"中国皇帝敬崇天主的三幅题词，镌刻在北京法国耶稣会士教堂门楣及柱子之上"。斯特克莱因不谙中文，负责刊刻的工匠估计同样不谙汉字，用于印刷的汉字字符笔画不流畅，对联文字有缺漏。上下联各有两个汉字缺失："权衡"和"主宰"。

《中国轿子》和《北京城简图》出现于波希米亚会省耶稣会士严嘉乐 1717 年的中国来信。[2]

---

[1] [法]杜赫德编：《中国回忆录》第 2 册，第 44 页。
[2] 严嘉乐第二封信，1717 年 3 月 19 日，落款是北京见斯特克莱因主编《新世界信使》第 7 册，第 156 号，第 22 页。中译本参见[捷克]严嘉乐《中国来信（1716—1735）》，第 4 号信。

第 7 册第 156 号文献配图

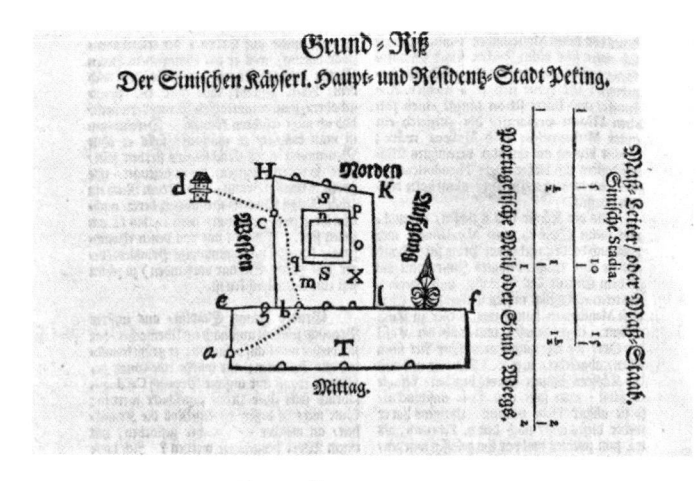

第 7 册第 156 号文献配图

  来华法国耶稣会士杨嘉禄(Patris Jacques,1688—1728)1722 年 11 月 1 日的广州来信,内容丰富,配有奇鸟怪兽图、中国各地天空出现的十字架异象图。[1] 斯特克莱因编译这封信件的时候进行了大刀阔斧的删减,例如信件开头杨嘉禄对海上旅行的很多细节描述,斯科特莱因仅用一句话概述:"造成旅行如此乏味的原因是我们在两座法属岛屿上的逗留,后者更加无趣。"[2] 不过,斯特克莱因认可杨嘉

---

[1] 杨嘉禄 1722 年 11 月 1 日致信修道院院长拉法埃利思(Raphaëlis)信件,见斯特克莱因主编《新世界信使》第 9 册,第 226 号,第 16—22 页。上述单幅插图出现在第 16、17 页之间。中译本载[法]杜赫德编《中国回忆录》第 2 册,第 51、260—280 号,插图出现在第 268、276、278、279 页。

[2] 杨嘉禄 1722 年 11 月 1 日信件,见斯特克莱因主编《新世界信使》第 9 册,第 226 号,第 16 页。

禄法文信件中的配图。

与法文本辑刊杨嘉禄信件的配图相比,《新世界信使》的配图有细微改变。斯特克莱因可能是为了节省版面,他整合了杨嘉禄书信中的 3 幅插图,删去了法文本中在 4 个十字架图样下添加的注释：空中十字架出现的地点、时间、景象细节。同时在页面左上角增加了不属于该信件的圆形方孔钱币图样。钱币图样来自第 225 号信件,即方济各会士康和子（Carlo Horatii da Castorano，1673—1755）的中国来信（1722 年 9 月 8 日写于北直隶临清州）配图。

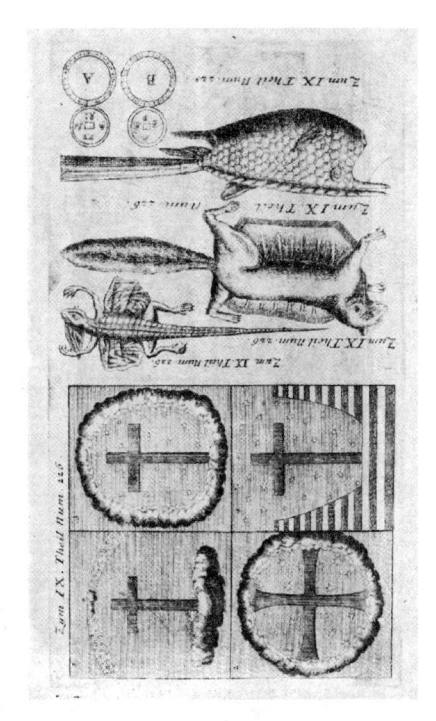

第 9 册第 225、226 号文献配图

康和子来自教廷传信部（Sacra Congregation de Propaganda Fide）,长期在山东地区传教。在这封信中,康和子介绍在中国发现的疑似公元 266 年或 536 年的钱币。中国铜钱形制,有方孔,一面印有圣母玛利亚像,图案与当时的赦罪芬尼币（die Ablaß-Pfenning）接近。钱币上印有年号"太平（Tai-ping）",康和子推断是中国历史上出现过该年号的两个时期,可以证明基督教早已在中国存在。

《新世界信使》最后一幅插图以中国元素结束。图案显示是一枚中国铜钱的正反面,是来华奥地利会省耶稣会士南怀仁信件的配图。

铜钱正面汉字显示为乾隆通宝,另一面的满文标明铸币地点,左侧是满文"宝",右侧从字形上分析是满文"泉"字。南怀仁用作图例的或是一枚乾隆年间户部所属铸币厂——宝泉局铸造的铜钱。

除了中国,另一个文明古国埃及,也是《新世界信使》编撰者关注

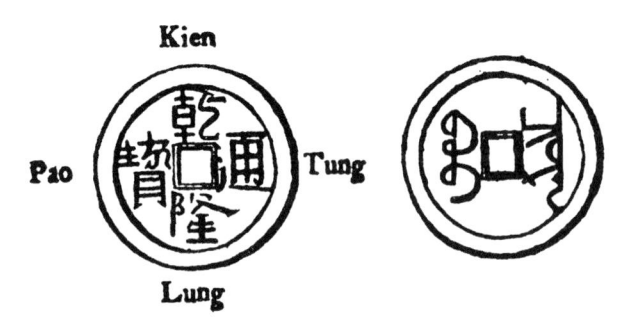

第 35 册第 689 号文献配图

的重点,斯特克莱因不仅刊印了埃及全境地图,第 2 辑第 10 册第 251 号的 3 幅插图也异常精细。[1]

第 10 册第 251 号插图一

插图由左右两部分图案组成。右边是一座古老的太阳神庙,石头建造的拱门,作过实地考察的西加德(Claudius Sigard)神父将其比拟为"大教堂穹顶的镶边"。石头墙上有各种各样的图案,正文中对

---

[1] 斯特克莱因主编:《新世界信使》第 10 册,第 251 号,西加德神父于 1716 年 6 月 1 日,在开罗写给图卢兹(Thoulouse)伯爵亚历山大(Ludwig Alexander)的信。

这些图案进行仔细说明：正面高处光芒四射的太阳，两座真人大小的神父像，戴着尖顶高帽，伸出手指触摸太阳光芒的末端。两座体量稍小的神父像，同样戴有帽子，站在他们旁边，手里端着两大杯饮品。太阳图案的正下方，有3只被屠宰的绵羊，分别被摆放在3座火堆上，火堆下是7只双耳罐。太阳的右边，两位神父的对面是两名女性，站在两名侍女中间，"她们的头部很可能是被阿拉伯人用榔头敲掉了"。[1]

插图左侧是一个立柱，文字说明：Columna Alexandro Severo Antinoa posita；Saüle Kaysers Alexandri Severi zu Antinoa（安提诺亚历山大·塞维鲁皇帝立柱）。[2] 其外形与今天的图拉真圆柱、马可奥里略圆柱（Column of Marcus Aurelius/Columna Centenaria Divorum Marci et Faustinae）类似。据西加德神父介绍，阿拉伯人称安提诺为 Ansina。安提诺城到处都是立柱支撑的回廊，这种结构的好处在于可以不必担心日晒雨淋。[3]

第 10 册第 251 号插图二：
安提诺的南门、北门

第 10 册第 251 号插图三：埃及
Aschamunaim 的古老立柱

西加德神父对埃及的叙述显然是斯特克莱因所欣赏的。《新世界信使》第 19 册第 317 号刊录了西加德神父从开罗前往西奈山（称 Horeb 或 Sinai）的旅行日志，并配有插图。

日志正文中对插图中各处名称详细解析，图上数字是西加德神

---

〔1〕 斯特克莱因主编：《新世界信使》第 10 册，第 251 号，第 63 页。
〔2〕 按：亚历山大·塞维鲁，古罗马塞维鲁王朝的末代皇帝（208—235），222—235 年在位。
〔3〕 斯特克莱因主编：《新世界信使》第 10 册，第 251 号，第 61 页。

第 19 册第 317 号文献配图

父所标注，字母则是斯特克莱因根据其他的游记加以标注的。

《新世界信使》第 20—28 册没有出现插图，直到科勒接手编撰这部辑刊，插图才重新出现，用以丰富读者的阅读信息，尽管插图数量极其有限，除了南怀仁神父中国来信配图（中国钱币），只有第 30 册第 606 号法国耶稣会士卡尔梅特（Calmette）发自 Mogor、马杜拉的信件配有插图，这些信件的收信人是杜赫德神父。来华法国耶稣会士多有专文介绍中国特色物产，卡尔梅特此封信件与此类似，以专文介绍印度的特色物产——Salagramam，"印度最著名的一种石头"。[1]

除了地图与插图，《新世界信使》出现了数量可观的列表，展现的是世界各地不同的历史纪年，斯特克莱因有意进行分类和比较研究。斯特克莱因的历史纪年研究是德国学者杜尔目前进行《新世界信使》研究的重点。中国的历史纪年方法独树一帜，与欧洲并欧洲以外地

---

[1] 科勒主编：《新世界信使》第 30 册，第 606 号，第 44 页。Calmette 信中介绍了关于 Salagramam 的传奇，实物的形状、这种石头中发现的蠕虫、贝壳化石等等，并声称婆罗门崇敬这种石头。

区的纪年方法差异明显,斯特克莱因不惜篇幅,在第 12 册和第 16 册中详细刊录了明清帝王世系年表,并将世界各地包括中国历史纪年法逐一列表。

《新世界信使》出版于 18 世纪前中期,欧洲以外的冗杂信息尚未形成系统的分类,包括地图在内的丰富信息在《新世界信使》中只是被轮番展示,并未形成学术层面的专业地理研究。分类清晰的信息汇集以及进而开展的专业学科研究在 18 世纪后半叶才逐渐形成,美国学者何伟亚(James Louis Hevia)

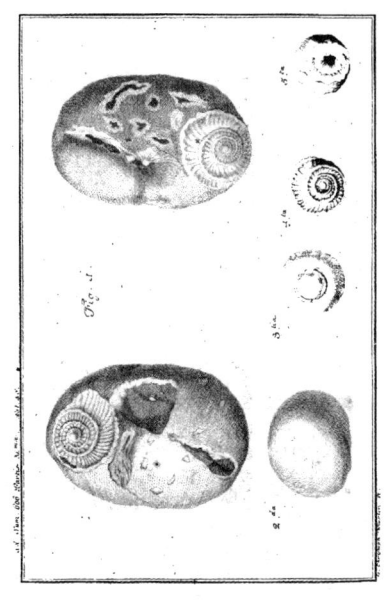

第 30 册第 606 号

以"等级制度"一词形容该现象:"全球各地的景观被收集并被置于一个意义重大的等级制度中,通过正确的描述予以比较和评价。"[1]

本 章 小 结

18 世纪之前,耶稣会士发自海外的书信、报告等文字内容,并没有被大规模公开出版,例如 17 世纪海外耶稣会士发往欧洲的"年报"。[2] 进入 18 世纪,随着欧洲知识阶层对世界各地新消息需求的扩大,海外传教耶稣会士书信、报告中的信息价值得到新的认识。海外耶稣会士的

---

[1] [美]何伟亚著,邓常春译:《怀柔远人:马嘎尔尼使华的中英礼仪冲突》,社会科学文献出版社,2002 年,第 88—89 页。
[2] 17 世纪耶稣会"年报"的最新研究,参看刘耿《17 世纪耶稣会年报研究》,复旦大学博士论文,2018 年。

书信报告中,除了教务情况汇报,还有欧洲人未曾知晓的异国风俗、地理、历史、物产、气候等多方面的大量信息。耶稣会士原本就属于欧洲知识阶层,他们注意到了此类需求,并打算利用此类需求,为耶稣会的继续发展争取舆论支持以及必不可少的财物援助,以扭转修会发展的不利态势。

耶稣会成员在 16 世纪打开了天主教进入亚洲与南北美洲地区的大门,此后经历了将近一个世纪的上升发展时期,期间虽有起伏,但总体向好。但是 18 世纪开始,无论是欧洲本土还是海外传教区,耶稣会都开始面临更大的压力和挑战。最终在 1773 年,教宗克莱孟十四世(Clemens XIV)颁布谕命,解散耶稣会(仅在普鲁士和俄国没有宣布教宗决定)。一般认为,耶稣会被打压的根本原因是其成员过多卷入世俗政治,该会成员海外传教过程中采取的灵活变通政策,招致天主教内部以及新教神学家的批评。至于耶稣会士及天主教信仰在海外传教区遭遇到的迫害,情况更为复杂,涉及各个地区的政治、文化与以天主教为表征的欧洲文明之间的接触、冲突。

从遭受来自天主教内外各种抨击直到最终被取缔的这一段时间,耶稣会尝试以文字为载体,通过"宣传手段(Propaganda)"争取舆论支持和财政资助,耶稣会的宣传工作推动了新世界信息在欧洲知识阶层的传播。公开出版的耶稣会士书信、报告中,除了各地教务情况汇报,还有欧洲人未曾知晓的异国风俗、地理、历史、物产、气候等多方面的大量信息,《奇异并富有教益的书信》以及《新世界信使》的出版,正是耶稣会宣传策略下的产物。作为海外世界丰富信息的提供者与分享者,耶稣会士与欧洲的"文学界(respublica litteraria)"[1]建立了更

---

[1] "respublica litteraria"可译为"republic of letters""commonwealth of learning""community of scholars",参见 Burke, Peter, "Eramus and the republic of letters", in *European Review*, Vol. 7, No 1, 1999, pp. 5 – 17, pp. 8 – 9 (https://www.cambridge.org/core/services/aop-cambridge-core/content/view/S1062798700003690)。1500—1800 年之间的邮政通讯变革,使得普通人得以在欧洲内部乃至欧洲以外互通信件。此类信件交换有助于人与人之间的交流与互动,当时称之为 respublica litteraria,一种建立在知识基础上的民间团体(civil socity),参见 http://www.republicofletters.net/,2020 年 2 月 19 日获取。

密切的关联。[1]

就文本类型而言,《新世界信使》属于耶稣会出版的世俗书籍。[2] 辑刊杂糅了公、私两类性质的书信,包括海外耶稣会士的年度教务报告、致省会长的信件、海外游记、写给父母和亲戚的信件、给耶稣会内外普通朋友的信件,并不严格区分。斯特克莱因称,在《新世界信使》编辑过程中,他将尽可能公允操作,以达到在爱天主的统一旗帜下,不同宗派人们之间的团结统一。他不无得意地透露,因为受到辑刊书信的强烈感召,一名神学知识渊博的抗辩宗神学家放弃《奥格斯堡信条》而归信天主教。[3]

斯特克莱因的得意有其原因,因为《新世界信使》并非首部以德语出版的传教士书信辑刊。1710 年,抗辩宗海外传教士的书信日记辑刊 *Halleschen Berichte* 出版,该辑刊出版至 1772 年结束。抗辩宗神学家能够因为《新世界信使》书信影响而改宗,也算是天主教与新教在辑刊出版领域竞争过程中的一个小小胜利。

---

[1] 参见 Dürr, Renate, „Wissen als Erbauung- zur Theatralität der Präsentation von Wissen aus aller Welt im *Neuen Welt-Bott*". http://diglib.hab.de/ebooks/ed000156/id/ebooks_ed000156_article11/start.htm。2020 年 1 月 7 日获取。

[2] 夏伯嘉指出,历史类/地理类、文学类书籍是 16—18 世纪耶稣会士最主要的两类世俗书籍,参见[美]夏伯嘉《天主教世界的复兴运动(1540—1770)》,第 200 页。

[3] 斯特克莱因主编:《新世界信使》第 3 辑篇首前言。

第二章 《新世界信使》中国来信概述

《新世界信使》文献分类中对"中国来信(Briefe aus China)"有清晰划定,因此本书统计中国来信大多依据辑刊中的原始归类。此外,有两类文献虽不包括在"中国来信"条目内,但却与中国发生关联:其一,《奇异并富有教益的书信》编撰者杜赫德的总结性汇报(转译),汇报内容以中国相关信息为主;其二,入华耶稣会士在其他地区发出的信件,如耶稣会奥地利会省成员纽介堡(Josephi Neugebauer)发自澳门的来信、刘松龄发自里斯本的信件、南怀仁发自莫桑比克和果阿的信件。上述两类文献是否可以归入中国来信范畴?笔者以为,对中国来信的界定应以信件内容为标准,如果内容与中国多有关联,应当纳入;如果内容以海外见闻为主,很少涉及中国信息,即使是来华耶稣会士所著,也不当计入。

《新世界信使》文献标号排序原则有两条:一是地点,二是时间。根据耶稣会海外来信的完成地点,以及书信完成的先后时间,进行分类放置。虽然这部辑刊更换过多名编撰人员,但斯特克莱因创设的排序原则一直得到贯彻,中国来信的编录亦是如此。

第一节 中国来信数量辨析

笔者以内容关联度为标准,统计《新世界信使》中国来信 190 份,笔者查阅的 36 册辑刊中有 27 册包含中国来信。学界对《新世界信使》中国来信的数量,看法总体一致,略有不同(考狄:185;柯兰霓:191;孙敏学:187或188),存在争议的中国来信编号列表如下。

编　　号	考　狄	柯兰霓	孙敏学	笔　者
第10号		√计入	(√)计入	
第40号	√计入	√计入		
第99号	√计入			
第433号	√计入		√计入	√计入
第507号		√计入	√计入	√计入
第521号	√计入			√计入
第703号				√计入
第742号		√计入		√计入

斯特克莱因将第10号文献归为"菲律宾群岛和周边地区来信",写信人是来自奥地利会省的瞿纱微神父(Andreas Wolfgang Koffler, 1613—1651),收信人是当时的省会长神父鲁莫尔(Joannem Rumer),写信地点是巴达维亚,时间是1642年12月3日。信件内容主要叙述印度的天气、风向;荷兰人和葡萄牙人在印度爆发的战争,以及关于双方实力和弱点的分析;对巴达维亚城和爪哇岛的介绍;马六甲的统辖权从葡萄牙人手中转移到荷兰人手中;日本5名耶稣会士为了信仰被折磨至死。这封信涉及中国的内容仅有末尾一小段,似不应归入中国来信之列。

考狄与柯兰霓将第40号文献计入中国来信。这篇文献是来华法国耶稣会士马若瑟(Joseph de Prémare,1666—1736)的导航小文,以便领航员指引船只安全通过马六甲海峡(die Meer-Enge von Malacca)以及Gobernadur海峡。[1]《新世界信使》编者判定这份导航小文与第39号马若瑟1699年2月17日广州来信完成于同一天。

---

[1]《新世界信使》第40号文献标题,该地名Gobernadur(S. 21);末尾,该地名Gobernandur(S. 22)。《新世界信使》第39号文献,马若瑟1699年2月17日广州来信,该地名Gobernadur(S. 16)。

笔者认为不应归为中国来信。

第 99 号文献是郭弼恩所写缅怀文章,回顾同会法国韦尔瑞(Antoni Verjus,1632—1706)神父的生平。韦尔瑞神父支持法国耶稣会士在东方多地的传教活动,积极为耶稣会传教士寻找贵族赞助人。该文献内容与中国关联不多。

第 433 号文献是杜赫德神父致全体法国耶稣会士的信,刊于《奇异并富有教益的书信》第 20 册篇首。该文献以中国讯息为主,其中述及苏努子殒命,1730 年 9 月 30 日左右京城地震对在京耶稣会士的影响,北直隶、山东的洪灾。德文编译者文末还就中国地图出版事项加以补充说明,可以计入中国来信。

第 521 号文献是杜赫德神父致法国耶稣会士的书信。信件包括三部分。第一部分是对一封印度 Carnate 王国来信的补充说明,末尾部分解释一幅巴拉圭地图兼及当地教务。着墨最多的第二部分关联中国传教状况及在华传教士:传教士从广州被驱逐至澳门,在京传教士试图阻止此事未果;功勋卓著的白晋神父去世;1731 年回到欧洲的龚当信神父再次前往中国,但出发后不久因病逝于西班牙境内。该文献其性质与第 433 号类似,虽不是来华耶稣会士所撰,但包含丰富的中国信息,笔者以为仍可列入中国来信。

第 550 号文献是法国耶稣会士顾铎泽(Stephani Couteux,1667/69—1731)致信某法国耶稣会士,〔1〕时间是 1730 年 2 月,叙湖广教务。当时顾铎泽秘密潜入湖广,栖身小船,开展传教工作。《中国回忆录》有该信件中译本。考狄统计之时,遗漏了这份文献。

第 30 册第 585 号,考狄与柯兰霓皆计入中国来信之列。该文献是奥地利会省成员刘松龄在葡萄牙里斯本写给弟弟的一封信,时间 1736 年 4 月 24 日。涉及中国的内容比较有限。

第 703 号书信的作者是耶稣会奥地利会省成员纽介堡,1739 年 11 月 21 日写于澳门。纽介堡信中介绍了中国传教区黯淡的传教状

---

〔1〕 有关顾铎泽生平,参看[法]费赖之《明清间在华耶稣会士列传(1552—1773)》,第 688—693 页。

况,并表示自己为了传教需要而学习绘画技艺。纽介堡原本的目的地是中国内地,几经周折,被调整前往交趾支那传教区,所以书信中提及交趾支那传教区的现状和未来前景。总共 4 页篇幅的书信,有 3 页内容与中国有关,归入中国来信似并无不妥。

第 742 号文献比较特殊,是来华耶稣会士魏继晋所写《驳哥廷根大学校长莫舍姆谬说书》。[1] 被《新世界信使》刊录之前,该文献的单行本曾于 1758 年在奥格斯堡/因斯布鲁克出版,是一部为中国传教事务辩护的小型专著。笔者认同柯兰霓看法,将其归入广义上的中国来信之列。

《新世界信使》190 封中国来信的作者/出处,如封面标题所言,部分出自原始文献,部分编译自《奇异并富有教益的书信》,数量约占总量的三分之一。另外约三分之二的中国来信/文献,由耶稣会其他会省海外传教士提供,特别是德意志地区各会省来华耶稣会士。

按照创始人罗耀拉制定的规则,所有会省统一接受总会长的领导,耶稣会士的管辖权则归属各省会长。《新世界信使》的编撰者是奥地利会省耶稣会士,他们对于德语区各会省的耶稣会士信件给予更多关注,某种程度上也是要弥补法文本耶稣会辑刊《奇异并富有教

---

[1] Henkel, Willi, „Florian Bahr(1706 - 1771), ein schlesischer Jesuitenmissionar in China und Musiker am Hof in Peking", S. 74: „gewidmet Frau Maria Theresia Gräfin von Fugger Nr. 742. Es handelt sich um die unter 1 genannte deutsche Schrift: ‚Allerneueste Chinesische Merkwürdigkeiten... 'die außer diesem Abdruck im Welt-Bott auch als selbständiges Buch erschienen ist." Bahr, Florian, *Allerneueste Chinesische Werkwürdigkeiten und zugleich gründliche Widerlegung vieler ungleicher Vergleicher Bericht und Irrungen, welche Herr Johann Lorenz Moßheim, Canzler bei der hohen Schule zu Göttingen, in seine Erzählung der neuesten Chinesischen Kirchengeschichten hat einfliessen lassen*, Augsburg und Innsbrugg: Joseph Wolff, 1758. 著作全名《中国最新事件并驳斥哥廷根大学校长约翰·洛兰兹·莫舍姆先生〈最新中国教会史〉中大量不公正的对比报道及错误》。[法]费赖之《在华耶稣会士列传及书目》译为《驳格廷根大学校长莫舍姆谬说书》,[法]费赖之《明清间在华耶稣会士列传(1552—1773)》将书名误译为《针对戈廷根大学教务长 Laurent de Mosheim 曲解魏神父有关〈中国的新教堂〉一文,而作的反驳文章》。本文随后引用该书,简称《驳谬说书》,仅注页码。

益的书信》对法国各会省以外耶稣会士书信的忽略。

明末进入中国的耶稣会传教士最初皆承认葡萄牙保教权,接受葡萄牙国王的资助,他们当中既有意大利各会省的罗明坚、利玛窦、龙华民、艾儒略等,也有来自葡萄牙各会省的罗如望、阳玛诺、曾德昭等,德语区各会省的邓玉函、汤若望、瞿安德等,当然也有法国各会省的耶稣会士,例如来自香槟会省(Champagne)的莫特尔三兄弟、[1]来自阿维尼翁修院的方德望。随着"法国国王数学家"在 1688 年来华之后,法国耶稣会士在华设立独立教区,与隶属葡萄牙的中国传教团相区分,财务和人员管理相对独立。《奇异并富有教益的书信》中国来信的绝大部分是法国在华传教团成员所撰,鲜有其他会省成员的书信。被费赖之标注为"法国人"的来华耶稣会士德玛诺(Romani Hinderer,1668/9—1744),出生于法国阿尔萨斯省,入读贝桑松的耶稣会公学,不过却是在耶稣会上德意志会省入会,入读兰茨贝格(Lansberg)初学院。[2] 他的中国来信没有收录在《奇异并富有教益的书信》,而是刊载在《新世界信使》之中。

《新世界信使》刊录来华耶稣会士方记金(Hieronymi Franchi,1667—1718)的书信,[3] 可作为该辑刊编撰者重视德意志地区各会

---

[1] Claude Motel 穆格我,1618—1671;Jacques Motel 穆迪我,1619—1692;Nicolas Motel 穆尼各,1622—1657,三人生于法国贡比涅城。参见[法]荣振华著、耿昇译《在华耶稣会士列传及书目补编》,中华书局,1995 年,第 449—451 页。费赖之所录莫特尔三兄弟的长幼顺序与荣振华有所不同。

[2] 德玛诺的出生时间,[法]费赖之《明清间在华耶稣会士列传(1552—1773)》(第 735 页)录为 1669 年,[法]荣振华《在华耶稣会士列传及书目补编》(第 310 页)录为 1668 年。德玛诺入读的耶稣会初学院,《明清间在华耶稣会士列传(1552—1773)》(第 735 页)录为"上莱茵省的美因茨初学院",《在华耶稣会士列传及书目补编》(第 311 页)修正为"兰茨贝格初学院"。本文据《新世界信使》德玛诺书信,确认德玛诺归属上德意志会省。

[3] Franchi 神父中文姓名有二:方记金、方全纪。原名有数种拼法:Girolamo Franchi、Jérôme Franchi、Hieronymi Franchi。[法]费赖之《在华耶稣会士列传及书目》(第 575 页)称"方记金",原名录为"Jérôme Franchi"。[法]荣振华《在华耶稣会士列传及书目补编》(第 243 页)称"方全纪",原名录为"Girolamo Franchi(Franki)"。另有中文名"樊记金""方级金",参见[法]费赖之《在华耶稣会士列传及书目》,第 575 页注释①。

省耶稣会士中国来信又一例证。方记金出生于意大利布雷西亚(Breschia),在耶稣会奥地利会省入会,他的存世书信皆保留在《新世界信使》。[1]

不过,受各种因素影响,仍然有不少德语区会省耶稣会士的中国书信没有收录在《新世界信使》,例如入华耶稣会士纪理安(Bernard-Kilian Stumpf,1655—1720)的书信。纪理安来自上莱茵会省,曾任钦天监监正,1714—1718年担任耶稣会远东视察员,"终其一生,他撰写了大量的信件和报告"。[2] 罗马耶稣会档案日本/中国卷收藏有纪理安寄往罗马、那不勒斯、维也纳、慕尼黑的信件和报告,但《新世界信使》没有收录纪理安的任何信件或报告,仅在第8册第193号葡萄牙神父P. Gallenfels的信件摘录中,提及纪理安身故:"1720年7月24日,来自上莱茵会省的纪理安神父在北京与世长辞,他是一位非常受爱戴的钦天监监正。是这艰难时代中国传教区的柱石,他是耶稣会的视察员(又译巡察使),康熙皇帝高度赞赏他的品格,在他去世之后,监正的位置没有给予其他人,而是他的副手,来自上德意志会省的戴进贤神父,一名在品德和学识上与逝者不相上下之人。戴进贤于1716年到达中国。"[3] 斯特克莱因为何没有刊录纪理安信件,其中原因不得而知,或许是因为他当时并不掌握纪理安寄往教会或耶稣会高层的信件。

欧洲各国的疆域边界,特别是欧洲中东部地区经历过复杂的政治地理沿革,争论来华耶稣会士的国籍意义不大。部分入华耶稣会士的出生地位于欧洲中东部以及北部地区,这些地区当时都归属神圣罗马帝国。例如刘松龄出生于今天斯洛文尼亚的首都卢布尔雅

---

[1] 参见[法]费赖之《明清间在华耶稣会士列传(1552—1773)》,"方记金"条目,第674—678页。

[2] [德]柯兰霓著,余三乐译:《纪理安——维尔茨堡与中国的使者》,《国际汉学》2004年第2期,第152—173页,第159页。

[3] 斯特克莱因主编:《新世界信使》第8册,第193号,第18页。费赖之称《新世界信使》第217号第65页谈到纪理安去世,夸赞其"博学多能,助人为善",有误。第217号文献是奥地利会省的拉维纳(Josephi Lovina)神父写给斯特克莱因的信件,时间是1724年4月20日,完成地点是土耳其。

那,在奥地利会省入会,《新世界信使》中收录刘松龄书信数量共计八封。另一位来华耶稣会士魏继晋出生于波希米亚,加入耶稣会波希米亚会省,该地区今天隶属捷克。《新世界信使》的编撰者并不强调耶稣会士的"国籍",这一方面与18世纪前半期欧洲民族国家的思潮尚未兴起有关,另一方面可能也与耶稣会创始人罗耀拉的创会宗旨有关。

法国学者考狄以为,斯特克莱因及继任者编撰的《新世界信使》是《奇异并富有教益的书信》的德语版,该说法不尽准确。斯特克莱因认同法国耶稣会士郭弼恩、杜赫德对海外传教士书信、报告的编撰理念、取舍标准,实践操作中也大量编译出自《奇异并富有教益的书信》的内容,但并不是简单的转译,几位编撰者不仅关注德语区读者的需求,也注重辑录法国耶稣会士不予采用的其他会省耶稣会士,尤其是耶稣会德语区各会省传教士的海外书信与报告。[1] 因此,《新世界信使》是依照法国耶稣会士辑刊的样式,扩充信息来源编订而成的同类辑刊。[2] 斯特克莱因和他的同会成员希望德语区的大众读者能够更好地接收到来自新世界的丰富信息,而不仅仅是娴熟掌握法语的社会中上阶层。

第二节 转译《奇异并富有教益的书信》

法国国王路易十四在17世纪末派出五位"国王数学家"前往中

---

[1] 柯兰霓将耶稣会德语区各教省的传教士称为"神圣罗马帝国的传教士"。Collani, Claudia von, „Stöcklein, Joseph". In *Neue Deutsche Biographie* 25 (2013), S. 384-385.

[2] Lederle, Julia, *Mission und Ökonomie der Jesuiten in Indien = Intermediäres Handeln am Beispiel der Malabar-Provinz im 18. Jahrhundert*, Wiesbaden, Harrassowitz Verlag, 2009, S. 36-37; Heyden, Ulrich van der/Liebau, Heike (hrsg.), *Missionsgeschichte, Kirchengeschichte, Weltgeschichte: christliche Missionen im Kontext nationaler Entwicklungen in Afrika, Asian und Ozeanien*, Stuttgart: Steiner Verlag, 1996, S. 227.

国,自此以后,法国耶稣会士在中国表现活跃,他们除了服务传教事业,还从事大量的学术、科研活动。在华法国耶稣会士发回欧洲的信件在 18 世纪初陆续公开出版,成为欧洲人了解中国信息的重要渠道。斯特克莱因以及其继任者不打算回避对此类法文本书信的利用。

1702 年,负责东方国家法国耶稣会士庶务的郭弼恩编写了第一卷包含中国和东印度丰富信息的辑刊,命名为《耶稣会某些传教士写自中国和东印度的书简》。1703 年,该书简集推出第二卷,命名为《奇异并富有教益的书信》,该卷的"选刊范围也扩大到世界各地耶稣会士的书简",[1] 但更多的还是世界各地法国耶稣会士寄回欧洲的书简,并不收录例如德意志地区各会省耶稣会士发自中国的书信。

法文本耶稣会辑刊的出版时段从 1702—1776 年,核心阶段是郭弼恩、杜赫德神父主编时段,即 1702—1743 年完成的前 26 册。《奇异并富有教益的书信》此后出现多种改编版本,1780—1843 年间,共有 4 个改编版面世。1780—1781 年出版的第一个改编本,"其特点是所有书简均按寄发地做了分类"。[2] 以书信寄出地点归类信件,是《新世界信使》贯彻始终的编撰原则之一。改编版本的《奇异并富有教益的书信》借鉴了德文本辑刊的分类方法,以使数量众多的信件得到有序呈现。

《新世界信使》中国来信当中,译自《奇异并富有教益的书信》的书信和文献数量计有 67 份,[3]《中国回忆录》中能够找到其中的 64 份。[4]

---

[1] [法]杜赫德编:《中国回忆录》第 1 册,序言。
[2] 同上书,第 13 页。
[3] 柯兰霓统计的数量是 55 份。Collani, Claudia von, „Der Neue Welt-Bott. A Preliminary Survey", p. 19.
[4] 中译本《中国回忆录》即此类改编版本之一,1819 年里昂出版,14 卷本。该版本的中国来信及涉中内容"约占六卷(第 9 至 14 卷),……第 9 至 13 卷被改编者称为'中国回忆录',第 14 卷则称为'两印度和中国回忆录'",参见[法]杜赫德编《中国回忆录》第 1 册,第 14 页。

册　数	编　号	书信作者	《中国回忆录》编号
第2册	39、41、42、43	马若瑟、白晋、马若瑟、傅圣铎	14、15、16、17〔1〕
第3册	65、66、69	汤尚贤、沙守信、傅圣泽	18、19、20
第4册	83、84、88、89	卫方济〔2〕、沙守信、杜德美、骆保禄〔3〕	21、22、25、26(27)〔4〕
第5册	97、98、106、107〔5〕	洪若翰、洪若翰、殷弘绪	23、24、31
第6册	128/129、132、135、136、138	白晋(摘要)/巴多明(摘要)、殷弘绪、巴多明、殷弘绪、冯秉正	32、36、38、39、40
第7册	153、158、159、163、164〔6〕	孟正气、冯秉正、未署名、卜文气、殷弘绪	41、42、43、45、46
第8册	188、189	杜赫德(无中译本)、殷弘绪	47

〔1〕《中国回忆录》中,该信件作者为"宋若翰"。这名法国耶稣会士又名"傅圣铎",参见[法]费赖之《明清间在华耶稣会士列传(1552—1773)》,第661页。
〔2〕卫方济(François Noël,1651—1729)。费赖之将卫方济神父的国籍定为比利时,该名传教士出生于比利时的Hestrud城,入耶稣会高卢比利时(Gaule-Belgique)会省的图尔内(Tournai)初学院,参见[法]费赖之《明清间在华耶稣会士列传(1552—1773)》,第479页。
〔3〕骆保禄(Jean-Paul Gozani,1647—1732),出生于意大利的卡萨尔(Casal),入耶稣会米兰会省。1694年来华,对中国境内的犹太教徒有过深入考察,参见[法]费赖之《明清间在华耶稣会士列传(1552—1773)》,第552—553页。
〔4〕《中国回忆录》编号27号文献"关于骆保禄神父信件的几点说明",与《新世界信使》骆保禄神父信件(第89号)附录关于骆保禄神父信件的补充说明有较大差别,本文稍后会介绍。
〔5〕《新世界信使》第107号是康熙皇帝御赐北京天主教堂的三幅题词并德文解释,本文第一章第三节曾加以介绍。《中国回忆录》第2册,第31、32文献之间插页,没有编号。
〔6〕《新世界信使》第164号殷弘绪信件,完成时间1719年10月19日,有误。《中国回忆录》标注完成时间为1720年10月19日。1720年6月,京畿地震发生,殷弘绪信中谈及在北堂亲历地震凶险。

(续 表)

册 数	编 号	书信作者	《中国回忆录》编号
第9册	220、222、223、224、226、227	未署名、朱耶芮、未署名、殷弘绪、杨嘉禄、宋君荣	44、48、49、50、51、52
第12册	288、289、291、292	巴多明、巴多明、巴多明、冯秉正	53、54、56、55
第15册	338、339、340	巴多明、巴多明、龚当信	57、58、63
第19册	411、412、414、415	巴多明、巴多明、龚当信、马若瑟	59、67、68、69
第21—22册	430、431、432、433、434	殷弘绪、殷弘绪、殷弘绪、杜赫德(无中译本)、巴多明	64、65、66、60
第25册	521、522、523	杜赫德(无中译本)、冯秉正、卜文气	75、76
第27册	546、547、550	巴多明、冯秉正、顾铎泽	61、77、70
第30册	573、574、583	龚当信、殷弘绪、巴多明	71、78、62
第32册	623、624、625、626、627、628	巴多明、巴多明、巴多明、沙如玉、殷弘绪、卜纳爵	84、80、83、85、81、86
第34册	670、671、679	纽若翰、君丑尼、王致诚	89、88、91

《新世界信使》转译的《奇异并富有教益的书信》中国来信,包括匿名作者在内共计27名作者,除了卫方济(耶稣会高卢比利时会省)、骆保禄(耶稣会米兰会省)之外,其余皆为法国耶稣会士。

《新世界信使》转译在华法国耶稣会士信件，最早始自马若瑟1699年写于广州的信件，最晚的是宫廷画家王致诚（Jean-Denis Attiret，1702—1768）1743年的信件。转译数量最多的为宫廷耶稣会士巴多明（Dominique Parrenin，1665—1741）的书信，多达15封。改编版收录巴多明信件18封，费赖之判定，《奇异并富有教益的书信》刊载的巴多明信件，除了1734年10月29日巴多明致某神父的信之外，其余皆已译成德文，收录在《新世界信使》。[1]费赖之上述说法不完全准确。笔者查核后发现，《中国回忆录》巴多明神父1730年8月11日写给法国科学院德·梅郎先生（M. Dortous de Mairan）的信，也没有出现在《新世界信使》之中。

除了表格中涉及的15封信件，《新世界信使》还收录有巴多明的一封短函（《新世界信使》第13册第310号），1819年法文改编版不载。该短函是巴多明致某好友的一封信，1724年11月11日写于北京。书信中记述了巴多明与雍正的对话，巴多明请求雍正允许方济各会士Nicolao Tomacelli神父和Dionysio Gagliardi（外科医生）返回欧洲，皇帝允许并给予两人一定赏赐。

巴多明的中国来信大致可以分为三个主题：苏努家族殉难记及后续、北京耶稣会士的活动、中国百科知识。康熙晚期，满洲亲贵苏努家族多名成员信奉基督教，该家族在雍正继位之后受到严厉打压，苏努家族成员的悲惨境遇，一直得到在华耶稣会士的关注，在京耶稣会士对苏努家族后人多有财物支持。巴多明以系列报导形式叙述了奉教苏努家族成员的故事。[2]《新世界信使》全文转译了这部分信件。苏努家族的命运也因为耶稣会士的报告，在欧洲社会广为人知。在华耶稣会士收到欧洲的捐助之后，时常会告知捐助人，捐款中有一

---

[1]〔法〕费赖之：《明清间在华耶稣会士列传（1552—1773）》，第606页。

[2]〔法〕杜赫德编：《中国回忆录》第3册，第56—61号。19世纪，巴多明系列信件被作为单行本发行，"信七件，叙述清朝宗室一亲王家庭因信奉圣教而蒙难，备受折磨的经过。这七件书信合订一册，12开本，于1830年里昂刊行，题为《英雄教徒》。这七信均发自北京，时间在1724年至1736年"。〔法〕费赖之：《明清间在华耶稣会士列传（1552—1773）》，第604页。

部分用于援助受迫害的苏努家族后人。

当然,除了法国耶稣会士的报告,其他在华耶稣会士对苏努家族命运的汇报也被收录在《新世界信使》。如葡萄牙耶稣会士苏霖(Josephi Suarez,1656—1736)1727年10月13日写于北京的一封信,讲述奉教满族亲贵苏努家族命运;[1]波希米亚会省耶稣会士严嘉乐致信波希米亚会省会长(1727年11月28日写于北京),[2]述及苏努家族命运,内容与苏霖、巴多明信中所述内容大致相同。

《中国回忆录》巴多明1736年10月22日的信件,除了讲述苏努家族奉教成员被流放后的遭遇、新皇帝乾隆对待基督教传播的态度之外,文后还有一篇冗长的附录,文字呈现典型的护教、宣教作品风格,名为《若望亲王[3]归信基督教的动机》。这篇附录很可能是1819年法文改编版的增补内容。1755年出版的《新世界信使》第30册第583号基本全文转译巴多明1736年10月22日的信件,但并未提及该长篇附录。

捷克学者曾经批评斯特克莱因在处理手头的耶稣会士信件时,进行大刀阔斧的删减,"他常将两三封信甚至十几封信的内容摘要归拢在一起,而把他认为不太有意思的东西略去"。不仅是斯特克莱因,另一位普洛斯特也将他认为不够有新意或者多有重复的文献内容进行删减。[4]对于巴多明的信件,斯特克莱因同样有所删减,程度有所区别,如叙述苏努家族成员命运的系列信件,几乎是全文转译,只是信件开头部分的小段落被省略。

巴多明与法国科学院学者的多封通信,介绍中国百科知识、在华传教士的科学实践等等,足以引起普通欧洲读者的浓厚兴趣。例如1723年5月1日巴多明写给法兰西科学院学者的第二封信,介绍中国特色植物冬虫夏草、三七、大黄、阿胶,比较中欧植物种类差异,等

---

[1] 斯特克莱因主编:《新世界信使》第17册,第380号。
[2] 斯特克莱因主编:《新世界信使》第19册,第413号。
[3] 按:苏努第三子苏尔金。
[4] 参见普洛斯特主编《新世界信使》第25册,前言第2页。

等。巴多明在1735年9月28日、1740年9月20日写给科学院成员梅郎的长篇信件同样富有趣味,能够满足欧洲知识阶层对中国满满的好奇心,斯特克莱因看重这部分信件的价值,基本做到全文转译。

巴多明去世之后,同会沙如玉神父(Valentin Chalier,1697—1747)的追思文章也被《新世界信使》全篇转译,[1]编者科勒在追思文章的篇首添加了一段说明:"巴多明神父用他充满趣味和知识的信件,为现在的这部著作贡献良多,《新世界信使》为此献上谦恭的感谢,这里谨将沙如玉神父以法语写的赞誉译成德语。我有理由期望,以下的叙述能让读者感到开心和喜悦。"[2]由此可见《新世界信使》编者对巴多明的认可。

《新世界信使》中收录法国耶稣会士殷弘绪中国来信共计11封,数量仅次于巴多明。《中国回忆录》收录殷弘绪的信件14封,时间从1704—1736年。未被《新世界信使》转译的殷弘绪信件包括1704年写于饶州的第一封信、1712年8月27日殷弘绪致耶稣会中国和印度教区视察员奥里(Orry)神父的信件。殷弘绪1712年的信件,介绍他在江西教区的工作以及饶州、景德镇的教务发展。也许在斯特克莱因看来,有关中国非重点传教地区的事务性汇报,普通大众读者不会特别感兴趣。巴多明、殷弘绪对中国特色物产、技艺等的细致介绍,才是18世纪欧洲读者感兴趣的主题,斯特克莱因以及其法国会友都注意到了这一点。

《新世界信使》第106号是殷弘绪写给耶稣会法国传教会中国和东印度地区总巡察员(General-Provuratotrem, gesamter Französischen Missionen Societ. Jesu in China und Ost-Indien)的信件,写信时间是1709年7月17日。《中国回忆录》第2册第31号收录同一信件,记录写信时间是1707年7月17日。费赖之著作中译本《明清间在

---

[1] [法]杜林德编:《中国回忆录》第4册,第85号,第238页。沙如玉神父信件的写作时间是1741年10月10日,《新世界信使》的记录是1741年9月10日。但信中内容显示,巴多明去世的时间是9月27日,所以《新世界信使》的记载有误。

[2] 科勒主编:《新世界信使》第32册,第626号,第48页。

华耶稣会士列传(1552—1773)》,译者在注释部分称:《新世界信使》记录的 1709 年不确,应为 1707 年。笔者对此有不同意见。因为殷弘绪在这封信中提及康熙废太子一事。康熙第一次废皇太子在康熙四十七年(1708),所以殷弘绪这封信的撰写时间不可能早于 1708 年。

殷弘绪 1709 年 7 月 17 日信件篇幅庞大,斯特克莱因的修改工作亦十分惊人,他不仅颠倒了信件的叙述顺序,而且进行大范围的改写和删减,编撰自由度过高,导致信件几乎失去本来面目。不过,这样的"肆意"编删并没有用于处理殷弘绪的全部信件。殷弘绪详细介绍中国瓷器制造(1712 年 9 月 1 日)、种痘方法(1726 年 5 月 11 日)的信件,斯特克莱因基本做到了逐句对译,仅有少量词句微调。

殷弘绪的信件大部分出现在斯特克莱因主编的《新世界信使》前 24 册,此后,只有科勒主编的第 30 册和第 32 册各出现一封殷弘绪的信件。

《新世界信使》第 574 号转译殷弘绪写于 1734 年 11 月 4 日的信件,收信人是同会某神父。[1] 信件内容丰富,谈到了中国各种特色工艺方法,例如人工培育优质珍珠、修补瓷器、恢复藤椅光泽、修补旧画作、做旧铜质器皿、制香、从植物中提取水银、将铅转变为锡等等,结尾部分主题有所改变,叙述一则以点金术为名的团伙的诈骗故事,兼及一名炼金术士的归信。科勒保留了这封长信的绝大部分内容,仅删去结尾部分的团伙诈骗故事。这则故事从文风和内容判断,似乎出自明清通俗小说。

《中国回忆录》译文存在的瑕疵,也可以通过《新世界信使》得到纠正。以巴多明 1735 年 9 月 28 日信件为例,列举一二。《中国回忆录》译本:"人们到处都能看到和尚与佛塔,而皇帝的数目依然比其前世们更多地成倍增加。"[2]《新世界信使》译文:"作为错误学说支持

---

[1] [法]杜赫德编:《中国回忆录》第 3 册,第 78 号,称收信人是杜赫德神父。
[2] [法]杜赫德编:《中国回忆录》第 4 册,第 80 号,第 134—135 页。

者的和尚们遍布各地,他们的数量增加许多,特别是当朝皇帝的身边。"[1]《中国回忆录》:"这也许是人口已经稠密的日本,没有剩余粮食了;或者是自它闭关以来,受到了过多的当众羞辱。"[2]《新世界信使》译文:"部分是因为今天的日本人口已经十分稠密,没有多余的生活物资;部分是因为他们的海港对外国人关闭。有胆量去那里的中国人,面对的贸易环境十分糟糕,在日方准许之下方能购买面包或谷物。"[3]

殷弘绪的信件同样存在这样的翻译瑕疵。例如殷弘绪在1726年7月26日写给杜赫德神父的信件。《中国回忆录》译本:"每年,我们都向您报告我们给大批弃儿或死婴付了洗。"[4]这句译文显然不妥。为死婴施洗不是天主教的传统。依据《新世界信使》完成的译文:"您每年都会收到孩童受洗的数量报告,这些孩子是出生后不久,被他们的父母丢弃在街头巷尾,全中国随处可见这样的弃婴现象,特别是在人口密集的城市,我们的传道员(Catechisten)和其他合格的基督徒在这些孩子死前为他们施洗。"[5]

《中国回忆录》所据是1819年《奇异并富有教益的书信》改编版(里昂十四卷本)"中国回忆录"(第9—13卷)以及第14卷"两印度和中国回忆录"的相关内容。1819年法文改编版不载的在华法国耶稣会士编写或翻译的文献也可以在《新世界信使》中得到补充,如《新世界信使》第21—22册第429号"1722年12月20日《康熙遗诏》",译者为法国入华耶稣会士张貌理(Mauritum du Baudory,1679—1732),[6]时间是1723年4月24日。《遗诏》正文后,斯特克莱因增加了两个附录:《一位中国传教士对于上述诏书的感想》《〈新世界信

---

[1] 科勒主编:《新世界信使》第32册,第624号,第21页。
[2] [法]杜赫德编:《中国回忆录》第4册,第80号,第143页。
[3] 科勒主编:《新世界信使》第32册,第624号,第26页。
[4] [法]杜赫德编:《中国回忆录》第3册,第64号,第197页。
[5] 斯特克莱因主编:《新世界信使》第21—22册,第430号,第6页。
[6] 张貌理,法国耶稣会士,1712年来华,逝于广州,生平参见[法]费赖之《明清间在华耶稣会士列传(1552—1773)》,第758—761页。

使〉关于康熙皇帝诏书的注释》。

《一位中国传教士对于上述诏书的感想》是以中国传教士的口吻继续为中国传统礼仪辩护,否认其中有迷信成分:"诏书中不无迷信思想——敬天、拜先祖。答:诏书的迷信色彩不假,不过,'拜上帝(Poei-Tschang-ti)'是君主特权,百姓只是敬拜祖先。"[1]

《〈新世界信使〉关于康熙皇帝诏书的注释》,是斯特克莱因所做的文字说明。他凭借自己博览群书、知识面宽广的优势,在拥有《康熙遗诏》译本七年之后,将其译为德文,并为了便于读者理解,补充了一些他认为正确的说明:雍正皇帝对佛教僧侣的喜爱,一如他的父亲对欧洲人的喜爱;诏书中所说皇帝拥有"四海"只是一种文辞,并不是真实情况;中国王朝的纪年方式;中国占统治地位的教化学说(Sitten-Lehren)不在意灵魂的永恒,与基督教学说大相径庭;巴别塔倒后,"诺亚(Noë)及其后裔迁居各地,从幼发拉底河到黄河流域都有分布"。出于对《圣经》古史记录的信任,斯特克莱因相信诺亚后裔为中国人先祖,但又缺少证据证明中国上古帝王世系记录有误。[2]《圣经》所记人类历史与中国上古史记录之间的时间出入,斯特克莱因无法给出合理解释。上述出入也是启蒙时代早期欧洲知识阶层就世界历史、基督教纪年历史观展开激烈讨论的由来。[3]

除了来华法国耶稣会士发自中国的书信,《新世界信使》的编者还转译《奇异并富有教益的书信》编者杜赫德刊于法文本书简集的三封致全体法国耶稣会士的信。以1819年《奇异并富有教益的书信》改编版的"中国回忆录"似乎并未收录杜赫德的这部分书信。

《新世界信使》第21—22册第433号(载《奇异并富有教益的书信》第20册篇首)杜赫德致全体法国耶稣会士的信,该书信体报告是一份中国报导,重点包含有:奉教亲贵苏努家族成员的近况;北京发

---

[1] 斯特克莱因主编:《新世界信使》第21—22册,第429号,第4页。
[2] 同上书,第5页。
[3] 中国上古史纪年在17—18世纪欧洲知识阶层当中引发的争论,参见吴莉苇《当诺亚方舟遭遇伏羲神农:启蒙时代欧洲的中国上古史论争》,中国人民大学出版社,2005年。

生的地震;在京耶稣会士的生活与工作状况,特别记述雍正皇帝的一次接见;介绍中国舆图系列在巴黎的刊印进展。

《新世界信使》第25册第521号(载《奇异并富有教益的书信》第21册):杜赫德致法国耶稣会士的信,其中多有关于中国传教区的情况介绍:传教士从广州被驱逐至澳门,法国耶稣会士白晋去世,龚当信自欧洲返回中国前夕去世。

《新世界信使》第30册第582号(载《奇异并富有教益的书信》第23册):杜赫德致信法国耶稣会士,涉及中国的内容包括:中国皇帝雍正去世、雍正统治期间对基督宗教无情且厌恶、乾隆登基、因为谣言诱发对基督徒的迫害、在京传教士呈递求情折、皇帝对传教士示以善意、葡萄牙耶稣会士苏霖去世。

《奇异并富有教益的书信》中国来信的提供者绝大多数是在华法国耶稣会士,非法籍耶稣会士卫方济与骆保禄的信件作为特例出现在其中,原始文献使用的语言分别是拉丁文与葡萄牙文。《新世界信使》编撰者斯特克莱因编译法文本的同时,可能参照卫方济与骆保禄中国来信的原文。

1703年,卫方济返回欧洲,他将中国教会发展状况报告呈交罗马耶稣会总会长。费赖之提及《奇异并富有教益的书信》与《新世界信使》皆转译过卫方济1703年报告,但并未注意到骆保禄1704年11月5日信件(介绍河南开封的犹太教礼拜堂及奉教情况)同样出现在《新世界信使》之中,仅称"附有说明"的骆保禄信件收录在法文本耶稣会士辑刊之中。[1]

《中国回忆录》第26号是骆保禄1704年11月5日信件,第27号是"关于骆保禄神父信件的几点说明"。《新世界信使》转译的骆保禄信件收录在第89号,正文后有附录,名为《关于骆保禄神父信件的几点注释(说明)》。

《新世界信使》第89号附录与《中国回忆录》第27号文献的标题

---

[1] [法]费赖之:《明清间在华耶稣会士列传(1552—1773)》,第554页。

相同,但内容存在差异。《新世界信使》第 89 号附录更为简略,针对骆保禄书信内容辅以八条注释,其中要点:开封的居民在耶稣诞生之前已经听闻福音;正面评价中国开封犹太教徒所使用的经书(《摩西五书》并其他经文),称如果加以互参,可以发现欧洲的拉比们是否对犹太圣经或是塔木德书的内容进行过篡改;将欧洲与中国犹太信徒所使用的经文互相参考的工作,推荐由在华法国耶稣会士薄贤士(Antonie de Beauvollier,1656—1708)承担;指出开封犹太会堂布置与欧洲犹太会堂的异同之处(异处:有祭坛。同处:四壁文字)、形貌特色;中国犹太人的祈祷方式;对唯一真神的称呼与当时普遍存在的穆斯林教徒一样,称"天"。[1]

《中国回忆录》第 27 号文献"说明"增加到 10 条。特别是第六条解释中国犹太人对唯一真神的称呼,增加了大量文字,注释撰写者似乎有意为困扰耶稣会中国传教团乃至东方传教团的"译名之争"进行辩解。[2]《中国回忆录》的原本是 1819 年《奇异并富有教益的书信》里昂改编版,当时被罗马教廷取缔的耶稣会尚未恢复,不排除新版编者为了争取舆论支持,借机为耶稣会洗刷"罪名"的可能。因为对耶稣会海外传教士的众多指责中,很重要的一项是以汉字"天""上帝"称呼唯一真神"Deus/God"。

1743—1776 年,《奇异并富有教益的书信》第 27—34 卷陆续出版,法国耶稣会士的中国来信继续刊登。虽然《新世界信使》的出版延续到 1761 年,但转译法国耶稣会士中国来信的工作截止 1758 年。

耶稣会士最初入华在 16 世纪中后期,承认葡萄牙国王的保教权力,接受葡萄牙国王及社会各界提供的经济援助。这样的局面持续到 17 世纪后期,1688 年宣誓效忠法国国王的法国耶稣会士来华,随后开始谋求中国划出独立的传教区。承认葡萄牙保教权与宣誓效忠法国国王的耶稣会士划定了各自在华传教区域,耶稣会会长要求双方负责人不得越界发展。1711 年 10 月,时任在华耶稣会视察员和副

---

[1] 斯特克莱因主编:《新世界信使》第 4 册,第 89 号,第 40 页,骆保禄信件附录。
[2] [法]杜赫德编:《中国回忆录》第 1 册,第 19 页。

省会长的骆保禄在写给总会长的信中称,法国人的举动有违耶稣会在华的共同利益,法国耶稣会士为了提高独立性,对耶稣会中国教区领导人的权威尊重不够。[1] 以葡萄牙国王和法国国王为代表的世俗国家对来华传教士的物质支持与赞助,是导致这一现状的主要原因。《奇异并富有教益的书信》的文献取舍体现了这样的国别差异,法国编撰者基本只选取法国耶稣会士书信,相比之下,斯特克莱因及其后继者显得更为包容,当然客观上也是辑刊编撰需要。

第三节　奥地利、波希米亚会省耶稣会士的书信

来华德意志耶稣会士的中国来信是《新世界信使》编辑重要的一手稿源,其中又以来华奥地利会省、波希米亚会省耶稣会士的书信最为集中。《新世界信使》中保留的书信是研究上述会省在华耶稣会士最重要甚至是唯一的原始文献来源。

最早一位来华奥地利会省耶稣会士,是明末追随意大利耶稣会士卫匡国(Martino Martinii,1614—1661)来到中国的瞿纱微(又名瞿安德)。瞿纱微本名安德里亚斯·沃尔夫冈·科夫勒(Andreas Wolfgang Koffler),出生于今天下奥地利的 Cremns,该城坐落在多瑙河边,距维也纳不远。[2] 斯特克莱因对其家庭背景有介绍:安德烈·科夫勒神父生于 Cremns 一个信奉路德宗的富有家庭,父亲是名商人。父亲去世后,守寡的母亲带着三名或四名孩子前往雷根斯堡,因为当时的神圣罗马帝国皇帝斐迪南二世打算废除路德宗。不

---

[1] 骆保禄1711年10月21日信件,藏耶稣会罗马档案馆,参看[美]魏若望著、吴莉苇译《耶稣会士傅圣泽神甫传:索隐派思想在中国及欧洲》,大象出版社,2006年,第177页。

[2] 斯特克莱因主编:《新世界信使》第1册,第13号,第43页。按照斯特克莱因的说法,葡萄牙人修改了瞿纱微的名字,从原来的 Andrae Wolffgang Koffler 变为 Andreas Xavier。

过,其子安德烈留在奥地利,接受了真正的罗马天主教。[1]

1642 年 12 月 3 日,瞿纱微在巴达维亚致信奥地利会省会长鲁莫尔(Joannem Rumer)神父,告知远东之旅的经过以及巴达维亚局势。瞿纱微当时搭乘一艘英国船舶前往爪哇,同行的还有 4 名耶稣会士,包括从欧洲重返中国的卫匡国。

瞿纱微来华之际,正值明清鼎革。这位奥地利神父一路追随南明政权,最终在南中国地区罹难。关于瞿纱微最后的命运,在斯特克莱因所处时代尚无统一说法。一说是在某座城市的河边被打败,一说与永历皇帝一同遇害。1665 年在奥地利维也纳刊印的书籍 *Relatin Sinensis* 以及圣安娜耶稣会初学院的一幅绘画作品显示:鞑靼人询问瞿纱微的信仰,他未置一词,指向十字圣架。鞑靼人将其砍成四段,呈十字形状。1662 年,纳达西(Johannis Nadasi)神父根据在华葡萄牙传教士提供的消息,叙述瞿纱微殉难情状与此类似。[2]

继瞿纱微之后,第二位来华的奥地利会省耶稣会士是白乃心(Jean Grueber,1623—1680)。白乃心生于奥地利林茨(Linz),1656 年从罗马出发,经陆路抵达霍尔木兹之后,换成海路抵达澳门,时在 1658 年 7 月。抵京后,白乃心会同另一位入华耶稣会士吴尔铎(Albert D'orville,1622—1662)探索中欧陆路交通线路,1680 年在匈牙利去世。[3]《新世界信使》保留了白乃心的一封信件。信件完成于 1658 年 3 月 7 日,收信人是当时的格拉茨大学校长哈芬埃克(Joannem Hafenecker)神父,写作地点是印度西部港口苏拉特(Surate),无论是信件完成地点还是信件内容,皆不属于中国来信范畴。[4]

康、雍、乾三世,入华奥地利会省耶稣会士数量明显增加,例如康

---

[1] 斯特克莱因主编:《新世界信使》第 1 册,第 13 号,第 44—45 页。斯特克莱因所据是一封于 1723 年 8 月 6 日寄自 Crembs 的信件。
[2] 纳达西神父致奥地利会省会长的信,1662 年 2 月 2 日写于罗马,见斯特克莱因主编《新世界信使》第 9 册,第 219 号。
[3] 参看[法] 费赖之《明清间在华耶稣会士列传(1552—1773)》,第 364 页。
[4] 斯特克莱因主编:《新世界信使》第 1 册,第 34 号。

熙年间来华的方记金、梅若翰、费隐、米来远（Balthassarem/Balthazar Miller，1682—1742，又名金亮）、[1]台维翰（Jean-Baptiste Bakowski/Joannis Bakovsky，又名白维翰），[2]以及乾隆初期抵华的刘松龄、南怀仁。他们为《新世界信使》提供了更为充足的信息来源。

台维翰在1707年抵达澳门，此后在中国各地传教。康熙晚期开始，在华传教士处境逐渐恶化。雍正初年，台维翰被遣至广州，1731年死于马尼拉。1706年2月26日，台维翰在葡萄牙埃博拉（Ebora[3]）告诉当时的维也纳学院院长，他们的中国之行定于当年3月27日出发，直航澳门，而不是从里斯本前往印度果阿然后再去中国的常规路线，理由是这条常规路线实际上绕了弯路。[4]除了这封离开欧洲前的信件，台维翰的书信在《新世界信使》中保存很少，仅有1723年4月9日信件的摘录，文字简短，提及当时的广东巡抚对基督徒友善，与两名奉召入京的传信部教士有过会面。[5]

奥地利会省耶稣会士米来远在1717年启程来华，次年5月抵达澳门。[6]雍正决意将北京之外的欧洲传教士悉数迁往澳门（后改为广州）之时，原本在江南传教的米来远也未能幸免。米来远在1726年底启程返欧，1727年7月回到欧洲，随即与《新世界信使》的编撰者斯特克莱因取得联系。

---

[1] 米来远中文名称"金亮"，生于意大利格里齐亚，1702年在维也纳入耶稣会初修院，1717年启程来华，雍正初年遭驱逐，1727年返回欧洲。参见[法]荣振华《在华耶稣会士列传及书目补编》，第436页。

[2] 台维翰（1672—1731），波兰人，奥地利教区入会，见[法]费赖之《在华耶稣会士列传及书目》，第629页；白维翰（1677—1732），波兰人，1693年于维也纳进入耶稣会初修院，见[法]荣振华《在华耶稣会士列传及书目补编》，第50页。台维翰1693年在耶稣会奥地利会省入初修院，本文依据耶稣会士所属会省分类，将其归入奥地利会省耶稣会士之列。

[3] 按：葡萄牙古城，今天称作埃武拉（Evora）。

[4] 米来远致信耶稣会维也纳学院院长（das Academische Collegii zu Wien Rectorem）Gabrielem Hevénesi（该神父后来成为奥地利会省省会长），斯特克莱因主编：《新世界信使》第5册，第102号。

[5] 斯特克莱因主编：《新世界信使》第8册，第200号。

[6] 米来远1718年9月13日信件，写于澳门，叙述里斯本到中国旅程，见斯特克莱因主编《新世界信使》第7册，第160号。

斯特克莱因将米来远回复的信件第一时间收录于《新世界信使》第 12 册第 297 号。米来远在信中回答了斯特克莱因提出的有关中国传教状况的多个问题。包括：苏努亲王死前是否受洗？回答：苏努虽然懂得教义，但死前并没有受洗。福建被捕的两位道明会士的命运如何。米来远表示，两名道明会士在福建过于公开高调的宣教，给了皇帝施加迫害的理由。圣沙勿略第一个下葬地是否盖起了一座礼拜堂？米来远通告了庞嘉宾的相关著作，并表示下次会将庞嘉宾的著作寄给斯特克莱因，以便放入《新世界信使》。斯特克莱因希望问米来远借一幅康熙的画像或铜版画，印制在辑刊第 12 册之中。米来远遗憾地表示，自己手头没有康熙皇帝的画像。[1]

除了米来远所写两封信件，《新世界信使》还收录有两封当时广州的耶稣会法国住院院长胥孟德（Joseph Labbe, 1677—1745）写给米来远的信件，[2]时间都在米来远返回欧洲之后，这两封信件不见于法文本耶稣会辑刊《奇异并富有教益的书信》。1727 年，胥孟德成为法国在华传教区总务长和广州住院院长，他在同年 12 月 27 日的信中，告诉米来远最新的中国消息，例如葡萄牙国王派出的使团抵达北京，受到皇帝接见；苏努家族奉教成员的命运等等。1730 年 12 月 18 日，广州的胥孟德再度致信米来远，告知中国最新时政信息以及教会发展，例如清廷与西域噶尔丹的战事，南京、山东以及直隶的严重水患，特别是 1730 年 9 月 30 日京畿地震。米来远将这封胥孟德的信件转寄给斯特克莱因，寄出时间是 1732 年 1 月 21 日，并嘱咐斯特克莱因使用之后将信件返还。胥孟德 1730 年信件最后附录了雍正八年九月二十日的上谕。雍正在 1730 年地震之后颁布的这份上谕，多次出现"天"，且引经据典，强调天、皇帝、百姓之间的关系。

---

[1] 米来远 1727 年 11 月 2 日信件，写于维也纳，见斯特克莱因主编《新世界信使》第 12 册，第 297 号。
[2] 胥孟德，法兰西人，出生时间有多种说法，此处说法据［法］荣振华《在华耶稣会士列传及书目补编》，第 340—342 页。

《新世界信使》有两位奥地利会省耶稣会士的中国来信数量达到12封,并列第一,他们分别是康熙年间来华的方记金和乾隆年间来华的南怀仁。

《新世界信使》收录了目前已知方记金的全部中国来信。来华之初,方记金的编制隶属于在华法国传教区,后来转归在华葡萄牙传教区。方记金第一封中国来信完成于1702年,最后一封完成于1716年,基本涵盖这位神父的整个在华生涯。

方记金在1706年的信中提到他与费隐见过一面,费隐是继方记金之后来华的奥地利会省耶稣会士,在1705年抵达澳门,逝于1743年,长期在北京生活。《新世界信使》收录了费隐4封中国来信。

1755—1758年,科勒编撰的《新世界信使》辑刊之中,奥地利会省成员的中国来信再一次密集出现,此次的供稿人主要是奥地利会省耶稣会士南怀仁、刘松龄。两位传教士是旅行同伴,与南怀仁、刘松龄同期来华的还有魏继晋、鲍友管(Antonii Gogeisl,1701—1771)。

南怀仁的中国来信存世数量颇多,《新世界信使》中收录的南怀仁书信截止1750年,此后的南怀仁中国来信很大一部分保存在中国境内,如徐家汇藏书楼、上海教区档案库,另有部分保存于罗马耶稣会总会档案馆、传信部档案处。[1]

与南怀仁同船来华的刘松龄奉召入京供职,长期担任钦天监西洋监正。《新世界信使》收录刘松龄完成于1749年之前(含1749年)的信件8封,其中5封书信完成于中国境内。耶稣会士普劳伊(György Pray)编撰的《轶事信札》中收录了刘松龄写于1749、1753、1757、1761、1764、1765、1766年的另外8封信件。[2] 2009年,卢布

---

[1] 参见[法]费赖之《在华耶稣会士列传及书目》相关介绍。
[2] Hallerstein, S. J., *Epistoloe anecdote*(《轶事信札》),收录在普劳伊编撰的《新发现并经过整理的赛托神父的宗教学校的218篇神修讲话伪作及附录》[Pray, György (ed.), *Imposturae a. CCXVIII in dissertatione R. P. Benedicti Cetto, Clerici Regularis e Scholis Piis de Sinensium Imposturisdetectae et convulsae. Accedunt Epistolae anecdotae r. p. Augustini e comitibus Hallerstein ex China scriptae*, No. 1/2/3/4/5/6/7/8, Budae: Typis Regiae Universitatis, 1781]。中译书名转引自[法]费赖之《在华耶稣会士列传及书目》,第787页。

尔雅那大学汉学教授米加（Mitja Saje）主编的刘松龄研究论文集《刘松龄——智慧与虔诚，清代宫廷耶稣会士的多元文化遗产》出版，[1]该书后半部分为刘松龄私人信件英译本，包括上述16封信件以及数封没有公开出版的刘松龄信件：两封刘松龄寄给妹妹的信件（保存在斯洛文尼亚共和国档案馆）、一封致葡萄牙王后的简短信件、一份1751年耶稣会中国教省年报。2015年，这部英文论文集的中文版面世，名为《斯洛文尼亚在中国的文化使者——刘松龄》。[2]

前文提及《新世界信使》的插图中，有一幅梅若翰关押在囚笼中的站立图，是这部辑刊中唯一的一幅耶稣会传教士画像。梅若翰1707年来华，1715年被转派到交趾支那传教区。《新世界信使》仅存一封梅若翰书信——1715年6月19日发自廉州（Lientscheu）。信件内容简短，介绍了当地丧葬、婚假习俗。[3]

以上是《新世界信使》收录来华奥地利会省耶稣会士书信的大致情况。欧洲来华人员的频率、寄往欧洲书信的安全系数，这些均会影响到《新世界信使》的文献来源，通常都不可控，编撰者需要根据能够获得的有限书信开展编辑工作。除了奥地利，神圣罗马帝国皇帝名义上对波希米亚、波兰以及其他德意志邦国也有统辖权，斯特克莱因及其后的编者没有忽略德语区其他会省耶稣会士的中国来信。

耶稣会波希米亚会省（Böhmische Provinz），有学者译为"老捷克教省"，本文依循《新世界信使》所使用的名称，直译为"波希米亚会省"。《新世界信使》中国来信的作者当中，隶属波希米亚会省的成员

---

[1] Saje, Mitja(ed.), *A. Hallerstein-Liu Songling-*, *The Multicultural Legacy of Jesuit Wisdom and Piety at the Qing Dynasty Court*, Maribor: Association for Culture and Education Kibla; Ljubljana: Arhiv Republike Slovenije, 2009.

[2] 考虑到该译本刘松龄信件多有瑕疵，笔者重译了《新世界信使》刘松龄8封信件（见本文附录一）。

[3] 斯特克莱因主编：《新世界信使》第6册，第137号。

有以下数人：阳秉义、[1]石可圣、[2]严嘉乐、魏继晋、鲁仲贤。除了上述书信作者，18 世纪来华波希米亚会省耶稣会士还有林济各、[3]艾启蒙。[4]倘若没有《新世界信使》中保留的书信报告，来华波希米亚会省耶稣会士的名字恐会湮没无闻。

石可圣以音乐才能服务北京宫廷，目前已知的唯一存世书信刊录在《新世界信使》第 5 册第 109 号，1710 年 11 月 14 日写于北京。不过，仅仅是一份信件摘录，收信人是葡萄牙国王的告解神父斯蒂夫(Stieff)。信中介绍中国教区情况，称中国皇帝威胁要对其王国境内的传教活动加以压制。

与石可圣一样，阳秉义目前已知唯一一份存世书信保存在《新世界信使》第 7 册第 152 号。1711 年 7 月写于"东鞑靼地区的热河(Yetscho in der Ost-Tartarey)"，阳秉义在信中叙述自己从广州前往北京的旅行。当时阳秉义从澳门到广州，进而经南昌府前往北京，同行的有随罗马枢机主教铎罗来华的三位天主教神父：马国贤、格拉济亚(Herr di Gretiani)，以及奥斯丁会会士法布利(Fabri)。阳秉义注意观察沿途所见中国城市，称所见实景与基歇尔《中国图说》的描述吻合。觐见皇帝之后，来华的西洋新人被分别安置在北京的三处天主教教士居所，阳秉义入住的是俗称"东堂"的圣若瑟堂。

严嘉乐存留于《新世界信使》中国来信共计 5 封（这部分书信已有中译本）。斯特克莱因在《新世界信使》第 19 册的前言评价严嘉乐

---

[1] François Thilisch(1667—1716)，1709 年来华，字履方，丧于热河。参见［法］费赖之《在华耶稣会士列传及书目》，第 633—635 页。

[2] Léopold Liebstein(1665—1711)，1707 年抵华，字修斋。参见［法］费赖之《在华耶稣会士列传及书目》，第 626 页。

[3] François-Louis Stadline，1658—1740。林济各修士 1707 年来华，同行的有石可圣、德玛诺。林济各生于瑞士楚格，费赖之称其为瑞士人，1687 年入耶稣会波希米亚会省。参看［法］费赖之《明清间在华耶稣会士列传(1552—1773)》，第 745 页。

[4] Ignaz Sichelbart，1708—1780。艾启蒙修士生于波希米亚，1736 年入耶稣会波希米亚初学院，1745 年来华，宫廷画家。参看［法］费赖之《明清间在华耶稣会士列传(1552—1773)》，第 1027—1029 页。

中国来信:"尽管第 19 册巴多明神父的书信、第 17 册苏霖神父的书信中,都已经以令人难忘的文字汇报此事。他们的汇报对于苏努家族的亲王和王妃们坚定的信仰都有特别醒目的描述,彼此可以互相参看补充,四目所见强于双眼所见。两位神父已经有过充分记述的这一小小主题,严嘉乐神父又做了简短精彩的汇报。遗憾的是,严嘉乐神父很有可能停止所有的书信交往,更加令人惋惜的是,他的信函不是以原信中所使用的拉丁语印刷,就形式而言,我认为他的做法超越所有其他传教士,他以日记体形式书面记录下中国宫廷以及整个王国境内发生的大事。"〔1〕费赖之以斯特克莱因的评价为依据,称严嘉乐的拉丁文水平颇高,"虽多病仍不废作业,尚以余暇为欧洲之教友作信札报告,拉丁文颇流利纯洁,据斯托克林神甫说,足以刊行流布也"。〔2〕

符拉什吉尔认为,除了严嘉乐,波希米亚会省来华耶稣会士当中,"至少魏继晋、阳秉义和鲁仲贤是值得专题研究的"。〔3〕魏继晋与鲁仲贤来华之后,一度以音乐才能供职北京宫廷,他们的多封中国来信收录在《新世界信使》。在乾隆皇帝对欧洲音乐产生短暂兴趣的阶段,魏继晋、鲁仲贤以及遣使会(Congrégation de La Mission)教士德理格(Theodorico Pedrini,1671—1746)曾经奉命在内廷开设音乐课,教授青年贵族子弟。〔4〕

―――――――

〔1〕 斯特克莱因主编:《新世界信使》第 19 册,前言第 1 页(原文未标页码)。[捷克]严嘉乐:《中国来信(1716—1735)》,第 10 页。符拉什吉尔介绍了斯特克莱因对严嘉乐中国来信的评价:"对别人浪费笔墨加以描述的事,严嘉乐只是简略地写几句就完了。很可惜,后来他几乎就不再写信了。更令人遗憾的是,他的通信未能用拉丁文原文发表。我认为,他的信要比所有其他传教士写的信更有价值。他用日记的形式记录了中国宫廷发生的一切值得纪念的事件,并根据得到的消息记载了整个中华帝国发生的大事。"不过,斯特克莱因对严嘉乐中国来信的评价,并不是中译本所说,"比所有其他传教士写的信更有价值"。
〔2〕 [法]费赖之:《在华耶稣会士列传及书目》,第 670 页。
〔3〕 [捷克]严嘉乐:《中国来信(1716—1735)》,第 4 页。
〔4〕 鲁仲贤 1743 年 11 月 19 日致信富格伯爵夫人,见科勒主编《新世界信使》第 34 册,第 680 号,第 68 页。

魏继晋1706年出生于西里西亚,西里西亚地区的归属在历史上发生过诸多变化,今天该地区大部分辖属于波兰,本文遵循《新世界信使》编撰者的做法,以耶稣会士所属会省为归类标准,认定其为德语区波希米亚会省的耶稣会士。魏继晋的著作单行本1758年在奥格斯堡出版,贵族赞助人富格伯爵夫人在1758年的信中将书籍刊刻消息告知在中国的这位老友。除了帮助将魏继晋所写著作出版之外,富格伯爵夫人还将文稿转交《新世界信使》的编辑。

　　鲁仲贤1708年生于波希米亚,后进入波希米亚会省初修院。鲁仲贤的海外传教目的地最初是印度马拉巴尔会省,在1738年启程前往印度。因为彼时的乾隆皇帝恰巧对西洋音乐有浓厚兴趣,为了让皇帝喜悦,北京的耶稣会士将鲁仲贤调往北京,1742年,鲁仲贤抵达中国京城。[1]

　　据《律吕正义后编》卷首档记载:乾隆六年十一月初二日,臣工张照回禀皇帝:"臣问得西洋人在京师明于乐律者三人。一名德理格,康熙四十九年来京;一名魏继晋,[2]乾隆四年来京;一名鲁仲贤,今年十月内新到。德理格年已七十一岁,康熙年间考定中和韶乐,纂修《律吕正义》时,伊亦曾预奔走,能言其事,较二人为明白,但曾经获罪放废,理合声明。魏继晋略能汉语,鲁仲贤新到,言语不通。考其乐器,大都丝竹之音居多,令其吹弹,其音不特不若大乐之中和,较之俗乐更为噍杀促数;但德理格能以彼处乐器作中国之曲,魏、鲁二人倚声和之立成,可知其理之同也。"[3]

---

[1] [法]费赖之:《在华耶稣会士列传及书目》,第839—841页。其中的"鲁仲贤"条目:"字尚德,出生于波希米亚之西利那城。年二十一岁在本区入会。曾授教课而晋文艺硕士。请赴海外,于一七三八年赴印度,次年隶马拉巴尔教区。被派至安詹加(Anjenga),颇致力于泰米尔语,越一年渐熟习。会乾隆皇帝欲召致精通音乐之西士数人来京,在京诸神甫请之于耶稣会长,会长乃遣仲贤往。一七四二年抵京,仲贤深通乐律,甚得皇帝宠眷,命与魏继晋神甫同在内廷,教授子弟十八人乐歌。"

[2] 原文为"普",此处加以订正。

[3] 故宫博物院编:《文献丛编》(1937年第1辑),北京图书出版社,2008年,第9册第115—116页。

鲁仲贤存世的 7 封私人书信皆收录在《新世界信使》，其中 3 封为来华之前的书信，写于印度马拉巴尔；[1]4 封中国来信完成于 1743—1747 年，其中两封的收信人是富格伯爵夫人。鲁仲贤对中国音乐缺乏好感，在东西方音乐交流上鲜有建树，加之活动范围局限于北京，传教事业上也无大的作为。但这位西洋传教士完成了四封中国来信，分别以详尽的笔触描述了 1743 年重新对外开放的北京"南堂"，报导了 1743 年的澳门危机，转载了 1743 年《邸报》，记述北京钦天监的结构特色。这些书信公开出版之后，会同此前以及同时代有关中国的各类著述，丰富了 18 世纪欧洲读者了解中国的文献来源。

《新世界信使》鲁仲贤最后一封书信的收信人是富格伯爵夫人。《新世界信使》魏继晋最后一封中国来信的时间是 1749 年，收信人是波希米亚会省的沃尔特(Philip Volter)神父，此前提到的奥地利会省南怀仁神父最后一封中国来信的时间是 1750 年。不仅是奥地利会省耶稣会士的中国来信，《新世界信使》在华耶稣会士书信的截止时间都在 1750 年之前。唯一的例外是魏继晋的一部单行本著作，编号 742。该单行本于 1758 年在奥格斯堡出版。

第四节　德意志其他会省耶稣会士的中国书信

《新世界信使》中国来信最主要的原创供稿者是奥地利会省、波希米亚会省的在华耶稣会士。除此之外，德意志地区其他会省在华耶稣会士的书信刊录数量有限，但亦可圈可点，特别是上德意志会省

---

[1] 鲁仲贤 1739 年 9 月 23 日写给父母的信，撰于马拉巴尔的 Anjenga，鲁仲贤 1739 年 9 月 23 日致信葡萄牙王后玛利亚·安娜的信[原文为拉丁语，玛利亚·安娜是葡萄牙国王若昂五世(1689—1750,1706—1750 在位)的妻子，奥地利女大公]；鲁仲贤 1740 年 2 月 25 日写给父母的信，撰于 Anjenga。三封书信皆刊于科勒主编《新世界信使》第 32 册，编号分别是第 633 号、第 634 号、第 635 号。

两位来华耶稣会士——德玛诺（Romani/Romin Hinderer，1669—1744）与戴进贤的书信。

出生于法国阿尔萨斯的德玛诺被教会史家费赖之、荣振华分别记录为法兰西人、阿尔萨斯人，不过，德玛诺在上德意志会省加入耶稣会，就读于兰茨贝格初学院，系统学习神学及其他知识。1706年，德玛诺跟随重返中国的卫方济、庞嘉宾两位神父来华。后到北京，加入测绘全国地图的工作团队。不过德玛诺并未长居北京，他更多时间在江苏以及浙江传教，终老江南。《新世界信使》收录德玛诺中国来信计有7封。

德玛诺在1723年10月6日的信中，提及同样来自上德意志会省的戴进贤得到新皇帝的意外垂青，担任钦天监西洋监正，对此德玛诺深感困惑。雍正对待基督教以及欧洲传教士的态度，与康熙与乾隆皆有所不同。就认知层面，雍正有足够的自信，认为这些欧洲人尚不足以动摇国之根本；就个人层面而言，他不接受欧洲基督教教义教理，但并不厌弃欧洲人。

戴进贤，字嘉宾，1680年生于巴伐利亚的兰茨贝格，16岁进入耶稣会上德意志会省的初修院，1716年抵达澳门，随后进京，雍正初年被擢升担任西洋监正至1746年逝世。《新世界信使》收录戴进贤中国来信9封，但大多是简短信函。标注1724年11月14日的文献实际为戴进贤两封信件的摘录，戴进贤在其中罕见地谈及詹森主义（Jansenismus）[1]在交趾支那的出现，并对该派学说是否会在中国"泛滥"，持警惕态度。

除了戴进贤寄出的信件，《新世界信使》还收录了一封波希米亚

---

[1] 詹森主义为荷兰神学家詹森（Cornelius Jansen，1585—1638）的学说，强调原罪，主张严格教会法规诫命。法国著名学者帕斯卡（Blaise Pascal，1623—1662）是詹森主义的支持者。在天主教会内部，詹森派与耶稣会针锋相对。"詹森主义谬论：认为教友生活所必需的圣宠，天主只给那些他预拣的人物，从而抽去了人类自由意志的作用，使人们因善工而应得的赏报，丧失了原来的意义"（[法]费赖之：《明清间在华耶稣会士列传（1552—1773）》，第778页译者注）。关于詹森派与耶稣会的争论，参看黄佳《法国詹森派运动及其与耶稣会的争论》，北京大学博士论文，2010年。

会省耶稣会士谢贝尔(Joannis Siebert,1708—1745)写给戴进贤的信件,[1]时间是1739年7月31日,[2]当时谢贝尔在交趾支那传教。编者解释说,这封信是刘松龄逐字逐句从拉丁文原文译出来,并从北京寄往欧洲。信中称谢贝尔抵达交趾支那王国,因为数学知识得到国王好感。不过,谢贝尔这封信当不属于中国来信范畴。

尽管收录在《新世界信使》的戴进贤信件达到11封之多,但大多是短函或摘录,为何出现这样的情况？笔者分析以为,戴进贤书信使用的语言很可能多为拉丁语,以拉丁文完成的信件需要转译为德语,翻译工作量对于需要处理大量书信文献的编者来说,可能过于艰辛。戴进贤是服务于钦天监的西洋传教士群体的突出代表,目前关于他的研究多集中在东西方天文学知识交流领域,利用《新世界信使》的信件(摘录)并其他中外文资料,可以拓展更多研究空间,例如戴进贤的神学理念,以及在他供职钦天监期间,该机构成员与基层信徒的交往等方面。

来华耶稣会士中,来自上德意志会省的还有供职钦天监的鲍友管(Antonio Gogeisel,1701—1771)。鲍友管生于巴伐利亚,1738年与波希米亚会省成员魏继晋、奥地利会省成员南怀仁一同抵达澳门,1739年与魏继晋、刘松龄一同进京。[3]戴进贤去世之后,刘松龄受命接替钦天监西洋监正一职,鲍友管随后接替刘松龄出任西洋监副一职,"由是友管任此职二十六年"。[4]鲍友管的存世书信很少,《新

---

[1] 谢贝尔1737年前往中国,1739年被派往交趾支那传教区,参见[法]荣振华《在华耶稣会士列传及书目补编》,第615—616页。
[2] 1739年7月31日 交趾支那 Sinoa,《新世界信使》第27册,第549号。
[3] "字义人,出生于巴伐利亚邦之济根堡城,在上德意志教区入会,授文学五年,并在英果尔施塔特城从格拉马蒂西(Grammatici)神甫专门研究数学。抵澳门后发愿。一七三九年抵北京。戴进贤神甫卒,奉旨命刘松龄神甫补授钦天监监正,所遗监副之缺即命友管补授。由是友管任此职凡二十六年。友管发明一种地平纬仪(Quadrant),天文测验因之简便。一七四八至一七五四年间任北京会团长,乐于采访传教消息,寄回欧洲。……友管曾与戴进贤神甫等合编《仪象考成》"。[法]费赖之:《在华耶稣会士列传及书目》,第778—779页。
[4] [法]费赖之:《在华耶稣会士列传及书目》,第779页。

世界信使》第 35 册第 688 号信件是唯一标注具体时间的鲍友管信件：1746 年 11 月 28 日写于北京，收信人是上德意志会省的希斯神父（Henricum Hiss）。鲍友管在信件中统计了 1746 年在华传教士数目：新到 5 名成员，共 34 名传教士，其中 5 名是中国人；5 名学员，7 名临时助手，包括澳门初修院来的 4 名中国年轻人。鲍友管在信中回顾了刚刚去世的戴进贤与高嘉乐（Carolus Rosende/Charles de Rezende，1664—1746）生平。除此之外，鲍友管信中讲述了北京地区的教务、各地欧洲传教士与中国信徒的各类事迹，并转述了一位山西传教士写给当时中国副省会长陈善策（Dominique Pinheiro，1688—1748）的书信。鲍友管此信附有一份中国籍耶稣会士手抄的中国历书，鲍友管称，他与监正刘松龄都盼望从欧洲获得新的星历表和日月运行表，或是新的天文学研究成果，这些材料有助于他们的天文观测工作。

《新世界信使》第 13 册第 309 号是"德意志耶稣会士"庞嘉宾的报告《在华耶稣会传教士庞嘉宾神父对印度使徒圣沙勿略墓地的汇报》，[1]报告描述了上川岛沙勿略墓地的历史沿革、形制，约 1700 年在中国印制，附带有上川岛地图以及墓地建制外形。[2]庞嘉宾生于慕尼黑，费赖之称其在"1681 年在德意志教区入会"，但没有具体指出其所属会省。戴进贤、鲍友管出生于巴伐利亚，皆入上德意志会省。庞嘉宾生于慕尼黑，且在英戈尔斯塔特（Ingolstadt）学院学习神学，英戈尔斯塔特的耶稣会学院在 1762 年之前，皆隶属于耶稣会上德意志会省，庞嘉宾加入的很可能也是上德意志会省。

在德玛诺、戴进贤之前，来华耶稣会士中还有一名上德意志会省成员——罗德（Henrici Roth/Henricus Roth）。该神父当时与奥地利会省成员白乃心结伴来华，但在华时间短，《新世界信使》刊录了罗

---

[1] 《为东方宗徒圣方济各沙勿略，在上川岛上兴建墓地小堂记要》，[法]费赖之：《明清间在华耶稣会士列传（1552—1773）》（第 573 页）；《上川岛建堂记》，[法]费赖之：《在华耶稣会士列传及书目》（第 495 页）。
[2] 插图刊于本文第一章第三节。

德撰写的 1664 年耶稣会年报。[1]

《新世界信使》唯一的下莱茵会省(Unter-Rheinische Pronviz)来华成员的中国来信,是席宾(Philippi Sibin,1678—1759)1732 年 12 月 30 日发自澳门的信函。[2] 在这封信中,席宾表示,欧洲传教士原本被驱逐至广州,进而再被逐往澳门,相关事项已经有其他传教士报告,所以他要记述的是此次驱逐事件的最新动态,信中重点谈及葡澳当局的一份辩护公文,意图为遭驱逐欧洲传教士进行辩护。辩护重点是针对欧洲传教士的三大指控:"传布邪教;以银钱、药物诱民入教;惑乱伦常,为风俗之害。"[3] 清代前中期,各地官员查禁天主教的奏报中,对此外来宗教及其传播者的指控基本不出上述三条。不过,禁教时期地方官员奏报中大多指控传教士以银钱诱民入教,很少药物诱民之说。1732 年广东地方官员提出的此类指控有专门对象,针对的是当时方济各会士安东尼(Frantrem Antonium à Conceptione)的医疗传教行动。

耶稣会上德意志会省、下莱茵会省与《新世界信使》编者所属的奥地利会省位于(德意志)神圣罗马帝国辖区,同样位于神圣罗马帝国辖区的还有耶稣会波兰会省。波兰会省入华传教士人数不多,为人熟知的是明末来华耶稣会士卜弥格以及有天文学成就的穆尼阁。[4] 卜弥格 1629 年加入耶稣会波兰会省,来华后追随南明朝廷,作为南明朝廷大使出使罗马,此次返欧之旅令卜弥格声名鹊起,其所

---

[1] 斯特克莱因主编:《新世界信使》第 1 册,第 35 号。1664 年完成的年报,从阿格拉寄出。
[2] 科勒主编:《新世界信使》第 34 册,第 668 号。《新世界信使》收录席宾 1724 发自暹罗书信的简短摘录(第 14 册,第 318 号),不属于中国书信范畴。
[3] „erstlich, weilen die Missionarii ein falsch und verkehrtes Gesatz predigen; zweytens, weilen sie das einfältige Volk durch dargereichtes Geld und Artzneyen zu Umfahung ihres Glaub verführen; endlich, weilen sie Bößwicht seynd, welche die gute Sitten mit ihrer bösen Lehr und Beyspielen verderben". 科勒主编:《新世界信使》第 34 册,第 668 号,第 2 页。
[4] 来华耶稣会士穆尼阁(Jean-Niclas Smogolenski,1611—1656)出身波兰望族,1646 年来华。

著《中国植物志》以及关于中国医学文献的译介出版,成为早期欧洲中国研究者的重要文献参考,其本人也成为在欧洲推广中国知识的先驱。《新世界信使》第1册第13号收录卜弥格的报告:《在华耶稣会士,1653年出使罗马的波兰会省卜弥格神父的报告》。斯特克莱因声称,他缩减了卜弥格的报告以及返欧旅程记录(经过澳门、果阿、Mogol、波斯、土耳其,越过地中海,最终抵达罗马)三分之二的篇幅,保留了满洲入侵、瞿纱微为南明永历朝廷的皇后和太子施洗在内的记载。该文献的来源应该是1654年巴黎出版的卜弥格所著《中国天主教状况与皇室皈依略记》。[1] 穆尼阁来华之后,曾与中国文士合作完成介绍西方占星术及日月"交食之法"的《天步真原》,但似无书信存于世。

第五节 其他中国来信——以葡萄牙耶稣会士书信为主

效忠法国国王的五位法国耶稣会士赴华之前,在华耶稣会士皆承认葡萄牙保教权,接受葡萄牙国王的扶助。法国耶稣会士来华之后,在华传教士很快划分为法系与葡系两个集团。前文提到的方记金神父,抵华之初被分配在法国传教士教区,但随即被调往葡萄牙传教士教区,原因是葡萄牙传教区内人手更为短缺。18世纪北京的三处耶稣会建筑,其中的学院(并学院教堂)与圣若瑟住院(并圣若瑟院)隶属葡萄牙中国传教团,"救世主堂"及所在住院隶属法国

---

[1]《中国天主教状况与皇室皈依略记》"1654年巴黎出版。1652年9月25日卜神父途经士麦拿(Smyrne,土耳其)时,曾以此作过演讲。讲稿先以波兰文出版,还有一本德文的摘要",见[法]费赖之《明清间在华耶稣会士列传(1552—1773)》,第312页。"耶稣会士卜弥格神甫以明廷派往教廷使节身份所作《中国皇室成员入教及教会情况简报》,八开本,巴黎,1654年。是编盖为1652年9月29日在士麦拿发表之演说。始用波兰文刊行。德文本颇有删节改窜",见[法]费赖之《在华耶稣会士列传及书目》,第279页。

传教团所有。来自德语区的耶稣会士抵京之后，大多入住圣若瑟住院。尽管在中国教区划分、资源分配等事务上，彼此之间存在龃龉，法、葡两派传教士在"愈显主荣"的宗旨下，服务中国教区的大目标并无二致。但是，18世纪法文本耶稣会辑刊中国来信，唯一出自葡系耶稣会士之手的文献是骆保禄有关中国犹太人的书信体报导。

相比之下，《新世界信使》编者要更加包容，收录葡萄牙来华耶稣会士中国书信多封，作者包括苏霖（Josephi Suarez, 1656—1736）、徐懋德、陈善策、安玛尔（Martini Corea, 1699—1786）、黄安多（Antonii Jozè/Antonius Josephus Henriquez, 1707—1748）。其中，安玛尔、黄安多存世的中国来信仅见于《新世界信使》。

上述人员之中，苏霖、徐懋德、陈善策久居北京，三人皆出任过中国副省会长，徐懋德还曾担任钦天监西洋副监正，鲁仲贤在其中国来信中曾经细致描述带有基督教宣传性质的徐懋德葬礼。苏霖的两封信皆完成于1727年，葡萄牙语书写，记述苏努家族奉教成员的命运，斯特克莱因将其译为德语。据巴多明透露，该家族亲王的入教归功于苏霖，"他们的付洗及对他们的指导，应归功于天主和葡萄牙耶稣会士苏霖神父"。[1] 巴多明从1724年开始，持续以书信形式报导苏努家族的命运，斯特克莱因将这位法国耶稣会士的书信悉数转译，此外还将苏霖晚些时候关于苏努家族命运的记述再行转译，由此可见，当时欧洲读者，特别是德语区的读者对于苏努家族命运的关注热度。当时一些信奉天主教的欧洲贵妇，如与波希米亚会省来华耶稣会士交往频繁的富格伯爵夫人，对于苏努家族女性奉教成员遭受迫害之后的命运予以特别关注，如苏努第三子苏尔金（洗名若望）的王妃（洗名塞西莉亚）。

徐懋德的书信只有一份，完成于1732年10月30日，收信人是卡瓦略（Heinrich Carvalho）神父。这封书信记述戴进贤、巴多明、徐

---

[1] 巴多明1724年8月20日致信本会某神父。[法] 杜赫德编：《中国回忆录》第3册，第1页。

懋德、郎世宁以及德理格于1732年10月16日当面接受雍正训话的详情。此次训话持续半个小时,雍正在此次训话中明确表示,应在京西洋人的多次请求,他已经准许西洋传教士留驻广州,但前提是安分守己,不可聚众,不许布道,在任何地点也不允许宣传教义;若有违反,必严惩不贷,驱逐至澳门。

陈善策担任中国副省会长,他的两封中国来信中规中矩,介绍中国各地教务,尤其是他所在的北直隶各地、北京周边地区的教务情况。完成于1743年的长信着重提及魏继晋与傅作霖前往北京周边雍正禁教之前已经建立的传统天主教信仰区域。陈善策信中提及"礼仪交织"的婚礼:中国信徒与异教徒成婚之际,信徒自创了能够被传教士认可的仪式。

16世纪以来入华葡萄牙耶稣会士人数众多,他们以年报和书信将中国传教区的各类信息发回欧洲,现存葡萄牙耶稣会士中国年报的最晚日期是1697年。[1]有学者分析认为,葡籍耶稣会士以外的教会势力在中国扩张,导致前者失去垄断地位,多方势力在中国境内碰撞,导致传教事务复杂,进而爆发礼仪之争,中欧间通信交往增多,年报失去重要性。[2]但上述分析并未解答一个明显疑问:为什么在中欧间通信交往日益频繁的情况下,独独是此前活跃的葡萄牙耶稣会士减少了文字工作量?如果说18世纪在华葡萄牙耶稣会士仍然笔耕不辍,为何他们的信件很多未能送达欧洲?《新世界信使》中不断透露出信息,称从澳门经果阿抵达里斯本的海上路线十分不安全,除了海上风云变幻,还有各处猖獗的海盗活动,对信件传递安全造成巨大威胁,或许这是原因之一。

以来华耶稣会士作为供稿主体的《新世界信使》中国来信之中,令人意外地出现了一位托钵修会成员——方济各会士康和子。康和

---

[1] 刘耿:《17世纪耶稣会中国年信研究》,复旦大学博士论文,2018年,第34页。
[2] 夏伯嘉:《明末至清中叶天主教西文文献中的中国:文献分布与应用讨论》,第14页。前述刘耿论文引用夏伯嘉观点,解释耶稣会(中国)年报消失的可能原因。

子是教廷传信部派遣来华的传教士,长期在山东地区活动。[1]康和子1722年9月8日的中国来信,完成于北直隶临清州(Lin-tsching-tscheu in der Sinischen Landschafft Petscheli),刊录在《新世界信使》第9册第225号。该文献并非完整信件,而是一份简短的有关中国钱币研究的摘录,重点介绍在中国发现的特色钱币:中国铜钱形制,有方孔,一面印有耶稣受难像,一面印有圣母玛利亚像,钱币上印有年号"太平"。[2]康和子推断该年号可资证明基督教早期入华时间。斯特克莱因为何将康和子的这封书信编辑后刊登?后人很难揣测其中缘由,一个可能是,欧洲知识阶层当时兴起过钱币研究热,康和子信中介绍的中国出土钱币,既满足了钱币学研究者的兴趣,同时又能够佐证基督教进入中国的时间远比当时人们已知的耶稣会入华时间早。

1726年,斯特克莱因出任格拉茨耶稣会学院传道图书馆的负责人,工作便利或许让他有机会接触到普通耶稣会成员不能轻易看到的文献。《新世界信使》第5册第101号,是一封教廷访华特使铎罗的书信,收信人是教廷传信部部长(Obrist-Vorstehern de Popaganda)、枢机大主教(J. E. den Herrn Cardinalem),1705年9月27日写于香山(Han-Hiang),信中讲述他与随行人员抵达广州之后并上行北京的大致经过,包括广东巡抚、两广总督给予的礼遇等等。

杜赫德在编撰《奇异并富有教益的书信》期间,常以个人名义致信全体法国耶稣会士,将所接触到的各类信息广而告之。斯特克莱因似乎没有这样的自信,更多时候,他把自己作为一名编辑和译者,而不是独立的作者。编撰在华耶稣会士具名书信之余,斯特克莱因尝试将不同时期送达尼德兰城市奥斯坦德(Ostenda)的多封中国书信进行编辑与整合,此类整合虽有损书信的本来面目,但对于信息保存有一定益处。这样的整合文献共有四份:

---

[1] 美国学者孟德卫(D. E. Mungello)著作《灵与肉:山东的天主教(1650—1785)》(潘琳译,大象出版社,2009年)对康和子在华活动、事迹都有介绍。
[2] 这枚钱币"插图"刊于本书第一章第三节。

编　号	来　源	内　容　要　点
第9册第280号	1726年6月18日送达奥斯坦德的多封书信； 1726年7月13日送达罗马的多封信件	1724年教廷赴华特使返回罗马；在华传教局面惨淡；传信部神父毕天祥（Herrn Appiani）、计有纲（Herrn Guingues）被释放；戴进贤被授予高官衔
第12册第290号	1724年自奥斯坦德分别送到罗马和维也纳的中国来信摘录	康熙逝世，北京宫廷巨变（雍正继位并巩固权力）；德理格被释放；穆经远与九皇子同被流放；揣测圣意的官员Cam-pum-ke〔1〕请驱欧洲人出境；雍正初年，各地教会建筑被改为他用；福建两名道明会士尽管领"票"，仍被追捕，等等
第12册第296号	1726年收到的中国来信摘录	中国教务状况；传教成果；葡萄牙耶稣会士穆经远之死
第21—22册第436号	1723—1731年送达欧洲的多封中国来信摘录	雍正崇佛；道明会士在福建的传教热情引发全面禁教；北京以外传教士被驱逐至广州；在华传教士遵守英诺森十三世1723年9月13日谕令

四份整合文献的内容，侧重介绍中国教会的最新信息，俨然是教会史的写作模式。1748年，新教神学家莫舍姆出版单行本著作《最新中国教会史》，或许是希望改变耶稣会士垄断中国教会史写作的局面。

康熙晚期以后，特别是雍正继位之后实施的全面禁教政策，始终是《新世界信使》中国来信的重点内容。在清廷长期打压之下，中国教会没有彻底消亡，其中缘由有多方面。葡萄牙耶稣会士陈善策1743年11月的信中讲述了一个有趣的现象：隐藏在山东境内的传

---

〔1〕 按：疑为张伯行，雍正元年拔擢为礼部尚书。

教士，经常被人告发，但从未被抓获，因为"此地的官员已经宣称，在他的辖区内已经没有传教士，不会再行追索"。[1]这是对中国官场生态的准确描述。当地官员既然已经回禀他们的上级，其辖区内没有西洋传教士匿藏，此后一旦发现并抓获传教士，传教士本人被审讯论罪无疑，辖区官员势必也会被责以渎职怠慢之罪，官员们不会给自己找这样的麻烦。或许正是因为这样的微妙之处，给予各地隐秘传教的传教士有限的生存空间，一定程度保存了中国教会的有生力量。

本 章 小 结

《新世界信使》中国来信的文献来源，或为法文本耶稣会辑刊，或为拉丁文、德文、葡萄牙文、意大利文的原始文献和手稿。法国耶稣会士书信中记述的中国动物、植物、瓷器制作等信息，丰富且详细，其价值在当时的图书市场得到公认。《新世界信使》编撰者转译法文本耶稣会士书信之际，显然清楚选用怎样的内容会能令德语区读者感兴趣。

为了突出辑刊服务德语区读者的特点，斯特克莱因及其继任者注重收集德意志地区在华耶稣会士的书信，继任者科勒更是直接向赴华的德意志耶稣会士约稿，因此奥地利会省、波希米亚会省、上德意志会省来华耶稣会士的书信在《新世界信使》多有刊录。德意志地区耶稣会各会省承认葡萄牙保教权，归入葡萄牙中国传教区，该地区的世俗政权长期分裂割据，统一的德国出现之前，"神圣罗马帝国"皇帝是德意志地区多国诸侯名义上的共主。

除了耶稣会法国传教团成员，来华耶稣会士名义上皆隶属葡萄牙中国传教团。来华德意志耶稣会士承认葡萄牙的保教权，也接受葡萄牙方面的资金资助。欧洲君主时期错综复杂的联姻和继承方

---

[1] 陈善策1743年11月致信本会某神父，见科勒主编《新世界信使》第34册，第682号，第84页。

式,使得葡萄牙王国与神圣罗马帝国君主之间关系密切,来华耶稣会士的贵族资助者中包括葡萄牙国王若昂五世的妻子,也是神圣罗马帝国皇帝利奥波德一世的女儿玛利亚·安娜(Maria Anna Josepha Antonia Regina,1683—1754)。[1] 安娜王后曾经委托1736年启程来华的奥地利会省耶稣会士携带专门送给北京圣若瑟堂的礼物,是一架纯银做的(四条腿除外)小型管风琴,"在这架管风琴的顶部有一个玻璃圆球,里面放置了一块钟表。王后陛下当着我们的面,开心地用这件乐器娴熟地弹奏了几段乐曲"。[2] 为了维护这样的高层关系网络,来自德语区的耶稣会士在日常的会内事务性报告之外,还积极与他们的贵族赞助人通信。《新世界信使》第30册(1755年,维也纳)、第34册(1758年,维也纳)、第35册(1758年,维也纳)为"中国专册",表明此一期间抵达欧洲的耶稣会士中国来信数量丰富,使得出版中国专册成为可能,书信的收信人除了同会神父或上级,还有多名耶稣会贵族赞助人。尽可能吸引有社会影响力的读者,是18世纪耶稣会辑刊出版的重要目的之一,《新世界信使》的编撰者也不例外。

---

[1] 按:玛利亚·安娜的长女嫁与西班牙国王斐迪南六世;第二子继承葡萄牙王位,称何塞一世(Joseph I,1750—1777);第四子亦成为葡萄牙国王,称佩德罗三世(Pedro III,1717—1786)。玛利亚·安娜的两位兄弟先后继任神圣罗马帝国皇帝。

[2] 刘松龄1736年4月24日信件,见科勒主编《新世界信使》第30册,第585号,第75页。

《新世界信使》研究
——以中国来信为中心

专 题

生存·教案·时事·人物

第三章　宫廷与基层：清代前中期在华耶稣会士的生存空间

耶稣会士明末入华之后，以利玛窦、艾儒略为先导，多与中国文人士大夫结交，坚持"文化传教"与"科学传教"。近年来越来越多的研究表明，除了主张文化、学术传教的"利玛窦路线"，来华耶稣会的传教路线还包括以基层宣教为重点的"龙华民方法"，二者追求的目标一致，实际上是并存互补的关系。[1] 明清易代之后，在华耶稣会的上层与基层两条传教路线继续存在，基层传教路线没有太大变化，传教士在中国传道员协助下，结合分发宣教小册子或宣传单的方式传播福音，但上层路线略有调整，群体对象从文人士大夫换成了皇帝及其近臣，清代耶稣会士很少能够如前辈成员那样与中国文人士大夫平等交流沟通，而宫廷耶稣会士的世俗身份是皇帝的"仆从"。

《新世界信使》中国来信的原创作者群体皆为来华传教士，他们的在华活动场所大致可以分为两类：一类是宫廷，以特色技能为皇帝和朝廷提供服务；一类是基层民间，传教并服务信众。自罗马教廷特使来华调解"礼仪之争"失败之后，清廷对待天主教传教活动的政策从宽容转为严禁，只有宫廷耶稣会士被允许合法留驻北京，潜居乡间的基层传教士被归为违反朝廷禁令的非法入境者。

---

[1] 参看李天纲《龙华民对中国宗教本质的论述及其影响》，《学术月刊》2017年第5期，第165—184页。类似主题的研究，参见柴可辅《晚明耶教"民间布道"之考察：龙华民路线的新定位》，《文史哲》2015年第6期，第117—126页。

第一节　作为特例存在的宫廷耶稣会士

明末以来入华耶稣会士不乏投身宫廷者,例如追随南明朝廷的两位耶稣会士卜弥格、瞿纱微,当然二人的最终结局令人唏嘘。在四川宣教的欧洲人安文思(Gabriel de Magalhães, 1609—1677)、利类思(Louis Buglio, 1606—1682)被张献忠俘获,奇迹般没有被杀害。这两位懂得天文观测和仪器制造的耶稣会士后来随豪格的部队返回京城,顺治皇帝特拨住宅安置。满人入主中原以后,携天文历书进献的德意志耶稣会士汤若望得以在新朝立足,参与编修新朝历法。西洋人在历法修订上的出众才能得到清朝君主的承认,同时也引发钦天监同僚的嫉恨,汤若望及奉教钦天监成员在康熙初年遭遇横祸。"历狱"昭雪之后,以比利时耶稣会士南怀仁为首的西洋人群体在北京宫廷的地位提升,其中一个重要原因是,富有探索精神的康熙对西洋新知识兴趣盎然。康熙统治的大部分时间,以法国耶稣会士为代表,西洋人出入紫禁城和皇家行宫别苑,投皇帝之所好,将神学之外的各项技能尽情展示。康熙去世之后,继任的君主对欧洲传教士好感有限,但长期容留欧洲传教士服务北京宫廷,最后一名钦天监西洋监正的服务期持续到19世纪上半叶。

一、不同的宫廷服务

17世纪晚期法国国王遣派的耶稣会士来华之前,承认葡萄牙国王保教权的葡系耶稣会士是提供宫廷服务的主导力量,他们担任清廷钦天监的天文观测和历算工作、钟表制作以及清初的火炮制作等等;在此之后,葡、法两系耶稣会士共同为皇帝提供了更多的服务项目,包括地图测绘、药物治疗、西学知识启蒙、绘画、音乐、机械制造等等。就宫廷服务种类而言,葡、法耶稣会士恪守传统的分配格局。官方天文观测、历算工作,法国耶稣会士并不介入。《新世界信使》中国来信的作者戴进贤、刘松龄、鲍友管、安多等人皆供职钦天监。

清代钦天监供职西洋人无一例外皆来自耶稣会葡萄牙中国传教团,列表如下:

人 员	职 位	任职时间	去世时间
汤若望	管监正事	顺治二年至康熙四年(1645—1664)	康熙五年卒
南怀仁	治理历法	康熙四年至二十七年(1671—1688)	康熙二十七年卒
徐日昇(Thomas Pereyra, 1645—1708)	治理历法	康熙二十八年至三十四年(1689—1695)	康熙四十七年卒
安多	治理历法	康熙二十八年至三十四年(1689—1695)	康熙四十八年卒
闵明我(Claudio Filippo Grimaldi, 1638—1712)	治理历法	康熙三十五年至五十年(1696—1711)	康熙五十二年卒
庞嘉宾	治理历法	康熙三十六年至四十八年(1697—1709)	康熙四十八年卒
纪理安	治理历法	康熙五十二年至五十八年(1712—1719)	康熙五十九年卒
戴进贤	监正(1725)	康熙五十九年至乾隆十一年(1720—1746)	乾隆十一年卒
徐懋德	监副(1724)[1]	雍正二年至乾隆八年(1724—1743)	乾隆八年卒

---

[1] [法]费赖之《在华耶稣会士列传及书目》(第445页):"徐懋德(P. Perira)在雍正时受官职;盖博葡萄牙使臣之欢心也。"葡萄牙使臣麦德乐在雍正四年(1726)抵京,雍正二年,徐懋德被授钦天监监副一职。参见[清]黄伯禄编《正教奉褒》相关条目,辅仁大学天主教史料研究中心编:《中国天主教史籍汇编》,(台北)辅仁大学出版社,2003年,第565页。

(续　表)

人　员	职　位	任职时间	去世时间
刘松龄	监正(1746)	乾隆八年至三十九年(1743—1774)	乾隆三十九年卒
鲍友管	左监副	乾隆十一年至三十六年(1746—1771)	乾隆三十六年卒
傅作霖（Felix da Rocha 1713—1781）	监副(1754) 监正(1774)	乾隆十九年至四十六年(1754—1781)	乾隆四十六年卒
高慎思	监副(1770/1)监正(1780/1)	乾隆三十八年至五十三年(1773—1788)	乾隆五十三年卒

* 高慎思之后尚有 7 位钦天监西洋职官，皆为葡萄牙耶稣会士。〔1〕

康熙统治晚期开始，在华欧洲传教士的行动自由逐渐被限制。雍正即位之初，颁布严格的禁教令，并驱逐京外传教士至澳门，经由宫廷耶稣会士求情，同意迁至广州。禁教令并不涉及在京西洋人，宫廷耶稣会士依然可以利用近距离接触皇帝的机会，为各地传教士求得一线生机，前提是皇帝依然保有对西洋技艺、器物等的兴趣。为了达到这个目的，宫廷耶稣会士们需要不断补充新生力量，尤其是要设法满足兴趣多样且经常变换的乾隆皇帝。

刘松龄在给其弟的信件(1741 年 12 月 10 日)中写道："您可能想知道，欧洲数学在今天的中国宫廷有怎样的地位？我实话实说，在我看来，中国人对我们欧洲科学的喜爱程度持续大幅下降。朝廷的高官们在这方面以皇帝的喜恶为标杆，除了绘画，几乎就没有任何一种欧洲艺术能得到皇帝的欣赏。这使得我们的郎世宁修士每天都得皇帝欢心，陛下经常会需要这位欧洲大师的艺术之笔，这是对他的

---

〔1〕 转引自鞠德源《清钦天监监正刘松龄——纪念斯洛文尼亚天文学家刘松龄入华二百七十周年》，有删减和文字调整。［斯洛文］米加主编：《斯洛文尼亚在中国的文化使者——刘松龄》，第 134—135 页。

褒奖。"[1]

作出此番评价的刘松龄,三年之前刚刚来到北京。乾隆三年(1738),在京"西洋人臣"徐懋德、巴多明、沙如玉、郎世宁上书皇帝,引荐五位新近来华的耶稣会士进京服务:"臣等从前曾寄信要选数人能效力者前来。今接澳门来信,知今年六月尽,波尔都噶尔国船上到来刘松龄、鲍友管能知天文历法,魏继晋能知律吕之学,又拂郎济亚国船上到来王之臣系善画喜容人物者,杨自新系能于钟表者。[2]以上五人,求皇上将姓名按旧例交与广东督抚,令其派人伴送进京,为此具摺奏闻。"[3]上述五人中,刘松龄、鲍友管、魏继晋属葡萄牙耶稣会中国传教团,王之臣(王致诚)、杨自新则属于法国耶稣会士传教团,五人的分工也符合传统格局,法国耶稣会士并不参与天文历算工作。

供职钦天监的欧洲传教士,特别是担任监正、副监正,领受的是有品阶的官衔并领取俸禄。除此之外,皇帝还会将官衔颁给被认为才能出众的宫廷传教士。自汤若望以来,在华耶稣会士领受官衔、领取俸禄的做法在欧洲引起长时期争论,在华耶稣会成员试图为其成员辩护。魏继晋宣称:顺治一朝18年,只有汤若望一人拜官;康熙统治60年,南怀仁(P. Verbiest)是"唯一的耶稣会官员"。[4]南怀仁去世后,继任其工作的分别是闵明我、纪理安、戴进贤。按照魏继晋的说法,闵明我、纪理安皆未拜官,戴进贤是继南怀仁之后,又一位正式的朝廷官员。此后,鉴于钦天监事务繁忙,雍正再任命葡萄牙耶

---

[1] 科勒主编:《新世界信使》第34册,第675号,第41页。
[2] 原文"自新""之臣"小写。
[3] 戴进贤:《睿鉴录》,[比]钟鸣旦(Nicolas Standaert)、[比]杜鼎克(Adrian Dudink)、[法]蒙曦(Nathalie Monnet)编:《法国国家图书馆明清天主教文献》第16册,(台北)利氏学社,2009年,第431—432页。
[4] 魏继晋:《驳谬说书》,第63页。关于南怀仁是否拜官,存在不同说法。南怀仁曾在康熙十七年(1678)辞官不就,有钦天监门人加以劝说,详见《辞衔问答》,耶稣会罗马档案馆,编号: Jan. Sin. Ⅲ, 23(6),收录于[比]钟鸣旦、杜鼎克(Adrian Dudink)编《耶稣会罗马档案馆明清天主教文献》第12册,(台北)利氏学社,2002年,第371—378页。乾隆二年,戴进贤等人奏折称,"先臣南怀仁蒙圣祖仁皇帝以工部侍郎管钦天监事"(《睿鉴录》,《法国国家图书馆明清天主教文献》第16册,第422—423页)。

稣会士徐懋德为钦天监监副。[1]魏继晋统计了1755年北京耶稣会士官员的人数：在京耶稣会士共计23名，其中4人被授予官衔，分别是刘松龄、郎世宁、鲍友管、傅作霖。[2]

当时欧洲有观点认为，在京耶稣会士身着质地华贵的丝绸服装，拿着中国皇帝给予的俸禄，在中国享受奢侈生活。乾隆朝初期供职北京宫廷的耶稣会士无法认同这个说法，《新世界信使》中国来信希望欧洲读者能够看到宫廷耶稣会士并不快乐的工作状态。

鲁仲贤如此叙述宫廷服务人员的工作情况："数学家总是坐在计算表面前，或者在观象台观察天体运行，夜晚的安宁因此被打破；玻璃和钟表制作者在火炉和Ambos旁，汗流浃背；建筑师自己拿着榔头、凿子和铅锤；音乐师们的中国学生不够有灵气，他们需要千百次抑制心中的烦恼；最艰辛的服务工作是画师们。因为君主对绘画作品永不满足的喜爱，从清晨到深夜，他们必须把整个礼拜的时间都投入在绘制作品上面，只有礼拜天才能把手从画板上拿开。他们通常在宫廷中画画，在皇帝的工作间，那里不允许闲杂人员进入，他们必须自己带上颜料，带上清洗画笔用的水以及其他东西。他们几乎都是当着皇帝的面画画，时时担心皇帝对画作表示不喜欢；这样的经历很难说得上舒适，即使是在最热的盛夏时节，在皇帝面前，他们也必须穿上厚达三层的衣物。"[3]

宫廷耶稣会士的生存仰赖皇帝的态度。借助欧洲的知识、技艺，耶稣会士尽心维持在皇帝眼中不可或缺的地位。皇帝是否亲近宫廷西洋人？皇帝是否宽容西洋人所奉宗教？诸如此类，时常成为朝中大臣对待西洋人的风向标。康熙喜爱欧洲知识、技艺，对待宫廷耶稣会士友善。法国耶稣会士白晋承认这种善意的重要性："康熙皇帝认为破格地、公开地对我们表示皇上的善意，会导致全国上下对传教士

---

[1] 魏继晋：《驳谬说书》，第72页。
[2] 按照魏继晋的解释：1753年，刚好是葡萄牙使团来京，为了展示自己的气度与雅量，也为了让使团成员高兴，皇帝决定授予一位葡萄牙神父官衔，此人即傅作霖神父（魏继晋：《驳谬说书》，第75页）。
[3] 科勒主编：《新世界信使》第34册，第686号，第115页。

的敬意,从而加强人们对传教士事业的重视,是至为重要的。所以,我们尽管辞谢,有时也希望蒙受皇上恩宠。"[1]

清代在京耶稣会士,或许是因为看到顺治、康熙对待少数西洋神父的友善态度,进而促成朝中达官贵人对西洋人的亲近,一定程度上迷信了皇帝的影响力,包括在"礼仪之争"期间,在京耶稣会士请康熙皇帝出面为宽容中国礼仪的做法加以解释。然而,过度重视并苦苦寻求皇帝的善意,未必是最有利于中国传教事业的方式、方法。在华传教先驱利玛窦认可皇帝善意的重要性,但同时积极推行适应性文化传教策略,与中国知识阶层多有互动。清代在华耶稣会士强调科学与传教并举,而他们认为有利于传教的科学活动,基本局限在宫廷范围,没有产生广泛的社会影响。

二、北京的生活

《新世界信使》中国来信的完成时间集中在康熙晚期到乾隆初期,这一时期中国皇帝对待天主教以及传教士的态度发生显著变化,从容教转为严厉限制天主教在中国境内传播。不过,宫廷耶稣会士的生活环境并没有受到太多影响。

相比较在各地基层开展传教工作的同会成员,宫廷耶稣会士有更多的收入来源。除了规定的划拨款项,还有皇帝的馈赠以及工作报酬(俸禄),其生活也相对体面、舒适。利玛窦的坚定支持者、远东视察员范礼安(Alessandro Valignani,1538/1539—1606)曾经要求,在中国传教的耶稣会士"要穿与自己神父相符的服装,要丝绸面料的,以便与大人物交游"。[2] 利玛窦在进入南昌城以后,他很快"发现如果自己外表寒酸,就等于在中国人面前自降身价"。[3] 对于时

---

[1] [法]白晋著,赵晨译:《康熙皇帝》,黑龙江人民出版社,1981年,第44页。《康熙皇帝》一书1697年在巴黎出版,是来华法国耶稣会士白晋返回欧洲之时,写给路易十四的奏折,其中对康熙皇帝的文治武功褒奖有加。

[2] [意]利玛窦著,文铮译:《耶稣会与天主教进入中国史》,商务印书馆,2014年,第185页。

[3] 同上书,第200页。

常出入宫廷的北京耶稣会士来说,无论是居所、衣着还是出行方式,恐怕都无法像欧洲传统的托钵修会僧侣那样清贫克己。

首先是居住状况。北京的耶稣会士当时拥有三座住院和配套教堂,其中两座隶属葡萄牙传教团,一座隶属法国传教团。为《新世界信使》供稿的非法籍在京耶稣会士,基本都居住在宣武门内耶稣会学院(俗称"南堂")和圣若瑟住院(俗称"东堂")。

宣武门内的耶稣会学院并教堂,最早要追溯到利玛窦入京之时,当时利玛窦购买(一说租用)了宣武门内的民房作为居住和礼拜活动之用。明清易代之后,留在北京的耶稣会士汤若望受皇帝礼遇,得以建成正式礼拜堂、神学院、寓所等天主教建筑,成为北京城内葡系耶稣会士居住生活、开展宗教活动的重要场所。最初被称为"西堂",即"西洋教堂"。1688年,首批法国耶稣会士抵京,洪若翰及其同伴入住北京葡萄牙耶稣会传教团的寓所,"我们的住所被中国人称为西堂(Si-tan),意思是西洋教堂"。[1] 1705年,康熙皇帝曾经为教堂重建拨款"广运库银一万两"。[2]

葡系耶稣会士在京另一处居所是圣若瑟堂,又称"东堂"。最初是顺治年间容留入华耶稣会士安文思、利类思的安置点,康熙晚期扩建传教士寓所和教堂。该处天主教建筑并非"敕造",但扩建工作亦得到清朝统治者的允许。"为了替这些新客人安排一个舒适合宜的住所,有一位朝臣将他自己的一处闲置房产拿出来供他们使用。如果他们觉得合意,就把整幢房子都留给他们。他们搬进了这座房子,并逐渐把周边的一些小房子买了过来,推平之后,在朝廷不反对的情况下,盖起一座新建筑以及一间小教堂"。[3]

康熙五十八年(1720)、雍正八年(1730),北京遭遇两次地震,在

---

[1] [法]杜赫德:《中国回忆录》第1册,第270页,此处将中译本的"人"改为"中国人";德文译本参见斯特克莱因主编《新世界信使》第5册,第97号,第11页。

[2] [清]黄伯禄编:《正教奉褒》,辅仁大学天主教史料研究中心编:《中国天主教史料汇编》,第556页。

[3] 刘松龄1743年11月1日信件,科勒主编:《新世界信使》第34册,第681号,第75页。

京耶稣会士书信提及两次地震对当时北京天主教建筑的影响。

  1720年7月12日,一次持续7分钟的地震,北京城及周边乡村有明显震感。震动并没有规律可言,一会儿从东到西,一会儿从南到北,给建筑物带来很大损失。……葡萄牙耶稣会士的房子受损不严重,但教堂的情况更糟一些。相比较而言,法国人的住院损失更大,而教堂受影响较小。[1]

1730年地震震中在北京西郊,"南堂"受损严重。法国耶稣会士杜赫德援引在京传教士的记述:

  此次灾难之前,我们的传教士在北京拥有三处美丽的教堂,还有同样数量的住院。一处在城南,另一处在城北,第三处位于城东。城东的教堂受损最轻,因为相比较城南和城北,地震在城东的威力减弱。两座教堂(尤其是那座漂亮又宽敞的新教堂,葡萄牙人在15年前[2]所建造)的状况都很糟糕。新教堂虽然不会立即倒塌,但也已经摇摇欲坠,人们为了避免更大的不幸,只能将其拆除。[3]

居住在耶稣会学院和圣若瑟堂的耶稣会士鲜少谈及他们的住宿条件,魏继晋在他的著作中,曾经提及他当时在圣若瑟堂的房间,此前

---

[1] 不知名传教士的信件,写于1720年7月20日。斯特克莱因主编:《新世界信使》第8册,第191号,第17页。法国耶稣会士殷弘绪对此次地震亦有记述,所录地震时间"6月11日"有误,见[法]杜赫德编《中国回忆录》第2册,第215页。

[2] 原文如此。„Allein die zwo übrigen/(zumalen die neu-Portugesische vor etwann 15. Jahren erbauete schön- und grosse) Kirchen seynd in einem elenden Zustand. Jetzt gemeldetes neue GOTTshauß fiele zwar nicht alsobald zusammen/dessen ungehindert ware es dermassen zerleffzet/daß man um grösseres Unglück zu vermeyden/dasselbe niedergerissen hat."按照文中说法,位于城南的圣堂受损更为严重,被迫拆除。"zerleffzet"一词不见于现代德语。"zer"作为德语动词前缀,多含摧毁、破碎、破坏之意。城南的"新教堂"建于"15年之前"的说法可能有误。"南堂"当时隶属葡萄牙耶稣会中国传教团,距离此次地震最近的一次改扩建完成于1711年。

[3] 杜赫德致全体法国耶稣会士书信,收录在法文本耶稣会士书简集《奇异并富有教益的书信》第20册开篇,1731年巴黎出版。斯特克莱因主编:《新世界信使》第21—22册,第433号,第31页。

的住户是被雍正流放并处死的葡萄牙耶稣会士穆经远。[1] 性格耿直的法国耶稣会士王致诚在1743年的信札内,谈及在京耶稣会士的住宿条件,或许可以视为普遍的状况:"对于宗教人士来说,我们的住宿应是相当舒适了。我们的住宅干净而适用,没有任何违背我们身份之礼仪的地方。在这一点上,我们没有理由为离开欧洲而感到遗憾了。"[2]

除了拥有固定的住所,北京的耶稣会士大都分配有较稳定的宫廷服务工作。葡系耶稣会士与法系耶稣会士承担的宫廷服务各有侧重。前者多承担官方的天文历算工作,他们中的官员神父,特别是钦天监西洋监正(副),一直以来享有清廷俸禄。南怀仁(P. Verbiest)供职钦天监之时,康熙皇帝"着照品给俸,每年银一百两,米二十石"。[3]

西洋人出任钦天监监正(副)的传统在全面禁教时期仍然沿袭。葡萄牙耶稣会士徐懋德1743年去世之后,刘松龄接替成为钦天监西洋副监正。刘松龄一度不愿接受额定年俸,"他表示:他是一名神父,对于他来说,能为陛下尽微薄之力,就是一个恩典,不能再领酬劳。不过皇帝没有接受他的请求,而是多次下令,刘松龄应当领取这份定额的钱"。[4]

不享受朝廷俸禄(米)的宫廷耶稣会士,也并非全无进项。每逢年节庆典,北京西洋人皆能够收到皇帝的赏赐,通常是食物、装在小荷包的银两、丝绸或者皮毛等等。奉召入京的新西洋人也会收到额定的赏赐;为皇帝提供的服务,倘若博得皇帝欢喜,还会有额外赏赐。乾隆六年(1741),三名耶稣会新人鲁仲贤、汤执中、纪文奉召入京,[5]

---

[1] 魏继晋:《驳谬说书》,第131页。
[2] 王致诚1743年11月1日信件,[法]杜赫德编:《中国回忆录》第4册,第300页。
[3] (清)黄伯禄编:《正教奉褒》,辅仁大学天主教史料研究中心编:《中国天主教史料汇编》,第530页。
[4] 鲁仲贤1744年12月2日信件,科勒主编:《新世界信使》第34册,第683号,第91页。
[5] 鲁仲贤抵京时间有1742年之说法。方豪、法国学者费赖之、荣振华持此说(方豪:《中西交通史》,第630页;[法]费赖之:《在华耶稣会士列传及书目》,第839页;[法]荣振华:《在华耶稣会士列传及书目补编》,第736页)。笔者据《律吕正义后编卷首档》以及清宫造办处档案记载,判定鲁仲贤抵京时间当在乾隆六年(1741)。

"(乾隆六年)十一月初一日司库白世秀来说,太监王常贵等传旨:新来西洋人鲁仲贤等三人,着照旧例赏给灰鼠皮袄一件、银鼠褂子一件、宁绸一匹。钦此。于本月初九日将皮袄等交鲁仲贤领去讫"。[1]

北京耶稣会士享有康熙厚遇的时期,得到过皇帝赏赐的京城商铺。康熙二十三年(1684),皇帝南巡,在南京接见欧洲传教士。"皇帝善意的询问:教士们日常的开支用度从何而来?教士们回答:依靠欧洲船舶提供,将朋友以及赞助人赠予的钱物,先送到澳门,然后每年一次寄往北京。皇帝再度发问:若是碰到欧洲船只因故不来,又该怎么办?此次对话后不久,皇帝下令送给耶稣会士一栋房子,或者说一间商铺,每月可以有40盎司银子的收入,相当于100古尔敦,这笔收入中的一部分被用于北京住院的建设"。[2]

1730年京畿地震之后,在京耶稣会士损失严重。他们中的法国耶稣会士称:"除了房屋中的所有物品,损失的还有我们的收入。城中的房屋、商店还有作坊都被毁了,从这些地方收取的租金,是迄今为止我们主要的生活来源。现在一切都毁了,我们要盖房子,要知道从哪里才能获得可爱的面包。"[3]

除了在中国当地获得的各类收入,欧洲带来的财物以及来自欧洲的捐款,是维系耶稣会士在华活动的重要经济基础,宫廷耶稣会士也不例外。宫廷乐师魏继晋就声称他来华之后没有挣过一分钱,他的日常开支所需"一部分自带,一部分依靠慷慨的欧洲捐助人寄来"。[4] 魏继晋等人来华之后,尽力维持与欧洲富裕捐助人的联系,例如与富格伯爵夫人的长期通信联系。与当时欧洲很多贵族妇女一

---

[1] 张荣选编:《养心殿造办处史料辑览》第3辑,故宫出版社,2012年,第178页。
[2] 魏继晋:《驳谬说书》,第70页。康熙二十三年九月,皇帝南巡至江宁(今南京),传教士毕嘉与汪汝望奉召面圣,康熙询问过传教士们的经济收入从何而来:"又蒙上顾问:'你们来此,何所恃以度日?'奏云:'蒙皇上已开海禁,得由西洋寄来用度。'"[(清)黄伯禄编:《正教奉褒》,辅仁大学天主教史料研究中心编:《中国天主教史料汇编》,第535页]。
[3] 斯特克莱因主编:《新世界信使》第21—22册,第433号,第31页。杜赫德致全体法国耶稣会士的书信,收录在《奇异并富有教益的书信》第20册开篇。
[4] 魏继晋:《驳谬说书》,第47页。

样,富格伯爵夫人支持耶稣会的海外传教活动,尤其重视弃婴的安置,愿意为此提供资助。大约在1742年,魏继晋收到一笔奥格斯堡的捐款,折合110盎司银子,据其自述,这笔钱的用途十分广泛,例如为孤儿、寡妇添置衣物,送给官员的礼品,购买中文书籍,以及雇人为遗弃在城门边的婴童受洗,等等。[1]

"慷慨的欧洲捐助人"同样是刘松龄在京生活开销的主要提供者。刘松龄写给弟弟的一份信中,称他们的生活费用主要来自欧洲的捐助:"彼等所恃以为生者,盖为昔日欧洲慈善家之捐款,就中以德意志捐款为巨。康熙皇帝所定六西士之俸给,其后神甫人数增加,俸给仍为六份,完全不足以供给赡;幸而此俸给仍源源不断,仆役工资之一部赖以无缺耳。"[2]

一位不具名西里西亚传教士在1768年的信中告诉他的欧洲朋友们,北京耶稣会士并没有享受仆从如云的生活,他们雇请的仆人都承担具体且必需的工作:每座住院各有一名门房;教堂守堂人一名;药房一名;厨房两名,为神父和传道员准备餐食;做家务一人;司库配两名仆人(因为单独一人在此地不完全可靠);负责中国全境传教活动的司库配四名仆人;四到五名轿夫,外出时使用;马厩两人;住房打扫清洁、打理花园三人;丧葬工作两人;传教士随从一人;祭坛供奉一人;三名助手和见证者,在城中或者乡下,从事新信徒教导工作;最后还有两名仆人,根据当地习俗,为公开造访的中国官员服务。[3]对北京耶稣会士来说,这些中国仆人的数量或许已经减无可减,不过另一方面也证明在京耶稣会士有足够经济实力承担雇请多名仆从的开销。

除了朝廷俸禄、皇帝赏赐、欧洲捐助之外,后"礼仪之争"时代

---

[1] 魏继晋信函,撰写时间在1742年之后。科勒主编:《新世界信使》第35册,692号,第89页。
[2] [法]费赖之:《在华耶稣会士列传及书目》,第782页。
[3] 不知名在华西里西亚耶稣会士1768年11月25日信件,见 *Schreiben eines gebohrnen Schlesiers aus Peking an einen siener Freunde in Deutschland*,Augsburg: Mauracher,1771,S.19-20。

的北京耶稣会士有条件操作其他创收途径：出租商铺、房屋，出租土地，放贷取息。多种收入来源以及相对"合法"的身份，使得后"礼仪之争"时代的北京耶稣会士能够安稳生活。康志杰在《十八世纪北京耶稣会士开办钱庄研究》一文判定北京耶稣会士经营钱庄，[1]最重要的依据是《十八世纪初游历过中国的使节法国人李多尔农的报告》。"李多尔农"称："耶稣会会士在北京开设三家钱庄做高利贷生意。每家钱庄拥有五万到六万串钱的流动资金。"[2]这位"李多尔农"是谁？何时出使中国？该报告以何种形态存在？并无考证。按照康志杰的说法："这条文献资料来源于法国使节，而非仇教的中国士绅，且当时在北京的耶稣会士以法国人为多，时人记时事，基本可信。"[3]为了证明"李多尔农"报告的说法，康文援引法国学者皮埃尔·多米尼克的表述："在中国，神父们借钱给商人，利息高达25％—100％。"[4]皮埃尔·多米尼克（Pierre Dominique, 1891—1973）是《耶稣会的政治》（La politique des jésuites）一书的著者，该书1955年在巴黎出版（Paris: Grasset, 1955），作为一手文献引用略显牵强。此外，康文中称"随着教务的推进，在华耶稣会士终于抵挡不住经济的诱惑和传教经费的压力，开始投资钱庄"，[5]这样的断语需要更多确凿的证据支持。

1715年之后获准在京设立常驻使团的俄国东正教教士得以见证北京耶稣会士的生存状态。第四届东正教驻华使团的修士司祭费

---

[1] 康志杰:《十八世纪北京耶稣会士开办钱庄研究》，《世界宗教研究》2016年第4期，第153—164页。有关在华天主教教会财务经费主题的研究论文还包括：康志杰:《论明清在华耶稣会财务经济》，《史学月刊》1994年第3期，第35—42页；汤开建:《明清之际中国天主教会传教经费之来源》，《世界宗教研究》2001年第4期，第73—87页。
[2] 康志杰:《十八世纪北京耶稣会士开办钱庄研究》，《世界宗教研究》2016年第4期，第155页。文中所举论据转引自[苏]约·拉甫列茨基所著《梵蒂冈宗教、财政与政治》（柔水译，世界知识出版社，1959年，第86页）。
[3] 同上书，第155页。
[4] 同上。此处证据同样转引自[法]埃德蒙·帕里斯《耶稣会士秘史》的相关引文。
[5] 同上书，第158页。

奥多西·斯莫尔哲夫斯基 1745 年来京，撰有《在华耶稣会士记述》。[1] 斯莫尔哲夫斯基的笔下，"北京的耶稣会士皆为中式打扮：他们蓄须，还留起辫子，把头刮得锃亮。参加公开葬礼时他们的举止和中国人一样，惟有哭灵仪式，他们不被邀请参加。……居家的时候，他们穿着淡色的丝质短袍；出门的时候，他们就像中国人那样穿上质地上乘的正装。"[2]

三、钦天监内的风波

清代供职钦天监的西洋人在中国历史上堪称异数。对于农耕社会而言，天象、节气、历法的重要性不言而喻，在清代前中期数位君主的支持下，西洋人在钦天监拥有一定的话语权。耶稣会士在信件中一直强调，中国人之所以需要在钦天监保留西洋技术力量，是因为中国人的天文观测、历算方面与欧洲有差距，但钦天监的满、汉成员或许认为，西洋人不过是迷惑了皇帝的心思而已，某种狭隘的爱国情绪作用之下，钦天监西洋职员的存在被认为是国之耻辱。

刘松龄在写于 1740 年 11 月 6 日的信件中谈到了钦天监西洋官员的艰难处境：

> 我们的神父们在钦天监工作且身居高位，该机构的中国观象师（Chinesische Stern-Sehern）们对此深为不满，这一点众人

---

[1] 斯莫尔哲夫斯基手稿在 1822 年发表。《在华耶稣会士记述》目前有两种英译本：*Notes on the Jesuits in China*, translated and edited by Gregory Afinogenov, Institute of Jesuit Sources, Boston College, 2016；*The Jesuits in China-An Eyewitness Account by an Eighteenth Century Russian Orthodox Monk*, Barbara Widenor Magggs(trans.), Createspace Independent Pub, 2018. 相关信息参看周乃菱《乾隆年间俄罗斯东正教士笔下在北京的耶稣会士——评斯莫尔哲夫斯基〈在华耶稣会士记述〉》，《国际汉学》2018 年第 4 期，第 186—188 页。

[2] Smorzhevskii, Feodosii, *The Jesuits in China-An Eyewitness Account by an Eighteenth Century Russian Orthodox Monk*, p. 11. 中译文参看[俄]尼古拉·阿多拉茨基著，阎国栋、肖玉秋译《东正教在华两百年史》，广东人民出版社，2007 年，第 155 页。

皆知。就算不能把我们彻底拉下马，至少也要在所有人面前抹黑我们的名声。所以，他们递了一份污蔑我们的奏折给皇帝，其中内容是：欧洲人正合力消弭和根绝那些代表中国观星术光辉历史的纪念品。为了证明他们所说确凿，他们举例说：南怀仁，也就是 Ferdinandus Verbiest 神父，擅自将已经沿用多年的老的中国观星仪器，全部移出观象台，扔到无人知晓的阴暗的角落里去了，取而代之的是他所宣称的新的欧洲式样的仪器；还有纪理安，即 Kilianus Stumpf 神父，做得更过分，他将前文提到的观象仪器中的一部分熔化，再把熔液注入其他的模具，为了达到嘲讽本土观象学的目的，他将新铸仪器作为外来科学胜利的标志，公开放置在观象台；还有精通数学的戴进贤（Tai-cin-hien）和徐懋德（Siu-men-te），即 Ignatius Kögler 神父和 Andreas Pereyra 神父，他们不仅暗中策划，而且在可能的情况下，不遗余力地将所有中国旧物加以清除，以巩固他们带到这里的新技术，借此摧毁中国本土古老科学的荣誉与声望，后者已经延续了数百年时间。[1]

戴进贤与徐懋德并没有坐以待毙，他们向皇帝呈递了一份奏折，为南怀仁与纪理安的行为辩护，称两位神父的所作所为皆是执行皇帝的旨意，绝无擅自行动：

> 戴进贤和徐懋德既没有抛弃过任何一块老的中国仪器，也不曾用它们来制作新的仪器，没有任何人能够指证他们曾经，哪怕说过一句，或者以某种方式，轻视、放弃乃至根除他们极其尊敬的中国古老观星术。所有的控告都是凭空捏造，是那些喜爱污蔑他人者的恶意中伤。[2]

戴进贤写于1740年11月20日的信件中，也谈及此次风波：徐懋德被一名唤作 Chang-chao 的中国文人指控逼入险境，此人新近擢

---

[1] 刘松龄1740年11月6日信件，科勒主编：《新世界信使》第30册，第588号，第94—95页。
[2] 同上书，第95页。

升为算学馆的副馆长(Mit-Regenten)。此人指控欧洲人对待中国古老的天文仪器不以为意,只重视欧洲的新仪器。十六王爷庄亲王(Choam-cim-vam)支持对在京欧洲天文观测者的指控。乾隆皇帝在收到钦天监西洋官员的奏折之后,将整件事情压了下来,不再追究。戴进贤在此次风波之后称:"不仅是在各省工作的欧洲人,还有皇帝宫廷的欧洲人,现如今都如履薄冰,没有安全保障。"[1]身为钦天监工作人员的刘松龄似乎不满皇帝这样的冷处理:"除了彻底不再提及此次指控,再无其他后续影响。那些卑劣的造谣者是否会受到惩罚,会受到怎样的惩罚,我们都一概不知。如果他们在雍正皇帝统治时期,有胆量将一份满纸谎言的控告书(Klag-Schrifft)递到御前,那么他们会因为这样的肆意妄为(Vermessenheit)付出代价,就算不掉脑袋,也会受到非常严厉的惩罚。"[2]

徐懋德1743年去世之后,刘松龄接替其成为钦天监西洋副监正,接替过程中的波折在鲁仲贤1744年12月2日的信件中有所提及:

> 我们在今年还得到来自皇帝不同形式的恩惠。这些恩惠让我们的敌人感到害怕,为了对付我们,他们煽动了谋划已久的迫害。此次迫害行动的先声发生在钦天监。钦天监监副徐懋德,一名葡萄牙人,于1743年12月2日将灵魂栖息在上主处。我们陷入惊恐之中,因为康熙的第十六子虽然在表面上对我们欧洲人极尽礼数,但并无好感,他想将我们欧洲人彻底排挤出钦天监。出乎我们意料的是,钦天监此时一致同意向皇帝递交一份折子,汇报徐懋德身故一事,并暗示说,当今皇帝的父亲雍正皇帝任命这位逝者为钦天监监正戴进贤神父的副手,此番如何行事,他们恳请陛下颁旨。[3]

---

[1] 戴进贤1740年11月20日信件,科勒主编:《新世界信使》第34册,第669号,第7页。

[2] 刘松龄1740年11月6日信件,科勒主编:《新世界信使》第30册,第588号,第95页。刘松龄信件已出版中译本此处翻译有误。

[3] 鲁仲贤1744年12月2日信件,科勒主编:《新世界信使》第34册,第683号,第90页。

按照鲁仲贤的说法，皇帝批复了折子，指示选一名欧洲人接替徐懋德的位置。钦天监在短短几天之后，选中了奥地利会省的刘松龄神父作为去世的徐懋德神父的继任者，因为身为监正的戴进贤神父推荐了这名神父。皇帝也认可这一选择。

宫廷耶稣会士来华已久，世俗官衔在中国社会隐含的地位与影响力，他们未必不清楚。否则徐懋德去世之后，北京耶稣会士也不会感到"惊恐"。因为一旦西洋人失去钦天监的传统职位，也就意味着失去被官方认可的身份地位。如刘松龄在1749年书信中所言："在上一次对基督教的迫害中，假如那些冒充天文技术大师的半吊子中国学者，在宫廷中也获得了这样的认同，那么基督徒以及欧洲人，连带我们在内，都会面临非常凄惨的境地。"[1]同一时期在湖广传教的基层耶稣会士南怀仁在书信中强调宫廷耶稣会士的工作意义：

> 从未有人怀疑，在北京为皇帝工作的传教士，尽管他们自己不能像我们一样，前往这个王国广阔的地方远行，在各省宣讲我们的圣教，但他们的工作对于支持中国的基督教团体非常必要。他们通过自己的声望保护我们的救赎工作，正如同最初的牧者用欧洲的知识打开了中国长久关闭的大门，也是这些知识至今保护着我们的圣教。我们的知识在北京长久以来都得到高度评价，即使是遭遇危险的迫害，基督学说也没有被击垮。[2]

第二节　基层传教士的生存

清代顺治、康熙年间是在华天主教发展的黄金时期，两位君主在

---

〔1〕刘松龄1749年11月28日信件，科勒主编：《新世界信使》第35册，第696号，第128页。

〔2〕南怀仁1741年8月29日信件，科勒主编：《新世界信使》第34册，第676号，第44页。

位的绝大多数时间之内,北京西洋传教士表现出众得到优待,基层传教士的活动因此被宽许,他们大多可以在各省区购房,充作居所和宗教活动场所。康熙晚期,基层传教的欧洲传教士被要求领"票",[1] 持"票"者可以继续合法居留在中国境内,其余皆驱逐出境,择取遣返;雍正初年,朝廷全面禁教令颁布,除了在京服务的西洋人,其余在华欧洲传教士皆被驱往澳门,后改迁广州。

很多传教士在被遣返之后,并没有乘船回归欧洲,而是先后折返各自的传教区,以非法身份潜藏传教。全面禁教形势之下,包括耶稣会士在内的欧洲传教士不仅居无定所,生命安全也没有保障。他们与外界沟通的邮件、所需生活物资输送皆存在困难,更因为异教徒、伪信徒的揭发告密,遭遇官府不定期的追捕。

《新世界信使》中国来信最重要的作者群体是康雍乾三朝在华传教士,其中多有基层传教实践者,如马若瑟、沙守信、卜文气、方记金、德玛诺、南怀仁等人,不同时段传教士的中国来信,见证了清代前中期基层传教士生存环境的改变。

一、被宽待时期的生活

耶稣会入华之初,利玛窦等人认真观察中国社会的信仰崇拜和从业人员,决议要将本会成员与依靠中国信徒施舍为生的佛教僧侣区别开来,也就是说经济上要独立。利玛窦妥善利用从澳门入境的欧洲资金、物品,在南京、北京等地置买房产修建教堂,结交士人官绅互赠礼品,几乎不曾遭遇经济短缺。能够做到这一点,与利玛窦的理财能力有关,当然也因为明朝君臣对传教士入华并天主教传播尚未形成一致意见,西洋传教士所处环境较为宽松,境外物资转运相对顺畅。

清代前期类似的宽松环境仍在继续,基层传教士的生活依靠境

---

[1] 按:"传教信票",康熙四十五年(1706)始颁,雍正元年废止。参见果美侠《康熙"红票"考——兼谈"传教信票"及康熙对传教士的集体召见》,载《故宫博物院院刊》2018年第1期,第112—119页。

外资助,包括修会年金和欧洲的捐款,能够维持基本生活。1716年,山东传教的耶稣会士方记金收到了耶稣会奥地利会省会长海韦奈希(Gabriel Hevenesi)拨给全体在华奥地利会省传教士的款项,捐款人是葡萄牙王后玛利亚·安娜。[1]方记金利用这笔捐款及时支付了账单并声称,从爱钱且吝啬的中国人那里得不到财物援助:"鉴于所有的中国人都节约、爱财,就连最热忱的本地基督徒,我们也很少能够在再明显不过的紧急时刻得到他们在钱财方面的援助。"[2]这样的说法或许只是方记金的个人体会。因为基层信徒对基层耶稣会士的经济扶助虽然有限,但并非完全没有。1703年,耶稣会士卫方济呈交耶稣会总会长的报告中还一度表示:"虽然大部分基督徒是商贩、兵士、手艺人和种田的人,但他们从未忘记在每次聚会的时候凑上些钱,用来帮助一些有困难的新教徒,分发给非信徒和基督徒的一些教理小册子也要归功于这些捐助。"[3]

1698年来华的法国耶稣会士马若瑟与江西南丰文人刘凝有过密切交往,撰有汉语研究著作《汉语札记》,该著作被后世认为是欧洲早期中国研究的代表作之一。不过,马若瑟更是一名兢兢业业的基层传教士。1700年,在写给法国耶稣会东印度教区司库郭弼恩的信中,马若瑟表示希望更多的传教士来中国,"由于我们在这个广袤帝国可自由传播福音,他们要做的事情有的是"。[4]一个幅员广阔的异教国家,竟然允许基督教传播,对任何有志海外宣教的神职人员来说,无疑有莫大的吸引力。更何况马若瑟的信中表示,在法国支付给

---

[1] 方记金1716年三封信件摘录,斯特克莱因主编:《新世界信使》第7册,第154号,第14页。
[2] 方记金1714年10月31日信件,斯特克莱因主编:《新世界信使》第6册,第134号,第23—24页。
[3] 斯特克莱因主编:《新世界信使》第4册,第83号,第18页。[法]杜赫德编《中国回忆录》第1册第234页的译文略有不同:"尽管大部分的基督教徒是工匠和农夫,他们在集会上向老的信徒学习,捐献出财物。我们用这些捐献去资助病人和极端贫困的人,去印刷用于归附异教徒和感化信徒的、外面又无处可买的宗教书籍。"
[4] [法]杜赫德编:《中国回忆录》第1册,第152页。

一个小型乡村教区神父的薪俸,在中国能够维持一个管理大型教区的传教士生计,教区信众多达两三万,"四五个教士聚在一起可组成一个类似膳宿公寓的所在,生活于此尚无太多不便;因此,一个传教士只要精心安排这笔经费,那么维持生计外时而还可做点小小的施舍"。〔1〕马若瑟呼吁法国富有阶层特别是富有的女士们,为中国的传教事业捐款,这样的呼吁同样出现在其他会省耶稣会士的中国来信之中。

17世纪末至18世纪初,来华法国耶稣会士的购房、建房行动发生在江西省的抚州、饶州、九江,湖广省的黄州、汉阳,广东省的广州、佛山等地。法国耶稣会士傅圣泽(Jean-François Foucquet)在1702年11月26日的信中透露,打算将在江西抚州、饶州、九江所购三处房产改建成教堂。1716年,在河南南阳的孟正气(Jean Domenge,1666—1735)告诉同会某神父:"我所在的教堂是雷孝思和冯秉正两神父奉旨测绘本省地图时花1300法郎买下的。"〔2〕1701年来华的法国耶稣会士卜文气(Louis Porquet,1671—1752),为了在无锡买房充作教堂,连续多年节省年金:"我曾计划在该城买一所房屋以便在此建一座教堂,为此我准备了约300埃居,这是我十五年来从自己年金中省下来的。"〔3〕

1701年,奉康熙之命出访欧洲的法国耶稣会士洪若翰返回中国,与他同期来华的还有新一批耶稣会士,包括奥地利会省耶稣会士方记金。洪若翰一行人在1702年1月抵达赣州,随即拜访了主持赣州教务的耶稣会士贾嘉禄(Charles Amiani,1661—1723)。贾嘉禄在住处请客人们共进晚餐,"他端上桌三只雉鸡,以致于我们不曾注意到这位老传教士的困窘。后来我们得知,这些东西的花费不超过三个Groschen,因为在中国,此类家禽寻常可见。他请我们喝用大米和其他土地出产物酿制的红、白酒,酒劲很烈,与最烈的欧洲葡萄酒不

---

〔1〕 [法]杜赫德编:《中国回忆录》第1册,第153页。
〔2〕 [法]杜赫德编:《中国回忆录》第2册,第183页。
〔3〕 同上书,第213页。

第三章　宫廷与基层：清代前中期在华耶稣会士的生存空间　　119

相上下"。〔1〕毫无疑问,当时的基层传教士贾嘉禄,饮食上虽不太富足,但可以保障温饱,贾嘉禄甚至还养了一条宠物犬。在贾神父的住所,方记金注意到一只四处转悠的欧洲犬,"有一名官员曾经讨要这条狗,他把狗送给了官员,不过,这条狗不喜欢被中国人照顾,三天时间不吃不喝,为了不让它饿死,就被送回给了神父"。〔2〕

尽管有康熙三十一年(1692)朝廷发布的"容教令",〔3〕给予欧洲传教士有限的宽容,但不意味着允许他们在中国境内自由传教。1702年,在江西教区的方记金听闻在华传教士行动受限的情况,他在书信中写道:"来到这里的传教士必须如一位隐士一般,在房间独处,因为他不允许离开房间,除非有基督徒需要他进城或出城主持圣事。一年之中只允许两次前往乡下或者村庄,我们藉此机会听取妇女们的告解。每半年拜访一次官员。其余时间我们被牢牢圈禁,比欧洲的隐修士们还要厉害,我们就连通过门房与人们谈话都不允许。"〔4〕

在朝廷宽教时期,尽管有限制,但基层传教士不需要隐匿行踪在晚间秘密行动。为了加速推进基层传教工作,欧洲传教士一般会在每一个所照管的村庄安排一位助手,方记金在他的中国来信中称之为"教会干事(Kirchen-Vogt)",并介绍说,当地人称之为"先生(Hoeitschang)"。从方记金的表述来看,所谓"教会干事"与其他在华耶稣会士书信中提及的中国传道员(catechist)同一性质。

中国传道员发挥的巨大作用,每一位基层传教耶稣会士都有切身感受。一般来说,欧洲传教士会支付中国传道员一定的薪水,这也是来华传教士必要的支出项,但有些时候并不能确保这些传道员的工作质量。方记金写道:"我来到一个名为 Hoankin 的村庄,那里有

---

〔1〕 方记金 1702 年 10 月 18 日信件,斯特克莱因主编:《新世界信使》第 4 册,第 82 号,第 8 页。
〔2〕 同上书,第 9 页。
〔3〕 又名"容教诏令""容教敕令",康熙三十一年,皇帝允准的礼部题本。其中声明西洋人所奉教义并非"左道惑众,异端生事"。
〔4〕 方记金 1702 年 9 月 30 日信件,斯特克莱因主编:《新世界信使》第 3 册,第 67 号,第 21 页。

40名基督徒,照顾他们的是一名有地位的读书人,但此人对待工作漫不经心,教友的姓名、数量,他都不能告诉我,也不知道此地基督徒的境况。"[1]

即使对中国助手不太满意,但基层传教士的工作与生活不能离开中国人的协助。中国传道员承担了欧洲神父缺席的情况下,牧养教区信众的工作;更多的中国人受雇为传教士提供生活服务。18世纪初,分散在基层传教点的耶稣会士,正常情况下,每年的经费大概有80两银子,这笔钱被用于维持日常开销和雇请中国仆人,负责衣食住行方面的各项工作。[2]"传教士需要具备额外的机智,才能正确雇佣仆人,他通常至少会雇佣6—7人,即使驻地只有他一个人。这些人充作门房、采购员、厨子,诸如此类。没有比管束他们更难的事情,传教士的开销钱物统统都要经过他们的手"。[3] 18世纪来华传教士体会到管束中国仆人的难度,19世纪中叶以后生活在通商口岸的外国侨民也同样苦恼于中国仆人的各种小伎俩。喜爱金钱和贪小便宜,是来华外国人安在中国人身上长期的刻板印象。

1724年,清廷禁教令颁布之后,天主教在华传教局面整体恶化。传教士们此前改建或新建的教堂,要么被拆毁,要么改作他用,如学宫、书院甚至病院。[4] 除了北京耶稣会士还能够住在外观气派的住院,各地秘密隐藏的传教士开始居无定所,人身安全难以保障,雇请多名中国仆人的日子一去不返。

二、禁教时期的困境

禁教令颁布之后,在湖广和江南地区秘密传教的耶稣会士,更多

---

[1] 方记金1703年10月19日信件,斯特克莱因主编:《新世界信使》第4册,第85号,第27页。
[2] 方记金1702年9月30日信件,斯特克莱因主编:《新世界信使》第3册,第67号,第22页。
[3] 同上。
[4] 冯秉正1724年10月16日致本会某神父信,[法]杜赫德:《中国回忆录》第2册,第55号,第342页。

的是以船只为流动住所,灵活机动,一旦发现情况有异,依托基层信徒的帮助,这些人大多是贫苦的农夫、渔民和手工匠人,西洋神父得以迅速撤离。

奥地利会省耶稣会士南怀仁1738年来到中国,与奉召上京的同伴魏继晋、刘松龄不同,南怀仁毕生从事基层传教工作,至始至终都是一个非法入境者身份。收取了钱财的中国人,冒着掉脑袋的风险将这位西洋神父引入内地。"到了夜幕降临,我被告知,现在是时候像一个中国人那样穿着了。他们剪去了我当时已经垂及胸膛的髯须,只在我的下颌留下了部分长须,修成中式样子。我们脑袋上的头发,除了头顶,都被剃掉。头顶放下来的头发,他们编成一条辫子,所有中国人依照鞑靼的习俗都留这样的辫子。最后,他们让我穿上中国人的服装"。[1]

南怀仁最初抵达湖广省,接替纪类思(Ludovici Sequeira,1693—1763)在湖北地区传教,[2]在他正式开始传教活动之前,纪类思带他熟悉传教区,这样的巡视大多数只能利用空间狭窄的小舟,夏天的时候酷热难当。南怀仁最初并不住在船上,而是幸运地迁居一处孤立在田野间的茅草房,这座草房据说是纪类思花20古尔登所购买,地处偏僻,相对安全。南怀仁躲藏在这里,周边的信徒们在晚上到他这里,或告解,或受洗。[3]

此前在湖广传教的耶稣会士顾铎泽在1730年2月致信本会某神父,叙述在当地的水上传教活动:"持续的工作使我的身体变得很虚弱,尤其天气酷热。此外,尽管船很大,但是妇女、儿童拥挤在船上,妇女头发上散发出让人恶心的气味。我用一块浸了醋的手帕不

---

[1] 南怀仁1739年12月3日信件,科勒主编:《新世界信使》第30册,第592号,第118页。

[2] [法]荣振华:《在华耶稣会士书目及列传补编》,第612—613页:"纪类斯"(Louis/Luis/Sequeira/Siqueyra, Joseph de Sigueyra)。

[3] 南怀仁1739年12月3日信件,科勒主编:《新世界信使》第30册,第592号,第128页。古尔登(Gulden),据文中注释:1两白银相当于2.5个莱茵古尔登。100古尔登约当于40两银子,20古尔登约当于8两银子。

时捂着鼻子,否则我都要被熏晕好几次了。"[1]

分散在各地的欧洲传教士需要更有效的伪装,才能避免被抓住。"在传教区穿梭过程中,他们时而扮成船夫,时而扮成商贩,时而扮成农夫,整个白天几乎都藏身在昏暗的洞穴和隐秘的不起眼的地方,每天都要更换住处"。[2] 在河网密布的湖广省,南怀仁和他的同伴大多数时间将一艘小船作为流动住房:"我们生活在船上,从一个地方到另一个地方,从一个传教点到另一个传教点。"[3] 很多时候,欧洲传教士的安危取决于负责接应的中国信徒以及传道员。例如在湖广山区传教期间,法国耶稣会士顾铎泽因为有人通报消息,得以提前转移。通风报信者"从他们能出入官府的非基督徒朋友那里得到的消息",[4] 这些"非基督徒朋友"通常是那些在衙门供职的底层衙役或小吏。

1741年,南怀仁给母亲的信中写道:

> 不计其数的河流和湖泊,经常会泛滥成灾,造成难以估计的巨大损失。房屋、庭院、牲畜还有人都会被吞没。因为我在水上生活了八个月,我体内多有潮气,影响到了我的健康。我无法在这里去看中国医生,以免我的欧洲人身份被发现。对我的健康适合而且必须的放血疗法,这里的中国人要么一无所知,要么害怕这么做。……我很少去城镇,去的话也仅仅待很短的时间,人们在城里可以买到所有能想到的物品,就像在欧洲那样,有些地方看起来就像把全世界的物品都搬来了一样。在汉口停泊了超过4万艘商船,装载了各种货物,满满当当。相反在农村,在农夫中间,实际上我就生活在这些人当中,他们一会儿缺这样东西,一会儿少那样东西。尽管我经常会去看望的基督徒们,过得

---

[1] 顾铎泽1730年2月致本会某神父信,[法]杜赫德编:《中国回忆录》第3册,第294页。

[2] 南怀仁1740年10月14日信件,科勒主编:《新世界信使》第34册,第672号,第32页。

[3] 同上。

[4] 顾铎泽1730年2月致本会某神父信,[法]杜赫德编:《中国回忆录》第3册,第308页。

好像还不错,争先恐后要给我送来所有生活必需品。[1]

前文中方记金称中国信徒大多比较小气,多少有些以偏概全。从湖广地区基督徒的表现来看,他们并不吝于提供力所能及的经济扶助。

1706年来华的上德意志会省耶稣会士德玛诺,起初在北京会同法国耶稣会士参与绘制《皇舆全览图》,随后向康熙请求前往中国省区传教,获得批准后,坚持在江南地区传教数十年,1744年在常熟去世。德玛诺生前的衣食住行非常俭朴,甚至可以说是艰苦,"他一年中大部分时间居住在其中的小船,空间狭小,顶部是有破洞的草席,恶劣天气里起不到什么作用。穿的是破旧的布衣裳,他若是换成好一点的衣服,心里会不安,因为他是在船民、农夫中传教之人,如果他穿上更高级、更柔软的衣服,这些人会因此感到难受。他的三餐是豆类、大米和蔬菜,在水里煮熟,寡淡无味"。[2]分发宣教手册、听取信徒的告解、为新信徒施洗、为濒死的信徒行临终圣事,这些是基层传教士的主要工作。为了完成这些工作,德玛诺经常要冒险奔波数十里。黄安多在追思文章中,多次提及德玛诺的德行:"他时常被羁押,常常陷入危险。被异教徒们扇耳光、抽鞭子、打棒子,用脚和石头把他赶出村庄。"[3]

在当时的环境下,除了流动的小船,陆地上任何一个地方连续住两个晚上,就有可能产生风险。基层传教士大多会在夜幕降临后来到村庄,在教徒家中举行宗教活动,有时候会留宿一个晚上。德玛诺曾经在一名基督徒家中驻留,该名基督徒的妻子与丈夫关系不和,当发现丈夫收容西洋神父之后,这个妻子认为报复的时机到了,她喊来几位邻居,声称她的家里藏匿了欧洲人,想要把收容者和被收容者都关进牢里。但是病中的神父并不惊慌。在官府的衙役抵达之前,这

---

[1] 南怀仁1741年9月14日信件,科勒主编:《新世界信使》第34册,第673号,第37页。
[2] 黄安多1744年9月6日信件,科勒主编:《新世界信使》第34册,第685号,第104页。
[3] 同上书,第103页。

名基督徒成功地把神父转移到一艘用稻草遮掩的小船上,躲过一劫。[1]

因为大多数时间都居住在船上,所以《新世界信使》中国来信之中,我们时常读到耶稣会士们如何遭遇水上险情,又如何在圣臬玻穆、圣沙勿略以及全能上主的庇护下,幸免于难。1735年,德玛诺遭遇险情。当时他要渡河前往一处地点,因为船工的粗心大意,船只倾覆,德玛诺祈祷,小船最终浮出水面。他准备上岸的时候,发现了更大的险情,因为岸上此时聚集了一群人,眼看身份就要暴露,"我用双手遮住面部,为的是不泄露我身为欧洲人的容貌"。神父奇迹般地脱险,被事先约定的一名小商贩接走。[2] 1743年年初,南怀仁藉以容身的小船行驶到河流中央的时候,撞上破碎的冰块,船体发生断裂。神父落水之后,无人可以求助,唯有祷告。南怀仁声称,因为"印度使徒"圣沙勿略的庇佑,船体残骸适当地拼合在一起,让神父可以攀附在上面,躲避浮冰的冲撞,并漂流到安全之地。[3]

乾隆十二年(1747),在江南地区传教的耶稣会士黄安多与谈方济(Tristanus Attimis)被官府捉拿。首先被捕的谈方济来华时间不长,就其素质来说,并不适合承担特殊环境下的传教工作:"苏松地方,河港纷汊,路途难辨,兼之言语不达,事事需人传译。又为避教外人耳目,昼伏夜行,东奔西窜。到了奉教人家,待夜深人静时,始集教友,施行圣事,天明便散去。如是三年。"[4]谈神父在一名中国传道员汪斐理的家中被抓获,黄安多随后在一艘民船上被官兵查获。两位耶稣会士的被捕地点表明,即使是谨慎地利用中国信徒的配合以及灵活的交通工具,留给基层传教士的生存空间也所剩不多。

---

[1] 德玛诺1735年9月22日信件,科勒主编:《新世界信使》第30册,第580号,第46页。

[2] 同上书,第45页。

[3] 南怀仁1743年6月27日信件,科勒主编:《新世界信使》第34册,第678号,第56页。

[4] 《苏州致命纪略》,徐允希叙言,上海土山湾慈母堂刊本,1932年,第20页。

三、关于钱财的用处

禁教时期,在华欧洲传教士之所以潜形匿迹、居无定所,是因为官府的搜捕。官府何以能够发现西洋传教士的行踪?绝大多数是因为基层非信徒或者软弱新信徒的举报。他们发现周边有欧洲传教士活动,向传教士或中国传道员勒索钱财未果,遂向官府举报传教士行踪。

乾隆十一年的"福安教案",五名道明会士先后被杀,告发者是"一位堕落的、心思歹毒的基督徒,传教士们没有给予此人所要求的一笔钱,他感到受伤害。有一名来自穆洋村的异教徒,名叫 In-Hu,这时教他控告欧洲人的方法和程序"。[1]乾隆十二年的"苏州教案",两名耶稣会士最终被处死。挑起事端者最初是常熟一名信徒,这名败坏教徒勒索中国传道员钱财,"此人威胁传道员们,如果不给他一笔钱的话,他就要去官府告发他们,说他们是宣讲欧洲教义的头目,还要将他发现的神父们,尤其是教区负责人黄安多神父的藏身之所一并告官"。[2]此后不久,那名败坏教徒的侄儿/一说孙儿发现西洋传教士的船只,一番争执之后,此人"将小船以及其他属于神父的物品,拿在手中当作证据,添油加醋写了一份新的诉状,呈递给当时正在常熟的苏州官员。官员收下了诉状,很快派出一名衙役,捉拿传教士"。[3]基层传教士和他们的中国传道员或许是坚持原则,不肯满足非教徒和败坏者的无理要求,或许因为实际贫困,没有余钱满足贪图钱财者的勒索。

耶稣会士不愿接受被动的勒索,同时也不希望教友容忍这样的勒索。但是,全面禁教时期,地方胥吏藉搜查之名,勒索教民钱财的情况长期存在。耶稣会士在19世纪40年代重回中国,他们在江南地区看到的实况是:"一有风吹草动,教友们唯一的心事就是怎样凑

---

[1] 科勒主编:《新世界信使》第35册,第694号,第99页。
[2] 同上。
[3] 同上。《苏州致命纪略》有类似记载。

钱来应付控告者和官吏们。"[1]

与拒绝被动勒索不同,基层传教士比较容易接受另一种钱财使用方式——送礼,以送礼方式经营人际关系是很长时期内来华耶稣会的习惯做法。利玛窦最初得以进入北京,新颖的西洋礼物是他的"敲门砖"之一。清廷容教时期,基层传教士为打理与地方官员的关系,送礼一项上的开销颇大。1703年,方记金完成于济南的信件中曾抱怨因频繁送礼产生的额外支出:"短短六个月,我在礼物上面就花了6盎司银子,而我一年的收入不超过60盎司银子。"[2]抱怨送礼一项上花费巨大的方记金逝于1718年,如果他活得更长久些,将会发现,有机会给中国官员们送礼是多么难得,因为全面禁教之后,即使耶稣会士有意送礼,地方官员们也不敢轻易收受。

前文说到过,欧洲的捐助以及修会划拨的年金是维持基层耶稣会士生活和传教工作的经济来源。如果能够比较顺利地收到欧洲捐助,除了确保个人生活和必要的传教支出之外,传教士还有余钱施舍给中国基层百姓。1700年在江西传教的马若瑟吁求更多法国人慷慨解囊,捐助在华传教事业,"因为当我们向他们施舍时,我们经常表示,若不是一些乐善好施者的慷慨大方,我们不仅无力施舍,而且连自身生活也无法维持"。[3]

不仅是基层耶稣会士,其他托钵修会在华成员的经济资助也多来自欧洲方面,特别是在全面禁教时期。1746年的"福安教案",针对道明会士的一个严重指控就与海外钱款有关:"每年食用钱粮,上下半年遣教中干办之人假扮行商,密往广东、澳门两次运回。"[4]漳

---

[1] [法]史式徽(J. de La Servière)著,天主教上海教区史料译写组译:《江南传教史》(一),上海译文出版社,1983年,第25页。
[2] 方记金1703年10月19日信件,斯特克莱因主编:《新世界信使》第4册,第85号,第22页。
[3] [法]杜赫德编:《中国回忆录》第1册,第153页。
[4] "福建福宁府董启祚访查天主教通禀文",韩琦、吴旻编校:《欧洲所藏雍正乾隆朝天主教文献汇编》(以下简称《文献汇编》),上海人民出版社,2008年,第61页。

浦和建宁知县会审被捕的道明会士："为什么你本国每年运寄银子来给你，明是你教王养你们在中国要结人心，谋为不轨的了。"[1]道明会士对该指控予以反驳，坚称西洋银两并非教皇或国王给予，而是"西洋从教人""西洋富户"的捐助。

将欧洲捐款或是修会津贴安全送达传教士手中，在容教时期并不难做到。随着公开宣教活动被严格禁止，官府严厉查处私通夷人、私通海外的行径，钱款输送通道无法保障，传教士的活动空间被压缩到危险的程度，他们中的很多人很难及时收到捐款或津贴。虽然按照南怀仁"非法"入境内地的经验，如果有足够的资金，或许还能买来"异教徒们的善意"："这里所有的人都喜欢钱。他们知道，如果被发现把一名欧洲人带入中国内地省份，是掉脑袋的事情。但是，为了获得收益，他们完全不顾这样的危险。"[2]话虽如此，敢于冒生命危险的人毕竟不多。南怀仁在江南地区传教多年，最长的时候，在长达14年的时间内没有收到过任何欧洲方面的财物支援。[3]南怀仁有幸没有饿死，活到了80岁，这一方面得益于他本人的体质，另一方面大概也得益于他所在的位置。南怀仁长期在湖广、江南传教，两地皆属当时的经济发达区域，鱼米之乡，水网密布，必要的时候，数量众多的基层信众能够扶助西洋传教士的生活。如果有基督徒请神父去家中为妻儿施洗或是听告解，也会给神父提供食物或住处，尽管有时候食物不免简陋。

后"礼仪之争"时代的基层传教士已然没有能力也没有必要雇佣照顾生活起居的多名仆人，然而，基层耶稣会士竭力以有限的资金供养一定数量的中国传道员，因为这关系到中国传教基业的存续。欧洲传教士的身形容貌过于醒目而不容易隐匿，中国本土神职人员除了帮助欧洲神父照管中国基层基督徒，发放教义手册，还为大量被遗弃的婴儿施洗。

---

[1]"福建漳州府漳浦县袁本濂、邵武府建宁县王文昭会审福安天主教案招册"，韩琦、吴旻编校：《文献汇编》，第91页。

[2] 南怀仁1739年12月3日信件，科勒主编：《新世界信使》第30册，第590号，第118页。

[3] [法]费赖之：《在华耶稣会士列传及书目》，第796页。

乾隆十九年(1754),自澳门潜入江南的西洋传教士张若瑟、刘马诺、龚安多尼、费地窝尼小、李若瑟等人被官府抓获。供词中提及西洋传教士与中国传道员的雇佣关系:"汪钦一们替小的料理行教。每年每人给他六两银子。如银子用完了,澳门做神父的寄来与小的用。"[1]其中,常熟人汪钦一是为张若瑟代管行教事务之人,类似的受雇者还有沈泰阶、奚青观。

传教士的中国助手们承担在基层民众中宣教、分发斋单之类的工作,负责安排西洋神父的出行、住宿以及通信需要,相关的日常费用应该也是中国助手经手。禁教时期,西洋神父们为确保安全,通常只将落脚地点告诉一些被认为有信德的中国籍传道员。然而,从欧洲传教士处领取工钱的助手们,有时候并不完全可靠。乾隆十二年的"苏州教案",官府之所以能够抓获两名耶稣会士黄安多与谈方济,靠的正是谈方济的中国传道员之一徐鲁直(嘉禄)提供的线索。

本 章 小 结

无论是宫廷服务还是基层传教,耶稣会士皆以使徒圣保禄为效仿对象,"对一切人,我就成为一切,为的是总要救些人"。[2]他们生活在中国人中间,希望在不同阶层的人群中传播教理教义。应当如何行事,才能够既符合中国人的传统与习惯,又不违悖基督教教理,从来都不是一个简单的问题。想象一下18世纪的欧洲人很少有机会见到中国人的时候,中国皇帝们的日常生活早已经与西洋"远人"密切关联,中国百姓偶尔亦能见到相貌不凡的西洋神父。

耶稣会士与皇家的接触可以追溯到明末利玛窦进京。利玛窦将欧洲的自鸣钟进献给万历皇帝,此后更成为编外的宫廷钟表匠。不

---

[1] 中国第一历史档案馆编:《清中前期西洋天主教在华活动档案史料》第1册,中华书局,2003年,第215页。
[2] 思高版《圣经·新约·格林多前书》9:22。

过,利玛窦在京多年,并未与万历皇帝直接碰面。明清异代之后,宫廷耶稣会士扩大了技术服务范围,从天文历算到地图测绘、玻璃制作、绘画工作等等,试图以皇帝为突破点,实现"科学"传教。康熙时代颁布"容教令",在华耶稣会士欣喜地向欧洲方面传达这份敕令,却只字不提康熙对天主教传教士的种种提防。宫廷耶稣会士以工作换取皇帝的好感和北京的居住权,维系在华天主教传教事业的希望。1751年来京的法国耶稣会士钱德明无奈表示:"我们为了宗教的利益,而试图博得皇帝的恩宠,并为他做出有利而又必要的效劳,以鼓动他即使不是变得支持我圣教,至少也是不再迫害它。"[1]

以利玛窦、艾儒略为代表的明末来华耶稣会士,建立与明末士大夫文人的友好关系,发展文人教徒,与中国儒家知识分子、佛教学者等辩学论道,上演了我们熟知的中外文化交流史上精彩的一出"剧目"。因此也造成某种程度上的误解,认为来华耶稣会主张上层传教路线,对基层传教工作的重视程度不如晚期来华的天主教托钵修会传教士。近年来多有学者指出,早在罗明坚、利玛窦、龙华民开创天主教在华传播事业之时,耶稣会士就坚持两手并举的方针,在交好中上层知识分子的同时并不放松基层传教工作。[2]

清朝入主中原之后,在朝廷与基层社会皆有欧洲传教士活跃的身影,耶稣会士或放低姿态,以皇帝仆从、西洋"远人"的身份服务北京宫廷;或作为基层信众的牧羊人,坚持宣传教理教义。后"礼仪之争"时代,基层传教士遭遇诸多困境,既需要在心理上接受传教形势恶化的现实,更要面临实际的资金短缺。利玛窦在《天主实义》中亦宣称"修德以轻货财为首务",大概是为了迎合中国士人知识分子的价值取向。《荀子·大略》语:"君子相送以言,小人相送以财。"耶稣会士来到中国的目的是为了传教不假,但海外传教是一项实实在在

---

[1] 钱德明1752年信件,[法]杜赫德编:《中国回忆录》第4册,第381页。
[2] 李天纲:《龙华民对中国宗教本质的论述及其影响》,《学术月刊》2017年第5期,第165—184页;柴可辅:《晚明耶教"民间布道"之考察:龙华民路线的新定位》,《文史哲》2015年第6期,第117—126页。

的、需要金钱资助的活动。从普通人的角度来说,长期的贫穷通常会令人绝望,有着信仰支持的传教士或许不一样。朝廷全面禁教期间,基层传教士能够争取到的信众绝大部分是基层群众,这部分信众大都属于无话语权阶层,经济状况各有不同,其中不乏软弱和败坏的动摇分子,但确实也有信德坚定朴素的信徒。19世纪40年代耶稣会士重返江南,该地区的传教事业迅速复兴,与此前该地区基层传教士的努力坚持不无关系。

第四章　乾隆十二年"苏州教案"纪略

——第694号文献与《苏州致命纪略》的对勘阅读

乾隆九年(1744),在艰苦环境下宣教的德玛诺神父去世,时任省会长、葡萄牙耶稣会士陈善策选定黄安多继任为江南传教区的负责人,黄安多还为前辈德玛诺写过追思文章。[1] 时隔四年,黄安多殒命苏州,与他一同被害的还有另一位耶稣会士谈方济(Tristanus Attimis)。

黄、谈两人被杀,是首次有在华耶稣会士因为传教殒命,黄、谈两位神父因此被称为"殉道"之人,区别于雍正二年被杀的葡萄牙耶稣会士穆经远。耶稣会第一时间将此次教案的相关报导发回欧洲。《新世界信使》第35册第694号文献,专题报导黄、谈两位神父苏州(准确说是隶属苏州的常熟)殒命之事。

20世纪30年代,徐光启后人、耶稣会士徐允希编辑完成《苏州致命纪略》,该书叙言中回顾了乾隆十二年"苏州教案"的纪录历史:"致命后,便有同会神父纪类思和沈若望据衙门中的案卷,和同时被难教友的口述,编了一本纪略,便在一七五一年,即致命后的第三年,在葡京刊行。明年又译成意文及德文,登载月刊、书报中。此外记载尚属不少。"[2]

---

[1] 黄安多所撰追思文刊录在科勒主编《新世界信使》第35册,第685号。
[2] 《苏州致命纪略》(经南京主教惠济良批准),徐允希叙言,上海土山湾慈母堂1932年刊本篇首有惠神父序,正文前第7页。《新世界信使》辑刊第35册出版于1758年,与徐允希所说"明年又译成意文及德文,登载月刊书报中"略有出入。《苏州致命纪略》正文第11页,对报导的原始文本有所解释:"按葡文《致命纪略》是耶稣会神父依据县中案卷编成的。其时马德昭神父适继陈善策为省长,亲自审定,即于1751年在葡京刊行。"

《新世界信使》第 694 号文献与《苏州致命纪略》相隔近 200 年，欧洲语言与汉语之间的转换，中外编撰者对教案信息的处理有所不同，或删减或增添，将两份文献比照阅读，除了还原"苏州教案"的更多细节，还可藉此分析教会史文献传承的特点。

《新世界信使》责任编辑科勒称相关报导原为葡萄牙文，不过他更多利用了后出的意大利文版本。第 694 号文献标题如下："关于两位神父的牢狱经历，受刑经过和荣耀死亡的简短汇报，他们是黄安多，一位葡萄牙人；谈方济，一位意大利人，均来自耶稣会。报导此事者是一位耶稣会士，在他们于 1748 年 9 月 12 日在苏州罹难后不久，完成于中国澳门。最初以葡萄牙语在里斯本印刷，此后以意大利语出版，印制于威尼斯。现如今《新世界信使》编者从意大利语版译成德语。"

法国耶稣会士费赖之认为乾隆十二年"苏州教案"原始文本为西班牙文，在马尼拉刊刻出版："类思曾与习若望神甫合撰有《江南及其他诸省教难志略》，盖即黄安多、谈方济二神甫致命事迹也，写以西班牙文，一七五一年马尼拉耶稣会刻四开本。"[1]

纪类思生于里斯本，1726 年来华，1743 年后长期在澳门教区，1762 年在澳门被捕。[2] 沈若望（Jean/João Simoens/Simões/Simōens，1713—1773 后），生于科英布拉，1748 年在北京，1752 年在澳门任副省司库。[3] 里斯本与科英布拉皆属葡萄牙，两位身处澳门的葡萄牙神父，为何要以西班牙文撰写教案报导？费赖之的说法在逻辑上不合理。假如乾隆十三年罹难的是道明会传教士，那么此次教案报导以西班牙文撰写，在马尼拉刊刻出版，倒也合乎情理。道明会成员为突破葡萄牙保教权进入中国，大多利用马尼拉为中转点，进入福建沿海地区。

徐允希在当时已有教案报导的不同译本的基础上，结合利用中

---

[1] [法]费赖之：《在华耶稣会士列传及书目》，第 728 页。
[2] [法]荣振华：《在华耶稣会士列传及书目补编》，第 613 页。
[3] 又名习若望，参见[法]费赖之：《在华耶稣会士列传及书目》，第 845 页；[法]荣振华：《在华耶稣会士列传及书目补编》，第 629 页。

文史料,完成《苏州致命纪略》:

> 到了 1870 年,江南郎主教委晁德蒞神父就地访察。及 1888 年,倪主教复委苏州总铎罗以礼神父正式调查。[1] 罗神父便集新旧记录大小十余种,葡文、意文、辣丁文都有,德文的则译了法文,石印作一本。1910 年,又依各种记籍,用辣丁文编成一册。去岁,黄修士佩孟译作华文。鄙人即据刑部奏章、《苏州府志》、《东华续录》等书,略加参正辑成此编。[2]

第一节 第 694 号文献特色章节——"南京"

科勒在第 694 号文献篇首说明中强调,这篇教案报导不是逐字逐句转译自意大利文,因为他还利用了其他一些信息源,特别是波希米亚耶稣会士魏继晋对此次事件的记述。此外,科勒在该文献后半部分以南怀仁写给葡萄牙王后的信为主要内容,介绍中国传教区的艰难局面以及传教士们取得的成果,这些内容被置于文中黄安多与谈方济生平简介之后。

第 694 号文献开篇介绍"南京省"的历史。清朝定都北京后不久,改明代"南京(南直隶)"为江南省。不过,第 694 号文献沿袭明末以来的旧称呼,称"南京"。关于"南京"的介绍如下:

> 中国(Reich China)地域辽阔,南方诸省中名列一线省份的是南京(Nan-kim),几百年来,统治这个帝国的王侯们在这里建立起他们的皇宫,如名称 Nam-kin 所示,这个名称的含义是指位于南方的宫城。[3]

---

[1] 按:罗以礼神父,本名 Gabriel Rossi。
[2] 《苏州致命纪略》,徐允希叙言,正文前第 7 页。
[3] Nan-kim,Nam-kin,原文如此,前后不一致。该文献中还存在拼音一致、地点不同的现象:苏州的拼音 Su-cheu,乾隆初年爆发民乱的四川,其拼音也是 Su-cheu。

今天这个省份失去了曾经的领先地位,原因无他,在大明王朝败给他们的敌人鞑靼人之前,考虑到无法给予北方充足的护卫,他们将都城迁往了北京。不过,在这样一个备受瞩目的世界舞台,他们留下了恢弘气派的宫殿、衙门以及其他皇家宫廷设置。可能是因为自由的不受限的海外贸易、舒适的房子、适宜的气候、丰饶的谷物,让此地成为中国皇帝一处永久驻地。

满洲人,或称东鞑靼人,在他们征服中国(das Chinesische Reich)不久,看到了这一切,为了将作为宫城所在地的记忆完全根除,他们不仅将南京(Nan-kim)改称江南(Kiam-nan),还废除了所有衙署机构以及作为宫城拥有的自主权。

但是,他们无法要求民众放弃使用南京(Nan-kim)称呼该省,这个名称对于外国人来说也更为熟悉。我们在本文的叙述中,愿意使用这一名称,称之为南京,而不是江南。

南京属于最富裕、人口最多的中国省份,不仅是因为这里出产漂亮的颜料、颜色各异的纸张以及丝织品,无不精美细腻,还因为令人满意的生意买卖。时至今日,该省下辖城市苏州声名赫赫,统管全省的两位高级官员(Unter-Könige)的官衙与居所设在那里。[1]

笔者最初认为,该部分关于"南京"的介绍是德文编者科勒添加的内容,以此丰富德语读者关于中国地理的信息。但随后叙述中出现的第一人称语气显示,关于"南京"的上述介绍是最初的教案记录者所加:"因为前文提到的这些特点,还因为其他更突出的优势,我短暂经过的这个耶稣会地区,是为整个中国争取荣耀的传教区,胜过中国的其他地区。土地虽不富饶,感谢能干的当地居民,出产却也富饶,常常有收成,基督教在该地区也广泛传播,尽管许多传教士不能频繁造访,只能一年去一次。"[2]

---

[1] 科勒主编:《新世界信使》第35册,第694号,第97页。
[2] 同上。

"苏州教案"最初的记录者显然期望欧洲读者在了解整个事件之前,能够对此次教案发生地点有一个直观的认识。在此之前,在华耶稣会对"南京"已经有过介绍。《新世界信使》第 12 册篇首一幅中国地图〔出自柏应《中国哲学家孔子》(1687 年)附录〕,其上使用"南京"名称并加以说明:"Nanking 或 Nankim,北端与山东接壤,东端是中国海,南端与浙江相邻,西端与河南和湖广为邻。"〔1〕法国耶稣会士洪若翰 1703 年中国来信,对"南京省(Landschafft Nanking)"和"南京城(die Stadt Nanking)"有简短介绍,重点是"南京城":"从河南地界进入南京省地界……此外,南京这个名称不再使用,以前如北京代表北方的宫城那样,南京意味着南方的宫城,两个地方都设有全整的中央政府机构,现在中央政府机构只设置在北京,皇帝把南京城改名为江宁(Kiam-nim)。"〔2〕杜赫德编撰的《中华帝国全志》中,明确"江南(Kiang Nan)"是中国东部省份名称:"该省西邻河南与湖广省,南边与浙江和江西接壤,东端是南京湾(the Gulph of Nan king),北端与山东为邻。"〔3〕当然,很多在华耶稣会士与普通民众愿意依然沿用"Nanking"称呼清初更名的"江南省"。

除了开篇增加"南京"介绍,《新世界信使》第 694 号文献与《苏州致命纪略》在章节顺序上有所不同。

《苏州致命纪略》有明确的章节划分。第 1—10 章分别介绍黄安多生平、江南教务状况以及黄安多在江南的传教活动,继而介绍谈方济生平、谈方济传教苏松始末。第 11—24 章叙述禁教大背景下,黄、

---

〔1〕 斯特克莱因主编:《新世界信使》第 12 册,第 286 号,第 5 页。
〔2〕 斯特克莱因主编:《新世界信使》第 5 册,第 97 号,第 12 页;〔法〕杜赫德编:《中国回忆录》第 1 册,第 23 号,第 274 页。
〔3〕 〔法〕杜赫德:《中华帝国全志》沃茨英译本第 1 册,第 132 页(The general history of China. Containing a geographical, historical, chronological, political and physical description of the empire of China, Chinese-Tartary, Corea, and Thibet. Including an exact and particular account of their customs, manners, ceremonies, religion, arts and sciences... Done from the French of P. Du halde, Vol. 1, Brookes, Richard [transl.], London: Printed by and for John Watts at the Printing-Office in Wild-Court near Lincolns-Inn Fileds, 1736, P. 132)。

谈两位神父及教友被抓、被审讯、被判决的具体情况。第25—28章则是两位神父死后的系列事件，包括死后异象、灵迹，迫教者得到的报应，等等。第29章"刑部奏准教案表"是刑部对涉案中国信众的惩处决议公文，附录曾经在该地区活动的西洋人或已逃往澳门的西洋人姓名，这份公文在《新世界信使》第694号文献中没有出现。

《苏州致命纪略》将两位遇难神父的生平回顾放在前篇。欧洲传教士在遥远的中国为传教事业奉献生命，第一时间介绍他们的生平，有助于加深中国读者的印象。第694号文献将神父生平介绍放在此次教案报导的结尾部分。对18世纪的欧洲读者而言，海外传教士殉难固然令人悲伤，但并不罕见，此前在印度、日本、越南等地都已经有多名传教士殉道。所以神父的生平不是关键，读者想要了解的是耶稣会士如何在中国被审讯和杀害。

第二节 追溯"福安教案"

追溯乾隆十一年（1746）的"福安教案"，是《新世界信使》第694号文献与《苏州致命纪略》的共同特点，但各有侧重，详略有别。《新世界信使》将"福安教案"作为两年后苏州致命事件的前传，对事件始末有较完整的介绍。

我们所知的关于此次迫害的消息，出自第一手信源。一位堕落的、心思歹毒的基督徒，传教士们没有给予此人所要求的一笔钱，他感到受伤害。有一名来自穆洋（Mayan）村的异教徒，名叫In-Hu，这时教他控告欧洲人的方法和程序。此人于是就告知福安地区的兵头（Kriegs-Mandarin），在其辖区内发现欧洲人，这些人传播皇帝三令五申禁止的天主教教义。他们在某些地点，那里男人和女人无分别杂处聚集，他们在那里学习对王国有巨大损害的教义，为了确保控告有效可信，他还提供了基督徒的姓名和传教士躲藏的房屋地点。

收到消息的兵头丝毫不敢延误，将此事上报给福宁（Fo-nim）城的官长（Verwalter）。此人毫不迟疑，在1746年4月，来到福安（Fo-gan），搜寻所有隐秘角落，并拟就一份措辞严厉的指控书，提交该省巡抚（Vice-König），名叫周学健，是一位汉人，公开敌视基督徒。这位巡抚（Unter- König）清楚皇帝的热切意图——不仅要将欧洲人赶出去，而且要将他们的教义赶出他的王国，所以决定好好利用这个机会。他迅速派出众多兵士，由一位亲兵头目率领，所奉指令是：不仅要将基督徒，而且要将与他们碰面的欧洲人，尽数捉拿。

兵士毫不费力地将Mauricastrien主教白多禄（Petrum Martyrem Sans），一位在中国传播福音的牧师，以及他的四名同伴抓获，均来自宣道的道明会。四人刚刚抵达那里，准备开始传教工作。该省巡抚（Vice-König）将抓获的诸人投入不同的监牢，频繁过堂提审，罪名是在民众之中宣讲新教义，挑起动乱，因为确信能加剧皇帝心中深植的对基督徒的厌恶，他宣判了他们死刑。

这一判决被报给皇帝，由他来裁定一切。同年5月26日，主教被斩首，另外四人在10月28日被吊死。我在此不再叙述对于人人皆知的福建省发生的迫害的其他情况，因为所有情况都在一份按要求付梓印刷的报导中，报导对尊敬的主教以及同会伙伴的殉难有非常清晰的叙述。

我们原本希望，恶狼目睹无辜被屠戮的牺牲品之后会心满意足，但我们看到的是，他们的怒火越来越旺。当皇帝听说有五名欧洲人在福建省被抓，立即在全国范围内下达了最严厉的谕令。谕令中规定了人们处置传教士们以及基督徒们的方式，所有人一视同仁。皇帝希望把他们所有人都抓住，将其中的传教士赶出王国，驱逐回他们的母国，对基督徒们则根据王国的法条加以惩处。[1]

---

[1] 科勒主编：《新世界信使》第35册，第694号，第97—98页。

关于5名道明会会士在福建遇难的经过,《苏州致命纪略》仅记载:"到了十一年,即一七四六年,福建多明我教士在福安县被人告发。巡抚周学健便将桑主教和费若德、方济各、华亚若敬、施方济各四位神父收监禁押。又明年四月内(一七四七年五月二十六日),先将桑主教正法,四位神父监禁候决。"〔1〕

"福安教案"发生后,江南省的官员接到皇帝谕令,对境内潜藏的传教士进行搜捕。第694号文献对此记录颇详,《苏州致命纪略》的相关记述有删减。

《新世界信使》第694号文献:

> 该谕令送达南京省,当地的官员迅速将针对天主教教义的禁令晓喻众人,并且立即开始秘密部署,搜寻传教士。不过第一轮打击落空了,因为该省的基督徒数量如此之多,其中一些在衙门工作,另一些人是官员儿子们的老师,〔2〕教导培养他们,但搜寻工作不会因此一无所获,传教士们也不会因此平安无虞。
>
> 他们是:黄安多神父(编者按:P. Antonius Joseph,南怀仁神父和其他一些人在他们的信件中称之为 P. Antonius Josephus Henriquez),一位葡萄牙人;谈方济神父(P. Tristanus Attimis),一位意大利人。两人都来自耶稣会,都有着令人称道的真正的福传热情,在基督的土地上耕耘。他们寻找时机藏身,一会儿在这里,一会儿在那里,乘一艘小船穿行在这个河网密布,河流、运河无数的地区。
>
> 在官员们发动的第一波大费周章的搜寻无果之后,传教士们得以从艰险中透一口气,部分是因为圣教在该省长期存在且拥有良好口碑,另一方面或许是因为害怕,基督徒数量众多,官员们不想引发基督徒的暴动,或是与基督徒有关的暴动,这是他们忌惮的事情。正如最近发生在苏州(Su-cheu)的事件,该地民

---

〔1〕《苏州致命纪略》,第21页。
〔2〕《苏州致命纪略》,第34页记述:"苏州知府傅椿颇知天主教理,且家中聘有奉教师傅教授儿童。"

众为了一些真正的奸诈之辈发动叛乱,要将牢狱中人释放,官员们为了避免进一步的暴力冲突,最终缓和了态度,打开监牢,将有过犯的暴民释放,没有再进一步的调查。

官员们漫不经心,皇帝的谕令现在已经不再被那么认真推行,这给了传教士们重新返回教区的机会,一方面是因为他们希望暴风雨不会损毁船只,不过更主要的是为了当地的基督徒,他们因为害怕有可能的磨难,在信仰上多有动摇,需要为他们提供及时的帮助。

该教区的负责人黄安多神父,于1747年1月致信尊敬的中国副省会长,信中写到:"该地的迫害并没有如人们担忧的那样残酷,现在看起来,一片宁静。"在另一封写于同年五月的信中,他补充说:"来自异教徒的迫害已经停止;但来自败坏基督徒的骚扰和破坏却不会缺少,这是更需要担忧的事情,因为他们是同一屋檐下的敌人。"信中提及的后一种情况不幸被黄安多神父言中。这并没有多么难以置信,天主给予某人这样一种能力,让他对未来荣耀的、无价的荆棘冠冕做准备。〔1〕

《苏州致命纪略》:

> 江南官吏接了谕旨,便雷厉风行,四出访拿。所幸那时江南教友,在官衙中当事的也不少,所以消息灵通,教士们都及早藏匿形迹,暂避风火。黄、谈两位神父也格外小心,官吏们东访西缉,只是徒劳。并且其时官吏也都知道圣教正大光明,毫无为非作歹的行迹,且江南教友众多,一律严拿,恐犯众怒,所以禁令渐渐宽弛了。
>
> 两位神父便趁机会,巡行各地会口。明年正月中,黄神父写信给省会长神父,有说:"这里风波不甚险恶,且像残灯似的,将渐渐熄灭了。"但五月间又作书说:"仇教的风声已平,但茹答斯辈,真是可怕,同门仇敌防不胜防,奈何。"过不多时,果大难发

---

〔1〕 科勒主编:《新世界信使》第35册,第694号,第98—99页。

生，如黄神父所预料的。[1]

第三节 "苏州教案"与中国信徒

有关"苏州教案"的记述，《苏州致命纪略》与《新世界信使》第694号文献在主体内容以及章节排列上大体一致，但细节处理上有一个明显区别：此次教案涉及多位中国信徒，包括举报者、中国传道员、女信徒，《新世界信使》对涉案中国信徒的记述相比《苏州致命纪略》更为简略。

黄安多被官府捉拿之前，曾经得罪过一名当地基督徒。《苏州致命纪略》第五章《黄会长被人诬告》作为事件前奏加以叙述：

> 是时，常熟有尤姓教友，素常冷淡，多年不满四规，其时与族人争夺田产，缠绕不休。黄神父知其理曲，竭力制止。尤某便移怨神父，初至司事汪斐理伯与谈文多拉处，要求酬偿田价，若不与，必至公庭控以违禁传教之罪。司事不理他，且说"若你横行不法，先将你送究，即使有钱，宁和你打官司"云云。尤某退下，怀恨益深，便作书寄北京省会长陈善策，捏造不端之事，诬告黄神父，自己争产之事，一言不提。[2]

《新世界信使》第694号文献，这位中国基督徒挑起的事端被简略回顾，但记述中并未提及此人姓名，也没有提及此人曾经致信耶稣会中国副省会长的陈善策，仅仅透露，这名败坏的基督徒向常熟地方长官控告黄安多。

> 一位中国人，除了名字，再无任何一点像基督徒，已经多年不做忏悔告解。此人威胁传道员们，如果不给他一笔钱的话，他就要去官府告发他们，说他们是宣讲欧洲教义的头目，还要将他

---

[1]《苏州致命纪略》，第22页（第12章终）。
[2] 同上书，第10页。

发现的神父们,尤其是教区负责人黄安多神父的藏身之所一并告官。传道员们并未将这一威胁当真,而是轻蔑地答复他:有其他方法对付他这种对金钱的贪欲。如果要他们拿出钱来,那么去衙门见官再好不过,到了那里,他会因为自己的恶行受到相应惩罚。这个中国人隐藏了坏心思,当时并没有说话,但不久之后,他拟了一份诉状,递到了常熟(Cham-ko)地方官那里,但官员并没有受理,而是搁置下来。基督徒因此相信安全再次来到,或者如大家更常用的说法,胜利的歌唱。但高兴得太早。这个歹毒的人以双倍的努力寻找新的机会,对基督徒施加更具杀伤力的报复。[1]

"苏州教案"爆发前夕,在常熟秘密传教的只有谈方济,黄安多从别处赶来与其会晤,"所为何事,无人知晓"。[2] 会晤结束之后,黄安多留宿在接待他们的一名基督徒的家中,《新世界信使》称该基督徒名为"Liu-cu-cai-fun",《苏州致命纪略》译为"刘家三房"。[3]

《新世界信使》第 694 号文献称挑起事端的是那位败坏基督徒的孙子。《苏州致命纪略》记述是此前那位尤姓基督徒的侄儿。

第 694 号文献:

> 第二天,前面提到的那位尊严受到伤害的基督徒的孙子(Enkel)看到这艘小船,认出是传教士的船,他抓住了这个机会报复神父们,同时也为自己挣一笔外快。他跳上小船,想要将神父们所有的物品尽数掠走。不过,武力反抗的不仅是船夫,还有还有一些路过的基督徒,生成了一场相当猛烈的骚乱,引来了数名官员,面对给后者造成的巨大伤害,肇事者必须被铁板抽打,而且要缴纳五万 Reis。人们对此次事端的始作俑者、那

---

[1] 科勒主编:《新世界信使》第 35 册,第 694 号,第 99 页。
[2] 同上。
[3] 《苏州致命纪略》第 24 页补充说明:"其时刘氏有五六房,第三房奉教,故西史称'刘家三房'。奏章中则称二位神父'来往刘观扬刘在田家',却是三房的叔侄,具见宗谱。其子姓至今信奉圣教。"

狡诈的坏人却无计可施。听凭他将小船以及其他属于神父的物品，拿在手中当作证据，添油加醋写了一份新的诉状，呈递给当时正在常熟的苏州官员。官员收下了诉状，很快派出一名衙役，捉拿传教士，考虑到传教士的船停在此地，想必人也不会走太远。

按照中国的习惯做法，诉讼案的原告也会一同被抓走，与被告面对面陈述指控。人们在南京省把这第一位基督徒抓住，此人来自尤姓家族（Geschlecht Yeu）。所有人不分年龄性别，均以铁链锁颈，包括原告，带上法庭。有司讯问他们，是否知晓那艘小船的所有者——那名欧洲人的驻地？他们一开始皆回答不知道。但是面对刑讯，他们改了口，称唐若瑟（Tam Joseph）知晓。这名热忱的基督徒被带上公堂，但是他表示，自己不是传道员，神父的落脚地只透露给传道员，于是官方抓来了一位当地的传道员，名为徐鲁直（Siu-lu-chi）或称嘉乐（Carl），让他作答。

《苏州致命纪略》：

> 翌日，尤某的侄儿素常无赖，行至河旁，见了黄神父的船便说道："那来这巧，一来可报叔叔的仇，一来可得一票钱财。"即纵身跳在船上。正想抢取物件，船夫戈四、戈德明、戈二、刘汉三、刘汉四等，和他教友见了，出身拦阻，于是争闹起来。河旁人愈聚愈众，初则袖手观看，继则共同争吵，于是地方曹成九也赶到了。那时禁教的谕旨尚未撤销，保长不得已便罚教友出钱六十千，和解了事，并未锁拿一人。尤某见了，心仍不服，便去扣了神父的船只，和一切行李，上城内去控告了。（第十三章《谈神父被捕》）那时苏州臬台（即按察使）翁藻适在常熟。尤某因县内已批驳，即径赴臬辕控告。翁藻一接状文，不问细底，就发差访拿黄神父。役吏不知神父所在，便将原告和一切教友，不分男女，颈中带着锁链，送至衙门。翁藻首问洋人住在那里，众人答不知。再三逼讯，众人始说唐德光可知道的。官便命提唐德光。既到，

亦说不知，神父没有说明到哪里去。官员便提徐鲁直，又问这人圣名嘉禄，素常贪财，不很热心。[1]

带领衙役去捉拿谈方济的正是这徐鲁直，《苏州致命纪略》没有言明官长为何单单提讯徐鲁直，阅读《新世界信使》第694号文献，读者能够知道其中缘由：藏匿乡间的欧洲神父们为确保安全，通常只将落脚地点告诉少数中国籍传道员。徐鲁直（嘉禄）是谈方济的传道员之一，知道神父当时躲藏在汪斐理家中。

谈方济被捕后不久，黄安多在苏州被抓，《苏州致命纪略》记述此间过程异常生动详细，但《新世界信使》第694号文献则相对简略。中文记述涉及多位中国信徒，尤其是女信徒，如黄安多出逃苏州之际，为其撑船的教友女眷数人在危急关头的表现等等，第694号文献则完全没有提及。《苏州致命纪略》中多次提及一位信仰热忱、自愿被官兵带走的老年女信徒沈陶氏，该女信徒在第694号文献仅提及一次，且无姓名，仅称"一名年过七旬的寡妇、女信徒"。[2]

《新世界信使》第694号文献对中国信徒记述的忽略，还出现在两位欧洲神父被捕后的审讯过程。《苏州致命纪略》第二十一章《践踏圣像》，描述中国传道员唐若瑟、汪斐理以及背教者徐嘉禄、谈文多拉的表现，第694号文献中只提及唐若瑟、汪斐理以及谈文多拉，不涉及徐嘉禄及其他中国信徒的法庭表现。

第四节 不可信的罪名与异象

两位耶稣会士在苏州被审讯的过程，与"福安教案"道明会士庭审过程类似。背教的谈文多拉将当时的传闻作为指控欧洲神父的罪名，称欧洲神父挖取死人眼睛，用药物让怀孕妇女堕下胎儿。黄安多

---

[1]《苏州致命纪略》，第24页。
[2] 科勒主编：《新世界信使》第35册，第694号，第100页。

在接受官员质询时,反驳关于欧洲人挖死人眼目一事。

第 694 号文献:

> (谈文多拉)他供称,欧洲人极其邪恶,他们有秘制药物,可以打下妇女所怀胎儿,他们将之寄往欧洲炼成金子。他们还挖出死人眼睛,在欧洲他们可以用来制作玻璃(Gläser)。……审讯了传道员之后,两位神父,黄安多与谈方济被带上公堂提审,在前文提到过的问题之外,还要他们回答,挖死人眼目之事是否属实。黄安多神父谙熟中国语言,他回答如下:"这是个古老的传闻,我无从知道其中由来。若是有人声称,用死人眼目可以制成玻璃,全中国的人都会反驳他,人人都知道玻璃不能用类似材料制成。另一些人以为,我们欧洲人把类似的东西用于我们的绘画之中,那些画上的眼睛看上去神采飞扬,活灵活现,但死人的眼睛怎么可能让画像具有生气和神采?"〔1〕

《苏州致命纪略》:

> (谈文多拉)他说:"洋人是大奸人,他们有打胎药,下了小孩,寄往欧洲,化作金子。又挖出死人眼目,作<u>望远镜</u>。"……官先问许多事,和前次相同。继问挖目事,是真是假。黄神父华语极精,答道:"这种谬说,不知从何而来。若果有其事,你们中国人都可食吾们的肉,寝吾们的皮了。眼儿不可作<u>玻璃</u>,是人人知道的。只因欧洲画师,作人的眸子很活现,便说是拿死人目化成的,请问谁肯相信。"〔2〕

"Gläser"指玻璃器皿,《新世界信使》第 694 号文献前后用词一致。《苏州致命纪略》的表述出现两种译名:望远镜、玻璃。18 世纪中叶,即使是在相对富庶的江南地区,望远镜也不是寻常之物,当时人传闻西洋人用死人眼目制作的更可能是品质更优的"西洋"玻璃。

---

〔1〕 科勒主编:《新世界信使》第 35 册,第 694 号,第 105 页。
〔2〕 《苏州致命纪略》第 39、40—41 页。

上述罪名让今天的我们听起来觉得不可思议,然而却是当时社会上流传的关于西洋人邪恶行径的传言,就算主审官员出于常识不予取信,一旦地方主政官员对案件被告定了性,那么审判结果无论如何也要遂了主政官员的心意才行。下级官员有不同意见当如何处理?很简单,将意见不同的官员调离即可,这便是福建巡抚周学健审理"福安教案"时的做法。江苏巡抚安宁最初并不打算判处两位西洋传教士死刑,转折点被认为发生在福建巡抚周学健调任江南河督之际,安宁与周学健会晤之后,详细了解到周学健处置辖区内非法传教西洋人的始末,安宁有意效仿,因此才会有调离苏州臬台翁藻一事,领悟长官心意的地方官员给出了恰当的审判结果。最终,乾隆皇帝批准死刑,两位耶稣会神父黄安多与谈方济被闷杀在牢狱之中,审讯记录与官方审讯过程,《新世界信使》第694号文献与《苏州致命纪略》接近,差异记述出现在两位神父死后的情节。

《苏州致命纪略·死后奇异》篇叙述两名神父断气之后,尸身被运出监牢的经过,期间发生了超自然现象,不仅有异香扑鼻,墙壁上用以拖尸体的石洞还会自然变大。

> 二位神父才死,监中忽现奇光一道,异香扑鼻。其时衙门习俗,尸身不得自正门抬出,故在牢监壁上,设一石洞……说也希奇,尸至洞口,洞忽自张大。狱吏大骇,忙到署禀报。……(官)急使人将尸自洞推出。尸身一出,石洞复还原状。乃由同仁堂给棺二具,棺上标明二位神父的中国名字,当夜入殓。翌日运至坛基掩埋(坛基及义冢,在城外胥门与盘门之间)。官怕教友将尸盗去,派人看守。后教友请准在坟上立一石碑,碑上刻云:"二位西洋神父为信德舍身致命葬于此。"立碑之意,欲思日后得便迁葬也,不久果遂所愿了。[1]

《新世界信使》第694号文献对神父死后异迹的记述平淡无奇。既无异香,也无教友以钱贿赂狱卒、牢房墙洞变大以利尸身运出的

---

[1]《苏州致命纪略》,第59—61页。

说法。

> 当天晚上,尸体被装入他们称为棺材的箱子中,第二天运出监狱,送到一个官署要求的地点,验明身份。这一地点在一条田间道路的上方,距离城池十里,是埋葬游民或者无家可归穷人的场所。同时也是罪犯的埋葬地,他们在牢狱之中,在被处死之前,因为受折磨或其他原因致死的人。殉道者被装入棺材,棺材上写有其中文名字,然后被下葬。这个过程有一个卫兵在旁监视,以防到场的基督徒将尸体带走。此人允许他们用一块石头盖住坟墓,石头上面刻了一些字,为了永久的纪念,此地有两位为弘扬信仰而死的欧洲神父的尸身。[1]

对神父安葬期间的灵迹叙述之后,《苏州致命纪略》补充了因为乾隆巡视江南,两位神父尸身被迁移的情况。

> 乃于十五年上,府县派人将冢迁移,筑南御道。役丁们便计从中渔利,促教友们将神父二棺赎去。教友便捐银六十两,赎旧棺,买新棺,即日开坟。二棺已葬了约二年,仍完好如故。衣衾亦未朽烂,当即转入新棺,夜间运至白鹤山信友公墓上埋葬。相传数年后,浦东汤家巷教友复以二棺移至自己堂内,转运至澳门安厝圣若瑟院中,至今尚在。[2]

《新世界信使》第694号文献的原始文本完成时间较早,不及记述两位神父遗骨的最后下落,但《新世界信使》南怀仁写于1750年10月的一封书信告知了黄、谈两位神父遗骨的下落。

> 我得到了令人高兴的消息,江南省殉道的两名耶稣会士谈方济、黄安多神父的骨殖,终于到了我们的手中。事情的原委是这样的:因为皇帝要巡幸前面提到的江南省,皇帝视察路线靠近一处乱坟岗,殉道者的骨殖也埋在其中。巡抚下令,挖出所有

---

[1] 科勒主编:《新世界信使》第35册,第694号,第112页。
[2] 《苏州致命纪略》,第61页。

遗骨，然后烧成灰。有基督徒知道了巡抚的命令，他们不惜财物，不辞辛劳，争取到官府衙役的支持，得到了这些珍贵的东西。他们现在等待一个安全的时机，把这些骨殖带到澳门，在那里，这些遗骨将与其他无畏的基督徒和中国的福音传教士一起，受到尊重，获得安息。[1]

南怀仁上述信件的完成地点是衡州府，距离常熟遥远，但是这并没有妨碍他获知两位欧洲神父骨殖下落的最新消息。清中前期基层天主教信徒建构的通讯信息网络，可能比我们目前所了解的更为发达。

第五节　涉案官员的结局

《苏州致命纪略》"仇教恶报"章记述两位神父殒命后不久，苏州城爆发瘟疫，迫害传教士及信徒的数位朝廷官员落得悲惨下场，从文中注释来看，这部分是后世编者采《东华续录》《苏州府志》补充进去的内容。

时任江南河督[2]周学健、江苏巡抚安宁是导致两名耶稣会士被杀害的主要推手。两名耶稣会士遇害之前，周学健已经被查办。"反被安宁参奏，奉旨拿解到京，交刑部治罪。且伊江西原籍的家产，被江西巡抚逐一确实查封，此乾隆十三年闰七月十六日事也。到了二十一日，即神父绞死之前日，皇上姑且从宽发他往直隶修城赎罪。其时皇上只怒他于皇后丧二十七日后，违法剃头而已。不料九月二日查得他在任时受了赃贿甚多，亲戚家人多营私不法，便于十一月十七日下旨拟斩立决。但念伊曾为大臣，姑且免令赴市曹行刑。着两大

---

[1] 南怀仁1750年10月21日信件，科勒主编：《新世界信使》第35册，第689号，第139页。
[2] 雍正七年，改称南河总督，参见朱彭寿原著，朱鳌、宋苓珠改编整理《清代大学士部院大臣总督巡抚全录》，国家图书馆出版社，2010年，第564页。

员前往刑部赐以自尽。过了三四日,即在监内绞死"。[1]

江苏巡抚安宁为何受到惩治,《苏州致命纪略》的编者表示并不清楚。"安宁犯了什么法,人都不知道,皇上只说他'器小易盈,办理一切事物,均未妥协,民怨沸腾'云云。因为周学健拿解后二日,即闰七月十八日,帝召安宁卸任到京"。乾隆要求江南总督尹继善彻查安宁,此后下天牢,籍没家产。安宁最后的命运,是流放还是处死,不得而知。[2]

《新世界信使》第 694 号文献依据当时耶稣会士的一手记录,并无此次神父殒命事件余波的记述,而以谈方济的生平介绍为终点。但第 694 号文献补充了奥地利会省耶稣会士南怀仁的书信,汇报了与"苏州教案"关联的几位朝廷大员遭恶报的内容:

> 南京的基督徒团体受到残酷血洗的同时,皇帝也并不吝惜臣属的性命,因为一些很小的事情就严惩他们。大臣们仅仅是在结束哀悼期之前,在礼部规定为去世皇后守孝的期限之前剃了头,就被严厉的法官处死,头发和脑袋一并都丢了。[3]……发怒的天主用怎样痛楚的惩罚令皇帝忧心忡忡。现在我打算将三名主要仇教人士放在这个舞台上逐一展示,没有人能逃脱全能者的惩罚。[4]

南怀仁的记述中除了提及周学健与安宁的厄运,最主要的内容是乾隆宠臣讷亲[5]的结局,而这位满族高官的名称从未出现在《苏

---

[1]《苏州致命纪略》,第 63—64 页。
[2] 同上书,第 65 页。
[3] 科勒主编:《新世界信使》第 35 册,第 694 号,第 115 页。
[4] 同上书,第 116 页。刘松龄 1749 年 11 月 28 日写给倪天爵(又名喜大教,Nicolaum Giampriamo,1686—1759)的信中,对数位迫害教徒及传教士的官员结局也有提及。
[5] 讷亲:满洲镶黄旗,钮祜禄氏。额亦都曾孙。雍正五年袭公爵,授散秩大臣。十年授銮仪使,十三年迁镶白旗满洲都统、领侍卫内大臣,十一月晋封一等公。乾隆元年改镶黄旗满洲都统,二年迁兵部尚书,十一月兼军机大臣。三年改吏部尚书,十年协办大学士事,晋太保。十年五月迁保和殿大学士(接鄂尔泰),十三年四月授经略大臣率旅出师大金川,四月革职。十四年正月二十九日以"经略金川军务乖张退缩,劳师糜饷,误国负责"罪,命用其祖遏必隆之刀,于班栏山军前处斩。参见朱彭寿编《清代大学士、部院大臣、总督巡抚全录》,第 19—20 页。

州致命纪略》。

周学健在"福安教案"之后被提升为"南京河督(der Befehlshaber aller Wässer im Nan-Kim)",职务比巡抚还要高一级。但升得高,跌得重。"当人们将他许多非法行为和其他劣迹向皇帝指控的时候,他就任此职尚不足一年。皇帝立即将呈递上来的指控转交了刑部,并下达口头谕旨,褫夺他所有的官衔,其财产被充入皇帝的内务府(Rent-Cammer)。判决被迅速执行。在这之后,人们抄查他的家,又发现许多秘密隐藏的不法所得。遵照皇帝的命令,在1749年年初,他被下在刑部大牢,如他在两年前判决四名福建神父那样,用一根绳索勒死"。[1]

紧接着受到天主报复的是"苏州巡抚":[2]

> 就在他将对我们两位神父的判决结果呈递给皇上之后短短几天,皇帝下旨将他用17条铁链锁拿,押往北京。人们抄查他的财物共计250万两,并剥夺了他整个家庭的所有尊荣。按照中国的习俗,9条铁链锁在一名罪犯的脖颈之上,就表明会被处死,而加在他身上的是17条铁链,那么沉重,想必可以免去行刑官的一刀。[3]

南怀仁就讷亲的结局给出了迄今所见最为详细的讲述:

> 谁也没有比首席大臣讷(No)或讷亲(Nao-tsin)受到的惩罚更为沉重。哦,在薛西斯(Assueri)[4]的宫廷中,没有谁像乾隆身边的讷亲那样地位显赫,被皇帝器重。王国所有的大人物在他面前必须屈膝,因为就如同皇帝的心,他们的快乐与不幸也全系于他的手中。他独占指挥王国行动的方向盘,若是这位宠臣

---

[1] 科勒主编:《新世界信使》第35册,第694号,第116—117页。
[2] 按:江苏巡抚安宁,第694号文献中没有出现姓名。
[3] 科勒主编:《新世界信使》第35册,第694号,第117页。
[4] "Assueri",波斯国王。《圣经》武加大版(Esther 1 Biblia Sacra Vulgata):"In diebus Assueri, qui regnativ ab India usque AEthiopiam."《圣经》詹姆斯王版:"Ahasuerus (this is Ahasuerus which reigned from India, euen vnto Ethiopia)."思高版《圣经·旧约·艾斯德尔传》译"薛西斯";和合本《圣经·旧约·以斯帖记》译"亚哈随鲁"。

没有如意，皇帝会大为光火。数年前，皇帝的亲弟弟和亲王，差点就丢了脑袋。唯一的罪名是冒犯了这位大臣。皇帝接受他的意见，让对我们很是亲近的时任内廷总管海望负责监管欧洲人，然而在这样的烟雾弹之下，以为会给予我们强大的保护的人，实际上，却是没少压制我们。皇帝那些无情地针对圣教以及传教士的已经做出的或是已经执行的，均出自这位大臣的提议。

现在他终于得到了报应。上主的宣判来到，皇帝派他前往四川省担任军队首领，弹压当地的叛乱。正是这一危险的职务令他跌落尘埃。在他的一生中，既没有面对过敌人，也没有闻到过硝烟战火的味道。他和皇帝一起长大，成为一个逢迎君主的小人，是年纪轻轻就被赋予高位的少数侍从之一。为什么他现在遭到厄运呢？因为他的愚蠢，因为他一意孤行，他在三场殊死战役中失利，随后，这个相当于欧洲一个中等王国大小的广阔省份，不出意外，落入了叛乱者之手。在遭遇如此不幸的打击之后，他被召回北京，就他的行为接受质询和答辩。尽管人人知道，他的过错造成了巨大的损失，但是考虑到讷亲是皇帝的红人，没有人相信他会受到惩治。只有和亲王弘昼，皇帝的弟弟，也是这位大臣的敌人，有胆量这么做。他呈交了折子，指控他，要求杀他的头。皇帝既不愿他的宠臣被杀，也不想对如此显明的过错不加惩处，不加追究，于是采取了折中做法，虽然免除了他的死罪，但是剥夺了他的全部职务，贬为平民（一项在中国通用的适用于大官的惩罚），流放陕西。讷亲上路之后，被发现还有更多的过错，特别是在一份不实的战报中，他将自己的过失推卸给一名将军，令后者被皇帝砍了脑袋，但此人被公开证明是无辜的。负责城门戒严的北京九门提督呈递了针对讷亲的新的指控，皇帝收到之后大为震怒。不用怀疑，从**报纸**上的的确确读到以下文字："讷亲被不幸地结束了生命。"〔1〕

---

〔1〕 科勒主编：《新世界信使》第 35 册，第 694 号，第 117 页。

至此,《新世界信使》乾隆十二年"苏州教案"报导告一段落。同时期的法国耶稣会士辑刊《奇异并富有教益的书信》刊载了法国耶稣会士傅安德(André-Nicolas Forgeot,1716—1761)1750年12月2日的信件,收信人是耶稣会的帕图耶神父(Patouillet),此人是《奇异并富有教益的书信》的编撰者。[1] 傅安德信中亦记述"苏州教案",从内容到章节顺序皆与《新世界信使》第694号文献接近。

傅安德当时身在澳门,有条件使用同会成员的教案记录以及其他传教士寄至澳门的相关材料。例如书信中关于两位殉教神父遗骨迁葬细节的介绍(与《苏州致命纪略》基本一致)。据来华法国耶稣会士尚若翰(Jean-Gaspard Chanseaume,1711—1756)透露,相关信息出自"方济各会士罗刹(dom Francisco da Flos de Rosa)的一封信",称此人是"南京主教的亲属,自南京寄自澳门"。[2]

比较《新世界信使》第694号文献与傅安德的"苏州教案"报导,列表如下:

第694号文献	傅安德1750年信件
"南京省"(清代改名江南)的历史	没有介绍
控告黄神父的那位败坏的基督徒以及谈神父被捕经过	没有提及
黄神父在苏州被抓经过	没有提及
安宁安排三县会审,翁藻与安宁在处置神父一事上持不同意见	没有提及

[1] [法]杜赫德编:《中国回忆录》第4册,第96号(原文载《传教信札》第4册,第825—830页)。帕图耶神父是《奇异并富有教益的书信》1749—1776年的编订者。
[2] [法]杜赫德编:《中国回忆录》第4册,第363页。1750年3月2日去世的"南京主教"是来华方济各会士Franciscus de Sta Rosa de Viterbio,时称方主教、方司铎。

(续 表)

第 694 号文献	傅安德 1750 年信件
简略提及	描述被抓女性信徒沈陶氏,情节具体
败坏的基督徒、中国传道员谈文多拉与徐嘉禄的背教行为	仅提及徐嘉禄的背教行为
北京耶稣会士刘松龄、郎世宁设法营救	没有提及
两位神父临刑前后的细节	缩略介绍
没有提及	利用方济各会士信件,补充基督徒购买遇难神父骨殖的细节

与《新世界信使》的编者一样,傅安德的书信并不记载两位神父殒命前后出现的"奇迹","尽管这些奇迹是由罗刹神父介绍的,却是以中国人的见证为基础。他们在这方面是令人质疑的,我不认为应于此作详细介绍了"。〔1〕尽管,一个多世纪之后,这些"以中国人的见证为基础"的奇异现象被收录在《苏州致命纪略》的《死后奇异》章。〔2〕不知出于怎样的考虑,傅安德书信中只字未提已经以葡萄牙文在澳门完成的"苏州教案"记录。

本 章 小 结

"苏州教案"之后,在华耶稣会士以及其他欧洲传教士的生存环

---

〔1〕 [法]杜赫德编:《中国回忆录》第 4 册,第 364 页。
〔2〕 除了"死后奇异",《苏州致命纪略》还有"灵迹二则":"罗公书上载有十二奇迹,兹录其二,是罗公自述的。"(是书第 66 页)此"罗公"并非尚若翰提到的"罗刹神父",而是罗以礼神父(Gabriel Rossi)。徐允希称:"(1888 年,罗以礼奉命进行教案调查与编撰)罗神父便集新旧记录大小十余种,葡文、意文、辣丁文都有,德文的则译了法文,石印作一本。1910 年,又依各种记籍,用辣丁文编成一册。"(是书叙言,第 7—8 页)

境没有改善的迹象,但也没有进一步恶化,类似公堂会审西洋传教士并判处死刑的案件不再发生。作为公开案件在官衙审理的"苏州教案"与"福安教案",成为中国天主教史上成就殉道士的重要事件,被教内人士详细记录。教案文献得以完成,除了记述者本人的责任感,更重要的客观原因在于信息渠道的多样性。

当时邸报上刊登的审判消息,以及其他以书面形式呈交的庭审文件、裁决公文,是记述者可以利用的第一类中文信息源。当时的欧洲传教士或许看不到文件原本,但通过基层书吏中的奉教者或者重利收购,得到此类文件的抄本并非难事。"如果没有报纸上公示的审判过程,没有书面的庭审文件,这样一桩诬陷的不光彩的事件就会被永远遗忘。我们手头恰好有这些材料,让我们对事件有所了解"。[1]"这是巡抚的裁决,他将判决寄往北京,我们拿到了这份裁决书"。[2]

即使是关押在牢狱之中的传教士和中国信徒,也并非与外世隔绝,他们有机会与外界的基督徒和传教士取得联系,传递信息并获得一定的生活必需品,最有效的途径是用钱财买通狱卒、牢头。如南怀仁所感慨的那样,只要有足够的钱拿,中国人愿意冒险。"苏州教案"两名耶稣会士行刑前的饮食以及行刑情形,即是通过一名狱卒的口述得知。[3] 更广泛的信息来源是中国信徒的口述。不过,虽然信息提供者众多,但可信度往往欠缺。"苏州教案"遇难两位神父的尸身发出异香、墙洞变大之说,很可能出自中国信徒的臆造,如傅安德所言,"他们在这方面是令人质疑的"。

"苏州教案"记述文献完成之后,随即被转译为多种欧洲语言译本在欧洲印制传播,成为18世纪教会以及耶稣会的对外宣传材料。对于很多热情的修会成员而言,追求殉道冠冕的激情战胜了人类对死亡的恐惧,他们相信,为传教事业献身是值得歌颂之举。18世纪申请前往远东传教的修会成员,未尝不知道该地区危险四伏。天主

---

[1] 科勒主编:《新世界信使》第35册,第694号,第105页。
[2] 同上书,第107页。
[3] 同上书,第112页。

教在日本的传播在17世纪逐渐终结,18世纪申请赴日的传教士被改派到中国或者越南。被法国耶稣会士盛赞的康熙帝去世之后,天主教在中国的传布走入末途。19世纪中叶清政府解除禁教令,耶稣会士重入中国,中文版"苏州教案"记述得以完成,某种程度上开启了中国天主教会史书写本土化的序幕。

第五章　在华耶稣会士记录的"国际新闻"

《新世界信使》中国来信的供稿者是传教士,是外来者,两种身份决定他们的观察取向。作为传教士,他们关注与中国传教史相关的新闻事件,诸如奉教苏努家族系列报导、乾隆十一年"福安教案"、乾隆十二年"苏州教案"。无论是对奉教苏努家族的惩处,还是对"非法"入境西洋传教士的审理,原则上说都属于中国内政,所涉核心是朝廷对待天主教传播的态度。作为梯山航海而来的外来者,他们关注中国与欧洲的文化、器物等精神、物质层面的差异,同时还有不可忽略的所在国家的对外政策,虽然彼时尚无现代意义上的外交政策,但是《新世界信使》中国来信记录了体现当时朝廷对外政策的"国际新闻"。相比带有浓重宣传特色的教务新闻,具备时事新闻特质的中国报导对普通欧洲读者的吸引力更强。

第一节　清代前中期教皇特使访华报导

康熙年间教皇特使铎罗、嘉乐访华、雍正初年教皇特使来华,被视为中梵外交史上的重大事件,然而公开出版的法文本耶稣会辑刊《奇异并富有教益的书信》中国来信很少言及教皇特使访华。尽管就信息获取渠道而言,在华法国耶稣会士有一定优势,其中首位特使铎罗抵京之后,入住的乃是隶属法国耶稣会传教区的

"北堂"。[1] 教皇特使不谙中文,他们与中国皇帝的沟通交流,很大程度上要依靠包括耶稣会士在内的西洋教士的转达译介。

来华耶稣会士并非忽视教皇特使访华报导。纪理安撰有《教宗特派全权钦使铎罗大主教来华巡视教务之日起的北京大事记》,该文献存于耶稣会档案库,其余包括《北京大事记摘要》在内的文献、信件同样没有公开刊行。[2]

1689年来华的耶稣会士王以仁(又名王石汉)[3]有多封中国书信存世,其中"自1690年至1720年间发自北京和中国其他地区的书信21件。……信的内容有关'礼仪之争'时期中国教区的特殊情况,以及铎罗大主教和传教士之间的关系,更提及康熙帝对西方传教士的政策"。[4]王以仁在1725年出任中国副省省会长及中国和日本会省视察员。与纪理安一样,王以仁有职责记述教皇特使访华事项,不过他的书信与纪理安的书信报告命运相似,在送达欧洲之后,长期未获准发表,直到1857年方才公开刊行。[5]

第一位教皇特使铎罗来华之后,在华耶稣会士与铎罗及其追随者阎当、德理格等人的观点对立,让原本宽待西洋人的康熙直接感受到在京西洋人的内部纷争。1713年,在华耶稣会士将法、葡耶稣会士的纷争提交康熙皇帝裁决,康熙很可能进一步相信在京西洋人内

---

[1] 位于皇城内的"北堂"建成于1703年,相关记述参见在华耶稣会士杜德美神父致本会洪若翰神父的信(1704年8月20日),[法]杜赫德编:《中国回忆录》第2册,第25号,第1—3页。
[2] [法]费赖之:《明清间在华耶稣会士列传(1552—1773)》,第557页。对纪理安"《北京大事记》"的最新研究,参看宋黎明《多罗使华期间中国天主教徒姓名考——根据纪理安〈北京纪事〉》(第1卷),《澳门理工学报》(人文社会科学版)2018年第3期。
[3] 王以仁最初在墨西哥传教,后转至马尼拉。1689年抵达广州,1727年在江南省松江府去世。参见[法]荣振华《在华耶稣会士列传及书目补编》,第702—704页。[法]费赖之《明清间在华耶稣会士列传(1552—1773)》译为"王石汉"。生于比利时根特城(该城是神圣罗马帝国皇帝卡尔五世的出生地)的王以仁,与功勋耶稣会士南怀仁(Ferdinand Verbiest)一样,来自耶稣会比一法会省。
[4] [法]费赖之:《明清间在华耶稣会士列传(1552—1773)》,第541页。
[5] 同上。

部矛盾重重。1720年,第二位教皇特使嘉乐来访,康熙皇帝批评在京西洋传教士"言语参差,不成规矩",[1]认为负责翻译工作的西洋传教士各怀私心,既不愿完全传达皇帝旨意,又不想原原本本传达嘉乐的回复。

教皇特使铎罗、嘉乐访华并未达到预期效果,首位特使铎罗更是客死澳门。第二位教皇特使嘉乐返回欧洲之际,将铎罗的骨殖带回欧洲。当时关于铎罗死亡有种种传说,矛头指向耶稣会,甚至有说法称铎罗被耶稣会士下毒致死,尽管这样的说法缺乏足够依据。欧洲反对者指责耶稣会名义上绝对效忠教皇,实际上效忠的是会内最高领导。嘉乐在1721年牧函中提出宽容中国礼仪的"八项特许"(又称"嘉乐八条"),也被认为是在耶稣会士的蒙蔽与威胁之下做出的决定。

然而,耶稣会没有集中公开报导铎罗与嘉乐访华始末,虽然他们占有在华耶稣会士对教皇特使访华的直接记述,但大部分文献并未获准公开刊行。报导铎罗、嘉乐访华的主力是教皇特使访华的随员,或是耶稣会政策的批评者。

斯特克莱因主编的《新世界信使》刊登教皇特使铎罗发自广州的一封信件(1705年)、王以仁一封中国来信的摘录(1720年)以及一封佚名耶稣会士书信对教皇特使嘉乐访华一事的简短报导。雍正年间教皇特使访华的报导,则是斯特克莱因利用1726年收到的最新文献完成的整合编辑。此举表明这位编撰者不打算完全避谈教皇特使访华事件,他采用当事人、见证者的记述报导当时事,希望读者认可他所利用信源的可靠性,从而为耶稣会方面争取一定的话语权。[2]

---

[1]《康熙与罗马使节关系文书》,陈垣识,(台北)文海出版社,1974年,第68页。
[2] 罗光所著《教廷与中国使节史》[(台北)传记文学出版社,1983年]是了解中梵关系的必读著作,书中关于铎罗、嘉乐特使来华的叙述中,不曾注意到《新世界信使》中国来信的相关报导。

一、教皇特使铎罗的中国来信

首位教皇特使铎罗于 1705 年来华,携带教皇克莱孟十一世禁止中国礼仪的七条禁令。第二位特使嘉乐在 1720 年来华,试图缓和与北京朝廷的关系,以帮助基督教在中国继续传播。教皇特使此次来华,得到康熙多次接见,既是罗马教廷与中国早期交往史的重要组成部分,也是 18 世纪中欧间重要的外交活动。[1]

1705 年 4 月,克莱孟十一世选定的赴华特使铎罗抵达澳门。同年 9 月,铎罗在广州致信教廷传信部部长。[2]《新世界信使》刊录了铎罗的这封中国来信。

> 4 月,我告知主教阁下已抵达中国,并附言表示:经过深思熟虑,我认为,我的身份并非是向皇帝呈交教皇信件的信使,而是作为在华所有主教和传教士的上级领导,这将有助于完成教皇委派的工作。
>
> 为了实现这一目的,我给北京的耶稣会神父写信,他们希望告诉皇帝陛下我已经抵达的消息,而且也会告知上文提到的我的职务。神父们在汇报中回避了过于明确且尖锐的问题(皇帝碰到此类事情时尤为在意的问题),他们私下里进行了多次讨论,最后决定,在皇帝即将开始鞑靼之旅前,不提交报告。等皇

---

[1] 《康熙与罗马使节关系文书》《嘉乐来朝日记》是目前学者了解教皇特使铎罗、嘉乐赴华始末以及教廷与清代中国关系的主要中文文献资料。康熙与教廷使节来往文书原保存在故宫懋勤殿,1925—1930 年陆续发现。陈垣最早对文书开展研究,撰有《〈康熙与罗马使节关系文书〉影印本叙录》《跋教王禁约及康熙谕西洋人》(陈智超主编:《陈垣全集》第 2 册,安徽大学出版社,2009 年,第 512—516、500—501 页)。罗光是研究罗马教廷与中国关系的开拓者,著有《教廷与中国使节史》。后世学者所著中梵关系著作,多参考罗光著作,如顾卫民《中国与罗马教廷关系史略》(东方出版社,2000 年)。美国学者苏尔、诺尔编译有《中国礼仪之争西文文献一百篇》,上海古籍出版社于 2001 年出版中译本(沈保义、顾卫民、朱静译)。

[2] 斯特克莱因主编:《新世界信使》第 5 册,第 101 号,第 42—43 页。铎罗致信罗马传信部部长(Obrist-Vorstehern de Popaganda)/枢机大主教(J. E. den Herrn Cardinalem)信件,1705 年 9 月 27 日写于广东省香山(Han-Hiang)。

帝出巡之后,再用书面形式提出请求,这样会更加容易也更为自在一些。

他们在7月17日向皇帝上书,当时他离开北京还不到20里。19日,已经收到皇帝的回复。皇帝有意了解:我是何时离开欧洲的?我是何时抵达中国的?欧洲的诸侯国王如何接待我并给予怎样的礼遇?我身着怎样的服装出现在他们面前?我有怎样的权威,尤其是权力,处置传教士们?诸如此类的其他问题……[1]神父立即回答了皇帝的问题。收到答复的皇帝继续他的旅行,其他提给耶稣会士们的问题,等他回到北京再行答复。

提出这些问题之后,皇帝终于下令,让广东的总督(Zungto)和巡抚(Vice-König)用船只运送我和所有物品,以使我很快开启赴京之旅。这道谕令在8月30日送到广东,我的出发日期确定在9月9日。我的随行人员很快也被明确,以下人员允许与我同行:Herrn Sabinum Mariani, Herrn Appiani, Herrn Andream Candela,此外还有一名秘书、一名内科医生、一名外科大夫、一名药剂师以及一名厨师。每个人限带一套衣服,不过我可以带两套衣服,一套旅行途中穿,另一套质量更好些,不过两套衣服都是冬装。[2]

巡抚邀请我吃饭,我再三表达不能前去的歉意,但他给我送来了一顿奢华的午餐,我只能再三感谢并收下。处处都有便利。

---

[1] 员外郎赫世亨收到康熙四十四年六月初五的朱批谕旨:"至于如何进京,着奏闻。"朱批谕:"铎罗乃修道之人,可以允准进京。至于如何进京,着尔等议奏。又其衣帽穿戴如何,着查明具奏。"赫世亨奉命就这些问题回复上书,详见中国第一历史档案馆、中国海外汉学研究中心合编,安双成编译《清初西洋传教士满文档案译本》,大象出版社,2015年,第286、287页。
[2] 铎罗所穿宗主教礼服,在赫世亨的康熙四十四年六月奏本中有详细介绍,应当是在京传教士告知。赫世亨代西洋人请示:"铎罗本为返回之人,是否穿西洋衣服前来,或如我等穿此地衣服前来,仍请皇上一并饬教。""[朱批]铎罗为修道之人,是前来修彼之教,并非西洋王等所差进贡之人,因而着穿此地衣服。尔等行文总督、巡抚等加以款待,并拨给船夫,派人照顾,从速进京。"(《清初西洋传教士满文档案译本》,第287页)

尽管他本人没有拜访我,而是让他的儿子在我出发的那天前来,为他身体有恙不能前来代为致歉。

然而,尽管总督的职位高于巡抚,总督不仅接待了我,还负责我此行的交通,而且以更隆重的礼节接待我,并送来礼物。为了问候他,我走了三天的迂回道路。他不仅亲自拜访而且停留两日,临行前,还将一顿齐全的餐食送到我的船上来。其他的官员效仿总督的做法,给予我慷慨帮助。

如此之多的恭维道贺、礼节客套、炎热的天气和工作,还有过于沉重的盛大仪典,让人喘不过气来,终于,我可以扬帆启程。路上的情形,我到了北京会告知尊驾。他们给了我五艘船,其中三艘很是华美,他们称作大帆船,第四艘船装的是杂物,第五艘是厨房用船。随行的有两艘船,上面有两名总督和巡抚的手下,按照皇帝的谕令,必须全程监护我们。……每艘船上都飘扬着黄色的皇家旗帜,我(不过是一名福音传播者的上级领导)能受到隆重礼遇,说明我们的信仰在中国有很大的名气。如果情况像我所希望的那样,皇帝不挽留我,我会在今天冬天离开北京,走访其他省份或传教区。[1]

上述信件内容显示,铎罗特使一行赴京觐见康熙皇帝的所有前期沟通联系皆由在京耶稣会士完成,过程进展顺利,官员对待铎罗及其随员也是礼貌有加。康熙让员外郎赫世亨传谕总督、巡抚子弟,将护送一事委托总督族侄郭朝宾,巡抚之子、内阁中书希成额。康熙四十四年八月,耶稣会中国副省会长闵明我、法国耶稣会负责人张诚与赫世亨等皆呈递奏折,汇报铎罗启程来京一事。

但是随后的事态发展出乎耶稣会士的意料。铎罗以中国教务总负责人自居,擅自干涉中国教务,严格禁止中国礼仪,他的支持者包括福建的巴黎外方传教会成员、福建宗座代牧阎当(又名阎珰、颜珰,Charles Maigrot,1652—1730)、山东的方济各会士康和子以及少数

---

[1] 斯特克莱因主编:《新世界信使》第5册,第101号,第42—43页。

耶稣会士,如被认为谙熟中国典籍的法国耶稣会士刘应(Claude de Visdelou,1656—1737)。1707年,铎罗在南京擅自发布教皇禁令,此举令康熙恼怒非常。最终,康熙勒令铎罗限时离开北京,前往澳门。铎罗抵达澳门之后,没能重返欧洲,1710年在澳门去世。

二、教皇特使嘉乐访华事宜

铎罗去世十年之后,教皇克莱孟十一世派出的第二位特使嘉乐抵达中国澳门。嘉乐来华目的是宣布教皇关于中国礼仪的禁约《自登基之日》。

《新世界信使》摘录一封1720年6月18日北京来信(佚名):

> 当亚历山大宗主教嘉乐距离北京尚有5天路程的时候,北京的宫廷耶稣会神父们收到一封来自广东的信件,视察员Laureati神父[1]以总会长的名义,严肃要求他们,尽一切方法告诉中国皇帝,让他接纳教宗特使,并且在教宗谕令上签字。因为尊敬的克莱孟十一世从一些作者那里得到的中国消息显示,我们的宫廷神父得到皇帝陛下的宠信。神父们收信后回复了他们的上级,他们会根据指示竭尽全力去做,但他们确信,有人向教宗汇报了宫廷神父们并不存在的势力,这样的汇报对于真正促成事情没有帮助。鉴于皇帝的敏锐,要通过某人就此事说服他是不可能的。尽管如此,他们会努力满足尊敬的教皇以及教会高层的意愿。[2]

除了佚名来信,《新世界信使》第8册第197号,摘录耶稣会士王以仁1721年8月28日的信件,核心内容是汇报特使嘉乐抵华一事。全文转译如下:

> 1720年9月底,嘉乐宗主教抵达澳门。数天后,特使与一个

---

[1] 按:Johann Laureati(1666—1727),中文名利国安,耶稣会士,1720年出任中国和日本会省视察员。
[2] 斯特克莱因主编:《新世界信使》第8册,第191号,第17页。

25人组成的随从团队抵达广州,他在那里为自己选了一个中文姓名嘉乐(Kia-lo)。

12月25日,他抵达Kum-ki-tsckum(也叫Lo-keu-kiao),距离北京还有三个小时路程,三名官员以皇帝的名义在那里等候,不仅为了欢迎他,还询问特使此行的计划和任务。[1]

12月27日,皇帝回复了特使的第一项请求,同时赐予皇家膳食。28日,宗主教原定将教皇信函递交皇帝,但是皇帝出于某种考虑,延后了收信时间。在皇帝和宗主教之间充当传话人的是官员李秉忠(Li-pum-tschum),他为此到处奔走。

12月29日,皇帝终于收下教皇的信件并一份相关解释的抄本,两份材料都是拉丁语撰写,且已经译成中文。皇帝还告诉宗主教,接下来会宣召他以及他的随员前往皇宫。

12月30日,皇帝给予了一些恩典,因为皇帝的态度,宗主教得到恭维。

12月31日,教皇特使身着欧洲宗主教服装,被引领前往皇帝行宫九经三事殿(Kiem-kim-Sanschi),觐见皇帝。最初,特使手中拿着教皇信件,站在宝座最下面一级台阶处,直到皇帝让他上前,从他手中接过信件,接着询问教皇的近况。

全套仪式完成之后,皇帝把他叫到西边第一排位置坐下,排在所有的一品大臣前面。接下来是午餐,虽然皇帝坐在宝座之上,特使坐在一张特别的桌子边,其他的显赫人员(有欧洲人,也有中国人)坐在他们的桌前用餐,他们的桌子排成三排,整齐地摆放在觐见大厅之中。进餐期间,皇帝注意到,特使冻坏了,他随即给了特使一条价格不菲的腰带,并且让他系上。他听从了皇帝的话,走向宝座上的皇帝。从皇帝手中接过装满美酒的酒

---

[1]《康熙朝与罗马使节关系文书》,《清代档案史料选编》第1册,上海书店出版社,2010年,第751页:"康熙五十九年十一月二十五日员外郎李秉忠奏西洋教王差嘉乐于明日当至宴店,上差伊都立、赵昌、李国屏、李秉忠:尔等前去传旨与嘉乐,……"罗光《教廷与中国使节史》采纳中文史料说法,称前往迎接教皇特使的有四名官员。

杯,站在位置上,按照中国的习惯一饮而尽。

酒足饭饱之后,宗主教踏上皇帝宝座的最高一级台阶,皇帝明白他想递交呈文。宗主教请求皇帝陛下,允许中国的基督徒按照教皇规定的方式,敬拜天主。皇帝简短回答:关于此事,我们下次再说。此后不再继续谈话,而是转到了其他的话题。

1721年1月2日,教皇特使呈上个人礼物的第四天。皇帝宽怀地收下了全部礼物,并回赠特使不同的物品,特别是用昂贵的皮毛制成的整套服装。

从那个时候开始,宗主教就经常谈论皇帝。皇帝在一次公开的会见结束之后,传召宗主教和他的告解神父(一名加尔默罗会会士[1])、Novida神父以及一名中国出生的耶稣会士樊守义神父。皇帝摒去其他人等,与他们四人闭门秘密商谈。此次会谈详情如何,无人知晓,因为陛下要求在场人员发誓守口如瓶。[2]

1月14日,皇帝举行了一场辩论,就中国风俗做出了一些解释。言辞中部分是取笑之词,部分有批评和怀疑之意。皇帝的用意何在,没有人能够领会。

1月17日,译成中文的教皇谕令被呈交给皇帝,皇帝阅后用红笔标识他的决定,并将有朱批的谕令送给宗主教,且下令所有欧洲人都要阅读。数天后,关于该教皇谕令的解读也按照同样的程序操作。最终,皇帝反对宗主教,宗主教反对皇帝,双方的不和完全公开化。

宗主教做好了再次旅行的准备。2月26日(圣灰星期三),他在北京的法国耶稣会士教堂代表教皇发言庆祝,接着前往葡萄牙耶稣会士的学院。皇帝在同一时间送来了给教皇的回礼,

---

[1] 原文为"ein Baarfüsser Carmelit"。Discalced Carmelites(Latin: Ordo Carmelitarum Discalceatorum, O. C. D.),加尔默罗会,又名赤足加尔默罗会、圣衣会,16世纪成立的罗马天主教托钵修会。

[2] 此段罗光《教廷与中国使节史》无记载。

还有给葡萄牙国王的回礼以及耶稣会神父张安多的礼物,[1]他陪同特使前往罗马。官员李秉忠则被要求护送特使抵达广州。

1721年3月3日,宗主教与他的随行人员离开北京,5月9日抵达广州,26日到达澳门,他在那里要等到12月份,才能有前往欧洲的机会。

这位主教在中国赢得了很大赞誉,这部分是因为他与皇帝打交道的时候,机智且富有勇气的方式,部分是因为他的谦逊,对待所有人都一视同仁。

最后,皇帝要求将教皇特使的全部日程,逐日加以记录,包括期间的通信、对话都记录在一本日记之中,以拉丁语、汉语和鞑靼语记录,并下令所有在京欧洲人都必须在其上签名。[2]

这本日记的一份抄本交给了特使,另一份抄本被我们修会的倪天爵神父[3]通过陆路送往欧洲,他在1721年3月13日随同莫斯科使团启程。他将从彼得堡前往罗马,将上述日记交给教皇。倪天爵还携带有宗主教致罗马教廷的两封信。

皇帝多年前已经禁止没有领"票(Freyheits-Brief)"的欧洲传教士不得在其国家境内传教。然而一些传教士不愿领"票",却仍然想继续宣传基督教义,皇帝发布严厉的谕令,在全国范围内搜寻他们,一旦发现就送往广州,要求他们老老实实待在那里。

1721年7月24日,北京东边的耶稣会住院,一座新教堂奠

---

[1] 张安多,字敬修,葡萄牙人,本名 Antonio Magalheis,1677出生,1721年随教皇特使铎罗返欧。1725年复返中国,1735年逝于北京。参见[法]荣振华《在华耶稣会士列传及书目补编》,第397页。
[2] 1925年,北京故宫懋勤殿曾发现"康熙硃笔删改之《嘉乐来朝日记》","日记后有十八位教士署名"。参见方豪《中国天主教史人物传》中册,第338、345页。
[3] 倪天爵,1686年生于那不勒斯,1717年到达北京。1721年,携康熙致罗马教皇的国书,陆路经过俄罗斯抵达罗马,1759年逝于那不勒斯。参见[法]荣振华《在华耶稣会士列传及书目补编》,第266页。倪天爵返回欧洲之后,与在华耶稣会士保持通讯交往,钦天监西洋监正刘松龄在1749年11月28日曾致信倪天爵,告知中国新闻以及教会最新发展状况。

基,基石上用拉丁文、中文、鞑靼文书写:"至高至大的天主,北京耶稣会士敬献此教堂,荣耀中国主保圣若瑟之名,1721年7月24日。"[1]

尽管斯特克莱因并没有刊载王以仁1721年信件的全部内容,但所摘录的部分完整记录了嘉乐特使来华的行程以及此前中文文献记载缺少的细节,例如康熙与包括樊守义在内的四人闭门会谈,中文史料罕有提及。樊守义曾经追随康熙特使艾逊爵(Joseph-Antonie Provana,1662—1720)前往欧洲,所撰《身见录》被视为最早一批中国人海外见闻记载。[2]当时,樊守义护送艾逊爵尸身返回广州,随后奉召进京并受到皇帝接见。

三、雍正初年教皇特使访华简讯

康熙皇帝接见了铎罗、嘉乐两位教皇特使。1724年,罗马教廷第三次遣特使来华,这次接见他们的是新登基的雍正皇帝。此番来华特使有两位:一名邓达尔(Gottard Plaskowitz),一名伊尔万(Ildefonso de Nativitate),[3]音译中文名噶达都、易德丰/易得丰。[4]教廷使者来华,名义上祝贺新皇登基,根本目的是请求中国皇帝宽待天主教、宽待在华"西洋修道之人"。一行人在1724年启程,1725年10月22日,两位教皇特使抵达北京。

此次教廷使者抵达北京的简短报导,见于《新世界信使》第

---

[1] 王以仁1721年8月28日信件,斯特克莱因主编:《新世界信使》第8册,第197号,第20—21页。拉丁文:Deo Optimo Maximo in honorem Divi Josephi Sinarum Patroni ex voto posuerunt Patres Soc Jesu Pekini Anno 1721. Die 24. Julii.
[2] 《身见录》研究参见阎宗临、吴伯娅论文。
[3] 参见罗光《教廷与中国使节史》(第169页):"教宗本笃第十三世乃于一七二四年派两圣衣会士来华,向雍正请安。两圣衣会士,一名邓达尔(Gottard Plaskowitz),一名伊尔万(Ildefonso de Nativitate)。两圣衣会士又带方济会士三人。"
[4] 方豪记述两名特使此次访华经过甚详,特使中文姓名(据传信部藏中文文献):噶达都、易德丰/易得丰。参见方豪《中国天主教史人物传》下册,中华书局,1988年,第36—45页。

11册第280号文献。该文献并非单一作者的书信,而是斯特克莱因的综合报导。据称,两艘奥斯坦德船只,一艘名"女皇号",一艘名"Marquis von Prié"号,仅仅用时半年就从中国抵达奥斯坦德,时间是1726年6月18日,这批文献随船抵达。同年7月13日,文献被送达罗马。〔1〕斯特克莱因综合报导的原始材料即这批最新文献。

《新世界信使》第280号文献涉及教皇特使访华的内容:

> 信件中说,两位赤足加尔默罗会神父作为教皇的使节带着礼物去觐见中国皇帝,已经完成使命。他们安全抵达广州,没有等待皇帝的许可,就从那里动身前往北京。宫廷方面同样友善地接待了他们,他们带着馈赠教皇的回礼已经在返程的路上。广东巡抚第一时间向皇帝禀告两名欧洲人抵达广州的消息,称教皇派往北京的两名欧洲人已经入境,他们以教皇的名义向尊贵的皇帝陛下致敬,并以教皇之名,请求陛下释放两名被关押的传信部成员——毕天祥和许有纲。皇帝已经准允。〔2〕

两广总督孔毓珣获悉使臣前来乃是恭贺皇帝登基,奏报皇帝的同时,准许两名使臣启程北上,奏折中称:"臣见远人向慕之诚,如此挚切,不便拂其所请,即给以口粮,填用勘合,委员伴送。于本年七月十一日起程赴京,听其诣阙进表,恭献方物,以速达远人归化之盛,昭示圣朝一统无外之模。"〔3〕特使抵京之后,以教皇名义呈递的中文"国书"中请求:"再求大皇帝公义仁慈,如放德里格之恩,再放先皇帝禁在广州府西洋人毕天祥、计有纲。"〔4〕遣使会士德理格参与纂修《律吕正义》,为康熙谱写12首奏鸣曲。康熙末年,中国礼仪引发中梵外交风波,德理格支持教皇特使铎罗的立场,被康熙斥为"无知光

---

〔1〕 斯特克莱因主编:《新世界信使》第11册,第280号,第83页。
〔2〕 同上。
〔3〕 方豪:《中国天主教史人物传》下册,第38—39页。
〔4〕 同上书,第42页。

棍之类小人",被捕入狱。[1] 雍正即位之初,旋即释放德理格,并且恩准他在京城建立居所和礼拜堂。两位特使想必已经提前获知信息,请求开释的传信部人员只有两人。《新世界信使》第280号文献相关报导在特使访华时间点以及细节上无误。[2]

在中国皇帝看来,来华教皇特使与前来朝贡的他国使臣并无特别之处,"赏赉如例"。此次教皇特使的请求之所以得到雍正皇帝的批准,不在于请求本身是否合理,而在于中国皇帝怀柔西洋"远人"的宽容程度。此前铎罗与嘉乐所请,关系到中国民众的精神世界主导权归属,已经超出最高统治者能够容忍的限度。

概而言之,《新世界信使》报导教皇特使三次访华的力度有限,态度也较为克制。不过耶稣会方面的克制态度反而容易引发反对者的质疑,认为该会成员隐瞒对己方不利的事实报导。新教神学家莫舍姆著《最新中国教会史》(1748年出版)[3]将铎罗、嘉乐访华视为中国教会史上的重大事件详加报导。莫舍姆参看的两种主要文献资料皆出自非耶稣会士之手。其一,嘉布遣会修士诺贝尔(Norbert,本名Pierre Curel Parisot)的著作 *Memoires Historiques sur les Missions des Indes Orientalest*。[4] 诺贝尔不曾来过中国,长期在印度传教,在本地治里(Pondicherry)结识入华原法国耶稣会士刘应,无论是关

---

[1] 康熙与德理格之关系,参见阎宗临《康熙与德理格》,《中西交通史》,广西师范大学出版社,2007年。
[2] 罗光误称教皇特使恳请释放三名欧洲神父:"十一月十八日,下谕接受教化王的请求,释放德理格、毕天祥、计有纲。"(罗光:《教廷与中国使节史》,170页)
[3] Mosheim, Johann Lorenz von, *Erzählung der neuesten Chinesischen Kirchengeschichte*, Rostock: Johann Christ Koppe, 1748.
[4] Capuchin,嘉布遣会,天主教修会方济各会分支之一,全称为嘉布遣小兄弟会(Ordo Fratrum Minorum Capuccinorum)。刘应是来华法国"国王科学家"之一,对中国语言与中国历史有深入研究。作为传教士,刘应反对灵活传教政策,支持特使铎罗,认为应当严禁中国信徒的祭祖、拜孔风俗。1709年,刘应辗转来到本地治里居住,与嘉布遣会修士同住,诺贝尔与刘应的交往当发生在此期间。刘应生平,参见[法]费赖之《在华耶稣会士列传及书目》,第453—458页。吕颖:《清代来华法国传教士刘应研究》,《福建师范大学学报》(哲学社科学版)2014年第3期。

于中国礼仪的观点,还是特使铎罗的在华遭遇,诺贝尔著作中的相关内容最有可能得自刘应。其二,嘉乐随从兼告解神父维亚尼(Viani)所著《嘉乐出使中国志略》(*Istoria delle cose operate nella Cina da Mgn. Ambr. Mezzabarba*, in-80, Paris, 1739)。[1] 王以仁信件中提到的《嘉乐来朝日记》拉丁文版本,[2] 莫舍姆或许曾经翻阅,但并没有作为主要参考文献使用。与莫舍姆类似,《中华帝国全志》德文版新教身份的译者也认为在华耶稣会士刻意淡化教皇特使访华报导,在1749年德文本《中华帝国全志》第3册中,译者补充长篇附录叙述嘉乐特使访华始末,最重要的引用文献是遣使会士德理格写于1720年11月的一封书信,德理格书信中对北京耶稣会士的"强硬"态度多有不满。[3]

第二节　雍正、乾隆与西洋"远人"

因为教皇特使铎罗、嘉乐访华,康熙领教了在京耶稣会士与其他

---

[1] 书名参看[法]费赖之《在华耶稣会士列传及书目》,第1093页。巴伐利亚国家图书馆藏本名: *Istoria delle cose operate nella China da Monsignor GIO. AMBROGIO. Mezzabarba Patriarca d'Alessandria, Legato Apostolico in Quell' Impero, E di Presente Vescovo di Lodi, Scritta Dal Padre Viani*, Paris, 1739。

[2] "《嘉乐旅行日志》(*Journal de voyage, dans: Anecdotes …, t IV, et dans: Platel, Mémoires … Paris, 1734*)",[法]费赖之:《在华耶稣会士列传及书目》,第1083页。哈佛大学图书馆藏本名: *Anecdotes sur L'etat de la Religion dans La Chine. Contenant le Journal de Monseigneur Charles Ambroise de Mezzabarba, Patriarche d'Alexandrie, & Légat du S. Siége auprès de l'Empereur de la Chine*, Paris, 1734。

[3] Du Halde, Jean Baptiste, *Ausführliche Beschreibung des Chinesischen Reichs und der grossen Tartarey. Dritter Theil, aus dem Französischen mit Fleiß übersetzet, nebst vielen Kupfern. Mit einer Vorrede von der Chronologie und Literatur der Chinesr*, Rostock: Johann Christian Koppe, 1749, S. 178-193。莫舍姆,《中华帝国全志》德文版译者有关教皇特使铎罗、嘉乐访华的记述,同时代在华耶稣会士魏继晋认为多有不确,著《驳谬说书》加以驳斥,本文随后介绍。

欧洲传教士之间的纷纷攘攘，莫衷一是，最高统治者对在华西洋"远人"信任度的降低，直接影响到臣属对待欧洲传教士的态度，以及天主教在华传播的命运。

康熙去世之后，耶稣会士与继位的新君主关系如何？新君主是否善待西洋"远人"？积极支持耶稣会海外传教事业的欧洲读者愿意获知相关信息。作为《新世界信使》的编撰者，斯特克莱因等人了解这种需求，但在择取此类新闻的时候，他们必须小心措辞。因为天主教会内外的反对派一致认为，耶稣会士与世俗君主、权贵交往过密，介入世俗事务过深。

一、雍正一朝：擢升戴进贤，处死穆经远[1]

雍正二年(1724)，皇帝发布谕令，在中国全境厉行禁教。钦天监供职的耶稣会士戴进贤1724年信件中提及雍正的禁教谕令：

> 我们长久以来预见到的、我们最为担心的、不遗余力但求避免的事情，终于还是发生了。今年年初，礼部利用一份有新皇帝雍正签名的批文(Gutachten)，要求全国境内清除基督教。遵照皇帝的谕令，中国全境禁止信仰基督教。所有的教堂被没收，传教士被驱赶陷入悲惨境地，只有北京是个例外。[2]

戴进贤此时在钦天监供职，表现良好，"我在宫廷的职务尽管过去享有不错的声望，但现在声望锐减，过往的荣耀所剩无几。这份差事带来的唯一好处，只是一份期望：只要我们在中国的宫廷还可以

---

[1] Joannes Mourão 的中文名字有不同写法："《雍正实录上谕内阁》作经远；《上谕八旗》作金远；故宫懋勤殿档所发现的《雍正硃批年羹尧密摺》作近远。《文献丛编》所发表的口供，又作景远。费赖之《在华耶稣会士列传》作敬远。"(方豪：《中国天主教史人物传》下册，第 55 页）。此外还有"慕敬远"(中国第一历史档案馆编：《雍正朝满文朱批奏折全译》，黄山书社，1998 年，第 2602 页)、"穆觐远"[中国第一历史档案馆、澳门基金会、暨南大学古籍研究所合编：《明清时期澳门问题档案文献汇编》第 1 册，岳钟琪奏折(雍正四年、雍正五年)，第 148、149 页]。

[2] 戴进贤 1724 年 11 月 14 日两封信件的摘录，见斯特克莱因主编《新世界信使》第 9 册，第 228 号，第 24 页。

待下去,尽管前途未卜,但随着时间推移,总能够对传教事业有所帮助。除此之外,再无其他。一旦皇帝今天或明天对我们这些留在北京的欧洲人说:'我不再需要你们了,你们到别的地方去碰运气吧。'那么不仅涉及我们,也涉及这个帝国(Reich)的基督教信仰,因为在这样的情况下,我们必须立刻离开这个国家。因此我们不得不尽量谨慎,换句话说,我们必须保持沉默,这样做,为的是不让微弱的、仅存的信仰之声,因为我们的冒失行径而毁于瞬间"。[1]

戴进贤在忐忑中等待皇帝有可能的决定。不过,就在雍正禁教谕令颁布的第二年,戴进贤出人意料地被拔擢为钦天监监正:"雍正三年三月二十日,上谕戴进贤治理历法,着补授监正,加礼部侍郎衔。"[2]当时藏身杭州的德玛诺在1725年7月的一封信中表示不解:

> 皇帝陛下无视我们的戴进贤神父的请求,在原本给予的钦天监监正的职位上再加上了体面职位,授礼部最高官衔。我们必须认识到,君主的提议和君主的心态都难以捉摸。至少我们中没有人知道,为什么他会在现今极其艰困的情形之下,提名我们的传教士一个如此之高的位置。[3]

1726年送达奥斯坦德的中国来信中,也提及戴进贤升迁一事:

> 我们修会的戴进贤神父,钦天监监正。皇帝违背他的意愿给予他新的尊荣,强迫他出任朝廷礼部高官。想必戴进贤神父一定会表示,虽然他领受了这样一份工作以及与之挂钩的收入,但他完全没有喜悦可言。[4]

按照戴进贤的说法,雍正不与耶稣会士亲近,宫廷耶稣会士很少

---

[1] 斯特克莱因主编:《新世界信使》第9册,第228号,第25页。
[2] (清)黄保禄:《正教奉褒》,辅仁大学天主教史料研究中心编:《中国天主教史籍汇编》,第565页。方豪:《中国天主教史人物传》中册,这一时间是雍正九年,不确。
[3] 斯特克莱因主编:《新世界信使》第12册,第290号,第77页。
[4] 斯特克莱因主编:《新世界信使》第11册,第280号,第83页。

机会有与皇帝直接对话。〔1〕但是，雍正不仅拔擢戴进贤为钦天监西洋监正，还擢升葡萄牙耶稣会士徐懋德为钦天监西洋监副，"雍正虽恶教士，然对于懋德通晓学术，熟练汉语，益以性情温和，颇器重之"。〔2〕1725年，雍正还应来华教皇特使之请，下旨释放被关押在广州的两名传信部成员毕天祥与计有纲。法国耶稣会士巴多明分析雍正对待西洋"远人"看似矛盾的做法："他确确实实是仇恨基督教，但出于礼貌，他又谨慎地与我们打交道，在人前能善待我们，这是由于他害怕与其父皇之间的差异过大惹人注目。"〔3〕

获得雍正"善待"的西洋"远人"，是在他看来安分守己的西洋人："朕以万物一体为怀，时时教以谨饬安静。果能慎守法度，行止无愆，朕自推恩抚恤。"〔4〕至于不能"慎守法度"之西洋人，雍正无意宽免。所以，在授予戴进贤官职以示优待的同时，葡萄牙耶稣会士穆经远被流放、下狱，最后被秘密处死。

来华耶稣会士穆经远被杀事件，属于基督教在华传教史上的特例。因为这是首位被中国官方处死的欧洲传教士，但主要罪名却并非传教。同会耶稣会士保持了基本的客观立场，没有刻意为其辩护，也始终没有将其列入殉道者之列。

性格偏激、冲动的穆经远与康熙第九子允禟过从甚密。1723年4月5日，穆经远、允禟并亲王苏努的两个儿子一同离京，前往中国西部。据严嘉乐记述：穆经远离京后不久，康熙十三子允祥将耶稣会士苏霖、费隐、冯秉正（Joseph-François-Marie-Anne de Moyriac de Mailla，1669—1748）、郎世宁召进宫中训话，"皇十三子示意他们，不必为穆经远的事伤心，也不可与他通信（因为皇十三子说，他的流放对他们有好处），皇子劝他们根据自己的信仰安静地生活，宣传自己

---

〔1〕 斯特克莱因主编：《新世界信使》第8册，第25页，第202号。
〔2〕 [法]费赖之：《在华耶稣会士列传及书目》，第666页。出处不详。
〔3〕 巴多明1734年10月29日致信同会某神父，[法]杜赫德：《中国回忆录》第4册，第120页。
〔4〕 《大清世宗宪(雍正)皇帝实录》(一)卷三七，(台北)新文丰出版公司，1978年，第550页。

的信仰,不要管别的事"。[1] 1725年,耶稣会士严嘉乐在信函中提到雍正流放穆经远的动机:"出于同样的原因,不久前我将一位天主教神父流放,因为他不安分守己,卷入与他无关的事务。"[2]

《新世界信使》有多篇文献述及穆经远被流放直至最后罹难之事。斯特克莱因1729年编撰的中国综合报导出现以下信息:"1723年3月初,耶稣会的穆经远神父与另几位随从受广东官员之托回京,广东官员在神父离开之时尚不知道老皇帝已经去世。虽然新皇帝收下了全部的礼物,但并不待见送来礼物的穆经远。4月5日之前,皇帝既没有召见他也没有传过话。这一天,因为不实的指控和一些嫉妒者的推波助澜,皇帝勒令他前往Si-nung-kei,或称Sinumquei,与西鞑靼交界的一处地方,自愿与九皇子一同被流放。因为他陷入一些敌对势力的怀疑和恼恨之中,就如同我们的敌人在皇帝面前所做的事情一样。不过,皇帝为了安抚他,在出发之前传话,陛下或许希望他绘制被称为Si-nung-kei地区的新地图,但有一个条件,他不是作为皇家雇员,而是作为一名被流放者来完成这项工作。"[3]

流放西部的穆经远是否完成新地图的测绘不得而知,但作为传教士,他在当地进行天主教宣传是不争的事实。斯特克莱因以1726年收到的中国来信为基础记述穆经远事件——《1726年几篇中国来信与消息报导摘录》,其中称这位耶稣会士在雍正即位之初,与康熙第九子一同被流放到鞑靼地区。抵达西部地区之后,积极推动此地的基督教传播,盖起了"一座新教堂",还帮助苏努家族奉教成员坚定信仰,令皇帝很是恼怒。引发皇帝怒火的还有一封被查获的书信,这

---

[1] [捷克]严嘉乐:《中国来信1716—1735》,第41页。原文载斯特克莱因主编《新世界信使》第8册,第203号。
[2] 斯特克莱因主编:《新世界信使》第12册,第295号,第86页。[捷克]严嘉乐:《中国来信1716—1735》,第49页:"同样,我驱逐了不幸的教士穆敬远,因为他煽动众人,介入了本与他无关的事务中。"笔者根据原文做了修正。
[3] 斯特克莱因主编:《新世界信使》第12册,第290号,第20—21页。穆经远时任北京葡萄牙耶稣会住院会长,参见萧若瑟《天主教传行中国考》,《民国丛书》第一编,第11册,上海书店据河北献县天主堂1931年版本影印,1989年,第349页。

封欧洲文字书信被认定是穆经远所写。种种行为被北京的皇帝知晓,皇帝盛怒之下,下令将穆经远锁拿,押回北京。不知为何,皇帝很快又下令将其再次遣回西北。1726年8月5日,穆经远狱中被下毒,同月18日去世。[1]中文文献显示,雍正四年(1726),雍正谕令川陕总督岳钟琪,将穆经远"严押进京";负责押解穆经远来京以及离京的岳钟琪在1727年8月"奏报西洋人穆觐远病故"。[2]

据《1726年几篇中国来信与消息报导摘录》,君主下令用"9条铁链(9. Ketten)"将穆经远锁身,押回京城。考虑到人犯受刑后的痛楚和虚弱身体,拿掉了其他8条铁链,不过,"在主审官开始审讯后不久,当今皇上的儿子(显然是遵照陛下的旨意)亲自到场,说了以下的话:'以酷刑对待像这名欧洲人一样的远方来人,皇帝陛下,我的父亲认为不太合理。'"[3]于是乎,穆经远恢复了9条铁链锁身,"因为要知道,在中国,一名犯人身上的铁链越多,就代表着越大的尊荣,相反,铁链越少,就说明越是罪大恶极。如果被处死的时候,身上只有一条铁链,那就是作为一名可怜的罪犯"。[4]我们不知道该说法从何而来,不过,阻止主审官严刑拷打西洋人,或许的确是皇帝本人的意思。

同为西洋"远人",穆经远与戴进贤的性格差异明显,相比穆经远的冲动,戴进贤更为谨言慎行,同会耶稣会士对戴进贤的这一品格多有褒奖。[5]雍正皇帝或许洞察此二人的性格差异,所以善待"慎守法度"的戴进贤,严惩不"安分守己"的穆经远。

---

[1] 相关概述参见斯特克莱因主编《新世界信使》第12册,第296号,第91页。《文献丛编》收录的刑部庭审记录中有类似罪名记载。穆经远最终以何种方式处死以及死亡日期,说法不一,考虑到并非本文重点,在此不作详细介绍。
[2] 雍正四年三月十六日(1726.4.17),川陕总督岳钟琪奏报差员解送西洋人穆觐远进京折,见《明清时期澳门问题档案文献汇编》第1册,第149页;雍正五年七月十三日岳钟琪奏折,见《明清时期澳门问题档案文献汇编》第1册,第148页。
[3] 斯特克莱因主编:《新世界信使》第12册,第296号,第91页。
[4] 同上。
[5] 斯特克莱因综合整理的中国报导,见《新世界信使》第12册,第290号,第20—21页。

二、雍正的原则：传教绝无可能

1724年，因为道明会士在福建的高调传教活动，闽浙总督上书皇帝，雍正随即下旨尽数驱逐京城以外的欧洲传教士。当时在杭州的耶稣会士德玛诺相信，向皇帝两次上书要求禁止基督教、将教士驱逐至澳门的闽浙总督，是奉了皇帝的密旨形式，所以皇帝立即同意臣属的建议。包括戴进贤在内的一众宫廷传教士所能做的只是恳请皇帝，不要把传教士赶去澳门，而是留在广州。[1]

1732年10月16日对在京西洋人的一次训话，雍正明确了他对待欧洲传教士以及天主教的态度。戴进贤、巴多明、徐懋德、德理格以及郎世宁在圆明园接受雍正皇帝当面训话，徐懋德同年10月30日信件（《新世界信使》第25册第526号）详细记述了雍正此次带有危险信号的训话。

雍正表示，已经许可境内欧洲教士居住在广州，但前提是安分守己，不可聚众，不可传教。雍正同时告知在场西洋人，他已经得到礼部尚书和两广总督的上奏，其中称传教士们无视皇帝谕令，召集民众宣传教义，教导罗马天主教信仰。不过，总督奏折中所说信徒有聚众谋反之嫌，雍正并不相信，"谋反之说我是不担心的"，他顺势警告在京西洋人："一旦我听闻，你们与广州的传教士们同样行事，我会同样惩处，下令驱逐你们。我并非不知道，你们在广州有五到六座教堂，人群聚集，妇女们也被吸引前来。"至于传教问题，雍正的回答绝无商量余地："你们应当很清楚，我任何时候都不会允许你们的教义在我的帝国（Reich）宣传，你们为此怎样的努力也是枉然。"苏努诸子信奉天主教引发雍正愤怒。在雍正看来，作为皇室血脉，入教之后的苏努诸子不再拜祭先祖，这是不可容忍的。"我在此重申，你们绝不会从我这里获得传教准许。当初你们来到中国的时候，王座上坐着的是汉人，而现在执掌权杖的我们，是鞑靼人的后代（seynd von denen

---

[1] 德玛诺1725年7月28日信件，见斯特克莱因主编《新世界信使》第12册，第293号，第76页。

Tartaren entsprossen)。你们不妨安分守己地待着,直到另一个汉人血统的皇帝再次坐上王座,他会容忍并保护你们的教义",[1]今天我们读到这样的文字,仍可以感受到雍正皇帝浓浓的威胁口吻。

雍正此次训话内容显示这位皇帝对天主教信仰有所了解,但他无法认同西洋传教士宣传的所谓奉教信众一律平等。在雍正看来,信教的小偷无赖子还是小偷无赖子,不信教的正派绅士仍旧是正派绅士。雍正认可天主教教义劝人向善、效忠主人等内容,但不以为然:"与你们的教义完全没有关联的其他的教义教理,同样有这样的学说。"[2]

乾隆初期来华的耶稣会士相信,即使是康熙皇帝,也没有放松对外来传教士的警惕,而康熙的观点影响了继承皇位的雍正。

> 即使是对欧洲人宽容的康熙大帝,也从没有完全放弃怀疑。在他留下的文献之中,人们会注意到,鞑靼人治理中国,他自己就是鞑靼人,想的是如何守业。他对于欧洲人逐渐增长的怀疑与担心,以非常清晰的词语加以表达。他这样写到:"北方,我们要担心莫斯科的士兵;西面是西鞑靼,是我们王国的合作者,要谨慎对待;东面是无法无天的海盗,势力强大;南面,欧洲人的数量很大,虽然说他们并没有什么可担心的,但是通过传播教义,他们现在已经开始这样做,百年的时间里他们继续以这样的热情传教,会很容易将教义传播到全国,最终同样令人不安。"雍正皇帝将他父亲最后的经验铭记在心。[3]

当雍正皇帝在1735年去世之后,在华耶稣会士第一时间向欧洲通报了此次王位更迭,对继位的乾隆皇帝给予莫大希望。殊不知,雍正皇帝安分守己、慎守法度、不准传教的原则之下,传教虽不合法,但

---

[1] 徐懋德1732年10月30日信件,普洛斯特主编:《新世界信使》第25册,第26号,第33—35页。引文见于第34页。

[2] 同上书,第34页。

[3] 鲍友管1746年11月28日信件,科勒主编:《新世界信使》第35册,第688号,第17页。

传教士的性命尚可以保全。继承者乾隆游移不定的个性,增加了在华西洋"远人"命运的不确定性。

三、乾隆对西洋人才的需求

1735年乾隆即位,在华耶稣会士满心期待新的年轻君主能够效仿祖父康熙,宽容在华天主教传教士和信徒。他们在中国来信中告知新皇登基的消息,同时表示,新皇帝的性格温柔、宽厚,虽没有下令解除天主教传播禁令,但也没有采取进一步的收紧政策。乾隆统治初期,来华欧洲传教士的数量达到一个小高潮,包括多名德意志地区耶稣会士,《新世界信使》编撰者获得的中国来信数量这一时期增长迅速,得以完成三部中国专册:第30册、第34册、第35册。

乾隆终其一生都享受着在京西洋"远人"提供的特色服务,但从未有意愿深入了解西方语言、历史、地理、文化、科学等领域。康熙对于西方科技,例如数学,保持长久的兴趣,且愿意深入了解。乾隆感兴趣的西洋技艺,都是一些在传教士看来缺少核心影响力、可以随时被取代的非关键领域,如绘画以及钟表制作。乾隆最持久的兴趣是西洋绘画,郎世宁修士因此能够近距离接触皇帝,因为他需要为皇帝绘制画像。从心理角度分析,这也映射出乾隆一种自恋型人格,他喜欢请西洋画师为其绘画,被认可的西洋画师常常会得到赏赐。没有文献资料显示,皇帝对西洋音乐有过长时期的喜爱,但乾隆至少在一定时期内表现出对西洋音乐的兴趣。否则的话,耶稣会领导不会临时抽调当时已经领命在印度南部马拉巴尔地区传教的鲁仲贤来华,加强宫廷的西洋乐师力量。

乾隆三年(1738),宫廷耶稣会士徐懋德、巴多明、沙如玉、郎世宁奏明皇帝五名耶稣会士抵华:刘松龄、鲍友管、魏继晋、王致诚、杨自新。皇帝令广东督抚遣员循"旧例"护送来京。五人皆有专技在身,其中刘松龄、鲍友管擅长天文、数学,魏继晋懂音律,王致诚是画家,杨自新掌握机器制作技艺。为了继续增强宫廷耶稣会士的音乐人才,远在印度教区的鲁仲贤在1741年被调往北京宫廷,会同魏继晋以及教廷传信部教士德理格在内廷供职。鲁仲贤在一封信中写到：

> 皇帝将宫廷中的十八名年轻侍从托付给我们，要我们以欧洲的方式，传授弹奏不同乐器的技艺。这些学生刚学会演奏一两种欧洲乐器后不久，就被召到皇帝面前。皇帝此举部分是想知道，在我们的教导下他们在音乐方面有了一些进步，部分是为了听一听欧洲音乐究竟如何。他听了演奏，极为满意，下令给每名学生赏赐一笔数额不小的钱。我们作为师父，获赏一匹最上等的丝绸，我们称之为锦缎（Damasc）。皇帝颁赐恩典之后，我们被批准觐见皇帝，前往宫廷当面表达我们的感激之情。[1]

乾隆皇帝对西洋音乐的兴趣维持时间并不长，但为此付出努力与准备在耶稣会士看来是必要的，因为圣意不可揣摩，谁也不知道乾隆皇帝什么时候重新对西洋音乐感兴趣。同样的，西洋传教士为了满足乾隆皇帝多变的兴趣，尽量储备人才，特别是绘画人才，西洋绘画是乾隆皇帝最为持久的兴趣所在。

活跃在乾隆宫廷的西洋画师当中，最受宠信的当属郎世宁。郎世宁鲜有书信存世，《新世界信使》同样没有收录郎世宁中国来信，但其他人的中国来信叙述了乾隆对郎世宁的特别恩宠。《新世界信使》第 35 册第 694 号文献就记载了郎世宁辞官不就的场景：

> 当郎世宁进入房间的时候，皇帝和皇太后已经在等他。皇太后她站在比她的儿子略高些的地方，当她看到这位神职身份的画师，没有任何表明品阶或官衔的标志，她转向皇帝，说道："这怎么可能，一个年事已高的老人，已经在宫廷服务了三十余年，到现在为止都没有赏赐顶珠（Tim-cum，音译）吗？"皇帝回答说，已经两次授予郎世宁官衔，只是每次都被拒绝。皇太后听后说道："这事没做好。"郎世宁一定意识到这场交涉最终的结果会如何，所以他跪下来告罪，眼中流泪，苦苦哀求皇太后，让她收回

---

[1] 鲁仲贤 1743 年 11 月 19 日信件，科勒主编：《新世界信使》第 34 册，第 680 号，第 68 页。

成命,声称若是能让皇帝宽待圣教和传教士,于他而言就是最高的奖赏,是他最希望得到的奖赏。[1]

耶稣会士想要通过这样的叙述告诉欧洲读者:在中国人眼中看来无上荣耀的赏赐,却令郎世宁惶恐不安,因为欧洲传教士远道来中国,目的是要传播福音,而不是求取高官厚禄。作为与郎世宁同时代的见证者,《新世界信使》中国来信的作者希望以此表明在华耶稣会士的苦衷,同时也要强调郎世宁因为绘画技艺得到皇帝和皇太后高度赏识。

清朝皇帝对在华传教士的善意,更多以赏赐少量财物与食物体现。雍正、乾隆时期都是如此。1733年2月14日,农历新年,雍正皇帝封赏在京西洋人食物和银两:"他让人送我们每人两个钱袋,拴在腰带的两侧,每个钱袋中都装有半两白银。"[2]乾隆皇帝在新年之际,会给在京西洋人分发礼物,"两块紫貂皮和一个装有两个中国银锭的荷包。……最近他给我们全体送来了在中国大名鼎鼎的水果荔枝(Li-chi),这种水果产自中国南方,一年中的某个时期送到皇帝的饭桌上,十分珍贵。这名君主如此行事的原因,并非出于某种策略,而是出于对我们的友善态度,一种公正的态度,我们欧人被他认为是正直之人"。[3]

乾隆眼中的西洋"正直之人"承担了一份前无古人的工作:参与编撰《华夷译语》,建造圆明园。1749年的一封信中,魏继晋谈及他与其他耶稣会同伴的工作:"我们的工作和经验得到更多的应用:刘松龄神父和傅作霖(Felix da Rocha,1713—1781)神父被派往鞑靼地区,绘制完成整个木兰区域的地图,该区域是皇帝围猎之所;委派给

---

[1] 科勒主编:《新世界信使》第35册,第694号,第110页。郎世宁辞官不就的一幕还出现在魏继晋著作《驳谬说书》当中,文字记述有细微差别。
[2] 冯秉正1735年10月18日信件,[法]杜赫德编:《中国回忆录》第4册,第99页。
[3] 魏继晋1744年11月15日信件,科勒主编:《新世界信使》第34册,第684号,第95页。

郎世宁的工作是在皇家花园中完成一处乐宫。[1] 蒋友仁神父（Michael Benoist，1715—1774）的任务是设计其中的水系统；他们还忙于其他的工作，将汉语译成欧洲语言以及编撰一部内容繁杂的词汇表，包括拉丁语、法语、意大利语、葡萄牙语以及德语词汇，我负责其中的德语翻译部分。"[2]

《华夷译语》的编撰，[3]是乾隆朝重大文化工程之一，北京的西洋传教士的外语才能为这部工具书增添了前所未有的特色。然而，包括德语在内的六种西洋译语一直深藏紫禁城，直到1930年代才重见天日。与此类似的，还有圆明园的西洋建筑以及西洋喷泉。西洋译语与西洋建筑为皇帝乐见的盛世气象锦上添花，满足了乾隆的虚荣心以及浅层的兴趣与好奇心。

四、乾隆视察钦天监

前文说过，清代钦天监长期存留西洋职员，在华耶稣会士将其视为保存传教有生力量的希望所在。以耶稣会士为主的西洋教士依靠技术优势，维持钦天监的存在。乾隆九年（1744），皇帝视察了钦天监的观测点——观象台。《清实录》以一句话归纳乾隆皇帝此次视察活动："复幸紫微殿观象台。还宫。"[4]在华耶稣会士鲁仲贤用数十倍

---

[1] 按：圆明园内的谐趣园，建有大水法（喷泉）。
[2] 魏继晋1749年11月28日信件，科勒主编：《新世界信使》第35册，695号，第124页。
[3] 各种译语以西番译语为样板，所收词汇分二十门类：天文、地理、时令、采色、身体、人物、器用、宫殿、饮食、衣服、方隅、经部、珍宝；文史、鸟兽、数目、通用、香药，花木、人事。《清实录·高宗纯皇帝实录》卷三二四，乾隆十三年九月，中华书局，1986年影印版，第352—353页。欧洲传教士完成的欧洲语言与汉语对语词汇表的加入，形成了乾隆朝《华夷译语》的一个显著特色：《弗喇安西雅话》（收录法语）、《拉氏诺话》（收录拉丁语）、《额呼马尼雅话》（收录德语）、《伊达礼雅话》（收录意大利语）、《播呼都噶礼雅话》（收录葡萄牙语）和《英咭唎国译语》（收录英语），参见杨玉良《一部尚未刊行的翻译词典——清官方敕纂的〈华夷译语〉》，《故宫博物院院刊》1985年第4期，第67—69页。
[4] 中国第一历史档案馆编：《清代中前期西洋天主教在华活动档案史料》第2册，第935页。

之多的文字量还原乾隆九年九月庚午(1744年11月30日)钦天监成员接驾的"盛景",将皇帝莅临视察作为重大新闻加以详细记述。

> 皇帝出行的阵仗非常气派,一大群人走在皇帝前面,他们中除了士兵,还有一品大员,他们都骑在马上,身着最豪华的衣服。随后的君主穿着令人目眩的华服,坐在一乘装饰极其精致的轿椅上。跪在大院第一道大门处迎接皇帝陛下的人是钦天监满人监正[1]以及代表西洋监正戴进贤的刘松龄,戴进贤因为脚疼无法参加此次庆典。其余190名官员皆是钦天监的成员,他们在院子中排成两列,皇帝从队伍中间经过,伴随着轻快的奏乐声,一直进入大厅。
>
> 皇帝陛下看到大厅门楣上高悬的烫金匾额,其上是康熙皇帝为了表彰算学知识所写的几个字。皇帝下轿敬拜了他祖父的题字,按照中国的习俗,行九叩首,同时,为了表彰这一学识,他下令在另一块匾额上镌刻几个字,与前面那块牌匾并排悬挂。
>
> 这时,皇帝陛下要亲自前往高处的观象台。在庄亲王领导下,经过两个月的准备,观象台布置精美,庄亲王是康熙皇帝第十六子,对天文学有所了解。皇帝对那里的一切都表示极大的满意,特别是看到六个青铜浇筑的天文仪器,每个平均有六几何英尺,[2]令他感到惊奇。当他得知,在伟大的康熙皇帝时代,南怀仁神父负责浇筑前五个仪器,纪理安神父负责完成第六个仪器,两人皆是来自耶稣会的欧洲天文学家。他赞扬了这样的行家(Meister),以下表述是他给予我们这些外国人最为优容的态度:"的确!欧洲人是聪明人啊!"。[3]

---

[1] 按:原文为"鞑靼监正 Tartarische Praesident des Mathematischen Gerichts"。
[2] "六几何英尺"为直译,原文"jedes im Durchschnitt sechs Gemetrische Schuh",或指仪器的圈径。
[3] 鲁仲贤1745年11月17日信件,科勒主编:《新世界信使》第34册,第686号,第112页。

当时的欧洲读者已经获知欧洲人在钦天监拥有的技术优势,而且相信中方人士在天文观测以及历算方面远不如欧洲人,但未必明了清帝国官僚机构体系特有的"满汉双轨制",鲁仲贤对钦天监组织结构的介绍提供了此类新信息。

钦天监(das Collegium Astronomicum),也称算学院(der Mathematische Rath),有些人还称它为观星院(das Gericht der Stern-Seher),该机构人数如此之多,对此不必感到惊奇,因为从远古时代开始,中国人就精通天文学,特别是观星术方面,非常出色。该学者聚集之地的成员有二百人,分属三组。

第一组,即前面提到的天文历算,人数众多且地位重要。这些人全年观察所有行星之间的分合、六星与恒星的分合,进行计算,并编写一本天文日志,中国人称之为《时宪》(Ci-tsching)。要求印制并在帝国全境分发,像喜报一样。该《时宪》只记载行星的运动以及确切位置,至于行星冲日与合日的现象,记录在"凌犯(Ling-fan)表"之中。历书的一份样本会呈交皇帝,其余交付钦天监监正和副监正。

该机构的第二组成员,利用天文仪器观察行星的运行、行星冲日与合日,他们轮班工作,在观象台上日夜不停地观测。持续不间断的观测结果,必须每天以文字形式交给我们的戴进贤神父,以便他在机构驻地进行调查。神父将收到的材料有序整理,进行查核,加以评估,驳回或者认可所上报的结果。同样的方式也施行于第一组成员的工作,对他们的考核同样也是公开进行。

第三组,也是最后一组是星象学(Stern-Deutern),戴进贤神父不参与该组的工作。从已有的真正的占星术角度来说,他们的占星术是异教徒自己的方式,毫无价值。但是在钦天监,出于习惯做法,作为一种古老仪式得到保留。

钦天监所设三个小组,每组都有正师(Leher)、副师(Halb-Lehrer)以及在师傅们指导下负责此项科目的学员(Lehringe)。

该机构设两名监正和五名监副。满人监正一名,西洋监正一名,满人监副二,汉人监副二,西洋监副一。[1]

西洋监正戴进贤不参与的第三组工作,当指漏刻科。该科的职能类似堪舆师,负责推算阴阳、占卜墓地风水等等。汤若望任职钦天监期间,只负责时宪科与天文科。[2] 戴进贤遵循前辈原则,不介入在耶稣会看来不乏迷信因素的工作。

"皇帝陛下御驾亲临,参观豪华气派的观象台,令欧洲天文观测者感到高兴。此举不仅是对他们专业学识的褒奖,也是对工艺精湛的西洋天文仪器的认可,令这些仪器有了一个公开展示的机会"。[3] 此次视察之前,钦天监西洋官员遭到参奏,原因是元、明时期铸就的天文仪器或被熔化,或被搁置到角落,此举被视为对"古人法物"的不敬。乾隆莅临视察后,遍赏钦天监成员之余,下旨将此前被西洋人移到其他收藏点的明代天文仪器,重新放回观象台。"乾隆九年冬,奉旨移置三仪于紫微殿前。古人法物,庶几可以千古永存矣"。[4]

乾隆对西洋绘画、西洋建筑等技艺的喜爱,对钦天监里"聪明"的西洋人的认可,并没有强烈到让他宽容对待境内的天主教传播活动。"因为皇帝的心意多变,而且皇帝和他的父亲都是邪教信徒,对于我们的基督教,从孩提时候开始,就怀有不寻常的厌恶和轻视"。[5]

实际上,乾隆对在华传教西洋人的戒心从未消失,这样的心理被嗅觉灵敏的官员们捕获,官方抓捕并处决在华传教西洋人始自乾隆朝。"不仅经常给予皇帝至高的善意,而且也经常展示皇家的慷慨。

---

[1] 鲁仲贤1745年11月17日信件,科勒主编:《新世界信使》第34册,第686号,第113页。

[2] 参见李景屏《传教士、天文历法与清前期钦天监》,"西学与清代文化"国际学术研讨会论文集,北京,2006年。相关内容见于第688页。

[3] 鲁仲贤1745年11月27日信件,科勒主编:《新世界信使》第34册,第686号,第112页。

[4] 阮元:《畴人传》卷三九,《中国古代科技行实会纂》第3册,北京图书馆出版社,2006年,第45页。

[5] 魏继晋1749年11月28日信件,科勒主编:《新世界信使》第35册,第695号,第124页。

其他在学院和住院的传教士,因为有他的批准和容许,可以为中国基督徒服务"。乾隆十一年"福安教案"中被抓获的五名道明会士,先后被斩首和绞杀;乾隆十三年,"苏州教案"中被捕的两名耶稣会士死于狱中。"苏州教案"之后,在华耶稣会士的处境再无改善的迹象,各地查办隐匿天主教传教士的奏报连绵不断。乾隆皇帝不再是即位之初在华耶稣会士笔下温和仁厚的君主,而是一位缺乏坚定意志、被臣子左右的、令人同情的不幸皇帝。[1]

《新世界信使》中国来信作者始料不及的是,不喜天主教但有限宽容西洋"远人"的乾隆死后,继位的嘉庆皇帝及其臣属的保守思想日益加剧。嘉庆十年(1805),协办大学士禄康奏闻:"现在钦天监通晓算法者并不乏人,请将西洋外夷苏振生、马秉乾二人仍令回国。"[2]嘉庆批示:"甚是。"嘉庆十六年(1811)上谕直言,仅容留"钦天监推步天文"的西洋人,其他在京西洋人皆被驱逐出境。[3]

第三节　1743、1748年的澳门危机

乾隆八年(1743)、十三年(1748),澳门西洋人居住区——中国境内唯一的"夷人"租借地,先后发生涉及中外当事人的刑事命案。广东地方官员、澳门议事会官员、澳门要塞将领各自效忠的主人不同,牵涉的利益关系各异,他们各执己见,互相威胁,导致该地区西洋居民遭遇严重的生存危机。在华耶稣会士感受到澳门危机对自身的影响:

现如今只是希望,澳门是那样一座港口,福音传播者希望在

---

[1]　南怀仁1748年信件,科勒主编:《新世界信使》第35册,第691号,第70页。
[2]　中国第一历史档案馆编:《清代中前期西洋天主教在华活动档案史料》第2册,第891页。
[3]　同上书,第923页。道光六年(1826),西洋人不再充任钦天监监正、监副职,仅作为普通职员留任。1837年,清代最后一名钦天监西洋职员高守谦返回欧洲,参见吴伯娅:《康雍乾三帝与西学东渐》,宗教文化出版社,2002年,第222页。

那里安全驻留,直到他们能够重返从前的传教区,在一度离开的土地上,开始劳作,收获更多的安宁与果实。当时,就连这座城市也陷入了危险的境地,中国式的冷酷无情看起来,要用它全部的力量,最终将这扇门闭合,过去二百年来,无数东方传教士通过这扇门进入中国。[1]

明代中晚期,葡萄牙人开始以澳门为据点,此后几个世纪,澳门成为中国版图上的"特区"。长期以来,澳门是耶稣会士进入中国的前哨和重要基地。从里斯本出发的耶稣会传教士,无论是直航中国还是经过果阿中转,澳门都是他们入境中国的首站。耶稣会视澳门为一处安全的港湾,设在澳门的耶稣会庶务机构,负责接收欧洲的物资、钱财以及当地西洋人的捐助,并将收到的钱款和物资分拨给散落各地的传教士,为耶稣会运动传教事业持续提供资金资助;建立在澳门的耶稣会学院、住院,培养了数量可观的中国籍神职人员,初抵澳门的耶稣会士在这里接受必要的语言训练,然后被分派到各自的传教区。有的时候,在华耶稣会领导人也会安排健康状况不佳的传教士赴澳门休养。非法传教的欧洲传教士被寻获之后,大都驱逐至澳门,勒令择期返归欧洲。他们中的很多人会等待事态有所缓和,然后秘密回到各自的传教地区。

因为澳门地位的重要性,隶属葡萄牙中国传教团的耶稣会士密切关注此两次危机,鲁仲贤与南怀仁分别以书信方式详细报导两次澳门危机,公开刊载于《新世界信使》中国专册第34、35册。

一、1743年澳门危机——"夷人晏些嚧"

乾隆八年(1743),澳门发生一宗涉外命案——"葡萄牙人晏些嚧"杀死中国民人陈辉千。龙思泰所著《早期澳门史》简单提及了1743年在澳民人被杀案件:"1743年议事会拒绝交出犯人,中国地方

---

[1] 南怀仁1750年10月21日信件,科勒主编:《新世界信使》第35册,第698号,第135页。

官员将这一新奇事通知两广总督。这种革新是件新事,而且很重要,被报告给乾隆帝。"〔1〕两广总督策楞最终同意澳门旅居葡人的请求,允许人犯在澳门接受审理。

澳门民人陈千辉被杀案,中文文献对该案件有大量记述。据时任两广总督策楞的陈述:"乾隆八年十月十八日,在澳贸易民人陈辉千酒醉之后,途遇夷人晏些嚧,口角打架,以致陈辉千被晏些嚧用小刀戮伤身死。"〔2〕乾隆九年(1744),朝廷就陈辉千被杀案出台处理意见,称"乾隆九年定例",此次事件也因此被称为"第一起清朝政府坚持对杀死中国人之外国凶手实施司法管辖权的案件"。〔3〕

关于陈辉千被杀案的相关研究成果,多将研究重点放在探讨澳门司法权属、清政府与澳葡当局之关系等方面,对案件过程并无争议。鲁仲贤 1744 年的一封长信,详尽报导了 1743 年发生在澳门的这宗涉外命案。〔4〕鲁仲贤报导的一处细节,与中文文献记述迥然不同。一般认为杀人者系"夷人晏些嚧",但鲁仲贤信件中声称杀人者并非葡萄牙人,而是澳门出生的奉教中国人。

> 我仅谈今年对整个传教区有影响的危险事件,令传教区面临完全覆灭风险的事件。这里要说的第一件事,也是主要的事情:基督教的澳门城,和那里的基督徒的一切,都处于令人伤悲和十分危急的境地。
>
> 事情的经过是这样的:1743 年年底,12 月 3 日,一名喝醉酒的不信教的中国人攻击了一名 17 岁的年轻基督徒,醉酒者竟然有如此之大的怒气和狂暴,把年轻人弄翻在地,还想掐死他,如果不是这个年轻人在长时间反抗未果之后,从刀鞘中拔出刀来刺中了

---

〔1〕[瑞典]龙思泰著,吴义雄、郭德焱、沈正邦译:《早期澳门史》,东方出版社,1997 年,第 99 页。

〔2〕(清)印光任、张汝霖:《澳门记略》,乾隆十六年修,嘉庆五年重刊本,(台北)成文出版社,1968 年影印本,第 144 页。

〔3〕王巨新:《清朝前期涉外法律研究:以广东地区来华外国人管理为中心》,人民出版社,2012 年,第 306 页。

〔4〕鲁仲贤 1744 年 12 月 2 日信件,科勒主编:《新世界信使》第 34 册,第 683 号。

那名非教徒,他准会被那名非教徒掐死。这一自卫行动激发了一次大规模的人员聚集,这座城市中不计其数的非教徒大量聚集。此事很快被报告给广东省总督,他要求人犯接受中国法庭相应的最严厉惩处。但是,葡澳当局(der portugesische Statthalter von Macao)拒绝将这名年轻人交给陌生的法庭,如他们所要求的,类似的人犯将由澳门方面审判,如果他违反了中国法条,将会因为他的轻举妄动受到他的国王以及主人的惩罚。

尽管总督为这番说辞动容,亦容许肇事者交由葡人法庭审理,但是同时要求,为公平起见(platter Dingen),此人应当处以死刑。总督采取了激进的行动迫使死刑判决的执行,澳门当局为了阻止一次更严重的灾难,不得不将这名无辜的年轻人,在总督委任的官员的见证下,在澳门的广场上绞死。

整个事件中,对于这名年轻人来说尚有一点特别的运气,那就是他被中国官员当成一名欧洲人,然而他并不是欧洲人,虽然他的基督徒父母,将他生在澳门,也是按照欧洲式样穿着打扮,接受教育成长。一旦中国官员们获知,此人与他们同为中国人,肯定会一致要求按照他们的意愿加以惩处。

这名年轻人看到,只有他受死,才能让整个城市以及这个城市中的基督教团体避免令人恐惧的毁灭。临死之前,在一名神父的见证下,他接受了两次安慰,自愿且欣喜地交出了他无辜的性命。[1]

被广东官员认定为"夷人"的"晏些嘘",竟是葡萄牙化的澳门华人,澳门早期历史的研究著作皆不曾提及这一点。鲁仲贤所言是否属实,尚不能断定,但他的说法具有合理性。案发之后,澳门方面为安抚广东地方政府,平息事端,很快同意公开处决人犯。假如"晏些嘘"确为一名地道的葡萄牙人,或许澳门方面的处置会更为谨慎,至

---

[1] 鲁仲贤1744年12月2日信件,科勒主编:《新世界信使》第34册,第683号,第85页。

少澳葡当局与澳门居民的意见会有所不同。

二、1743 年持续的危机

鲁仲贤通过阅读北京印发的邸报,了解到两广总督策楞写给皇帝的奏折以及皇帝的谕令指示。

> 报纸上现在也刊载有来自广东总督的汇报。尽管这份报告相当庄重而且低调,但是他延续了一些说话套路,对澳门城的差评,对那里的欧洲人,还有我们,一并加以辱骂,因为这报纸会散播到全国,所以对我们的基督教造成最大的伤害。我们痛苦地等待皇帝的答复,现在尚未将我们列为怀疑对象,也没有触发恐慌,特别是,皇帝没有在我们欧洲人面前说起此事。但是对我们的怀疑并没有解除。[1]

另一方面,"晏些嚧"伏法并不代表 1743 年澳门危机结束。英国船长安森在澳门和广州的一系列动作,鲁仲贤相信会令在华欧洲传教士和信徒再度面临危险。

按照鲁仲贤的说法,安森抢夺了一艘从墨西哥抵达马尼拉的西班牙船只来到澳门,澳门人不欢迎他们,将英国人视同为海盗,严禁提供生活物资。[2] 在这样的情况下,安森把船只直接驶向广州港,打算向广东地方政府控告澳门人。本着免滋事端的指导思想,广东地方官员给予英国人生活物资,据说还同意安森的另一请求,即"让同僚在皇帝面前指控一些对澳门人言听计从的官员,而那些被指控的官员们将所有过错都推到了澳门方面"。[3]

按照鲁仲贤的记述,中国方面没有打算扩大事态,新派来的管理澳门的官员,承诺不会介入对澳门外国人的管理。但是三艘西班牙战船不合时宜地抵达澳门附近海域,中国地方政府因此紧张,他们断

---

[1] 鲁仲贤 1744 年 12 月 2 日信件,科勒主编:《新世界信使》第 34 册,第 683 号,第 85 页。
[2] 同上书,第 86 页。
[3] 同上。

绝了西班牙战船的生活物资供应。西班牙船上的海军军官致信两广总督,解释此次前来是要对付英国海盗,不是与中国为敌,希望能够允许购买生活物资。两广总督承诺满足西班牙人的请求,但有一个条件,要他们离开澳门城远一些,退往中国的其他岛屿。[1]

随着时间推移,澳门城再次平静下来,"中国官员们渐渐不见了,虽然人们不明其中缘由,不知他们出于什么原因撤离。天主会继续护佑这座城市,澳门现在是我们唯一的港湾。保有了澳门,藏匿在中国全境的传教士,还有东京、交趾支那以及其他地方的传教士,就有了一个开放的通道"。[2]

中国与澳葡当局就自治权利问题曾经博弈多次。清代在澳旅居的西洋人一直谋其更多的自治权利,1748年澳门危机的起因是一起严重的刑事案件,如何处置人犯?由中方还是葡方处置人犯?按照今天的司法术语来讲,属地还是属人管辖,是个严肃的问题,关涉中央政府与澳门的关系。18世纪在华耶稣会士并不过多关注澳门司法管辖权归属,他们至为担心的是,倘若此类事端处置不善,引起广东地方政府乃至中央政府的反感乃至憎恶,势必会危及中华帝国境内包括传教士在内的西洋人的生存。

鲁仲贤1744年中国来信当中,提及此次危机事件过程中澳门居民与代表葡萄牙国王的澳门议事会的不同观点。澳门居民的书面辩解顺从且谦恭,他们感谢中国皇帝的善意,让他们得以在这座城市居住了大约200年,他们从不曾做过困扰中国的事情,今后仍然会继续保持。但是,澳门议事会成员效忠葡萄牙国王,认为此举无异于屈服于中国皇帝。澳门居民希望中国皇帝不要改变现状,而他们会迫使一部分坚持效忠国王的人离开,这样做,既能够保全这部分人的原则,又解决了问题。这一点可从乾隆十三年(1748)另一起澳门涉外命案的审理中得到佐证。

---

[1] 鲁仲贤1744年12月2日信件,科勒主编:《新世界信使》第34册,第683号,第87页。
[2] 同上。

三、1748 年澳门危机——轻视中方诉求的后果

1748 年,澳门再度发生严重的涉外刑事案件。两名驻澳葡萄牙士兵拘捕了两名中国百姓,把他们殴打致死。

事发之后,香山县丞、海防同知先后要求交出涉事人犯,澳门兵头下令抛尸灭迹,澳门议事会则推说不知情。于是,广东地方政府下令在澳中国商人离开澳门,断绝食品供应。澳葡当局屈服,同意中国官员审讯罪犯。但是,时任澳门兵头私自将涉事人犯遣送帝汶(Timor)。惹恼广东官员的后果是引发新一次澳门生存危机。澳门居民派代表前往果阿求助,求来了一名新指挥官和有授权的王室大法官,替换并调查上任兵头,换取广东地方政府的理解。

此次事件的影响:乾隆十四年(1749),由澳门同知张汝霖、香山县令暴煜拟订的《澳门约束章程》,[1]得到两广总督策楞的批准,在葡萄牙澳门新兵头上任后颁布,以中、葡两种文字刻石为记,置于"澳门通衢"。[2]

在华奥地利会省耶稣会士南怀仁在 1750 年的信件中向欧洲读者讲述了 1748 年澳门危机的原委,提供了一些迄今未见于中文研究论著的细节。[3]

    两名葡萄牙驻防部队士兵,在城中进行例行的夜间巡逻,抓住两名有偷盗嫌疑的中国人。他们把两名中国人带往要塞,作进一步的调查。但是两名中国人想要用蛮力从葡萄牙人的手中

---

[1] 该官方规条的名称考证,参见谭世宝《乾隆十四年〈澳门约束章程〉碑新探》,《广东社会科学》2010 年第 2 期,第 92—98 页。
[2] 1748 年引发澳门危机的中国民人被杀案,龙思泰在《早期澳门史》中所提及,但并未透露所据原始材料的出处,仅称出自"私家手稿",参见[瑞典]龙思泰《早期澳门史》,第 126 页。金国平称龙思泰著作中"未对 1748 年命案加以任何叙述"[金国平《张汝霖诈贿隐史》,金国平著/译:《西力东渐:中葡早期接触追昔》,(澳门)澳门基金会,2000 年,第 83 页]。
[3] 南怀仁 1750 年 10 月 21 日信件,科勒主编:《新世界信使》第 35 册,第 698 号。关于 1748 年澳门危机的记述出现在第 135—139 页,以下引文若无说明,皆出自南怀仁信件。

挣脱，由此引发极为激烈的争斗，一名中国人被意外殴打致死，另一人受伤极严重，不久也死去。

事件发生之后，广东地方官员很快有所回应，敦促葡澳当局交出肇事者，听由中方发落，"因为肇事者对中方的平民施加了如此过分的殴打"。

但是，中方的诉求没有得到回应。"澳门城以及兵头很长一段时间置若罔闻，仿佛完全不知晓此事。当他们最后不得不为此事承担责任的时候，他们为此感到抱歉，辩称在所有秩序良好的欧洲城市和要塞，为了提高安全性，夜间在城市街巷中安排巡逻力量，制止趁着夜色偷偷四处游荡的下层民众，是一种习惯做法，中国亦是如此。只是这一次，导致两名底层中国人出乎意料的不幸结局"。

据南怀仁的记述，兵头为他的下属兵士辩解，称如果这两名中国人没有武力对抗，抑或是双方能够对话沟通，就不会遭到殴打。澳门总督有心保全下属，宣传自己效忠的是葡萄牙国王，肇事的下属也是葡萄牙国王的子民。肇事者就算把人打死了，也并非有意为之，只是违反了通行的民法。南怀仁写道：

> 在一座葡萄牙人拥有独立法庭的城市，将葡萄牙国王的子民移交给陌生的法官宣判，会给他们自己带来很严重的后果。他们的国王绝不会认可此事，会将此举视为对他作为全体葡萄牙人最高统治者权威的冒犯。同样的，中国皇帝也不会允许，将一名打死人或犯下其他残忍罪行的中国人，在澳门设立的葡萄牙法庭上接受惩处。总督和议事会要求彻底调查此事，一旦发现杀人为蓄意之举，他们会毫不迟疑，将违法者依据本国法律加以惩处。

南怀仁站在欧洲人的立场上，支持澳门方面的说法。

> 虽然这是正常、理智的说法，对大家都好，但自以为是的巡抚以及他手下的官员不这样考虑。他们强烈要求交出两名葡萄牙士兵，并威胁说，作为回击，将切断来自澳门以外的生活必需品供应。他们并非只是口头威胁而已。数天后，所有中国官衙

的大门上张贴了巡抚的命令，要求所有在澳门居住的中国人带着全部家当转移到广州，如果不想和即将毁灭的澳门城一同完蛋的话。同时严禁任何一艘装载大米或是其他食品的船只前往澳门，违者仗责或处死。此举旨在，如巡抚所宣称的那样，用饥荒让那些顽梗且不开化的欧洲人低头。

事态很快发展到令人恐慌的局面。超过11 000名中国人离开澳门城。澳门在短短数天之内成为一个荒芜的无人区。"被教训了的欧洲人遭遇到如此大的危机，已经有人开始挨饿，没有找到应对之策。以武力对抗中国官员的想法，徒劳、可笑且没有可能。因为澳门的驻防部队只有200人，就这么点人能够与整个中国的力量对抗吗？这个国家的幅员差不多有半个欧洲大小。就算不可能的武力对抗能行得通，那么我们又要如何对付内在的敌人——饥荒呢？在一座一无所有、犹如一处荒漠的城市，四面被沙滩环抱，到处都没有食物，除非中国的谷物能够运进来"。

在澳西洋人必须通过其他办法寻求外界支持。"议事会的个别人开始谋求与香山县地方官[1]商谈，该官员负责澳门的物资供应。希望他能够将消息带给广东巡抚。他们得到了该官员的友好理解，该官员承诺，人犯不会被处死。事情了结之前，人犯会被移交给澳门方面，但他们必须在中国法庭露面并回答几个问题。尽管该官员的要求近乎冒犯葡萄牙国王对其子民的最高统治权威，但陷入恐慌之中的城市，要避免被毁灭的命运，就得咽下这一苦果，答应该官员的条件，当然也要遵守葡萄牙王国的法律和声誉。在谈妥之后，该官员在7月30日来到澳门，两名葡萄牙士兵被带到他面前，他通过传译员问了他们几个问题，将他们交还给议事会，在巡抚有关此事的决定出来之前，他们被继续关押"。[2]

---

[1] 按：这名官员很可能是张汝霖，时任前山同知。
[2] 南怀仁的记述与葡文记录基本一致："7月31日此位官员临澳。按议事亭与他的约定，二凶手前往议事亭为他准备的公馆去见他。听取他们的供认后，他认为属实，二华人之死系偶然事故。所以说二凶手未犯凶杀罪，但议事亭应将其逐出澳门。当时与总督兼城防司令约定：将二人押监，待有船出航，将其送往地满。"(参见金国平《西力东渐：中葡早期接触追昔》，第95页)。

这名中国官员以富有技巧的方式向巡抚反馈,情况向着有利于澳门人的方向发展,"贸易重新开放,船只被允许进港,已经撤离的中国人在获得许可之后可以重返澳门。不仅如此,该中国官员得到澳门议事会的报告,称依据欧洲法律,并非蓄谋的杀人肇事者在葡萄牙不会被处死,而是会被驱逐出境,此次两名中国人被杀符合这一情况。他对巡抚陈述了这一点,巡抚也同意这样处置,但指示,如果要执行此项判决,尚需等待北京方面的批示"。

然而,局面有所缓和的迹象转瞬即逝,兵头与澳门议事会成员意见不合。这位要塞指挥官不认可议事会与中国官员的和谈,"他认为,议事会逾越了葡萄牙王国赋予的权力,将葡萄牙人移交给外国统治下的法官审判。他认为,任何法条都不会同意,一名违法者不在他本国的法庭而在外国的法庭上被要求承担罪责,更不必说允许将两名无辜的葡萄牙士兵,交给外国的且是异教徒的法官来宣判"。

兵头决定先斩后奏,"他利用了中国官员的低效率,并抓住了一次机会,将他认为无辜的人从绞索下解救出来。他迅速将两名士兵送上了一艘整装待发准备前往帝汶的船上,并下令,该船前往计划中的岛屿,在那里的葡萄牙王国要塞继续服役。这名兵头想当然地认为,他的决定不会激发中国方面太大怒气,因为广东巡抚已经同意澳门方面的通报,两名过失杀人的士兵并不需要一命抵一命"。

事态的发展与兵头的预想大相径庭。"他自以为是、傲慢地对待异教徒们,他的行径被视为是对皇帝法令的公开损害,新一轮动荡爆发。很快,广东巡抚要求澳门方面交出两名士兵,并威胁说,要对他们的不顺从行为施加最严厉的惩处,要让这座城市陷入饥荒,要用武力迫使他们屈服"。

船只不仅无法靠港,就连停泊在澳门外海也不允许,对于一座需要外部输入生活物资的港口城市来说,危机显而易见。在澳欧洲人不愿意事态继续恶化,"他们向巡抚道歉,并将过失怪罪到兵头身上,正是此人在他们不同意的情况下一意孤行,放走两名肇事者"。

四、来自中国皇帝的训斥

按照南怀仁的说法,广东巡抚起初不以为然,因为他认为私自放走士兵是不可能的,最终确认此事后,广东巡抚不敢擅自做主,他需要得到朝廷的指示。

几乎在广东巡抚的报告送往北京的同一时间,澳门方面派往果阿面见葡萄牙总督的使团也出发了。"澳门方面忍辱负重,为了争取时间,派出一个使团前往果阿,面见那里的葡萄牙总督(Vice-König),兵头是其下属。毫无疑问,中国皇帝和大臣们已经受够了这名兵头的错误做法"。

乾隆皇帝收到广东巡抚的奏报,随即作出回应。

> 皇帝指责在澳门的欧洲人,他认为兵头的行为十分错误和轻率,在一次讲话中,宝座上的皇帝,严厉斥责在澳门的欧洲人(原文如下),用词十分尖锐:那些在澳门的欧洲人,这已经是他们第二次(因为在乾隆九年,在一起买卖交易中也发生过一起中国人被杀死的事件)对我的子民施以暴力,作为他们孩子的父亲,我有必要爱护他们,采取强有力的手段,令他们不致受伤,如果我的仁慈与耐心转变为正义的愤怒,他们不必感到惊讶。他继续说下去:那些夷人踏上的土地,他们呼吸的空气,都是我们恩赐的。然而,他们不思感恩,并不善待我的子民,视他们如芦苇一般,践踏、轻视他们。在一个教化良好的国度,人们听说过有哪一种教义,对一个犯下命案的人只是驱逐而已?难道说凶残的夷人,就不奉行一命抵一命了吗?

南怀仁翻译的这段皇帝讲话,出自乾隆十三年十月初三日上谕,十一月十二日"字寄"广东巡抚岳濬的谕令。谕令中对岳濬大加申斥,称其完全不堪重任,有辱本职工作,对于欧洲人作出如此之多的让步,昏聩之至。岳濬是名将岳钟琪长子,个性却颇温和,广州将军锡特库参劾岳濬办理此次在澳民人被杀案"太过软弱,其优柔寡断之习,尚未改正。倘若策楞在彼,绝不如此软弱办理"。[1]

南怀仁记述到：巡抚所做的一切都被宣布为无效,他的三级荣誉地位被褫夺,不过很少见的是,皇帝并没有免他的职。皇帝在颁给帝国大臣们的谕令中使用了令人难忘的咒骂欧洲人的词汇："我认为,对于不服管束、野蛮的生番,需要用缰绳和笼头加以管束。"

乾隆皇帝的讲话以谕令形式被抄送广州,"巡抚以及所有下级官员都诚惶诚恐。为了弥补他们的过错,他们更改了令朝廷痛恶的软弱的治理方式,为此寻找一切可能折磨倒霉的澳门城以及让澳门城感到惊恐的手段。最终在7月30日,派往果阿的船回来了,随船同来的有一位新指挥官和一位谙熟法律的皇家议员。新来的指挥官替换掉了前任兵头,第二位新来者,被授权决断此次谈判的葡萄牙王室大法官,调查对前任兵头的控诉,设法从中消除双方之间的壁垒,并重新建立两个国家之间良好的相互理解"。

按照南怀仁的说法,新来的王室大法官以十分谦恭的姿态表达了歉意,调查事件的过程之中,大法官发现,中国朝廷为了维持和平睦邻关系所做的努力,并且宽容对待葡方强加的冒犯之举。这位葡萄牙法官表态,希望各方以诚相待,因为在澳中国人和葡萄牙人都渴望获得和平安宁,前任兵头没有做到这一点,新任者将毫不迟疑地这么做。葡萄牙法官的表态赢得了中国高官的心,官员们向皇帝汇报了最新的对葡人政策,皇帝展示了极大的宽容态度,"不过他真诚地希望,类似的混乱今后要能够把控,类似的事件要得到更好的处置"。

五、《澳门约束章程》的不同版本

广东官员们与葡萄牙新委派的大法官之间利用信件传递双方意见,历时数月,最终订立了要求双方坚决遵从的条款,"刻有中文和葡萄牙文条款的两块石板,一块置于澳门城的中心广场,另一块置于城

---

[1] 锡特库乾隆十四年正月二十日(1749年3月8日)奏折,《明清时期澳门问题档案文献汇编》第1册,第162页。

门口,告知民众遵规行事"。[1]

目前已知的中文版《澳门约束章程》只有12项,葡文版《澳门约束章程》11项(删除中文版第12项"禁设教从教")。章程条款数目的差异,很有可能是中国官员在此后的商谈中,对规条进行了适度合并。

南怀仁称1749年订立的中、葡双语约束章程,中文计有14项,葡文去除一条涉宗教信仰条款,当有13项,南怀仁明确提到了约束章程中的第七、九、十四项。

> 第七项:如一名欧洲人攻击了一名中国人,或是致人身死,人犯要移交中国朝廷命官,由其发落。但涉命案,人犯处以死刑,判决后二十日内行刑。

> 第九项:不允许欧洲人未来建新房或是新教堂,不论是推倒重建还是买地新建都不允许,一切都要维持现有状况,为公务人员建造的房屋数量要求维持目前的数量。[2]

> 第十四项:澳门议事会需极力阻止中国人接受"异端邪说"。一旦中方听闻有中国人违规加入基督教,澳门方面要向中国官府提供这些人的姓名,让这些人因为不听话而受到相应的惩处。

从文意推断,上文第七项是《澳门约束章程》中文版第五项"夷犯分别解讯",第九项则是《澳门约束章程》中文版第七项"禁擅兴土

---

[1] 此前有中国学者主张:葡文版约束章程石置于澳门议事会,中文版约束章程石置于香山县衙,参见邓开颂等主编《澳门历史新说》,花山文艺出版社,1999年,第79页;[瑞典]龙思泰:《早期澳门史》,第98页。笔者以为,通告广大民众的约束章程,当置于公开显眼处,放置在县衙和议事会不能起到最大的宣传效果。南怀仁所说两块石碑的位置,更加符合《澳门记略》中置于"澳门通衢"的说法。

[2] 中文版约束章程第7项:"一禁擅兴土木。澳夷房屋庙宇,除将现在者逐一勘查,分别造册存案外,嗣后止许修葺坏烂,不得于旧有之外添建一椽一石。违者以违制律论罪,房屋庙宇仍行毁拆,变价入官。"[(清)印光任、张汝霖:《澳门记略》,第150页]。

木",第十四项即目前已知《澳门约束章程》葡文版删除而中文版保存的第十二项"禁设教从教"。后人依据龙思泰所译葡文摘要,规条数目以及内容与南怀仁记述有出入。南怀仁提及的约束章程第七项,清楚说明是欧洲人侵犯华人的刑事案件,而不是葡文版中译本所称的基督徒杀死华人案件。南怀仁引用的约束章程第九项,重点是不允许欧洲人未来建新房或是新教堂,并非葡文版中译本所说"新的建筑物应予拆毁"。

澳门西洋居民对约束章程反应不一:

> 这些法规,仅仅考虑良好治安秩序的人,大加赞赏,另一些人的观点与此相反,他们认为,这些法规大大收缩了在澳葡人的自由度,需要再三斟酌,尤其是第九项:不允许欧洲人未来建新房或是新教堂,不论是推倒重建还是买地新建都不允许,一切都要维持现有状况,为公务人员建造的房屋数量要求维持目前的数量。[1]

据南怀仁所述,旅澳西洋人对章程第七项、第九项、第十四项十分不满,当传闻中国人已经组织5 000名士兵,准备收回澳门西洋人居住地的时候,他们不打算继续妥协,"家家户户都配发武器,要塞墙上的粗笨枪支填满了子弹"。

澳门西洋人的决心似乎令地方政府有所忌惮。"澳门人的准备工作,不可能不被人察觉,中国人探听到了动静。因为他们的士兵非常差劲,想必也清楚,与欧洲人,尤其是与绝望的欧洲人决战会有多么危险,他们作了一些让步,将澳门城中用葡萄牙语所立石碑上的法规作了修改,去掉了其中涉及宗教的条款。但是,在澳门城外,在他们的土地上竖立的石碑,所有14条法规都用中文刻在上面"。

1748年澳门危机发生之际,法国耶稣会士尚若翰正在此地,不

---

[1] 根据《澳门记略》(第150页):"一禁擅兴土木。澳夷房屋庙宇,除将现在者逐一勘查,分别造册存案外,嗣后止许修葺坏烂,不得于旧有之外添建一椽一石。违者以违制律论罪,房屋庙宇仍行毁拆,变价入官。"

过尚若翰完成于 1748 年年底的信件,只字未提澳门正在发生的危机事件,仅表示内地查禁基督教的运动波及澳门,地方官员发布禁令,不许中国人为欧洲人工作,也不许前往教堂。南怀仁提到的在澳民人限期迁离令,在尚若翰的信件中,被解释为"遣返回内地",不知是原文如此,还是中译本误读所致。[1]

1743、1748 年澳门危机事件之前,在中央政府看来,澳门的西洋人与北京的西洋传教士一样,尚属安分守己、谨守法度的西洋人。谦恭顺从的态度换得明清两代政府的有限宽容,让他们得以在广东一隅和京城长期合法居留。乾隆执政之初,澳门西洋人聚居地接连发生动荡事件,中央政府有所警觉,帝国境内的夷人倘若不再安分守己,应当如何处置?《澳门约束章程》的修订反映了清廷的基本对外政策。在华耶稣会士感受到危机带给自身以及天主教传教事业的潜在风险,但除了虔诚的祷告之外,他们似乎并无彻底摆脱危机的对策。

本章小结

尽管 18 世纪的欧洲读者对中国并不陌生,有关中国的地理、历史、宗教、文献、制度、动植物、工艺技术等方面的讯息,通过来华耶稣会士的著述,已经被欧洲读者知晓,但来自中国的动态新闻仍然令人感兴趣,尤其是有关中国境内西洋人的新闻以及与中国教会发展休戚相关的新闻事件。

及时报导中国新闻,除了吸引读者关注之外,另一个目的是维持耶稣会方面在中国信息发布领域的优势地位。前文中述及,对耶稣会士能力和影响力的高估,催生了教皇特使铎罗与嘉乐的访华之行。随着铎罗在澳门去世,嘉乐无功而返,耶稣会的声誉受到负面影响,

---

[1] 参见"尚若翰神父就中华帝国 1746 年爆发的全面教案而自澳门致圣—夏欣特夫人的记述",[法]杜赫德编:《中国回忆录》第 4 册,第 346 页。

但耶稣会对此并无过多信息发布。与《奇异并富有教益的书信》回避报导教皇特使铎罗、嘉乐访华的做法有所不同，斯特克莱因以铎罗书信、在华耶稣会士王以仁报告等文献呈现教皇特使访华细节，虽然信息量有限，但也堪称及时报导。

中国君主与欧洲传教士的关系如何，在华耶稣会士拥有绝对发言权。不过，报导此类主题的新闻，考验来华耶稣会士的写作技巧。耶稣会士无论在欧洲本土还是海外传教，皆亲近世俗权力，借助世俗权力发展修会势力以及传教事业。但是，教士亲近世俗权力是柄双刃剑，稍不留意，就会授人以柄。《新世界信使》编撰者在此方面颇有经验，所选取的雍正至乾隆早期完成的中国来信当中，皇帝的身影随处可见，一方面指出，虽然下令禁教，但中国皇帝并没有停止给予耶稣会士善意，这与在京耶稣会士的付出有关；另一方面不断强调在京耶稣会士与中国皇帝周旋的无奈。

澳门的危机事件是真正意义上的新闻事件，具备现代新闻事件所要求的全部要素。两位新闻通讯员鲁仲贤、南怀仁的文字功底扎实，所叙事件结构完整，条理清晰，因为他们的报导，《新世界信使》的读者们对上述澳门两次危机的关注和了解，远高于当时大多数的中国境内民众。尽管我们很难强求18世纪的在华耶稣会士和欧洲读者以今天全球化的眼光，分析看待东西方世界在理解司法权属、生命权等方面的巨大差异。

第六章　清代前中期在华耶稣会士研究

《新世界信使》中国来信的供稿者，其生平以及在华事迹的研究，是基督教在华传教史研究的重要一环。费赖之所著《明清间在华耶稣会士列传(1552—1773)》，已经将《新世界信使》中国来信作为人物研究的文献来源。不过，费赖之著作的涵盖面广，对中国来信的利用虽然全面，但不寻求深入解析，留给后世学者继续利用这部分书信进行来华传教士专题研究的空间。

第一节　康熙中晚期基层传教士方记金

目前已知的方记金中国来信，皆收录在《新世界信使》。如果没有这部分信件，后人对这位活跃在康熙中晚期的基层传教士几乎无从知晓。

方记金出生于布雷西亚，费赖之、荣振华以来华教士出生地为依据，将其列为意大利传教士。但方记金进入的是位于列奥本(Leoben)的耶稣会初学院，他与《新世界信使》编撰者斯特克莱因一样，隶属耶稣会奥地利会省，方记金存世的中国来信能够尽数收录入该辑刊，恐怕与此有关。

一、钦差洪若翰的同伴

方记金与法国耶稣会士洪若翰(Jean de Fontaney, 1643—1710)一同来到中国。洪若翰 1688 年首次抵达北京，是五位法国"国王数学家"之一。[1] 1699年,洪若翰奉康熙皇帝旨意返回欧洲。[2] 在华耶稣会士倘若能够幸运地返回欧洲,往往能够产生比较大的影响和效用。如明末耶稣会士卜弥格、卫匡国等人的欧洲行,极大地推动了当时以及此后的东西方文化交流。除了长久的文化交流影响,在华耶稣会士成功返回欧洲,往往肩负为在华传教事业招募新生力量的任务,他们返回中国的时候,通常会有怀抱理想的新一批耶稣会士随同来华,往往能够形成天主教在华传播以及东西方文化交流的阶段性小高潮。

洪若翰在北京宫廷的同伴——白晋在更早的1693年奉康熙皇帝旨意,回法国召集更多掌握特色技艺的传教士来华。1697年,白晋抵达法国,次年启程重返中国。1699年,与白晋一同抵华的传教士计有十人,其中八人系白晋在欧洲招募,包括此后在中国研究领域著作颇丰的巴多明、马若瑟。

洪若翰1699年返回欧洲,1701年3月启程回中国,搭乘的同样是"俺斐特里特号(Amphitrite)",同年8月回到中国。洪若翰的同行者是一批新招募的来华传教耶稣会士,分别是:杜德美(Pierre Jartoux)、汤尚贤(Pierre Vincent de Tartre)、龚当信(Cyr Contancin)、沙守信(Emeric Langlois de Chavagnac)、戈维理(Pierre de Goville)、顾铎泽(Etienne-Joseph le Couteulx)、卜文气(Louis Porquet)以及唯一的非法国会省耶稣会士方记金。

---

[1] 其余四位分别是:张诚、白晋、李明、刘应。学界对洪若翰的关注度不高,笔者所见有吕颖《清代来华"皇家数学家"传教士洪若翰研究》,《清史研究》2012年第3期。吕文对洪若翰返回欧洲之后的活动,包括洪若翰与欧洲学者的互动,例如与莱布尼茨的通信,并无过多涉及,殊为可惜。1701年,洪若翰回到中国,1702年抵京。数月之后,服从教会的需要,在获得康熙皇帝的允准之后,洪若翰在1702年11月6日踏上返欧之途。他在宁波港找到一艘英国船只,直到1703年3月1日,船舶才正式启航。这艘英国船只在1703年12月24日到达伦敦。1704年,洪若翰在给莱布尼茨的信中叙述了重返中国之旅。Paris, 13. Juni 1704, Jean de Fontaney S. J. an Leibniz. In Widmaier, Rita (Hrsg.), *Gottfried Wilhelm Leibniz Der Briefwechsel mit den Jesuiten in China (1684-1714)*. Übersetzung von Malte-Ludolf Babin, Französisch/Lateinisch-deutsch, Felix Meiner Verlag, Hamburg 2006, S. 447.

[2] [法]费赖之:《在华耶稣会士列传及书目》,第430页。

洪若翰奉皇帝之命出使欧洲,是中国官员眼中的"钦差"。法国船只"俺斐特里特号"在1701年9月9日抵达广州,以洪若翰为首的一行人在广州滞留多日,受到地方官员礼遇。1701年12月16日,一行人准备启程北上。临行前,负责接待工作的广东官员请传教士们喝了"以中原方式泡的茶和鞑靼方式煮的奶茶",并为他们配备了四条官船。四条官船之外,还有专门船只负责押送给皇帝的礼物。

方记金对所经历的一切倍感新奇,他认真观察眼前的新世界:[1]

> 夜幕临近时,小舟和大船上的灯笼纷纷点亮,仅有一艘船上有12只灯笼,挂在船的柱子上,那是洪若翰神父的船。其他的船只挂两只灯笼,一只在前,一只在后。灯笼外观是圆的,直径两英尺;支撑骨架是硬木做的,外面糊有精美的纸张,上面写了几个汉字,读音是"大臣(Ta-szim)",意思是大人物。另一些灯笼上写着"钦差(King-tschai)",指的是皇帝的使臣。灯笼里面点的是牛油蜡烛,看上去十分好玩。[2]

与方纪金同行的汤尚贤在写给父亲的信中,也提到迎接洪若翰的中国船、大灯笼及上面写的中国字。

> 灯笼周围写着一些中国字表示皇帝使臣的头衔。从中国桨手和士兵中传出由铜铃和牛角演奏的音乐,这是一种背景音乐,是为中国长短笛伴奏的。这是洪若翰神父和他的"大臣"(即皇帝的使臣)随员。[3]

---

[1] 方记金1702年10月18日信件记述其来华见闻,收信人是耶稣会士Joannem Paulum Studena,女大公Elisabethae und Mariae Magdalenae的告解神父。信件原文是Welschen(罗曼语),德译本有缩减。
[2] 方记金1702年10月18日信件,斯特克莱因主编:《新世界信使》第4册,第82号,第4页。
[3] [法]杜赫德编:《中国回忆录》第1册,第181页。原译文"洪若翰神父和他的'大清'(即皇帝的使臣)随员",修改为"洪若翰神父和他的'大臣'(即皇帝的使臣)随员"。译名"大清"在汤尚贤信件中译本多处出现(第191—192页):"我们总共有四百多人,其中包括'大清'和他的日常随从。""'大清'用轿子抬着。""他们睁大眼睛看着我们,对一生中第一次看到一位欧洲的'大清'和在中国难得一见的大胡子明显感到十分兴奋。"恐为误译。

方记金对这些音乐表达了更浓厚的兴趣:

> 洪若翰神父的船上响起中式音乐,乐队通常是地方上付钱请的,是给予大使/高官的待遇。演奏的乐器包括两只长达五英尺的喇叭,演奏的声音听起来就好像我们欧洲的狩猎角号;还有两只长笛,声音并不悦耳;鼓的音色相对好一点;还有四个用木棍敲打的钹,型号大小不一;最后还有一只很大的平底盘,用帆布做面,以小锤击打。这样的敲击不是真正的艺术,这些乐器并不在意彼此之间的协调统一,只是为了制造声响。[1]

仔细观察并聆听了据说是用于彰显大人物身份的中式音乐之后,方记金表示,自己更愿意欣赏欧洲音乐。

排场很足的传教士一行沿着水路继续北上,启航之后的头几天,风向很好,天气很好,沿河两岸放眼望去皆是绿意盎然、精耕细作的农田,人口稠密的村庄,还有果实累累的林木、宽阔的河流。中国帆船借助的主要是风力,要靠天吃饭,碰到风暴天,或者说风力很弱的时候,一天赶不了多少路,但传教士们似乎并不介意,因为他们可以借此沿途观看中国的风景和中国的百姓。

方记金来华之际,正值来华传教士最后的黄金时段,基督教在华发展受到帝国君臣的宽待。雍正以后,在华传教局势发生变化,入华欧洲传教士不再有如此美好的旅行感受。1738年来华的法国耶稣会士王致诚抱怨,没有机会欣赏赴京沿途的风景,"既不敢下船登陆,也不敢靠近船窗以在该国观光"。[2]

从广州到韶州的水路旅程,方记金看到,狂风巨浪中,水手们用人力拉行船只向前,而不是像他在欧洲看到的那样用马匹拖曳。不吝惜人力的现象似乎是某种中国特色,19世纪来华的欧洲人仍然看到,不惜力气、不知疲惫、如牛马般的中国苦力,"年复一年,他们就这

---

[1] 方记金1702年10月18日信件,斯特克莱因主编:《新世界信使》第4册,第82号,第4页。

[2] 王致诚1743年11月1日致达索先生的信,[法]杜赫德编:《中国回忆录》第4册,第288页。

样拼命、挣扎,把沉重的马车从本不该存在的车辙中推出来"。[1]

途经韶州府和南雄府的时候,船上所有的欧洲传教士都没有进城,包括洪若翰。欢迎钦差的地方官员们来到洪若翰的帆船上拜访,其中南雄府的官员请他们享用了一顿丰盛的晚餐,"每艘船上都得到16道热菜,同样数量的点心,所有的菜肴都用瓷碗盛装"。[2]

1702年1月6日,传教士一行换乘轿子继续北行。对于方记金而言,坐轿子是一个新鲜体会:四个人抬一顶轿子,传教士坐在里面,随从们则乘坐两个人抬的滑竿。[3] 中国官员为传教士们安排交通工具和餐饮,恭迎恭送,很是周到。尽管这样一种周到,今天看来,更像是对"夷人"的严防死守。

> 我们从帆船下来移乘轿辇的时候,地方长官带领他的属下在河岸边迎接我们。我们花了一些时间,以一种巡行的方式穿过城市的部分区域:当来到城北的另一个城门时,我们再次下轿,在那里看到官员们和他们的长官,再一次为我们的旅行致以美好祝愿。就在我们一行人被带到北门的时候,他们抄小路急匆匆赶去那里。[4]

传教士北上走的是中国南北交通要道,也是所谓的"使节之路",[5] 方记金不禁感慨沿途所见市镇的繁荣景象:

> 一件事情,令我不能不感到惊奇,因为我在欧洲从来没有见到过(法国的奥尔良除外):从南雄通到南安的八小时里程道路,用均匀的小石子铺就,像那些意大利的城市,都是用石子铺路,但也不尽相同。中国的路,水往两边流,因为路面中间高起,

---

[1] [英]阿绮波德·立德著,王成东、刘皓译:《穿蓝色长袍的国度》,时事出版社,1998年,第6页。
[2] 方记金1702年10月18日信件,斯特克莱因主编:《新世界信使》第4册,第82号,第6页。
[3] 同上书,第7页。
[4] 同上。
[5] [丹麦]龙伯格著,李真、骆洁译:《清代来华传教士马若瑟研究》,大象出版社,2009年,第14页。

两边低。在南雄到南安的道路上,人群摩肩接踵,从 Koanho 到 Kiangho 之间的水路上同样能见到很多人,我在欧洲任何地方,就算是在最出名的城市,都不曾见过这么多人。原因在于,所有人来往北京和广州,都必须走这条道路。[1]

1702年1月6日,在日落之前,欧洲传教士一行来到了南安府。居住在南安府的奥斯丁会会士韦内斯特(Alvarus Venevente),来耶稣会士的船上做客。韦内斯特是西班牙人,当时是江西省的宗座代牧。方记金评价此人为"一位正直、博学之人,不仅通晓欧洲科学,还熟悉中国风俗和礼仪争端"。除了韦内斯特之外,南安府当时还有一名方济各会士王雄善(Joannes Fernandez Serrano)神父,此二人与耶稣会士的关系良好。"主教很愿意我们中能有人留下来和他在一起,但是出于更重要的原因,我们不能这么做。不过,王雄善和我们同行了一段路,他的目的地是赣州府"。[2]

1702年1月11日,方记金一行人抵达耶稣会士在华重要基地——赣州府。从方记金的记述来看,这批欧洲人在赣州似乎有一定自由,因为他们去拜访了此地的耶稣会士贾嘉禄。"在我们刚到达不久,就去拜访了这位可爱的老人,他留我们一起吃晚饭。次日再请我们所有12个人去他那里吃中饭"。[3]

1702年1月12日,船只启航离开赣州。方记金目睹了前所未见的鸬鹚捕鱼场景。[4]

> 沿途的河面上,我们观察到一种捕鱼之法,在欧洲从未见到过这种方法,因为渔夫既不是通过网,也不是通过钓竿来捕鱼,而是用一种黑色的会潜水的鸟,大小和一只家养的母鸡差不多。

---

[1] 方记金1702年10月18日信件,斯特克莱因主编:《新世界信使》第4册,第82号,第7页。
[2] 同上书,第8页。
[3] 同上。
[4] 鸬鹚捕鱼几乎令所有目睹此景的欧洲来华传教士好奇,英国学者吴芳思(Frances Wood)质疑马可·波罗是否到过中国的原因之一,是《马可·波罗游记》中没有提及鸬鹚捕鱼。

它们受过特殊训练,每艘渔船会载有 10—12 只这样的鸟。一旦渔民给他们发出指示,它们就跳入水中,游入深处,快速捕获水下的鱼,并带回给渔船上的主人。这种鸟的名字叫"鸬鹚(Lutze)",它们不会把鱼吞下肚,因为下水捕鱼之前,它们的嘴下绕了一圈线。如果不是我亲眼所见,我是无论如何也不会相信的。[1]

1 月 20 日,一行人抵达南昌府的水路码头。方记金宣称,他在南昌江面上看到的船只,比广东看到的更大、更漂亮。就在这一年,耶稣会南昌住院的卫方济以及庞嘉宾两位神父奉命搭乘英国船只返回欧洲。[2] 方记金抵达南昌的时候,"南昌住院居住着四名法国耶稣会士,其中一人是刘应神父,我们的中文老师,他随后与洪若翰神父一道去了南京,他们想去那里买一所房子,让从法国来的新神父们可以在其中学习中国语言和习俗,如同在修院(Seminario)学习一样"。[3] 北京的耶稣会士曾经请求康熙皇帝批准他们在南京购买房屋,但遭到拒绝。据方记金了解到的消息:康熙推迟批复神父们的购房请求,是因为此前皇帝秘密派遣使团赴日,询问当地清剿基督徒的原因,日本方面回复称,天主教信徒被怀疑卷入一起反叛事件。康熙秘遣使团赴日的消息来自何处,方记金并没有交代。

二、中国传教初体验

1702 年 1 月 25 日,洪若翰继续北上,方记金与另外三名同伴止步在南昌府,他的中国观光之旅也告一段落。"在南京建起我们所希

---

[1] 方记金 1702 年 10 月 18 日信件,斯特克莱因主编:《新世界信使》第 4 册,第 82 号,第 9 页。
[2] [法] 荣振华《在华耶稣会士列传及书目补编》称,庞嘉宾"1702 年 1 月 14 日作为司库被从广州派往罗马"(第 120 页);"(魏方济)1692 年到达江西南昌,1700 年仍在那里。于 1703 年作为司库而与庞嘉宾一起,由'四位主教和以日本省及中国副省的名义被'派往罗马"(第 461 页)。
[3] 方记金 1702 年 10 月 18 日信件,斯特克莱因主编:《新世界信使》第 4 册,第 82 号,第 9 页。

望的一所修院之前,我们在传教点可以学习中文口语和书面语"。[1]在中国民众之中传教,学好中文包括方言,是最基本也是最重要的要求。

如果有人问我,如何才能够在短时间学会中文这样一种难以掌握的语言,我在抵达中国之后两个月,不仅可以听懂告解,还能阅读,如书信中提到的那样,而且还能够公开讲道,怎么做到的呢?现在我来给出答案。首先,这种语言的学习难度,对欧洲人而言,不会比德国人接触意大利语更难,反而要容易得多。中文既没有变位也没有变革,既没有名词性变也没有不规则动词变化,或者后缀变格。语言分口语与书面语,因为词汇量少,两种语言都可以很快掌握,但是要掌握不计其数的字符(Buchstaben),则是一门庞大的学问。其次,我一到南昌府,来不及安顿好,就开始向中国人讲述有关信仰的故事。第三,在最初听告解的日子里,我手头有一份附有拉丁字母的中文《忏悔镜》(Beichtspiegel)。[2] 第四,在教堂布道之前,我把预先写好的布道词当着中国人的面读出来,他们帮我指正、完善。第五,一名生活在农夫中间的传教士,活跃在农村,在那里能够期待满满的收获和慰藉,完全没必要懂得中文书写和阅读,只要他能够与人对话,就足够了。即便他说得很糟糕,普通人反倒愿意听他说话。[3]

方记金是一个擅于总结经验之人,如同总结中文学习经验那样,来到江西传教区不过短短数月,他对在华传教活动已有所感触。在方记金看来,今时已不同于往昔,不要奢望争取有地位的中国人接受

---

[1] 方记金1702年9月30日信件,收信人是耶稣会奥地利会省会长Franciscum Voglmair神父,斯特克莱因主编:《新世界信使》第3册,第67号,第18页。
[2] Beichtspiegel,"指以十诫为依据,以提问形式写成的罪过录,供忏悔前反省"。潘再平主编:《新德汉词典》,第157页。
[3] 方记金1702年10月18日信件,斯特克莱因主编:《新世界信使》第4册,第82号,第9—10页。

基督教。

贫困的中国基督徒但凡从远处看到他（按：此处指神父），他们会屈膝低头跪下，用前额触地三次。他们以崇敬之情（Ehrenbietigkeit）聆听布道，欧洲人缺少同样的态度。另有一人与体面的中国人在一起，从他们那里，很少能够期望得到帮助或善意。也许从一开始，当基督教义第一次通过我们的神父引入的时候，许多官员接受了基督教，现如今完全是另一回事，即使是按照福音教理来说也属严苛的法规，使得生活条件优渥的人士很少皈信。大部分皈依者是农夫、城市平民、商贩以及贫困的尚未获得功名的读书人。[1]

方记金在南昌停留到1703年4月前后。此后，奉中国副省视察员潘玛诺（国良）（Emmanuel Laurifice, 1646—1703）之命，南迁到赣州传教区。1703年8月，闵明我接替潘玛诺出任耶稣会中国副省视察员。[2] 闵明我将方记金的编制从在华法国耶稣会传教团划拨给传教力量相对薄弱的葡萄牙传教团。

我是同法国神父们一同前来的，登记注册在他们的传教区。随后，副视察员根据我的愿望，将我转入归属葡萄牙中国副省（die Portugesische Vice-Provinz in Sina）管辖的住院，因为有实际需要。因为葡萄牙副省尽管有许多教区、住院和不计其数的基督徒，但此地的神父数量却很少。葡萄牙神父们非常高兴我能同他们在一起。我来此地对自己也更有帮助，如此一来，我要忙于新教徒牧养、异教徒皈依的事情，而且因为直接接触中国人，所以能够更快地掌握中文。实现这个目标之后，我在工作上

---

〔1〕 方记金1702年10月18日信件，斯特克莱因主编：《新世界信使》第4册，第82号，第9—10页。
〔2〕 当时在华耶稣会传教团领导人包括：视察员闵明我、副省会长安多、法国耶稣会传教团负责人张诚。

就不再有障碍。[1]

方记金此前在赣州停留,拜访过该传教区的耶稣会士贾嘉禄。这位老神父以高超的技巧维持与赣州官员的关系。"贾嘉禄神父用他的礼貌和同样博学的方式与他们交往,获得了他们的认同,不仅是在神父离开之后给予高度评价,而且还因为他的缘故,令传教士们受惠,愿意与他们交谈,愿意听他们讲述信仰"。[2] 在这样一个具备良好传教基础的地方,已经初步掌握中文布道能力的方记金马不停蹄地开展工作,走访了多个村庄。1703年10月19日,方记金在同一天时间完成两封信,汇报赣州地区的教务情况。据其自述,他在六个月中,听取了1900人的告解,施洗110人,其中大部分是成年人。

> 这座城市有一名基督徒,在他自己的家中修建了一座敬拜圣母的小礼拜堂,家中女眷们可以用来作祈祷活动,每年两次。在中国她们不能自由参加公开的礼拜活动。这座建筑并不是中式的,而是依照欧洲艺术风格建筑,全部是砖结构,可以历经百年不坏。它有30英尺(Schuhe)长,宽度也一样,高度则与建筑风格相适应。这也是赣州第一座圣母礼拜堂。[3]

带着在南昌和赣州传教区积累的经验和日益提高的中文水平,1705年,方记金接受耶稣会领导指令,来到距离北京更近的山东济南府。

三、营救山东方济各会士

1705年,方记金来到济南,此后一直在山东传教直到逝世。《新世界信使》方记金中国来信中,论及济南并山东教务的信函数量最多,计有7份:

---

[1] 方记金1703年10月19日信件,斯特克莱因主编:《新世界信使》第4册,第86号,第23页。
[2] 同上。
[3] 同上书,第27页。

编号/收信人/页码	地点/时间
Num. 104，an R. P. Joańem Paulum Studena，短信，第 50 页	济南府（Cinan-fu），1706 年 10 月 28 日
Num. 105，an R. P. Studena，短信，第 51 页	北京（Peking），1707 年 10 月 20 日
Num. 108，an R. P. Studena，第 55—56 页	济南府（Tschinanfu），1710 年 10 月 20 日
Num. 133，无收信人，第 22 页	济南府（Zinan-fu），1712 年 10 月 30 日
Num. 134，an R. P. Studena，第 22—24 页	济南府（Zinan-fu），1714 年 10 月 31 日
Num. 100，an R. P. Miller, S. J.，第 41—42 页	济南府（Tschinamfu），1715 年 10 月 15 日〔1〕
Num. 154，第 14 页	济南府（Cinan-fu/Zinangfu），1716 年 9 月 10/20 日、10 月 11 日，由三封信件编辑而成，短函

与此前在中国南方各地所写的内容丰富的长信不同，方记金的山东来信基本都是短函，内容多的不过两页，短的仅有寥寥数行。我们无法确定是原件篇幅确实短小，还是《新世界信使》的编撰者出于某些考虑，删减了信件内容。无论如何，这些信件仍然有助于了解方记金在山东十余年的活动轨迹。

紧邻直隶的山东省，与江西省类似，是在华基督教在华北传播的基地。利玛窦在山东济南期间，曾与时任漕运总督的刘东星晤面。利玛窦逝世后继任成为中国教区负责人的龙华民可以称为基督教在山东的开教者。1636 年，龙华民在济南听取过徐光启后裔的忏悔告解，还一度被官府拘押，在济南友教人士的帮助之下获释。龙华民在

---

〔1〕 原文记录为 1705 年，有误。

山东传教期间,基督教教区延展到泰安、青州、济南等地,有宗室成员、文士学者受洗入教。[1]

龙华民逝世之后,济南府的教务委托给了法国耶稣会士汪儒望(Jean Valat,1599—1696)。汪儒望的传教事业从济南扩展到附近城镇,"计有圣母会8个、天神会1个、小堂及新会口10所,其中一所就有190户家庭,在泰安有大圣堂一座"。[2] 1649—1657年之间,在山东活动的还有米兰会省耶稣会士李方西(Jean-François Ronusi de Ferrarris,1608—1671)。[3] 1653年,李方西利用教友捐款在济南购置土地,修建教堂和神父居所,"他收到江南一位老年教友名周方济各的一笔可观的献仪。这位老人及其家人都是李神父劝化领洗的。李神父即以此巨款在山东首府济南府购置了一片土地,并兴建了圣堂和神父住所"。[4]

不过,方记金来到济南之时,主导当地教务的并非耶稣会士。1650年,西班牙方济各会士利安当来到济南之际,负责济南教务的汪儒望并没有排斥他,而是"把山东全省教务交由多明我会戈罗那多神父和方济各会利安当神父共同分担。三人同心协力,规定各人轮流探访各处堂口,务使城内从不缺乏神父"。[5] 1696年,汪儒望在济南府去世,山东的教务活动更多交由方济各会士负责。此后,陆续在山东驻留过的耶稣会士包括苏纳(Bernard Diestel,1619—1660)、[6] 郭天爵(François,1650—1694)、[7] 金弥格(Michel do Amaral,1656—1730)、[8] 法安多(Antoine Faglia,

---

[1] [法]费赖之:《明清间在华耶稣会士列传(1552—1773)》,第75页。
[2] 同上书,第319页。
[3] 同上书,第284页。
[4] 同上。
[5] 同上书,第320页。
[6] 苏纳一度被召入宫担任历算工作,"但他谢绝接受官衔。由于北京的气候对他的体质很不相宜,他获准前去山东"。但他抵达济南之后不久患病去世,参见[法]费赖之《明清间在华耶稣会士列传(1552—1773)》,第357页。
[7] 同上书,第542页。
[8] 同上书,第543页。

1663—1706),[1]但他们在山东驻留的时间都比较短暂。

方记金是又一位在山东长期驻扎的耶稣会士。在他抵达之际，基督教在华传播局面已经呈现下行迹象。1706 年，方记金在信件中表示："中国皇帝十分厌恶基督徒；基督教在这个王国面临被迫害的危险，如果不是我们的宫廷神父们阻止了此类祸事，迫害也许已经开始。"[2]虽然大规模的迫教行动尚未发生，但方记金的预判没有错。尽管如此，方记金仍然设法在济南及周边地区开展教务。

1714 年写给斯图德纳(Studena)神父的信件中，方记金提到在济南筹建的一座教堂，虽说已经动工，但他担心无法完工，为此需要向欧洲有关方面讨要建设资金。"如果他们中有人读到这封信，或者知道我的规划，有兴趣为教堂建设作一点贡献，那么只需要把他的钱款赠给我们在印度果阿的总务长(Procurator)坦比尼(Franciscum Tambini)神父。他会把所有钱款诚实转寄"。[3]

当时山东境内活跃的欧洲传教士，除了耶稣会士还有方济各会士。为了营救被关押的方济各会士，方记金两度上京，求助北京宫廷的耶稣会士。[4]

1709 年，山东东平州有方济各会士"à Conception"被投入牢狱，方记金收到请求，动身前往东平州。当时，这名方济各会士原本以为

---

[1] 方记金在 1702 年写于南昌府的信中提到一位法比亚(Fabia)神父，这名神父在信中告诉方记金，他在 5 个月的时间内，施洗 500 人，方记金认为自己初到中国之后的施洗人数与法比亚神父相比并不逊色。费赖之认为，方记金提到的法比亚神父即法安多。但荣振华不认同费赖之的说法，荣振华介绍了法安多神父姓氏的变体有"Falha；Failla；Falia；Valia"，并不包括"Fabia"，且法安多在方记金到达山东之前已经离开，两人之间似乎并无交集，"1697 年和 1700 年（按：法安多）到达山东。1704 年患病，前往澳门治疗，后又返回了浙江"。[法] 荣振华等：《16—20 世纪入华天主教传教士列传》，第 140 页。
[2] 方记金 1706 年 10 月 28 日信件，斯特克莱因主编：《新世界信使》第 5 册，第 104 号，第 50 页。
[3] 方记金 1714 年 10 月 31 日信件，斯特克莱因主编：《新世界信使》第 6 册，第 134 号，第 23 页。
[4] 1707 年方记金曾短暂赴京，他 1707 年的信件发自北京，"1707 年朝廷召之入京，命其供职，记金固辞，仍返济南"。[法] 费赖之：《在华耶稣会士列传及书目》，第 576 页。

会死在牢狱中,希望方记金为其行终傅圣事。方记金在1710年写给斯图德纳神父的信中称,自己不顾腹绞痛,赶了两个小时路,去向地方长官求情。方记金信中提到的"à Conception"应当就是费赖之著作提及的"de la Conception"神父,中文姓名卞述济(Francisco a Concepción Nieto-Diaz)。[1] "1709年山东东平州仇教之事起,方济各会士孔塞普逊(de la Conception)神甫被投于狱。记金闻讯往东平,入狱慰之,因染疾几死。疾愈赴省会为之营救,狱遂解"。[2]

方济各会士巴琏仁(Francisco de San José Palencia,1666—1733)写给耶稣会士巴多明的信件中记述过卞述济遭受拘禁之事:"巴琏仁对卞述济神父非常钦佩,对他在东平附近15天内使1500人归信的事迹也欣羡不已。但他没有注意到的是,或许正是因为有些新信徒的宗教成见和煽动性活动,才致使卞述济神父在东平被监禁了15天"。[3]

方记金的信件补充了此次事件的内情:意识到情况危急之后,方记金于1709年带病前往北京,求援在京耶稣会士。时任钦天监西洋监正的闵明我拜会了山东巡抚,"闵明我强调皇帝亲谕欧洲传教士和基督徒可以奉行自己的信仰,巡抚于是表示让步并释放了卞述济"。[4] 按照方记金的说法:"那位地方长官部分是出于友情,部分是看在财物的份上,才能有这样的结果。"[5] 时任山东巡抚是蒋陈锡(1653—1721),江苏常熟人,康熙十二年(1673)进士。明末与利玛窦交好的瞿汝夔(太素)、瞿式榖是常熟大族,清初耶稣会士鲁日满在常

---

[1] "卞述济",方济各会士,1705年领取"印票"留华传教。其中文名称参见崔维孝《明清之际西班牙方济会在华传教研究(1579—1732)》,中华书局,2006年,第260页。崔书附有1579—1700年入华方济各传教士统计表,含卞述济姓名与在华时间(第470页):Franciscus a Consuegra(1696—1737)。
[2] [法]费赖之:《在华耶稣会士列传及书目》,第676页。冯承钧将该神父姓名意译成"无玷圣母司铎",梅乘骐、梅乘骏以音译名"孔塞普逊"取代。
[3] [美]孟德卫:《灵与肉:山东的天主教(1650—1785)》,第89—90页。
[4] 同上书,第133页。该段记述未标明出处。
[5] 方记金1710年10月20日信件,斯特克莱因主编:《新世界信使》第5册,第108号,第55页。

熟传教服务多年,蒋陈锡或许早先对基督教以及传教士有所了解,因此并不盲目敌视基督教。

尽管此前中国境内发生过两次影响颇大的仇教事件,分别是明末沈㴶挑起的"南京教案"以及清前期杨光先挑起的"康熙历狱",方记金很可能从前辈耶稣会士处获知这方面的信息,但他并未将方济各会士身陷牢狱的原因归咎于中国官民"仇教",也不认为中国官方有意针对基督教及传教士实施迫害行动,相反,他认为托钵修会成员过于激进的传教方式,容易惹祸上身。方记金的态度反映了在华耶稣会群体的普遍主张:谨言慎行,以维持中国官方给予的有限的传教宽容,切不可效仿托钵修会成员的鲁莽做法。

然而,山东方济各会士似乎没有吸取1709年的教训。1714年,山东方济各会士贸然为人数众多的民间秘密教团信众施洗,再次惹出事端。

> 山东境内的一群歹徒,他们不仅挑起了一场危险的暴动,而且还创设了一个新的教派,这些人为了伪装自己,厚颜无耻地请求受洗。在接受足够的教导之后,他们接受了洗礼。然而,他们的盘算并不是过真正的基督徒生活,而是为他们反抗当局求得上主的佑护。不久之后,他们就撕去脸上的面具,他们败坏、伪善、口是心非,很容易被识别。皇帝下令各地强力镇压,许多人被投入监狱,有一些人被处死。一位来自其他修会的传教士非常无辜,他应邀前来为他们施洗,同样被抓,并被审讯。不过,按照官员的指令,不久后这名神父被释放,但附带有严格的命令,要求在肃清叛乱者之前,这名神父不得传教。[1]

方记金应方济各会士之请,再度进京求助。不过,在京神父们并未就山东传教风波向皇帝或者职能部门进言,他们一致认为:"迫害已经发生,既不可以向皇帝也不可以向礼部进言,否则很可能激怒仍

---

[1] 方记金1714年10月31日信件,斯特克莱因主编:《新世界信使》第6册,第134号,第22页。

旧把控大局的地方官员。"[1]神父们认为地方官员们想要处置的是"行为轻率的狂热分子,而不是遵守教义的基督徒,前者用诡诈的方式接受基督信仰"。[2]

方记金为方济各会士的做法感到不值,在他看来,这些新信徒欺骗了善意的欧洲人,愿意接受洗礼其实别有目的,"他们追随的不是上主的诫命,而是狂热分子的道路。他们的目的不是为了让自己变得更好,而是为了逃脱惩罚,因为他们确实秘密进行邪恶的集会"。[3]在方记金看来,既然这些方济各会士领取过作为传教许可证的"票"(Freyheits-Briefen),[4]就不应违背相关精神,以致于让地方官员为难。

主持山东教务多年的方济各会士南怀德(Miguel Fernandez Oliver,1665—1726),[5]在1718年5月致信时任耶稣会中国、日本会省视察员的纪理安神父(1655—1720),称许多来自秘密教团的异教徒接受洗礼,并不是真诚奉教,而是"以此来获得基督教的庇护,从而洗脱身为非法秘密教团成员的罪名"。南怀德表示,自己和方记金拒绝接受秘密教团成员入教,这些人就去济宁找到卞述济。因为要求受洗的人数如此之多,卞述济求助隶属教廷传信部的方济各会士康和子,"卞述济分了一些让康和子来施洗,而后者想以在中国受洗的人数来获得在罗马的声望。康和子施洗的教徒太多,后来任命了

---

[1] 方记金1714年10月31日信件,斯特克莱因主编:《新世界信使》第6册,第134号,第23页。
[2] 同上。
[3] 同上书,第22页。
[4] 康熙四十五年(1706),皇帝谕令:"凡不回去的西洋人等,写票用内务府印给发。票上写西洋某国人,年若干,在某会,来中国若干年,永不复回西洋。"[清]黄伯禄编:《正教奉褒》,第557页)康熙四十六年(1707),皇帝在苏州宽抚将领票者:"你们领过票的,就如同中国人一样,尔等放心,不要害怕领票。"[《康熙与罗马使节关系文书 乾隆英使觐见记》,(台北)台湾学生书局,1973年,第14页]。
[5] 按:南怀德1692年来华,1695年来到济南府,此后以济南为中心,开展在华传教活动。

张保禄作为传道员来协助他"。[1]

入华传教士,特别是来自托钵修会的传教士,为了扩大传教成果,很多时候,并不严格要求信徒素质,山东的方济各会士大量接受民间秘密社团成员入教即为典例,由此引发的严重后果很可能出乎欧洲传教士的意料。至于要求入教的山东境内民间秘密社团成员来自什么教派,方记金信件中并未提及。康熙不再宽待天主教传教士在各地的传教活动之后,各地基督教教徒的集会大多改为夜间秘密进行,中国人很容易将基督教教徒的秘密聚会与中国民间巫术色彩浓厚、常常具有反政府性质的秘密教团相联系:"随着那些1611年以后许多著名人物归信的盛况成为过去,基督教与那些秘密教团一样,大部分的信徒都来自社会底层,这更加证实了那些罪名。"[2]不过,在华耶稣会士似乎只是反对一次性接纳大批秘密社团成员入教,并不拒绝接受曾经的秘密社团成员入教。1730年,湖广地区传教的法国耶稣会士顾铎泽在信中表示:"在中国,白莲教是没有什么声望的,是被法律禁止的。白莲教徒们等待着一个全世界的征服者降临。"[3]顾铎泽本人当时接受了一名阅读过基督教教理书籍的白莲教信徒入教,其女婿是基督徒,"那位岳父仔细读了利神父的书,在有关第一存在的问题上不再相信灵魂转生说了。他又读了南怀仁神父解释天主十诫和圣言的书,最终决定入基督教了"。[4]

搁置对方济各会士盲目追求教徒数量的批评,方记金与山东的方济各会士合作愉快,与方济各会士南怀德的关系尤为良好。"1705年,应住济南耶稣会传教士方全纪神父的请求,南怀德公开表示支持耶

---

[1] [美]孟德卫:《灵与肉:山东的天主教(1650—1785)》,第140页。南怀德信件收录在《中国方济各会志》第八卷。崔维孝与孟德卫的陈述不同,认为南怀德也愿意为秘密宗派成员施洗,"山东省有不少的中国的邪教徒为了保全自己,避免朝廷的捕杀,纷纷要求领洗加入天主教,南怀德大方地纳了他们,并为他们进行洗礼"(崔维孝:《明清之际西班牙方济会在华传教研究(1579—1732)》,第269页)。
[2] [美]孟德卫:《灵与肉:山东的天主教(1650—1785)》,第137页。
[3] [法]杜赫德编:《中国回忆录》第3册,第305页。
[4] 同上。

穌会在中国礼仪上的立场,尊重中国民众祭孔祭祖的传统风俗"。[1]

四、最后的葬礼

此前在山东传教的前辈龙华民或者汪儒望的寿数都超过 80 岁,而方记金只活到 51 岁。

从抵达中国开始,方记金就对中国的气候与食物有诸多不适应,尽管这一时期的方记金正值壮年,但他在多封信函中提及自己身体状况欠佳。中国的雨季与炎热夏季尤其令方记金不适。1702 年 9 月,方记金从南昌发出的信件中这样描述:"这个国家够你受的,虽说春天气温不高,但几乎天天下雨。随后是七、八月难以忍受的炎热,我说什么也无法在房间睡觉,去到室外才可以。还有就是食物匮乏,索然无味,尤其是需要自己到田间地头去找吃的东西。"[2]

同年 10 月,方记金在另一封信中继续这样的描述:

> 江西和位于中部的其他省份一样,从 3 月初开始下雨,一直到下到 6 月底,整整四个月都被困在一个地方,出门完全没有可能。在这样潮湿的情况下,作物生长得很好,但是所有其他东西几乎都因为潮湿,要么坏掉了,要么至少是疲弱不堪。下雨但凉快的日子过去后,酷热接踵而至,难以忍受,持续两三个月,从 7 月、8 月,有时一直到 9 月。……最后有一个好朋友同情我,给了我少量的西班牙葡萄酒,我每天喝一些,当药一样来服用,直到上主佑护,让我重新恢复体力。[3]

山东的纬度更高,没有南方特有的梅雨季,但北方多风沙的特点再一次令方记金不适。1706 年,在费隐前往北京之前,方记金与他在山东碰面,对于自己没有被召入京感到庆幸:"在中国担任宫廷神

---

[1] 崔维孝:《明清之际西班牙方济会在华传教研究(1579—1732)》,第 267 页。
[2] 方记金 1702 年 9 月 30 日信件,斯特克莱因主编:《新世界信使》第 3 册,第 67 号,第 21 页。
[3] 方记金 1702 年 10 月 18 日信件,斯特克莱因主编:《新世界信使》第 4 册,第 82 号,第 11—12 页。

父与在欧洲是完全两回事。说得清楚一点,就是卑躬屈膝做仆人。不允许安抚人的心灵,也不允许传教,只能被迫等着接受皇帝委派的事务。再加上北京的空气根本不适合容易肺部感染的人,因为这个,我没少烦心。"[1]

对中国气候的不适应从来没有解决。1709年,方记金为了搭救被困的卞述济神父抱病前往北京,途中一直被腹绞痛困扰,返回住地之后他的健康状况持续不好:"我从北京返回的时候,正值酷暑,艰苦的旅行、高温、令人厌恶的食物,让我身体变差。"[2]这一年的10月,方记金的身体全面出现状况,他四肢瘫痪,且有两周时间昏迷不醒,"医生对于我能否苏醒两度表示怀疑,我也已经接受了最后的终傅礼"。[3]方记金在最后关头活过来,他认为自己得到了祝福,这归因于他在危急关头的行动、教友们的祷告,以及他所体验到的中医:"虽说我的手脚瘫痪了,我却根据习俗,每天服用人参,同时增添有虎掌以及其他类似的药材配成的干糖制剂,治疗我弯曲的手颇有效果。我又可以费力地用笔写字,有时会写错。这几天还去了郊外的一个传教地。请原谅我,如果因为我们的手不太听使唤,既没有给尊驾,也没有给我们省的其他神父们寄去一些消息,这唯一的信写得潦草短促,虽说我花了几天的时间才完成它。"[4]同会德玛诺神父两个月时间的照顾,应该也有助于方记金健康状况的好转。

颇具疗效的中药制剂一度令方记金的身体恢复,1713年全年他在自己的传教区域内各个传教点进行不间断的巡视,但1714年的一次登山导致他旧疾复发,肢体瘫痪的情况再度出现,以致于数月时间内他都无法握笔。[5]自然环境、食物、工作环境以及身体素质本身,

---

[1] 方记金1706年10月28日信件,斯特克莱因主编:《新世界信使》第5册,第104号,第50页。
[2] 方记金1710年10月20日信件,斯特克莱因主编:《新世界信使》第5册,第108号,第55页。
[3] 同上书,第56页。
[4] 同上。
[5] 相关记述参见方记金1714年10月31日信件,斯特克莱因主编:《新世界信使》第6册,第134号,第24页。

影响了方记金的寿命,1718年2月13日方记金在济南去世。

德玛诺在方记金去世当天为其举行简单葬礼,但是正式的葬礼直到4月10日才在济南的西堂举行。这个葬礼由方济各会士南怀德精心准备,共历时四天,最后在棕枝主日(Palm Sunday)出殡。南怀德采纳了山东巡抚的建议,花了大量时间筹备葬礼,不仅是为了向方记金致敬,也是想利用这件事使基督教在济南获得更好的发展,"为了向中国公众展示基督徒对于死者恰如其分的敬意"。[1] 穿街过巷的出殡仪式吸引了大批民众围观。

南怀德精心安排的葬礼其实更符合中国人对葬礼的理解,而不是作为宣传基督教的载体和舞台。葬礼所作的布置基本采用中式风格,棺椁南边的桌子上按照中国北方葬仪,摆放有各类礼品和祭品,现场看不到耶稣、圣母、圣人像。与以往去世的耶稣会士的葬礼不同,此次方记金葬礼场所的布置草图留存于世,引起后世学者诸多关注。孟德卫与崔维孝的著作中,都注意到此次葬礼的特色,但各自的解析角度不同。

崔维孝依据"西班牙传教士留下的一张描述丧礼场面的草图",对葬礼布置图中出现的器物、文字加以描述,强调南怀德在中国礼仪问题上并不理会罗马教廷的禁令,反而贴近在华耶稣会集体主张的适应策略。孟德卫采用在华遣使会士马国贤(Matteo Ripa,1682—1746)绘制的葬礼现场布置图,文字介绍更为详尽,为马国贤提供原始材料的据信是方济各会士康和子。孟德卫将此葬礼视为中国文化与基督教文化的碰撞,认为南怀德试图通过引用儒家经典,例如《礼记》的"事死如事生""事亡如事存",达到将儒家文人价值观与基督教相融合的目的,但实际操作中会遇到困难,这样的融合结果经常无法令双方满意。[2]

一个耐人寻味的现象是,耶稣会方面对方记金的葬礼并无记述。

---

[1] [美]孟德卫:《灵与肉:山东的天主教(1650—1785)》,第120页。
[2] 关于明末以来中国丧葬礼仪中的文化交织现象,参看[比]钟鸣旦著、张佳译《礼仪交织的葬礼》,上海古籍出版社,2009年。

假如按照《中国方济各会志》记述，方记金的中国仆人苏洛伦索（Su Lorenzo）将葬礼信息带给康和子，[1]这位耶稣会士的仆人为何不把同样的信息报告给在北京的耶稣会士？如果耶稣会士认可此次葬礼，大可像鲁仲贤记述钦天监官员徐懋德的葬礼一样，广而告之。当时参加徐懋德葬礼的，除了普通基督徒，还有徐懋德在钦天监的同僚和其他官员，以及王公和宫妃们差遣来的太监。"因为安葬一名欧洲人，大多会成为一个舞台，被钉十字架的救世主、圣母以及其他受爱戴圣人们的图像是舞台最好的布置，公开进行的安葬活动中，这些画像全程得到展示"。[2]

一方面是方记金的隆重葬礼，一方面是在华耶稣会士沉默的表现，反差的背后似乎已经表明18世纪在华耶稣会士对待中国礼仪，包括葬仪在内的态度基调。此时，距离第一位教皇特使铎罗在澳门去世已经八年，罗马教廷关于中国礼仪问题的结论已经下达，严禁被认为带有迷信色彩的中国礼仪。传统观点认为，在华方济各会士、道明会士不同意耶稣会士的传教策略，挑起"礼仪之争"，但修会成员个体有着自己的选择，既有支持特使铎罗严禁主张的法国耶稣会士刘应，也有亲近耶稣会士立场的在华方济各会士南怀德。

五、在华传教最实用建议：学医、送礼

从1701年离开欧洲到1718年去世，方记金在华17年，就传教年限而言，其很难与那些在华传教数十年的耶稣会士相提并论。但很少有欧洲传教士如方记金那样，以亲身经历和细致观察，总结在华传教经验，提供给耶稣会领导以及后辈新人参考。

考虑到中国广阔的国土面积、众多的人口数量，不少来华传教士都会呼吁更多的同伴来到中国宣教，方记金也是如此。

> 我听说，另有一些来自奥地利省的人有兴趣来这里。感谢

---

[1] 转引自［美］孟德卫《灵与肉：山东的天主教（1650—1785）》，第125页。
[2] 鲁仲贤1744年12月2日信件，科勒主编：《新世界信使》第34册，第683号，第91页。

主，若是他们真的能来的话。即便是把这个会省的所有神父都派给我们，派到中国，每个大城市也只能安排一位，不少城市根本没有神父可以派遣。许多小一些的城市的居住人口也达到数十万之多。[1]

感慨中国人口众多的方记金当时刚刚进入中国内地，他迫不及待地致信耶稣会奥地利会省会长，将自己的最新体验和建议告知日后的新来者。

——相较葡萄牙船，搭乘法国和英国船，漫长的海上旅行会更轻松些。

——这个国家的气候、食物都需要很艰难的适应。

——最重要的一点，信仰必须极其牢固。[2]

除了建议搭乘英法船只来华，后两条建议几乎适用于所有来华传教士。在一个陌生的国度，接触完全不同的语言和环境，没有坚定的信仰和极强的适应性，很难继续他们的传教事业。

清初在常熟传教的耶稣会士鲁日满曾经总结一个"理想的传教士"的素质要求："一个理想的传教士不应过分热情，不应感情用事或鲁莽行事，而应该坚强、和蔼、易相处、精神愉快、彬彬有礼，行动举止适可而止，不狎不疏，不卑不亢。……应当有不同寻常的耐心、品德高尚、足智多谋，同时不能热情过火，不能顽固不化。"[3]

方记金以类似的敏感告诫未来的同伴："在中国的传教士，除了具备必不可少的优秀的基督教美德，还需要出众的才智、谦恭；普天之下没有其他民族像中国人这样敏感，他们会因为极小的事情而感

---

[1] 方记金 1702 年 9 月 30 日信件，斯特克莱因主编：《新世界信使》第 3 册，第 67 号，第 21 页。
[2] 同上。
[3] [比]高华士著，赵殿红译：《清初耶稣会士鲁日满常熟账本及灵修笔记研究》，大象出版社，2007 年，第 265 页。

怀。"[1]所以,在中国的传教士必须严谨谦恭,凡事小心,"很多事情,若在欧洲根本微不足道,在这儿就会被视作重大的不可容忍的事情"。[2]

从我们今天的眼光来看,方记金是一名很接地气的欧洲传教士,他的中国经验来自于亲身经历以及现象、新闻的观察与分析,而不是来自书本或他人的经验之谈,所以更加具有操作性。譬如根据耶稣会士雇请中国人服务的实际情况,建议"有效管束中国仆人",虽说这是中国官方容教阶段才会出现的"幸福的烦恼"。此外,方记金还鼓励来华传教士学习医学,而不是数学:"如果不是被朝廷召唤,不要抢着学数学,否则他很快会后悔,因为他会很难从中脱身,和那些已经请求了许久的人一样。出了宫廷,没有中国人重视数学。他和他的同伴为了传播信仰,不如学做外科医生,在这里能派上大用场。当然,如果他能够修日晷,或是座钟,这也没有坏处。"[3]方记金提出学医建议的初衷,是认为作为学数学的天文学家只能服务宫廷,不如学医,以医生传教士身份服务基层社会。19世纪入华的新教传教士们的经验证明,借助医疗手段扩大基督教在华传播的做法十分有效。

抵华之初在广州、南昌、赣州的逗留,让方记金对金钱的重要性有深刻认识。方记金向耶稣会奥地利会省会长建议,日后若有成员来华,最好随身带上些财物。因为耶稣会士在中国的生活,绝非像欧洲的方济各会士宣称的那样,因为中国官员们的丰厚资助,在华耶稣会士生活舒适。"他要带上一些钱物。因为欧洲有些人心思恶毒,这些人相信,我们在这个国家过着舒适的生活,因为官员们给予我们许多馈赠。两三位方济各会士在欧洲听信此说,他们三年前来到这里,被现实打脸,体会深刻"。[4]

实际上,来华之初,方记金就听其他传教士说起中国官员吝于给

---

[1] 方记金1702年9月30日信件,斯特克莱因主编:《新世界信使》第3册,第67号,第21页。
[2] 同上书,第22页。
[3] 同上。
[4] 方记金1703年10月19日信件,斯特克莱因主编:《新世界信使》第4册,第85号,第22页。

予、乐于收礼的故事。在广州的生活,利国安神父向他提及一位当地官员,非常传神地称之为"吝于付出(Gibhart)"和"乐于接纳(Nimngern)"先生:"此人如此频繁造访困窘的神父,每一次回去的时候都不落空,手上基本都会带走些东西,并声称:'我喜欢这些合适的东西,我能派上用场。'"[1] 从南雄的方济各会士王雄善处,方记金再次听闻中国官员生性吝啬的故事。

> 方济各会的神父告诉我们,西班牙国王为在这个国家传教的20名传教士提供开销,每人每年40达布隆[2](约280莱茵古尔敦)。还有一位众人皆知的天主教修会成员和神父,他的名字和所属机构我不点明,在他遭遇到严重的财物紧张情况之时,他去向一位中国官员求助,希望他能够提供一笔捐款。这一请求被断然拒绝。这位好人被彻底羞辱之后回到住处,所受到的嘲笑令他明白,传教士只能从欧洲寻找到慷慨的基督徒和基督徒朋友,为他们提供日常所需费用,而不要想从中国的守财奴那里得到财物。

此处提到的来华方济各会士,应该就是前文中被南昌传教点耶稣会士收留的身无分文的方济各会士。这些方济各会士相信能从中国官员处得到资助,结果一无所获,而他们随时携带的少量财物,又被狡黠的底层中国百姓骗走。[3]

方记金建议来华耶稣会士尽量保证手头宽裕的原因,除了维持自身生活开销,还因为中国无处不在的传统习俗——送礼。

> 如果我们第一次去拜访官员,需要赠送他们的欧洲礼物不

---

[1] 方记金1702年10月18日信件,斯特克莱因主编:《新世界信使》第4册,第82号,第6页。
[2] "Duplone",现代德语称"Dublone",现代英语称"doubloon","达布隆,西班牙及其原美洲殖民地的旧金币名",见陆谷孙主编《英汉大词典》(第2版),上海译文出版社,2007年,第551页。
[3] 参见方记金1702年10月18日信件,斯特克莱因主编:《新世界信使》第4册,第82号,第12页。

能少于八件；第二次去拜访，我们同样要送给他们不少于八件的礼物，但并非欧洲产品，而是中式甜点，花费不菲，而且对方乐于接受。与此相反，官员们回礼的数量尽管也是八件，却不是什么值钱的东西，小糕点、水果、数磅米酒、两到三磅的猪肉或鱼，要么就是几只鸭子、一只鹅、二磅瓜果，诸如此类。出于尊重，我们只应当收下其中二样或是四样礼物，而且还要给送东西来的官员的仆人，与礼物等值的小费。中国官员们永恒的习惯是：收得多，送得少。慷慨大方的官员很少见，不必花钱的地方，他们表现得很礼貌。在言语、会面的时候也会给予我们一些善意。[1]

1710年10月20日的信件中，方记金告诉维也纳的斯图德纳神父，结交中国官员不可或缺的一样东西就是礼物。

> 台维翰神父为了得到官员们难得的善意，经常拜访官员们，但他每次去都不能空手，因为这些先生们，没有礼物的话，从不会露面。他的腰包过早地空瘪了，此后，他所有的财物都是以这样的方式用掉了，（因为去年熟悉的船只没有如期到来）他不知道从哪里得到钱，用于此后的开销，为此他忧心忡忡。来自上德意志省的德玛诺神父（他在我身体不适期间，留在这里照顾我两个月）和我一样，帮助了他，为他垫钱。[2]

此前在广东和江西期间，方记金对中国官员收受礼物的行径已经印象深刻。

> 精神层面的知识积累固然不可缺少，同样不可缺少的还有形形色色的西洋礼物库存。因为从总督、巡抚到其他各级官员，无不索取这些东西。一旦有神父来到这个地方（一年有两到三次），他必须要给官员进呈8—12件各不相同的欧洲器物，例如

---

[1] 方记金1703年10月19日信件，斯特克莱因主编：《新世界信使》第4册，第85号，第22页。

[2] 方记金1710年10月20日信件，斯特克莱因主编：《新世界信使》第5册，第108号，第55页。

小镜子、望远镜、小的象牙杯、小的玻璃杯、颜色各异的玻璃杯,不一而足。神父把东西送到官员府上,随礼物附上一张干净的红纸,写上礼物的名称。如果官员收下全部礼物,那么可以认为他愿意结交神父;相反,如果他退回全部礼物,说明他对神父厌恶或是怀有敌意;如果他收下一半礼物,这意味着,半友半敌,忽冷忽热。〔1〕

法国耶稣会士卜文气1719年10月14日写给其兄弟的信中,亦提到给官员送礼一事。

> 中国官员确实看重金钱,不过我们所奉上的是稀奇的西洋物品。〔2〕6披斯托尔〔3〕作为礼物送给一名官员,很不像样,但却足够支付一名传道员的年度开销。官员们钟爱欧洲物品,特别是怀表、望远镜、显微镜、眼镜和各式各样的凸面镜、平面镜、凹面镜,以及漂亮的、绘有田园自然风光的画作。同样的还有日晷、指南针、石墨,精细的麻布、珐琅器以及精美的天文观测仪器。〔4〕

---

〔1〕 方记金1702年10月18日信件,斯特克莱因主编:《新世界信使》第4册,第82号,第10页。

〔2〕 原文是"Nürnberger Waar",今作"Nürnberger Ware"。从14世纪早期开始,直到19世纪,纽伦堡的海外贸易繁荣,商品琳琅满目,故有此说。https://referenceworks. brillonline. com/entries/enzyklopaedie-der-neuzeit/nurnberger-ware-hinzugefugt-2017-COM_396166? s. num=29&s. start=20,2022年7月27日获取。

〔3〕 "Pistohle","十七—十九世纪西班牙的,后为德、法的金币,约合十七马克或十法郎",见潘再平主编《新德汉词典》,第885页。

〔4〕 卜文气1719年10月14日信件,斯特克莱因主编:《新世界信使》第7册,第163号,第47页。[法]杜赫德编:《中国回忆录》第2册,第45号,第214页:"中国习惯于给官员送钱,但这种花费非我们力所能及。六个皮斯托尔还算不上一份拿得出手的给官员的礼金。而这笔钱虽说数额不大,却足以维持一名专司圣职通过个人努力可教化大批非基督徒的讲授教理者的生计。因此,我们通常只给官员们送几件欧洲珍奇物品。下面是他们喜欢的一些东西:表、望远镜、显微镜、眼镜、各类镜子(平面镜、凸面镜、凹面镜、凹镜……)、着色的或雕刻的远景画、小巧精致的艺术品、华丽的时装、制图仪器盒、日晷仪、圆规、铅笔、上等织物、涂珐琅的装饰品等等。"

雍正以后的严厉禁教时期，一方面是基层传教士很少有机会接触到地方各级官员，另一方面是官员们对礼物的垂涎没有超越惧怕丢官获罪的心理。不过，容许居住在北京的宫廷耶稣会士，即使在禁教时期，仍然通过送礼来维系关系网络。钦天监西洋监正刘松龄在1765年寄回欧洲的信件中，强调在中国践行送礼风俗的重要性："如果可以通过荷兰的船只运送一些货物到广州，我希望可以拜托你用安格秀芬伯爵留给我的钱买一些欧洲的小礼物，并且通过他们的船将礼物送到这里，礼物的清单我已经附在后面。相信我，这些礼物虽然现在在欧洲，但是它们能在世界的另一个角落——中国，在建立和保持友谊方面发挥巨大作用。这种友谊对保持和平以及壮大教会事业至关重要。……对我来说，最难对付的是各个省份的官员们会时不时拜访我，甚至一些不认识的人，仅仅来观看一些东西，他们都会携带礼物，而我却没有任何器物作为回礼。因为如果你不收礼物的话，会被看作是一种轻蔑或傲慢；可如果你没有东西回礼，就会被认为你缺乏文化素养或者十分贫穷。在如此境况下，阁下肯定能够理解，我经常不得不在内心挣扎着面对这些事情"。[1]

六、忠告：警惕来华东正教教士

方记金在中国传教的时间并不长，但却能从全局考量，从耶稣会在华传播的长远角度着眼，示警耶稣会领导层，密切关注在华东正教教士的活动。

虽然是一名基层传教士，方记金却如当时北京耶稣会会长和耶稣会中国副省会长安多（Antonni Thomas，1644—1709）那样，注意到北京出现的东正教教士。

此前耶稣会士对于东正教着墨不多。明末耶稣会士利玛窦的《坤舆万国全图》中出现过"没斯箇未突"，[2] 即俄罗斯的前身莫斯科

---

[1] 刘松龄1765年10月27日信件，收信人是其弟韦查德。[斯洛文]米加主编：《斯洛文尼亚在中国的文化使者——刘松龄》，第230—231页。
[2] 朱维铮主编：《利玛窦中文著译集》，复旦大学出版社，2012年，第196页。

大公国(Moscowia)。[1] 不过利玛窦只是标注了这一地名,并未给予图说。明末耶稣会士艾儒略(Giulio Aleni,1582—1649)所著《职方外纪》中提及莫斯科大公国,译名为"莫斯哥未亚",称该国"今亦稍信真教。其王常手执十字,国中亦流传天主之经,或圣贤传记无禁矣"。[2] 有学者分析《职方外纪》上述文字的含糊表达是故意为之,并以此为据判定"耶稣会士对东正教只字不提,与其不谈宗教改革、新教马丁路德,等等,其理如出一辙"。[3]

安多1704年9月2日致信耶稣会总会长冈萨雷斯(Thyrsum Gonsalez),[4] 信中提到俄国沙皇彼得派出的包括两名东正教神父的使团在这一年到达北京:"在中国新年开始的时候,俄国沙皇彼得派出的一个大型使团抵达这里,人员多达千人,他们中的大部分是莫斯科人,还有少量的希腊人,其中有两名神父,冒充天主教神父。"[5] 安多透露,此次俄国人来华,想请求皇帝陛下允许他们建一座更大规模的东正教教堂。

康熙皇帝收下了俄国使团送的礼物,并没有应允俄国人新盖一座大教堂的请求,但俄国人没有放弃在北京建教堂的努力。11年之后,康熙五十四年(1715),中国皇帝终于恩准俄罗斯东正教使团在北京兴建教堂。首个东正教使团来华之前,一个俄罗斯商团成员先期抵京,成员中有一名东正教神父。俄罗斯商团在北京逗留期间,方记金为解救方济各会士,进京求助,见到了商团中的东正教神父。方记金一封写于1715年10月的信函谈到他所见到的持"教会分离论"的东正教神父:

随行的依旧有一名持教会分离论的修道院长,他以沙皇的

---

[1] [意]艾儒略著,谢方校释:《职方外纪》,中华书局,1996年,第101页校释①。
[2] 同上书,第100页。
[3] 黄正谦:《西学东渐之序章:明末清初耶稣会史新论》,香港中华书局,2010年,第146页。
[4] [法]费赖之:《明清间在华耶稣会士列传(1552—1773)》,第464—473页。该书介绍安多为"比利时人"。费赖之书中仅简单提及安多神父的这封信:"1704年致总会长神父信,发自北京。"
[5] 安多1704年9月2日信件,斯特克莱因主编:《新世界信使》第23—24册,第507号,第104—105页。

名义,作为使臣,带着礼物,对皇帝表示恭敬,他发现了一个如此好的突破口,得到皇帝陛下的宽厚对待。……他轻易就获得了建堂许可。当我前往北京的时候,教堂已经开始打地基。沙皇还考虑派出一名持教会分离论的大主教前往北京。除此之外,还有一名外科医生被派往北京宫廷,不过中途死了,他的位置被随后派出的人顶替。心思周密的俄罗斯修道院院长拜访了我们的学院,并对我们的神父们说,他已经让30名中国人皈依了莫斯科的宗教,而且还为他们施洗。[1]

方记金有强烈的危机感,他认为东正教教士来到中国,会给天主教在华传播带来威胁。因为相对天主教,东正教在华传播具备以下有利条件:

其一,俄罗斯的修道院院长更容易宣称他的信仰,因为基于沙皇的关系,他能得到皇帝更多的恩惠和尊敬,而我们的任何一人都办不到。

其二,他比我们看起来更有气派,也比我们更有地位,更为大方。地位显赫的王公们会给他提供足够的财力支持。

其三,与天主教相比,他并不看重基督教的教条,对中国习俗十分宽容,并且把所有可能打击中国人的事情,搁置不议。通过这样的做法,他们不仅为许多异教徒受洗,而且还把我们许多的基督徒争取过去。

其四,如果我们禁止新教友接触东正教,不许他们交往俄罗斯教会分离论者,难道不会引起不合、争吵和抱怨吗?难道不会因此诉诸礼部或者到皇帝面前理论吗?皇帝是个明智的统治者,把莫斯科人看得比我们重要得多。因为他不需要害怕我们什么,也不对我们报什么期望,但对于他强大的邻居,他有忌惮、有期望,他不想得罪他们。他从我们这些传教士这里希望得到

---

[1] 方记金1715年10月15日信函,斯特克莱因主编:《新世界信使》第5册,第100号,第41页。

的东西,沙皇可以更快、更容易、更丰富、更彻底地办到,俄国的来华使团每次不是带来药物,就是艺术家,要不就是受过良好教育的数学家。

更不必说第五条理由,一段时间以来,传教士之间潜藏的不统一意见,经常激怒皇帝。皇帝不希望在他的帝国出现分裂和不稳定,而是希望保持和平与统一。

其六,北京的主教频繁给满怀期望的莫斯科大主教们汇报,他积极谋求在沙皇的推动下,游说中国皇帝,想让皇帝下令让所有新近入教的中国教徒拥护新的俄罗斯主教,并放弃天主教信仰。[1]

财力丰厚、官方支持、宽容中国习俗,这是方记金认为的东正教在华传播的有利条件,而当时在华天主教传教士内部的问题,加剧了方记金的担忧。方记金这封信的收信人是神圣罗马帝国皇后、奥地利女大公特蕾西(Eleonorze Magdalenae Theresiae)的告解神父、耶稣会士米勒,耶稣会高层或是罗马教廷高层是否认真考虑过方记金的担忧,是否就东正教传教士入华一事给出过指导意见,笔者目前尚未找到更多证据。事实证明,东正教教士无意在宗教传播上与耶稣会士一决高下。有清一代,东正教传教士在教务宣传上不思进取,他们把更多的心思用于维系近似外交机构的东正教常驻使团在北京的合法存在。东正教来华神父们的世俗心思,矢志传教的方记金自然预料不到。

第二节　清代耶稣会士费隐在华事迹述评

雍正十年(1732),燕行使臣李宜显等参观了北京的一座天主堂,在那里见到一位守堂神父:"守直人费姓者,西洋国人也。出见,持茶以待之。"[2]

---

[1] 方记金 1715 年 10 月 15 日信函,斯特克莱因编:《新世界信使》第 5 册,第 100 号,第 41—42 页。

[2] [朝] 李宜显:《陶谷集》卷三十,《庚子燕行杂识》,弘华文主编:《燕行录全编》第 2 辑,广西师范大学出版社,2012 年,第 7 册第 191 页。

雍正十年在京的"费"姓欧洲神父，符合上述信息的只有来华奥地利会省耶稣会士弗雷德利（Xaverii Ernberti Fridelli/Xavier-Ehrenbert Fridelli，1673—1743），中文姓名费隐，字存诚。熟悉中国文化的前辈耶稣会士为新来的同伴取一个中文姓名，是耶稣会内的传统。所取中文名字大多引经据典，往往能够与该传教士的姓氏谐音。"费隐"一名很可能出自《中庸》"君子之道费而隐"。

　　国内学者对费隐的了解主要来自法国学者费赖之的扼要介绍。[1] 目前关于费隐最为深入的研究出自奥地利学者阿尔弗雷德·泽里克（Alfred Zerlik，1914—1986）的著作《弗雷德利神父，来自林茨的中国传教士和地图测绘师》（*P. Xaver Ernbert Fridelli, Chinamissionar und Kartograph aus Linz*）。[2] 泽里克著作以钩沉费隐家族脉络及费隐早期生平为发端，研究重点有二：费隐在华主要事迹——康熙朝《皇舆全览图》实地测绘，[3] 费隐作为传教士在中国的表现，论证费隐并非《辨明耶稣会士受谤书》（*Informatio pro veritate*）的作者。[4] 很可能是为了照顾欧洲读者的阅读体验，是书

---

[1] 参见费赖之所著来华耶稣会士列传中译本。
[2] Zerlik, Alfred, *P. Xaver Ernbert Fridelli, Chinamissionar und Kartograph aus Linz*, Schriftenreihe des Institutes für Landeskunde von Oberösterreich 14, Linz: Oberösterreichischer Langdesverlag, 1962. 该著作计68页，配有17幅地图、21幅插图。
[3] 泽里克相关研究参考二手文献，主要有 Klug, Rudolf, *P. Ernbert Fridelli S. J., Die Reichskarte des Kaisers Kanghi*（鲁道夫·克鲁格：《弗雷德利神父与康熙皇帝的全国舆图》，未刊本，完成于1953年之前）；德国汉学家福华德（Walter Fuchs，1902—1979，又名福克斯、福克司）对清宫藏《皇舆全览图》的研究成果。
[4] 泽里克分析认为该著作实际作者是来华德意志耶稣会士纪理安。法国学者考狄将这部著作归为费隐名下（参见［法］费赖之《在华耶稣会士列传及书目》，第619—620页），后人多袭此说。Informatio pro veritate 全名：Informatio pro veritate contra iniquorum famam sparsam per Sinas cum calumniis Patrium S. J. et detriment Missionis comunicata Missionariis in Imperio Sinensi 1717. 泽里克译文：Eine Information für die Wahrheit gegen die in China ausgetreuten feindseligen Gerüchte zur Verleumdung der Jesuiten und zum Schaden der Mission, gemeinsam erstellt von den Missionaren im Kaiserreich China im Jahre 1717（Zerlik, S. 43）。中译文：针对在华耶稣会士散布的恶意谣言，目的是诬蔑耶稣会士并损害传教事业，特此发布澄清事实真相的消息，1717年中华帝国全体传教士的声明（本文作者）。

以较大篇幅回顾明末以来天主教在华传播的历程,特别是"礼仪之争"的缘起和经过,对于康熙全国舆图的绘制过程和测绘方法也是不吝笔墨。虽然泽里克基本掌握了费隐存世西文书信,但并未充分解读,特别是直接关涉费隐在华事迹的记述反倒显得单薄。泽里克利用的原始材料主要有三类:林茨当地的档案文献;耶稣会罗马档案馆(Archivar des Archivum Romanum S. J. Roma)保存的费隐的三封拉丁文书信(1708年6月12日、1726年11月26日、1729年11月13日);《新世界信使》收录的费隐书信五份,其中一份由两封信件编辑而成。

一、"诚是一种别般人物"

18世纪朝鲜来华使臣的《燕行录》数种,记述了使臣与费隐的正面接触。当时朝鲜使臣来京之后,参观北京天主教堂、拜访西洋神父经常被纳入他们的行程计划之中。[1] 1732年,燕行使团成员(正使李宜显、副使赵最寿、书状官兼执义韩德厚)一行参观天主堂,当时出面接待他们的欧洲神父是费隐。李宜显这样记述双方的见面:

> 守直人费姓者,西洋国人也。出见,持茶以待之。年今六十,碧眼高鼻,须髯屈盘,披发圆冠,阔袖长衣。问其国距北京几里?答曰:海路为九万里,陆路五六万里。与大鼻挞子地界相接云。[2]

"碧眼高鼻,须髯屈盘,披发圆冠,阔袖长衣",朝鲜使臣的白描手法,给予后人想象费隐样貌的可能:蓝眼睛、高鼻梁、须发茂密且弯曲、中式衣着打扮的六旬西洋人。

在李宜显的同行伙伴韩德厚眼中,与"穷极奇丽"的西洋天主

---

[1] 黄时鉴先生在《朝鲜燕行录所记的北京天主堂》一文中,对《燕行录》有关北京天主堂、西洋神父的记述做过整理和研究,北京大学韩国学研究中心编:《韩国学论文集》第8辑,1999年,第152—167页。
[2] [朝]李宜显:《陶谷集》卷三十,《庚子燕行杂识》,第191页。

堂一样令人称奇的，还有"诚是一种别般人物"的"西洋国人费哥者"。

> 十二日丙寅留馆。食后，三使同往天主堂。所谓天主堂者，即尊天之义也，西洋国人费哥者主之。……费哥进茶，日与问答。则西洋国去中原水路为九万里，旱路为六万里，接邻者即大鼻达子与回回国。其国亦有君臣文武，无薙发之道，大小皆被发。所戴之冠，似磨帽子而圆大。衣制则阔袖长衣。国俗不知尊崇儒佛道三教，只是尊天主术业，皆以汤若望为宗。云因披视舆图而混茫不可识也。其国文字，有似我国谚文而奇奇怪怪。渠于康熙四十三年来此，[1]仍留。大抵此国人皆形貌精悍，碧眼尖鼻，唇红而薄，须发曲盘。诚是一种别般人物也。[2]

费隐接待朝鲜使臣的场所是北京的圣若瑟堂。1730年京师大地震，圣若瑟堂受损较轻，"从地基到房顶都很牢固，虽然大小一般，但在坚固性与美观上都要出色很多。1730年整个北京都遭受地震，许多建筑都被破坏的时候，此教堂毫发无损"。[3]

李宜显记述中称费隐为西洋"守直人"，该说法鲜见于此前此后朝鲜燕行使者与西洋传教士相接触的记录之中。1721年出使北京的李建命使团成员俞拓基造访天主堂，与两位葡萄牙耶稣会士晤面，仅称其为"西洋国人"："西洋国人麦大成、穆敬远者居之。其人率皆深目高准、虬髯长颏。"[4]1755年朝鲜燕行使团成员郑光忠参观天主堂，同样称呼"南堂"刘松龄神父为"西洋国人"："俄而有人

---

[1] 费隐在康熙四十三年(1704)启程来华，次年抵达中国。
[2] [朝]韩德厚：《承旨公燕行录》，弘华文主编：《燕行录全编》第2辑，第8册第272页。
[3] 刘松龄1743年10月6日写给弟弟的信，Hallerstein, S. J. *Epistoloe anecdote*《轶事信札》。中译文参看[斯洛文]米加主编《斯洛文尼亚在中国的文化使者——刘松龄》，第209—210页，笔者对个别名称加以修改。
[4] [朝]俞拓基：《燕行录》，载弘华文主编《燕行录全编》第2辑，第7册第273—304、294页。

来告曰,老爷出来云。而貌甚雅洁,须发半白。问之,则乃西洋国人刘松岭。"[1]

"守直人"或许是费隐自我介绍时使用的称谓。费隐1717年返回北京之后,担任圣若瑟住院院长(Superior),1724—1730年改任北京耶稣会学院院长(Rector),此后长居圣若瑟住院直到去世。[2] 刘松龄在1739年信件记述:"圣若瑟住院的院长是陈善策神父。来自我们奥地利会省的费隐神父担任主礼神父(Vorsteher),负责节庆日的中文布道。"[3]

朝鲜使臣告辞之际,费隐馈赠以耶稣会士前辈的著作和各类珍奇异物:"天主堂主胡费姓人送《三山论学记》《主制群征》各一册,彩纸四张,白色纸十张,大小画十五幅,吸毒石一个,苦果六个。"[4]

费隐所赠《三山论学记》是明末耶稣会士艾儒略在福建传教期间撰写的辩教书籍:"艾子与福唐叶相国辨究天主造天地万物之学、天主之赏善罚恶,及降生救赎等等道理而作。"[5]《主制群征》则是宫廷耶稣会士汤若望的辩教著作,文辞晓畅,条理清晰,"以哲理证天主实有",[6] 同样是适合儒学文士阅读的宣教思辨类著作。

费隐以天主教书籍相赠朝鲜使臣,是想藉此在朝鲜士人中传布天主教知识。进入朝鲜半岛宣教是汤若望以降来华耶稣会士的夙愿,费隐等人测绘东北各地之时,一度还想深入朝鲜半岛:"他们还想测绘高丽地图,并希望在那里创建高丽传教区;但未获康熙批准,计划未能实现。"[7]

---

[1] [朝] 郑光忠:《燕行录》,载弘华文主编《燕行录全编》第2辑,第9册第477—516、503页。按:"刘松岭",原文如此。
[2] 参见[法]费赖之《明清间在华耶稣会士列传(1552—1773)》,第731—732页。
[3] 科勒主编:《新世界信使》第30册,第587号,第91页。
[4] [朝] 李宜显:《壬子燕行杂识》,第193页。
[5] 徐宗泽:《明清间耶稣会士译著提要》,上海书店出版社,2006年,第118页。
[6] 同上。
[7] 法国耶稣会士宋君荣说法,参见[法]费赖之《明清间在华耶稣会士列传(1552—1773)》,第730页。

上文朝鲜使臣所记"渠于康熙四十三年来此，仍留"，应是费隐亲口告知。康熙四十三年，即公元 1704 年，并非费隐抵华时间，而是他从欧洲启程，前往东方国度的时间。

二、奔赴东方

1673 年 3 月 11 日，费隐出生于奥地利林茨（Linz），入读当地的耶稣会中学，此后在列奥本的初修院完成见习。1704 年 4 月 8 日，费隐与其他六名耶稣会士从里斯本出发，奔赴东方传教。此行的领队是艾未大神父（Didacus Vidal，1660—1704），[1]"三年前离开中国，前往罗马，现在返回中国"。[2]一行人在 1704 年离开里斯本，历时 179 天，抵达葡属东印度首府果阿，出发时的 17 艘船，这个时候只剩下两艘，团队领导人艾未大也在旅程开始后不久生病去世。费隐本人三次患病，多亏同船伙伴采用放血法进行救治，幸运痊愈。

费隐最初的意愿是前往日本传教。他姓名的一部分，即取自在日本开教的圣徒沙勿略（S. Xaver）。不过，费隐后来接受了时任中国、日本教省的视察员闵明我神父（Philippe-Marrie Grimaldi，1639—1712)的建议，转而前往中国。"虽然我的上级同意我的请求（在奥地利的时候我就发过誓愿），批准我前往日本宣传福音。不过，当时的中国和日本会省视察员闵明我神父强烈建议我去中国发挥我的热情，因为日本的福传之路已经被阻隔，而中国的人口有整个欧洲那么多，能够收获的心灵无数"。[3]

1705 年，费隐离开果阿。"5 月底的时候，我从果阿出发，经过 81 天的航行，1705 年 8 月 8 日，我到了澳门我们的司铎学院，

---

[1] 艾未大简介，参见[法]费赖之：《在华耶稣会士列传及书目》，第 460 页；[法]荣振华：《在华耶稣会士列传及书目补编》，第 722 页。
[2] 费隐 1704 年 12 月 2 日信件，斯特克莱因主编：《新世界信使》第 5 册，第 116 号，第 78 页。
[3] 费隐 1706 年 5 月 1 日信件，斯特克莱因主编：《新世界信使》第 5 册，第 103 号，第 49 页。

精力充沛。10月12日,我与我们修会的一名葡萄牙神父以及四名中国人扬帆启程,……10月16日,我们到了广州城。次日,我们很早下船,前去我们的葡萄牙住院"。[1]就在费隐抵达广州城之前不久,教皇特使铎罗一行离开广州,出发前往北京。费隐在广州的耶稣会住院遇到了铎罗的三名随从:两名耶稣会士和一名世俗修士。

初到中国内地的费隐注意到了中国习俗的特殊性:"我在此地已经注意到中国风俗,剃光头被视为一种耻辱,所以我把头包起来,主持了第一场弥撒。此外,我还拜访了我们的法国神父刘应,他是我们修会鼎鼎有名的传教士,他当时反对中国风俗,对此有激烈发言。"[2]

1705年12月,费隐在南昌告别同伴,独自乘船抵达南京。

> 因为顺风,我们的船日夜兼程前行,终于在1705年12月16日一个黑黢黢的晚上平安抵达南京,或者更普遍地称之为江宁,此时距离我们从澳门启程已经过去66天(从澳门到南京的距离大约有3000中国里,或者300葡萄牙里),感谢天主!我前往我们的学院,学院院长同时也是铎罗主教任命的宗座代牧热情地接待了我。一些人相信,他会成为南京主教,因为两年前祝圣的前任主教也是一名耶稣会士。[3]

1705年圣诞节之后,费隐奉命前往镇江,拜会了耶稣会中国副省会长。费隐跟随会长学习语言,这也是来华耶稣会士学习中国语言的传统做法——以老带新。

> 他的中文很好,坚持亲自给我讲授。我其实是通过死记硬背的方法学习中文版的教义手册。开口说的时候,如同一个年

---

[1] 费隐1706年5月1日信件,斯特克莱因主编:《新世界信使》第5册,第103号,第47页。
[2] 同上。
[3] 同上书,第49页。

幼的学生。充满爱心的省会长神父,如同一个妈妈教孩子那样,教我如何正确发音、阅读以及写作。中文很难,一个词有很多意思,发音不同,写法也完全不一样。名词、动词、副词还有分词之间无从分辨。它们既不用变格,也没有时态变化。数量有限的中文字词,通过无穷无尽的字符数量得以补充;有时一个词汇包含三十种含义,还有同样多种的写法。"[1]

中文学习刚刚起步的费隐为何被召入京?法国学者费赖之书中给出的解释略显简略:"因费隐神父精通数学,不久被召进京,协助雷孝思和杜德美两位神父测绘皇朝舆图。"[2]按照当时在山东传教的耶稣会士方记金的说法,费隐此去北京,乃是替代闵明我神父在钦天监的工作。费隐赴京途中曾经与方记金晤面,所以方记金的说法可信度很高。[3]

闵明我不仅建议费隐将传教目的地改在中国,更向康熙皇帝举荐了颇具数学才能的费隐,建议其进京进入钦天监工作。如果没有这位老资格传教士的举荐,费隐的才能不会被皇帝获知。闵明我本人也是在前辈举荐之下进入钦天监工作。1671年在南怀仁(Ferdinand Verbiest)的举荐之下,康熙下旨召闵明我和恩理格(Christian Wolfgang Herdtrich,1625—1684)两人进京治理历算工作。[4]在京西洋传教士为了获得皇帝的关注,会迎合皇帝的需求举荐新人;皇帝本身出于兴趣,有时也会要求身边的西洋传教士推荐掌握历算、机械/钟表制作、绘画、音乐等才能的新人进京。

---

[1] 费隐1706年5月1日信件,斯特克莱因主编:《新世界信使》第5册,第103号,第49页。
[2] [法]费赖之:《明清间在华耶稣会士列传(1552—1773)》,第730页;[法]费赖之:《在华耶稣会士列传及书目》:"已而朝廷知其通晓数学,召之赴京,助理雷孝思、杜德美二神甫测绘中国地图。"(第618页)
[3] 方记金1706年10月28日信件,斯特克莱因主编:《新世界信使》第5册,第104号,第50页。
[4] [法]费赖之:《明清间在华耶稣会士列传(1552—1773)》,第424—425页。

三、测绘《皇舆全览图》

费隐在钦天监工作的时间并不长。"西洋人费隐熟谙天文等学,于康熙四十四年来京效用,康熙四十七年奉旨测画舆图,费隐由口外奉天等处至直隶各省周流十有余年"。[1] 由法国耶稣会士担纲的全国地图测绘工作始于康熙四十七年(1708),最初接受该任务的人员,除了安多以外,白晋、雷孝思(Jean-Baptiste Règis,1663—1738)、杜德美(Pierre Jartoux,1668—1720)和巴多明都是法国耶稣会士。[2] 陆续有非法籍传教士加入该团队:费隐、来自耶稣会上德意志会省的德玛诺、葡萄牙耶稣会士麦大成(Jean-Francois Cardoso,1676—1723),以及奥斯丁会士山遥瞻(又名潘如,Guillaume Bonjour,?—1715)。

鉴于康熙时代承担中国地图测绘工作的西洋人以法国耶稣会士为主,法国学者费赖之表示:"又据冯秉正神父称,'《中国地图和鞑靼地图》均为法籍神父负责绘制';当时费隐神父可能是协助而已。"[3] 费隐果真只是"协助而已"吗?费隐参与的《皇舆全览图》测绘工作详见下表。[4]

从费隐承担的测绘工作量来看,其工作性质显然不仅是"协助而已"。

---

[1] 费隐去世后,钦天监西洋监正戴进贤奏报,张荣选编:《养心殿造办处史料辑览》第2辑,第234页。
[2] 法国耶稣会士张诚1705年北京来信,[法]杜赫德编:《中国回忆录》第2册,第26页。
[3] [法]费赖之:《明清间在华耶稣会士列传(1552—1773)》,第733页注释②⑤⑥。
[4] 主要依据杜赫德所著《中华帝国全志》德译本首册序言,第26—30页(Jean Baptiste Du Halde, *Ausführliche Beschreibung des Chinesischen Reichs und der grossen Tartarey*. Erster Theil, aus dem Französischen mit Fleiß übersetzet, nebst vielen Kupfern. Mit einer Vorrede Sr. Hochwürden, Herrn Abt Mosheims, *darin die neuesten Chinesischen Kirchengeschichte erzählet werden*, Rostock: Johann Christian Koppe, 1747, Vorrede, S. 26-30)。另可参阅[法]杜赫德著、葛剑雄译《测绘中国地图纪事》,《历史地理》第2辑,上海人民出版社,1982年;[法]费赖之:《在华耶稣会士列传及书目》,第539、618页。

出发时间	任　　务	返回京城时间
1709年5月8日	费隐、雷孝思、杜德美赴长城以外测绘东北地图,至朝鲜边境图们江[1]	1710年12月前后
1709年12月10日	费隐、雷孝思、杜德美测绘北直隶地图	1710年6月29日返京
1710年7月22日	费隐、杜德美、雷孝思共同测绘黑龙江流域地图	同年12月14日返京
1711年	费隐、杜德美、山遥瞻,经由嘉峪关,测绘长城以外至哈密城地图	1712年1月返京
1713年	费隐、山遥瞻测绘云南、四川地图[2]	
1714年	费隐、雷孝思测绘贵州地图、湖广地图	1717年1月1日返京

康熙五十二年(1713),康熙派出西洋传教士和内廷官员联合团队执行测绘任务,公文题头"西洋人费隐等奉旨往四川等九省画地理图"。[3]从常理上说,群体列名的工作或任务,排名靠前的,通常是职责相对重要的成员。

康熙五十三年(1714),四川舆图绘制完成,巡抚年羹尧奏折汇报此事,行文中提到皇帝谕旨:派遣"武英殿监视布尔赛、西洋人费隐、单爻占、向导护军参领英柱、吏部郎中郎古礼、钦天监监副双德,前往

---

[1] 沈福伟记述称费隐参加了1708年京外测绘:"1708年7月4日,康熙正式命令法国人白晋、雷孝思、杜德美和日耳曼人费隐从长城开始测绘全国地图。"沈福伟:《中西文化交流史》,上海人民出版社,2006年,第393页。该说法出处不详。
[2] 按:山遥瞻在1714年12月25日病故,费隐此时病倒。雷孝思在同年3月24日来到云南。
[3] 中国科学院编:《明清史料》丁编(下),国家图书馆出版社,2008年,第341页。

四川、云南、贵州、湖广四省绘画舆图"。[1] 康熙五十四年(1715),贵州舆图绘制完成,巡抚刘荫枢上折汇报此事,照例提及奉旨绘图的一干人员:"西洋历法雷孝思、西洋历法费隐、向导护军参领英珠(柱)、吏部郎中郎务礼、钦天监右监副双德、武英殿监视常保,于十月三十日将贵州舆图画毕,赍送到臣。"[2]

又据《贵州余庆县志》记载:"康熙五十四年八月,清廷派西洋费大臣、内务府双郎协同绘画舆图绳丈里数,计开于左。"[3] 县志中没有出现雷孝思的名字。方豪对此加以解释:"惟《余庆县志》不及雷孝思,则雷氏殆未同行也。"[4]

无论是地方官员的奏折还是方志的记载,都不能分辨西洋传教士所承担职责的主次。冯秉正称地图由法国耶稣会士完成的说法并无不妥,因为各地舆图汇总之后,进行整理、誊绘工作的是法国耶稣会士杜德美,但费赖之因此低估其他非法籍耶稣会士的贡献,并无严格依据。何况从《皇舆全览图》的品质来说,费隐负责测绘的省份,精确度颇高,特别是贵州省。"15个省中,测算纬度值最精确的是贵州省,最差的是河南省;测算经度值最精确的(是)江西省,最差的是广东省。综合测算值和推定值,15个省中以山西省地图测绘最为精确,其次是福建省和贵州省,最不精确的是广东省,稍好一点是山东省和广西省"。[5]

---

[1] 年羹尧的这份奏折颇为知名,《康熙朝汉文硃批奏折汇编》有载。此前研究《皇舆全览图》测绘过程的学者多会加以引用,例如:冯宝琳:《康熙〈皇舆全览图〉的测绘考略》,《故宫博物院院刊》1985年第1期,第23—35、30页;李孝聪:《记康熙〈皇舆全览图〉的测绘及其版本》,《故宫学术季刊》第30卷第1期,2012年秋季,第55—85、62页。

[2] 李孝聪:《记康熙〈皇舆全览图〉的测绘及其版本》,《故宫学术季刊》第30卷第1期,第63页。

[3] 毛肇显纂:《民国余庆县志》,1936年石印本,《中国方志丛书·华南地方》第285号,(台北)成文出版社有限公司,1974年,第6页。

[4] 方豪:《康熙间西士在贵州余庆测绘舆图考》,《方豪文录》,(北平)上智编译馆,1948年,第189—193页,引文见于第192页。

[5] 汪前进:《康熙、雍正、乾隆三朝全国总图的绘制》,汪前进、刘若芳整理:《清廷三大实测全图集——康熙皇舆全览图》,外文出版社,2007年,第5页(代序)。

《皇舆全览图》最初的版本分区地图 28 帧，此后的版本增加《杂旺阿尔布滩图》（又名《杂妄阿拉布滩图》《策妄阿拉布坦图》）、《冈底斯林图》、《雅鲁藏布江图》、《拉藏图》，为 32 帧版。[1] 20 世纪 40 年代，德国汉学家福华德（Walter Fuchs,1902—1979，又名福克斯、福克司）影印出版《皇舆全览图》，[2] 在 32 帧木刻版的基础上再增补 4 幅地图：《哈密噶思图》《西藏图》《金沙江图》《河源旧图》。[3] 其中，"第 10 幅《哈密噶思图》、第 11 幅《杂旺阿拉布滩图》和法国国家图书馆藏《哈密图》构成《皇舆全览图》32 页本的西域部分"。[4]

前文提及，1711—1712 年费隐会同杜德美、山遥瞻测绘哈密一带地图。有说法称，康熙五十五年（1716），皇帝再次颁旨，派费隐前往新疆，测绘哈密以西直到伊犁河谷和喀什地区，最终绘制成《哈密噶思图》和《杂旺阿尔布滩图》。[5] 奥地利学者泽里克相信，除了合作参与内地省份的测绘之外，费隐独自测量了此前从未有欧洲人进入的天山地区以及塔里木盆地，测绘哈密噶思、杂旺阿拉布滩（准噶

---

[1] 李孝聪：《记康熙〈皇舆全览图〉的测绘及其版本》，《故宫学术季刊》第 30 卷第 1 期，第 73 页。
[2] Fuchs, Walter, *Der Jesuiten-Atlas der Kanhsi-Zeit; seine Entstehungsgeschichte nebst Namesindices für der Mandjurei, Mongolei, Osturkestan und Tibet, mit Wiedergabe der Jesuiten-Karten in Original Grösse: Kangxi Huang Yu Quan Lan Tu*, Peking: Furen-Universität (die Katholische Universität), 1943 (Monumenta Serica Monograph Series 4.); Fuchs, Walter (hrsg.), *Der Jesuiten-Atlas der Kanghsi-Zeit: China und die Aussenländer*, Peking: Furen-Universität, 1941 (Monmenta Serica Monographie 3) [福华德：《康熙朝耶稣会士地图集出版始末，附满洲、蒙古、东突厥斯坦以及西藏地名索引，原始尺寸〈康熙皇舆全览图〉》，《华裔学志专题》4,（北京）辅仁大学，1943 年；福华德主编：《康熙朝耶稣会士地图集：中国与西洋人》，《华裔学志专题》3,（北京）辅仁大学,1941］。
[3] 李孝聪：《记康熙〈皇舆全览图〉的测绘及其版本》，《故宫学术季刊》第 30 卷第 1 期，第 73 页。
[4] 刘传飞：《清代新疆舆图研究》摘要，新疆社科院博士论文，2017 年。
[5] 席会东：《清代地图中的西域观——基于清准欧地图交流的考察》，《新疆师范大学学报》（哲学社会科学版）2014 年第 6 期，第 13—18 页。文中称："描绘哈密地区的详图《哈密噶思图》与从吐鲁番到喀什地区的《杂旺阿尔布滩图》（即《策妄阿拉布坦图》），则是康熙五十五年（1716）由费隐测绘而成的。"该说法出处不详。

尔天、天山、喀什喀尔)地图。(下图左侧斜线阴影部分)[1]

Vermessungsskizze nach dem Reichsatlas von China, der zwei Jahrhunderte lang als Grundlage für weitere Vermessungen diente.

图源: Alfred Zerlik, P. Xaver Ernbert Fridelli, Chinamissionar und Kartograph aus Linz

费隐对康熙全国舆图绘制的贡献不应被低估,但《皇舆全览图》后期版本增加的两幅中国西部地区地图,是否确由费隐测绘完成,需要认真研探,不能轻下定论。康熙晚期,新疆局势尚不稳定,准噶尔蒙古的军事威胁依然存在,很难想象费隐凭一己之力,在短时间之内完成哈密以西以及天山南北两路广阔区域的测绘。清廷对新疆(包括天山南北两路)更大规模的实地测绘始于1756年,当时费隐已经去世13年。《哈密噶思图》和《杂旺阿尔布滩图》或许是费隐借助其

---

[1] https://www.zobodat.at/biografien/Fridelli_Xaver_Ernbert_APO_24_0008-0009.pdf,2019年6月12日获取,2022年7月26日仍可正常查阅。

他来源的地图完成的。例如《杂旺阿尔布滩图》，根据美国历史学家米华健(James A. Millward)观点，"这幅图信息可能来源于俄国、准噶尔部落或者蒙古等地"。〔1〕

康熙之所以起意绘制全国地图，很重要的原因是中俄边境的交锋以及西方地理学新知识的引入，令其意识到传统"天下"观落后于时代形势。〔2〕康熙之后的清代君主继续利用西洋传教士补充绘制全国舆图。雍正继位之后，留用了康熙朝测绘地图的西洋团队成员。费隐与雷孝思受命再度合作，"1725年，北京朝廷利用雷孝思神父的经验和学识，派他和费隐神父合作，负责测绘从陕西一直到里海为止的地图。……人们还给两位神父提供了一些鞑靼地区的路线图和关于这些地区的参考资料。两位神父尽力而为，终于完成任务"。〔3〕

乾隆平定准噶尔部之后，相关地区舆图的补充勘测陆续进行。舆图测绘团队由中方人员领队，西洋团队成员包括钦天监官员刘松龄、傅作霖(Félix da Rocha, 1713—1781)以及西洋人高慎思(Joseph d'Espinha, 1722—1788)，负责地图铜板制作的则是法国耶稣会士蒋友仁(Michlel Beniot, 1715—1774)。有中国学者因此判定："外国传教士仅为助手，说明中国测绘技术力量有所增强。"〔4〕也有学者强调西洋传教士对乾隆时期西北地图测绘及地球仪、天球仪制作方面的贡献："这些紧迫的任务都得依靠钦天监的西洋人和熟谙地图学和天文学的中国官员去完成。期间，刘松龄及其教友和助手傅作霖、高慎思发挥了重要作用。"〔5〕

---

〔1〕 转引自韩昭庆《康熙〈皇舆全览图〉空间范围考》，《历史地理》第32辑，上海人民出版社，2015年，第289—300、299页。
〔2〕 邹逸麟：《论清一代关于疆土版图观念的嬗变》，邹逸麟：《椿庐史地论稿续编》，上海人民出版社，2014年，第214—233、225页。
〔3〕 [法]费赖之：《明清间在华耶稣会士列传(1552—1773)》，第632页。
〔4〕 汪前进：《康熙、雍正、乾隆三朝全国总图的绘制(代序)》，汪前进、刘若芳整理：《清廷三大实测全图集》，第12页。
〔5〕 鞠德源：《清钦天监监正刘松龄——纪念斯洛文尼亚天文学家刘松龄入华二百七十周年》，[斯洛文]米加主编：《斯洛文尼亚在中国的文化使者——刘松龄》，第107—135、118页。

西洋人行走全国各地,绘制山川舆图,引发朝臣忧虑。1717年,碣石镇总兵陈良弼在一份反教奏折中称,西洋教士不仅四处修建教堂,延揽信众,且有图谋不轨之心,"窥我形势,绘我山川,诱我人民"。[1] 宫廷耶稣会士纪理安、苏霖、巴多明为此提交抗辩书,称西洋教士此举乃是执行圣旨,是康熙皇帝"令欧洲人与鞑靼人走遍帝国全境,测绘各地地图,费用由官府承担"。[2] 高调自辩的耶稣会士不会主动承认,他们乐于将出色的中国地图测绘成果寄返欧洲,让欧洲人了解中国市镇、山川地形分布。耶稣会士参与绘制的康熙全国地图对"帝国管理十分有益",对于欧洲人了解中国信息何尝不是如此。

实地测绘中国地图之余,费隐还亲自参与推动中国地图西传。据方豪介绍,法国地理学家唐维尔(Jean Baptiste Bourguignon d'Avnille,1697—1782)的《中国新图》,"系根据费隐寄回之《皇舆全览图》副本而成者。曾先后在巴黎出版二次,在荷兰海牙出版一次。今藏巴黎国家图书馆共四十二幅"。[3] 费赖之则认为唐维尔编绘中国地图系采用雷孝思寄回巴黎的地图副本:"地图绘成之后,雷孝思神父于1726年把一份样本送给杜赫德神父,附有说明,曾被d'Avnille采用。"[4]

如果雷孝思在1726年将中国地图样本寄给了巴黎的杜赫德,那么费隐将地图副本寄回欧洲的时间在雷孝思之前。费隐完成于1720年10月29日的信件中提及寄出中国最新地图一事:"应尊驾的迫切要求,明年我(愿天主垂怜)会将鞑靼地图寄往欧洲。去年我已经利用一艘奥斯坦德的船只,拜托Janningo神父将北京印制的地图寄往尼德兰。到了那里,从中国回去的卫方济神父能够将上面的中文译

---

[1]《碣石镇总兵奏折之一》,阎宗临著,阎守城编:《传教士与法国早期汉学》,大象出版社,2003年,第204—206、206页。
[2] 冯秉正的信(1717年6月5日于北京),[法]杜赫德编:《中国回忆录》第2册,第201页。
[3] 方豪:《中西交通史》,上海人民出版社,2008年,第608页。
[4][法]费赖之:《明清间在华耶稣会士列传(1552—1773)》,第632页。

成欧洲语言。"[1]1719年费隐寄出的"北京印制的地图",以及1721年计划寄出的"鞑靼地图",其版本情况尚不明确。但有一点可以确信,费隐清楚当时欧洲读者对中国地图的浓厚兴趣,他希望返回欧洲的卫方济(François Noël,1651—1740)助力翻译,无疑是为了扩大中国地图在欧洲的影响力。

根据教会史家布鲁克尔(Joseph Brucker,1845—1926)的说法,法国耶稣会士将最新的中国地图寄往法国之时,"切实说明在没有接到新的指示之前,不宜公开发表"。[2]尽管如此,唐维尔仍然在1730年代出版了最新中国地图。1735年在巴黎出版的《中华帝国全志》选录了其中的中国全图和部分分省地图。[3]因为上述地图的卓越价值,我们甚至可以说,18世纪欧洲读者对中国地貌山川的了解远远超出同时代绝大部分中国人。

除了《皇舆全览图》,在华耶稣会士还不止一次地将其他地图从中国寄出。1735年前后,圣彼得堡皇家科学院的德意志东方学家巴耶尔(Gottlieb Siegfried Bayer,1694—1738)收到过巴多明寄来的南怀仁绘制的"中国地图(eine chinesische Erdkarte)"。[4] 1738年,刘松龄将"一幅澳门城市及其周围的地图"副本寄给了果阿总督。1755年,宋君荣给伦敦皇家学会寄去了"一些中华帝国、鞑靼区域以

---

[1] 费隐1720年10月29日北京来信,斯特克莱因主编:《新世界信使》第8册,第194号,第18页。
[2] Brucker, Joseph, *La mission de Chine de 1722 à 1735*, pp. 18 - 19. 此处转引自[法]费赖之《明清间在华耶稣会士列传(1552—1773)》,第629页。
[3] 唐维尔绘编中国地图期间,使用了以《皇舆全览图》为主的多种地图资料,详见程龙《〈中华帝国全志〉所附中国地图的编绘》,《中国文化研究》2014年夏之卷,第111—121页。
[4] „De Ferdinandi Verbiestii S. J. Scriptis, præcipue vero de ejus globo terrestri sinico". In *Miscellanea Berolinensia*. 6,1740, S. 180 - 192. 参见 Walraven Hartmut (Hrsg.), *China illustrata: Das europäische Chinaverständnis im Spiegel des 16 bis 18 Jahrhunderts*, Ausstellungskataloge der Herzog August Bibliothek, Weinheim: Acta humaniora, VCH, 1987, S. 118。

及朝鲜附近区域的地图"。[1] 在1805年(嘉庆十年)之前,针对西洋传教士的各类指控并不包括私自寄送地图。这一年,宫廷西洋教士德天赐(Adeodato di Sant Agostino,1760—1821)被囚禁,将地图私寄澳门是德天赐获罪的主要原因。[2] 西洋人此前寄送地图为何能够平安无事? 笔者以为可能的原因有二:其一,鉴于皇帝对待在京西洋人颇为亲厚,审查西洋人信件的官员警惕性有所降低;其二,在京传教士自行请托或聘用的信使比较谨慎,所携物品没有被人发现。1746年"福安教案"期间,福建巡抚周学健单凭在信徒家中搜出绣有"主我中邦"四字的"青缎绣金天主簾",便推定"是其行教中国处心积虑,诚有不可问者"。[3] 倘若此类防范心理严重的官员发现有人私自将敏感的舆图寄往境外,后果难以预料。

前文曾说过,康熙决意测绘制作全国舆图,与当时中国受到西方文化及政治的冲击有关,他对西洋传教士难以消弭的怀疑与警惕同样与此有关。乾隆间来华耶稣会士鲍友管(Antoine Gogeisl,1701—1771)直言:"即使是对欧洲人宽容的康熙大帝,也从没有完全放弃怀疑(Argwohn)。在他留下的文献之中,人们会注意到一点。鞑靼人治理中国,他自己就是这样一个鞑靼人,想的是如何守业,他对于欧洲人逐渐增长的怀疑与担心,以非常清晰的词语加以表达。他这样写道:'北方,我们要担心莫斯科的士兵;西面是西鞑靼,我们王国的合作者(Mit-Werber),要谨慎对待;东面是无法无天的海盗,势力强

---

[1] 刘松龄与宋君荣寄送地图一事,参见什米特克(Zmago Šmitek)《中国宫廷最后一位伟大的天文学家:刘松龄》,[斯洛文]米加主编:《斯洛文尼亚在中国的文化使者——刘松龄》,第25—70页,这里第54—55页。在华教廷传信部成员马国贤(Matteo Ripa,1682—1746)1723年返回欧洲时很可能携带有中国全图:"(皇帝)还命令我用同样的方式雕刻一套《皇舆全图》。后来我用了44块版子来进行印制,现在可以在我们那不勒斯'中国学院'的大厅里看到这个印本。"[意]马国贤著,李天纲译:《清廷十三年——马国贤在华回忆录》,上海古籍出版社,2004年,第77页。

[2] 参见吴伯娅《德天赐案初探》,《清史论丛》2008年号,中国广播电视出版社,2008年,第229—244页。

[3] 中国第一历史档案馆编:《清中前期西洋天主教在华活动档案》第1册,第88页。

大；南面，欧洲人的数量很多，虽然说现在不用担心他们什么，但如果他们像现在这样，满怀热情地持续传教一百年，他们的教义将轻易传遍全国，最终同样令人不安。'雍正皇帝将他的父亲和先帝的最后教诲铭记在心。"[1]

四、恪尽职守的宫廷临时工

费隐擅长的技能不限于制作钟表、器械、玻璃、西洋绘画等，在地图测绘工作之外，他和巴多明、冯秉正等人一样，是备皇帝临时需用的人员。

1712年，原本正在进行地图测绘的费隐似乎有了新的任务：皇帝打算派他返归欧洲。据当时在山东的方记金透露："去年春天，皇帝有意让我们的费隐神父和另一位耶稣会士经由莫斯科前往欧洲。我已经同神父说过，为尊驾带去一个包裹，其中有精选出来的东印度地区的药材，因为我病了很长时间，身体虚弱，再好的东西也拿不出来。但现在皇帝陛下改变了想法。"[2]康熙皇帝为何要遣使经陆路前往欧洲，方记金并没有详说，一种可能是就中国"礼仪之争"前往罗马进行斡旋。1705年铎罗特使来华后引发的纷扰，一直无法消弭。康熙在四十五年（1706）、四十七年（1708）两次差遣西洋传教士作为特使出访罗马教廷，但海路出发的特使迟迟没有传回消息，康熙皇帝很可能考虑过再派遣人员经陆路出使欧洲。

全国地图测绘工作告一段落之后，费隐和巴多明、冯秉正等人一样，成为宫廷耶稣会士，或者说主动服务宫廷的西洋人，以备皇帝和朝廷的不时之需。

1720年，俄罗斯使臣伊兹马伊诺夫率使团来京，费隐偕同巴多明为其提供翻译服务。约翰·巴罗（John Barrow，1764—1848）在他

---

[1] 鲍友管1746年11月28日信件，科勒主编：《新世界信使》第35册，第688号，第17页。
[2] 方记金1712年10月30日信件，斯特克莱因主编：《新世界信使》第6册，第133号，第22页。

的《中国游记》中提到:"皇帝命巴多明与费隐两人担任翻译与顾问。首次接见前,先拟定仪节,巴多明与费隐对此贡献很多,俄使对于两人的风度,非常赞赏。"[1]同一年,第二位教皇特使嘉乐来京,康熙多次召见嘉乐一行及在京西洋人群体。1720年12月17日,康熙在乾清宫西暖阁面谕西洋人等,严饬福建主教阎当不通中国文章,妄议"中国理义之是非",误导教皇特使铎罗。费隐是在场的十八名传教士之一,这十八人也是后来《嘉乐来朝日记》的集体署名者。[2]

雍正执政之后,绘画才能出众的郎世宁(Giuseppe Castiglione, 1688—1766)修士得到皇帝青睐,有机会与皇帝谈话,不过他与皇帝沟通交流,需要借助费隐和冯秉正的轮流翻译。[3]除了类似的临时翻译工作,费隐等人还是备皇帝咨询的西洋顾问。1726年2月12日,皇帝一度传召"西洋人巴多明、费隐等验看步行日晷表、檀香油、西洋显微镜解说书"。[4]凭借谨慎安分的表现,费隐和其他宫廷西洋教士不时得到皇帝封赏,特别是雍正一朝。(参见表2)[5]

表2 费隐历年受赏物品

时　间	赏　赐　物　品
1727年1月26日（雍正五年正月初五）	赏赐戴进贤、白晋、巴多明、费隐、冯秉正等二十名西洋人,"每人大荷包一对、貂皮二张"。

---

[1] 转引自[法]高龙鞶著、高士良译《江南传教史》第2册,(新北)辅大书坊,2013年,第408页。
[2] 陈垣识:《康熙与罗马使节关系文书》,(台北)文海出版社,1974年,第37—38页。十八人为:苏霖、白晋、巴多明、穆敬远、戴进贤、严嘉乐、麦大成、倪天爵、汤尚贤、雷孝思、冯秉正、马国贤、费隐、罗怀忠、安泰、徐茂盛、张安多、殷弘绪。
[3] 德玛诺1723年10月6日广州来信,斯特克莱因主编:《新世界信使》第8册,第201号,第25页。
[4] 转引自鞠德源《清宫廷画家郎世宁年谱——兼在华耶稣会士史事稽年》,《故宫博物院院刊》1988年第2期,第29—71,43页。
[5] 鞠德源:《清宫廷画家郎世宁年谱——兼在华耶稣会士史事稽年》,《故宫博物院院刊》1988年第2期,第43—44,46—47页。

(续表)

时间	赏赐物品
1727年12月9日（雍正五年十月二十七日）	赏赐戴进贤、巴多明、费隐、德理格等八名西洋人，"每人貂皮一张"。
1729年1月29日（雍正七年正月初一）	在京西洋人给皇帝行元旦礼。皇帝颁旨："着挑旧些的人巴多明、德理格、苏霖、白晋、张安铎（多）、冯秉正、郎士宁、罗怀忠、费隐，此九人入养心殿见面行礼，赏藕粉吃，无赏别的东西，钦此。"
1734年2月12日（雍正十二年正月初九日）	赏赐巴多明、费隐、宋君荣、郎世宁、戴进贤等十七名西洋人，"每人小花荷包一袋，内银锞二个"。
1735年，乾隆即位之初	新皇帝赏赐包括费隐在内十七名西洋人，"每人貂皮二张、缎一匹、宁绸一匹"。

皇帝的有限宽容是在华天主教会生存的关键，这一点几乎是清代在华耶稣会士的共识。1724年福建福安发现有西洋传教士非法隐匿，闽浙总督满保奏报此事。费隐会同冯秉正、郎世宁请求康熙第十三子代为呈递了求情书，雍正皇帝顾念宫廷耶稣会士的才干，事态才没有扩大化。[1] 费隐还与巴多明一同致信广东巡抚，请求巡抚遵照雍正口谕，准许西洋传教士留在广州。[2] 这一年，费隐还能够为奉教亲贵苏努家族成员施洗。受洗者是苏努第十子书尔陈（洗名保禄）之子，"费隐神父在一个装饰得很好的大圣器室里主持了洗礼。……费隐神父按照常规给了他一串念珠、一个十字架和一幅圣像"。[3]

为了维系皇帝的有限宽容，每逢皇帝生辰，在京西洋教士们都会奉上特色礼物。按照他们对于中国习俗的理解，倘若中国皇帝收下

---

[1] 耶稣会传教士冯秉正神父致本会某神父的信(1724年10月16日于北京)，[法]杜赫德编：《中国回忆录》第2册，第326页。

[2] 同上书，第333页。

[3] 耶稣会传教士巴多明神父致本会某神父的信(1724年8月20日于北京)，[法]杜赫德编：《中国回忆录》第3册，第32—33页。

了全部礼品,就意味着莫大的恩典;反之,皇帝拒收礼物或者只是收下一部分礼物,会令送礼者惴惴不安。1739年,乾隆生辰之时,费隐送上了贺礼:"我也获得皇帝抬爱,在皇帝陛下生辰之日进献了两件从欧洲带来的艺术品,陛下欣喜地收下。一件艺术品是只玻璃球,内有两匹并驾齐驱的马;另一件是枚指环,上面雕刻了一艘栩栩如生的帆船。"[1]乾隆收下了玻璃球和指环,费隐稍后表示:"皇帝这般的宠爱,让我们看到了一些希望,希望在京城内外发生的针对基督教的迫害,很快能有转机。确保这种希望的关键在于,不能放任官员们判决我们的活动,要让最高统治者自己来决策,对于他,我们曾经抱有所有美好期许。"[2]

1739年,来华34年的费隐迎来了他的欧洲新伙伴,3名同样来自德语区的耶稣会成员。"1739年6月13日,欧洲新到的几位传教士,他们是刘松龄、鲍友管和魏继晋。皇帝收下了来自欧洲的一些罕见礼物,很是欢喜,并慷慨赠予他们每人价值不菲的皮毛衣物以及一匹丝绸"。[3]

敬业守直的费隐令新同伴们十分敬佩。刘松龄在1739年11月的信件中写道:"圣若瑟住院的院长是陈善策神父。来自我们奥地利会省的费隐神父担任本堂神父,负责节庆日的中文布道。虽然年事已高,但费隐神父精力充沛,除了开展在华福传工作,他还要为皇帝提供服务。"[4]

另一位新同伴魏继晋在同期的信件中也谈及费隐的工作:"费隐神父一切都好,他在上主的葡萄园虔心工作。他以及他的同伴辛勤的付出得到了上主的祝福。从去年11月到今年11月,他们在北京的圣若瑟堂为3612人颁了圣餐。在教堂之外,还有2577人秘密领受了圣

---

[1] 费隐1739年11月20日/1740年11月16日信件摘录,科勒主编:《新世界信使》第30册,第589号,第97—98页。
[2] 同上书,第98页。
[3] 同上书,第97页。
[4] 刘松龄1739年11月4日信件,科勒主编:《新世界信使》第30册,第587号,第91页。

餐。为80个将死之人完成了终傅圣事,还为898人实施了洗礼。"[1]

虽然身在京城,并没有太多机会前往周边农村地区宣教,但费隐坚持在城市平民之中宣传基督教,最可行的办法是通过分送书册、画像这样的纸质宣传物。1741年,费隐在信中请奥地利的伙伴帮助印制耶稣像:"随信放入我们亲爱的郎世宁修士用他的艺术之手绘制的耶稣像,他是我的一位好友。尊驾前往维也纳或者奥格斯堡的时候,让一位有经验的工艺师制成铜版画,帮我们印上数百张。这里的基层信众在礼拜活动中,对至圣耶稣极为虔诚。"[2]

费隐没有机会收到从维也纳或奥格斯堡寄回的铜版印耶稣像。乾隆八年(1743),费隐"病故于东安门外堂内,年七十一岁",皇帝赐葬银二百两。[3]北京滕公栅栏传教士墓地费隐墓碑汉字碑文:"费先生讳隐,号存诚,泰西热尔玛尼亚国人。自幼入会真修,于康熙四十九年庚寅入中国传教。于康熙五十年辛卯钦召入京,内廷供奉。卒于乾隆八年癸亥闰四月十二日,蒙钦赐帑银二百两,在会五十五年,享寿七十岁。"[4]

今天在费隐的家乡林茨,有一条以费隐姓氏 Fridelli 命名的街道。林茨老教堂(Alter Dom)入口处一侧竖有纪念费隐的牌匾:"谨以此纪念耶稣会传教士弗雷德利神父,1673年生于林茨,1743年逝于北京,纪念他为完成中华帝国地图作出的杰出贡献。"[5]

---

[1] 魏继晋信1739年11月3日信件,科勒主编:《新世界信使》第30册,第594号,第134页。
[2] 费隐1741年11月1日来信,科勒主编:《新世界信使》第34册,第674号,第38页。
[3] 张荣选编:《养心殿造办处史料辑览》第2辑,第234页。
[4] 林华等编:《历史遗痕——利玛窦及明清西方传教士墓地》,第75页。如前文所述,碑文所记费隐入华及抵京时间有误。
[5] Alfred Zerlik, „P. Xaver Ernbert Fridelli". In *Apollo*, Bd. 24, 1971, S. 8-9, hier S. 8: „Dem Gedenken des Jesuitenmissionars P. Xaver Ernbert Fridelli, geboren 1673 in Linz, gestorben 1743 in Peking, gewidmet für ein hervorragendes Verdienst um den Reichsaltas Chinas."

第三节　特约中国通讯员——南京主教南怀仁

耶稣会士抵华之初，一般都会取一个中文姓名，同名者甚少，但并非没有。本节要讨论来华耶稣会士莱姆贝克霍芬（Gottfried Xaver Laimbeckhoven[1]，1707—1787），中文名南怀仁。与其同名的前辈耶稣会士韦尔比斯特（Ferdinant Verbiest，1623—1687），顺治至康熙年间供职钦天监，声名显赫，与康熙皇帝保持良好关系。[2] Laimbeckhoven 神父为自己取名"南怀仁"，或许是为了致敬这位杰出的前辈。

高龙鞶所著《江南传教史》论及乾隆中晚期天主教在华传播发展，频繁提及莱姆贝克霍芬，为了与前辈耶稣会士韦尔比斯特相区别，中译者转而以莱姆贝克霍芬神父的中文字号"葰德"称呼。[3]

南怀仁生于维也纳，1722 年加入耶稣会奥地利会省，先后在列奥本和格拉茨的耶稣会学院进行系统学习，此后赴维也纳工作。1735 年，28 岁的南怀仁启程前往中国，同行的人员包括刘松龄和后来在交趾支那取得不俗成就的纽介堡。1738 年抵华后，南怀仁在华传教直到离世。1752 年，教廷选定南怀仁接替方主教（Fancisco de Santa Rosa de Viturbo，方济各会会士），继任为南京主教。[4]

和明末在华耶稣会士龙华民、汪儒望一样，南怀仁属于那个时代

---

[1] 《新世界信使》中刊录的南怀仁全名。另有姓名：Gottfried Xaver von Laimbeckhoven。

[2] 除上述两位南怀仁神父之外，取名"南怀仁"的欧洲传教士尚有康熙年间在华传教的西班牙方济各会会士 Michael Fernandez Oliver（1660—1720）（?）；1862 年创立圣母圣心会的南怀仁（Theophile Verbist，1813—1868）。参见张泽《清代禁教期的天主教》，（台北）光启出版社，1992 年，附录三，第 258 页。书中称南怀仁神父（Ferdinand Verbiest）"清康熙年间任钦天监监正"，此说法学界有不同观点。奥地利会省南怀仁神父的出生时间，书中记录为"1708（?）"，费赖之据"会士录"确认为 1707 年。

[3] 本文若无特别指出，"南怀仁"皆指 Laimbeckhoven 神父。

[4] 南怀仁 1755 年在澳门祝圣，中国教区的主教任命，涉及修会与教廷之间、各修会之间的权力纷争，此处不做深入探讨。

不多见的长寿人士,在华49年,是乾隆时代中国社会的观察者与亲历者。[1]虽然鲜有中文著作行于世,但南怀仁的书信存世颇多。1750年之后的南怀仁书信,多作为档案保存在上海以及欧洲的教会档案处,高龙鞶《江南传教史》叙述南怀仁事迹时使用了这部分文献。南怀仁晚年还以葡萄牙语撰写了两封信件,第一封信中控诉葡萄牙当局,尤其是首相庞巴尔(Pombal)对耶稣会的处置;第二封信中,南怀仁叙述了在华传教士们在1784、1785年迫教行动中的不明智表现,认定此次迫害行动导致中华福传工作彻底毁灭。上述葡文书信收录在德意志学者穆尔(Christoph Gottlieb von Murr,1733—1803)编撰的期刊《艺术史与大众文学杂志》《文学与艺术史新杂志》之中。[2]

《新世界信使》中收录南怀仁早期信件14封,其中中国来信12封。[3]因为这些信件的存在,我们可以对南怀仁1750年之前的在华生活和工作状况有更多的了解。

南怀仁离开欧洲之际,《新世界信使》已经出版三辑,南怀仁了解这部辑刊,也乐于为其供稿。他在1740年的中国来信中写道:"此前有关中国教会历史的叙述,斯特克莱因神父和他的继任者们在他们著名的书籍《新世界信使》当中,已经展示在德语读者面前,他们利用的是中国传教士们,也是我的前任们撰写的文献。如果您以及我在欧洲的其他朋友们读到我的报导,我诚挚地请求,你们能够屈尊与人分享,这也是这部著作的目的,也是尊驾为这部作品的编者所做的非同寻常的善事。"[4]

---

[1] 南怀仁的墓地在今天苏州西郊的白鹤山,墓碑上书"南怀仁主教之墓"。
[2] https://www.deutsche-biographie.de/sfz47453.html,2018年12月19日获取。
[3] 南怀仁书信集——*Gottfried von Laimbeckhoven SJ（1707 - 1787）Der Bischof von Nanjing und seine Briefe aus China: mit Faksimile seiner Reisebeschreibung*. Transkribiert und bearbeitet von Stephan Puhl und Sigismund Freiherr von Elverfeldt-Ulm unter Mitwirkung von Gerhard Zeilinger. Institut Monumenta Serica, Sankt Augustin, 2000.
[4] 南怀仁1740年10月14日信件,科勒主编:《新世界信使》第34册,第672号,第25—26页。

从热那亚抵达里斯本、从里斯本抵达果阿的海上旅行,南怀仁撰有游记见闻,这部分海上游记随即寄回欧洲,取名《自维也纳到中国的沿途见闻录》,1740年出版。《新世界信使》编撰者之一的普洛斯特整理之后刊载于《新世界信使》第28册(1748年)第554、555号。

科勒继任《新世界信使》编撰者之后,格外重视南怀仁发自中国的信件,他称赞南怀仁的写作风格丰富且细腻,其主编的《新世界信使》中国专册(第30、34、35册)收录南怀仁信件12封,证明了编撰者对这位特约中国通讯员的认可。

一、候补宫廷天文学家

南怀仁最初的传教目的地是中国,但一度被调整到印度果阿。

> 虽说,我是被我们修会最高领导人确定前往中国的,但我甫登葡萄牙就得知,想要我加入果阿会省,按照这个计划,我将前往大 Morgor 王国,襄助那里的天文科学,这是在那里建立一个传教区的理由。这一安排现在发生改变。我被要求前往澳门,加入交趾支那王国传教区,支持那里通过天文科学已经建立起来的基督教会。不过,上主改变了心意。[1]

经历了3个月的海上旅行,1738年8月5日,南怀仁一行人从果阿抵达澳门。

> 下午三点,我们最终抵达澳门。就在我们下锚靠岸不久,很快就有一位我们圣保禄学院的 Ballon 迎上前来,领我们去往圣保禄学院的所在地。我们没有待多久,船长和其他船员,新的总督先生允许我们前往学院,在那里,我们受到视察员神父及全体成员的热忱欢迎。[2]

---

[1] 南怀仁1739年12月3日信件,科勒主编:《新世界信使》第30册,第592号,第117页。

[2] 南怀仁1738年12月4日信件,科勒主编:《新世界信使》第30册,第590号,第112页。

不过,同伴之一的刘松龄滞留在马六甲,等待刘松龄从马六甲返回澳门期间,南怀仁有机会观察澳门城。

我们现在所在的澳门是一座中国的城市,位于同名小岛的最高处,北纬22.12度,东经133.36度。尽管不是久负盛名之城,但却是欧洲人、葡萄牙人在中国唯一的驻地。葡萄牙人最初来到东方的时候,他们只被允许在上川岛装卸货物……澳门城有四处小型要塞。……澳门城与岛上其他地方的通道被一堵墙切断,墙的中段开有一门,欧洲人禁止通过此门。……这座城市的最高行政权力归属议事会,他们中的大部分是葡萄牙商人。掌管军事力量的是国王委任的兵头,但实际上澳门方面给他发薪水,每年1 000塔勒(Thaler)或3 000弗罗林(fl.)。[1]法庭审判权归属一位法官(Auditor)。中国人在这里也安置了军事官员,还有一位收税官(Hupu),或称税务员(Zollner),对抵达的船只征税。[2]

南怀仁逗留澳门期间,有14艘欧洲人船舶经过,其中一艘法国船带来3名传教士:一名神父将赴中国教区传教;两位修士,分别是画家和钟表匠,将前往北京为皇帝服务。新抵华欧洲传教士在澳门等待来自北京的谕令,得到宣召的传教士才能够合法进入中国内地,进而前往北京。

刘松龄当时是安排前往北京宫廷的首选天文学家,南怀仁是替补人选。

12月2日,北京的谕令传到这里。法国方面奉召进京的是一位画家和一位钟表匠。我们这边是魏继晋神父,一位来

---

[1] Floren,拉丁语:Florenus。今天德语、英语皆作Florin/florin,"金币名,1252年首先在佛罗伦萨铸造,后来被欧洲若干国家仿造",见陆谷孙主编《英汉大词典》,第716页。
[2] 南怀仁1738年12月4日信件,科勒主编:《新世界信使》第30册,第590号,第112页。这封信篇幅较长,仍然是南怀仁的旅行见闻录,逐日记述三个月的水上航行(从果阿抵达澳门)。

自波希米亚会省的出色演奏家,来自上德意志会省的鲍友管神父,一名有经验的天文学家,人选是来自奥地利会省的我或者刘松龄神父。其余人在未来数年耐心等待,逐渐也会被北京征用。[1]

刘松龄之所以与南怀仁等人分别,滞留马六甲,是因为一个居住在马六甲的神父求助。"他坚持要我们给这里的德意志士兵、平民以及官员提供特别的心灵抚慰,因为此地缺少德意志神父,他们已经多年没有进行忏悔圣事,希望我们能够为他们举行这一圣事。这一请求很合理,当时却令我们十分为难,因为时间关系,我们第二天必须回到船上去,无法履行我们的神职义务。那位神父再次请求,并恳请我们中的至少一个人可以短暂停留"。[2] 刘松龄决意逗留此地一段时间,找机会再搭船去澳门与同伴会合。

如果刘松龄没能及时赶回澳门,那么南怀仁将作为替补人选前往北京。不过,1738年9月7日,因故在马六甲逗留的刘松龄搭乘一艘从本地治里驶往广州的法国船只,从马六甲抵达澳门,这就意味着,作为欧洲天文学家奉召进京的仍然是刘松龄,南怀仁则如愿深入中国内地,冒着极大的风险开展传教活动。

二、冒险入境内地

为了进入中国内地,在澳门的南怀仁想尽一切办法,最终发现,用钱开路才是最有效的方法。

> 只有我还站在中国的大门口,这扇门看起来对我紧紧关闭。我通过不同的途径寻找入口,但是到处碰壁。最终,关于这件事情,据说如果想进入这扇大门,没有其他方式,只有买通那些偷偷窥视所有欧洲人行踪的中国Argi,用亮闪闪的银子贿赂他们,

---

[1] 南怀仁1738年12月4日信件,科勒主编:《新世界信使》第30册,第590号,第114页。

[2] 刘松龄1739年11月4日信件,科勒主编:《新世界信使》第30册,第587号,第82页。

用钱开道,进入中国是要付出成本的。[1]

虽然有朝廷严格禁令,但中国民间社会从来不缺乏重利之下甘愿冒险之人,禁教期间秘密潜入内地的欧洲传教士无法禁绝的原因或可从中窥见端倪。南怀仁对此有深切体会:"这里所有的人都喜欢钱。他们知道,如果被人发现,他们把一名欧洲人带入中国内地省份,那就是掉脑袋的事情。但为了赚到钱,他们完全不顾这样的危险。"[2]

南怀仁花钱找到了愿意带他进入广州的民船,路上遭遇到澳门中方管理机构派出船只的盘问,船上的水手们将南怀仁乔装打扮,藏在棉毡和门板下面,伪装成一个濒死之人。有惊无险地进入广州之后,两名"受雇"的中国基督徒前来接应南怀仁,把他带到另一艘更为舒适的船上。

前往南昌府的旅行相对安全,但一名不可靠的挑夫弄没了神父从维也纳带来的药物。穿过鄱阳湖(Pu-yam-hu),南怀仁见到了长江。有意思的是,他始终没有在信件中提及长江的名称,只称之为一条"大江(grosser Kiang)",而不是此前传教士们书信或著作中经常使用"Yan-ze"或是中文"长江"的音拼。

1739年的夏天,南怀仁在湖北教区的一处偏远草房观测到一次清晰且完整的月全食过程。当时他利用手头仅有的五英寸望远镜,记录了整个月全食的过程时间,并且借助牛顿定律、对数表以及巴黎学者拉海尔(Philippi de la Hire)的成果,对此次月全食进行演算。[3] 尽管南怀仁掌握扎实的天文观测计算知识,但在中国居留的绝大多数时间,南怀仁的身份是一名基层传教士,如方记金此前给出的中国经验,如果不需要进京服务,没有必要学习天文学,掌握一定的医学技能反倒更加实用。

1743年6月,南怀仁完成了一封语气轻松的信件,收信人是他的

---

[1] 南怀仁1739年12月3日信件,科勒主编:《新世界信使》第30册,第592号,第117页。
[2] 同上书,第118页。
[3] 同上书,第128页。

朋友——耶稣会奥地利会省的海德尔(Ignatium Heindl)修士。写这封信很重要的一个目的是向欧洲方面索要物品,南怀仁希望海德尔为他准备一些价钱实惠的类似铜版画的工艺画像:"我记得,当我还在维也纳的时候,您认识一名著名的画家,他可以将铜板蚀刻画印到亚麻布上,效果看起来就同画上去的一模一样,但价格实惠许多。我的教堂四壁空荡荡的,此类铜版画挂在上面再合适不过。您要帮我一个忙,从那位艺术家处要一幅救世主的画像,还有圣使徒的画像,交给我的姐夫,我想他会喜欢这位画家的,等他下次有机会前往葡萄牙的时候寄过来。"[1]从信件的内容来看,南怀仁的传教工作开展顺利,他需要一些画作来布置他的"教堂"。1741年,南怀仁曾经告诉母亲,他的传教点已经有一座"主堂Haupt-Kirche",是一座耗资"60古尔登"的木结构房屋。[2]当时官方全面禁教,南怀仁新购房屋想必是一座中式民宅,西洋风格的铜版画有助于凸显房屋功能,逼真的效果对信徒的心理也能产生一定的影响。

南怀仁当时所在的湖北教区有8 000名信徒,分属42个基督徒团体,一半由三名法国耶稣会士负责牧养,另一半则归属葡萄牙会省传教团的耶稣会士。为了及时关照这些基督徒的信仰生活,按照习惯做法,南怀仁需要定期拜访这些团体。在河网密布的湖北,船只是巡视教区的传教士最主要的交通工具,虽然他们偶尔也会骑马,但一年中有八个月的时间都待在船上。

"当一名传教士抵达教区点的时候,他不会早早下船,而是要等到天完全黑下来才离开船只。教士前往年长的传道员家中,教徒们聚集在那里"。[3]接下来负责该片区的神父会统计请求受洗的人数,然后由教士或传道员宣讲教理,信徒们在听讲的同时,准备接下

---

[1] 南怀仁1743年6月30日信件,科勒主编:《新世界信使》第34册,第677号,第53页。

[2] 据南怀仁1739年信件注释,1两白银相当于2.5个莱茵古尔登,60古尔登约为24两白银。

[3] 南怀仁1739年12月3日信件,科勒主编:《新世界信使》第30册,第592号,第126页。

来的告解。晚上 11 点到凌晨 3 点是告解时间,如果有人受洗,则在此期间进行。凌晨 4 点,教士返回他藏身的小船。南怀仁的讲述,有助于后世读者想象乾隆初期中国民间基督教传播的实况。

三、湖北教务：神迹、异证

南怀仁在华近半个世纪,经历的只有对天主教传教活动的全面查禁。1750 年,南怀仁描述所在地区的严峻形势：

> 我们在迫害潮中迷惘,犹如靠一艘破旧的小船、一根桅杆漂泊的海员,不知道下一秒钟他的命运会如何。我们在山洞中藏身,那里阳光和光线照射不到,如果我们在某个时点想要外出,去安慰我们的教民,只有月光为我们指路。风暴将我们从一个地方驱赶到另一个地方,我们在早晨的时候不知道,太阳落山之后睡在何处。……所有这些苦难之中最痛苦的,是我们的工作成果完全不值得我们付出这样的努力。许多基督徒在我们面前把家门关闭,为的是不要因为我们招致祸端。另一些人背信弃义,因为他们的伪善比外教人的追捕更凶险,因为他们的背信弃义,我们不得不逃离。[1]

但是,即使存在大量懦弱的基督徒、背信弃义的伪教徒,争取基层民众奉教仍然是包括南怀仁在内的 18 世纪在华基层传教士最主要的工作目标。想要获得基层民众的信任,奇异的见证或神迹是无往不胜的利器。南怀仁在寄回欧洲的书信中记述多次奇异的见证和神迹。

南怀仁写道：Tu-kiao 村有一位传道员,识文断字,读圣贤书,用食物祭祀先人。这样的做法显然是教廷明令禁止的,因为中国信徒不允许祭祀祖孔。"但这位信徒很长时间没有放弃迷信的献祭品,直到他和其他与此异端有关的基督徒,在一次领圣体的聚会上被赶出去。起初他对于这样严厉的惩罚一笑置之,直到上主的愤怒降临。

---

[1] 科勒主编：《新世界信使》第 35 册,第 694 号,第 118 页。

他那饱读圣贤书的脑袋,同时也是顽固的脑袋,严重肿胀起来,十分可怕的样子,毒素蔓延全身,眼见着不能活了。这个时候,他才忏悔他的过错,当着众多基督徒的面发誓,不再献祭。在他承认错误、回归健康心灵的同时,蔓延全身的毒素消失,他恢复了健康"。[1]

另一个神迹发生在高山峻岭环绕的小村庄 Tschai-cu-keu。这里的民众天性粗莽,基督教传播进行得并不顺利。南怀仁和他的前任们努力工作,希望在这个地方收获传教果实,但所有的努力都徒劳,直到一些彰显神迹的事情发生。一位老基督徒的女儿,"一年前,当我来到该地区的时候,前来忏悔。这一年,我就住在她的老父亲那里,她在丈夫的陪同下参加一个教外女孩的婚礼。婚礼日期与她进行年度告解的日子在同一天,她告诉我要更改告解的日期。结果,这个女信徒的健康出了问题"。南怀仁称,这个女信徒白天的时候还是一个好好的、快乐的伴娘,晚上突然患病,而且很快就死了。这个故事很快在山区基督徒中传布开来。"这是一个好机会,震动这些居住在山区的基督徒,让他们改善他们的生活方式,更加热忱地对待天父"。[2]

湖广省的贸易重镇 Tschum-kiam-po 发生了圣母玛利亚现身的神迹。

> 有一位母亲,数年前受洗,因为她的儿子生病,药石无效。这名女子怪罪上主,认为上主没有听她的请求,作为报复,她有半年的时间不参加任何基督徒的活动。某天晚上,她看到面前呈现一张脸孔,看到自己如何去传教士面前,传教士如何为她布置洗礼仪式,行洗礼,她看到在她的脚下,大地张开了口子,看到地狱的门卫,地狱的两个幽灵站在门卫之前,满心欢喜地欢迎她。目睹如此惊恐的景象,妇人做不了其他,除了呼喊玛利亚之名。奏效了! 全能的圣母在她眼前出现,拿出一个珍贵的小匣

---

[1] 南怀仁1741年8月29日信件,科勒主编:《新世界信使》第34册,第676号,第49页。
[2] 同上。

子,不知是什么,气味芬芳,放在这名妇人的嘴边(毫无疑问,长时间没有祷告的人,再次开口)。该女子此后清醒,来到我这里忏悔。[1]

至于另外两件奇异事件,在今天的读者看来有些难以接受。

其一,来自天主的惩戒:与教外之人订立婚约的婴童无一能够活过一岁。"他们的父母无视我的禁令,让孩子与教外之人订立婚约,没有能够活过一岁的。我希望,这样败坏的习惯,如果不能完全,至少大部分能够取缔"。[2]

其二,一位女信徒与不信教的母亲一样,冷酷无情,溺死了刚刚出生的女婴,而且没有为女婴施洗。这名女子受到了惩罚,"她的身体受到巨大的疼痛折磨,数月后,经历一次流产,性命堪忧。她这个时候意识到了危险,认识到自己的错误,开始忏悔。我在此事发生之后,来到该地点,她来我这里忏悔。她身边听闻此事的人,无不受到心灵的震动"。[3]

南怀仁1741年的信中讲述了数次驱魔实践,基层耶稣会士的书信中经常提及此类实践。最早留下"驱魔"声名的入华传教士很可能是利玛窦。利玛窦在南京购置的一处宅院,即是中国官民俗称的"鬼"屋,利玛窦用圣像、圣水赶走邪魔得以安居,在神父们看来,这是上主恩典的体现。[4] 此外,利玛窦还为突发癫狂的乡民"驱魔":"利子至其家,见诸魔像、符箓,谕之曰:是皆邪魔之招也,悉取毁之,因代诵经吁祈天主,取自佩之圣椟付之,病立愈。"[5]

继利玛窦之后陆续来华的传教士也有类似的"驱魔"实践。例如

---

[1] 南怀仁1741年8月29日信件,科勒主编:《新世界信使》第34册,第676号,第49页。
[2] 同上书,第51页。
[3] 同上。
[4] 参见:张维枢:《大西利西泰子传》;艾儒略:《大西西泰利先生行迹》,《耶稣会罗马档案馆明清天主教文献》第12册,第193、206页。
[5] 艾儒略:《大西西泰利先生行迹》,《耶稣会罗马档案馆明清天主教文献》第12册,第202—203页。

《中国回忆录》中沙守信与卜纳爵（Gabriel Baborier，1663—1727）的见证记述。[1] 沙守信见证的故事发生在江西抚州：借助基督圣水、十字架以及圣号的威力，神父会同教友帮助患有癔症的女子恢复神智，完胜该地区的道教领袖张天师。卜纳爵经历的事件发生在福建汀州，有一户人家深受"魔鬼"的迫害，无论和尚、巫师、道士们如何努力，情况均没有改善。当基督徒带上了念珠和圣水，祛除"乌烟瘴气的东西"之后，这户人家重新获得了安宁。[2]

南怀仁的叙述大抵也是如此。胡金店附近一个信徒家庭的一个老母亲和三个儿子，在雍正迫教期间叛教。母亲去世之后，两个儿子开始到南怀仁这里告解。小儿子后来受到魔鬼冲击：在夜晚的闪电中，他看到死去的母亲站在他面前，呼喊他的名字，并强烈要求安排迷信的祭品。他向神父寻求建议，"我透露给他使用圣水和其他一些圣物的方法，他全都照做了，于是他从令人惊恐的景象中解救出来，现在不再受到丁点儿困扰"。[3]

1740年，南怀仁在传教点Li-kia-cang遇到有人求助。一位新教徒希望神父帮助他不信教的妻子，对付夜间出现的魔鬼。"我派出一名传道员到她那里，向其讲授基本的信仰知识，并尽力安慰她"。神父方面给予这名被侵扰者圣依纳爵的骨殖／圣水，还有一枚赎罪芬尼，上面印有圣父画像，并指示她每天喷洒圣水，把赎罪币戴在脖子上。但情况没有根除，魔鬼再次出现，严禁她佩带赎罪币。当地的传道员把这位女子带到自己家中，"该女子在传道员家中，情况有所好转，但有时仍会失控，口出污言，辱骂传道员和圣教。清醒后却什么都不记得。……我抵达前不久，她十分躁狂，想强行回自己的家。女子声称看到两名男子招手要她回家，还有一个大猴子，露出牙齿恐吓她，要她听从命令。最后，我来到这个村庄，就在我教导这女子期间，

---

[1] 傅圣泽1702年11月16日致法国贵族院议员德·拉福尔斯公爵的信，[法]杜赫德编：《中国回忆录》第1册，第212—215页。
[2] 同上书，第218—220页。
[3] 南怀仁1741年8月29日信件，科勒主编：《新世界信使》第34册，第676号，第51页。

她坚定地要求领洗"。[1]

类似的神迹还出现在一名行为端正的基督徒身上,他对抗的不是侵扰心灵的魔鬼,而是恶劣的天气灾害。这名基督徒是一名米贩子,"搭乘一艘教外人的船,运一批大米去天门县,他在那里做生意"。当船只行到大湖 San-tai-hu 中央的时候,一场狂风把船高高扬起,波浪吞没了小船,船上装载的大米眼看就要沉入水底。面对迫在眉睫的危险,一名奉教的商贩把一切交托给圣母,"面对波浪划出十字架的形状"。南怀仁记述道:这样的方式被证明有效,风很快停止了,行将沉没的船只逃过一劫,这名基督徒不仅没有财物损失,而且他的大米还卖了一个好价钱。

总体来说,南怀仁内心坚信,上主的惩罚公正且及时,那些违背教义、误入教会所不允许的迷信活动的人,或是轻易叛教的软弱者,一定会受到应有的惩罚和警示。反过来,全身心信靠天主,那么可以从容面对任何困难险阻,在圣人的庇护之下,可以发生奇迹。南怀仁写给葡萄牙王后的告解神父 Josephum Ritter 的信中,全文只讲述一件事情:感谢布拉格圣人圣若望-皋玻穆(Joannis Nepomuceni)的庇佑,[2]所在教堂在经历毁灭性的大洪水后安然无恙。在周边地区的房屋、土地被淹没,大量人和牲畜被淹死的灾情面前,教堂能够得以保存,在异教徒看来难以置信。神迹或异迹可能引发的后续影响有二:基层民众会折服于南怀仁人等所奉信仰的神奇,从而入教领洗;基层民众会将此类异迹与不可知的神秘力量相关联,进而将基督教信仰与中国官方打压的"迷信""妖术"相关联。后者带给基督教传播的潜在危险,南怀仁未必完全没有意识到,但从他发回欧洲的汇报,或者说出现在《新世界信使》上的公开文字当中,只提及此类神迹、异迹催生的积极的利教效果。

---

[1] 南怀仁1741年8月29日信件,科勒主编:《新世界信使》第34册,第676号,第51页。
[2] 按:圣若望皋玻穆大约生于1345年,死于1393年,波希米亚地区的圣徒。因其在水中受难而死,被认为能够佑护信众脱离洪水灾害。

四、编撰最新中国教会史

有关中国教会发展的回顾与报导,占据南怀仁中国来信的最重要篇幅。前文曾经提到,南怀仁在1740年写给姐夫兼朋友冯·苏美劳男爵[1]的长信中声称,他要接替前辈传教士,续写中国教会历史。[2]

从利玛窦开始,基督教在华传播与发展的书写,无论是从历史记录角度还是从舆论宣传角度,在华耶稣会士都异常重视。一直以来,来华耶稣会士认为中国教会史的书写者绝不是那些从没有来过中国的欧洲学者,这也是魏继晋撰写《驳谬说书》的重要原因。南怀仁的中国教会史书写,从内容时效性来看,是真正的"最新中国教会史"。

南怀仁在1740—1750年间,先后以四封长篇幅信件记述中国教会历史,准确来说是清前中期在华基督教会发展史,包括两次影响广泛的抓捕西洋传教士案件:1746年的"福安教案"和1747年的"苏州教案"。[3]

乾隆皇帝容留欧洲教士在宫廷服务,但他对待天主教的态度,在传教士看来完全不可预测。1740年,南怀仁书信中写道:"我们在北京的传教士们不想浪费时间,他们告诉在欧洲的、渴望前往中国传教的弟兄们令人喜悦的消息,在两年的时间里,有12名弟兄从不同的海岸出发,跨越大洋,前往这个庞大的王国,献身牧灵工作。可是在

---

[1] 冯·苏美劳男爵(Antonium Thaddaeum Freyherrn von Sumerau,1697—1771),神圣罗马帝国皇帝在奥地利公国的全权代表,1745年获得"男爵(Freiherr)"头衔,头衔全名von Sumerau Vögt und Freyherr auf Altensumerau。1723年与南怀仁的姐姐Maria Elisabeth von Laimbeckhoven(1704—1765)成婚,所以南怀仁称其为"姐夫先生(Herr Schwager)"。南怀仁对这位收信人很是尊重,亲戚关系放在最后介绍,随后几封信件中,前置的称呼中不仅包括贵族头衔还有官方职务:"神圣罗马帝国陛下派驻上奥地利区的全权代表和行政长官。"
[2] 南怀仁1740年10月14日信件,科勒主编:《新世界信使》第34册,第672号。
[3] 1740年致冯·苏美劳男爵信件、1741年致Franciscum Peickardt神父信件、1748年致信冯·苏美劳男爵信件、1750年致安东尼·霍勒神父(Antonium Höller)信件。

他们的旅途尚未进行到一半的时候,我们在中国的美好愿景就蒙上了阴影,遭受严重打击,局势开始趋于对传教士不利。"[1]

乾隆初年,因为旗人入教引发风波,有官员上奏折指控传教士。在京耶稣会士写好了陈情书,但却没有人有胆量把折子递到皇帝跟前。"陈情书虽然写好了,但在当前的形势下,我们结识的朋友当中,却无人可托付,替我们将文书交给皇帝。我们自己这边能够直接见到皇帝的,只有郎世宁修士"。[2]

郎世宁利用乾隆皇帝的另眼相待,数次采取冒险行动,争取为欧洲传教士发声。这一次,郎世宁利用一次御前作画的时机,成功引起皇帝关注,得以将传教士的陈情内容口头告诉皇帝,皇帝听罢,简短地告知郎世宁,"他要的是和平安宁,他的目的不是阻止我们奉教,他的禁令只施用于中国本土人士、他的臣民"。[3]

郎世宁斗胆争取到的恩典给了耶稣会士些许希望,但意外事件再次发生。一名北京耶稣会士的家仆为一名弃婴施洗,被人告发之后,被刑部审讯过堂。之后朝廷在全国范围发布通告,禁止中国人奉教。[4]

面对严峻形势,在京耶稣会士别无他法,他们内部发文,要求各省秘密潜藏的传教士注意藏匿行踪,以保存有生力量。郎世宁修士二度求情,总算令皇帝的态度有所缓和。1738年,京城局势平稳,魏继晋、刘松龄等五名新人抵达中国。皇帝传旨广东总督,要其承担这批"远人"抵京的全部旅费。

"1738年有多平静,1739年就有多不平静"。[5] 南怀仁以这样

---

[1] 南怀仁1740年10月14日信件,科勒主编:《新世界信使》第34册,第672号,第26页。
[2] 同上。
[3] 同上书,第28页。
[4] 当事人"刘二"是一名传道员,法国耶稣会士中国书信对此事有详细记述,参见[法]杜赫德编《中国回忆录》第4册,第82号文献"中华帝国1738年的宗教形势"。
[5] 南怀仁1740年10月14日信件,科勒主编:《新世界信使》第34册,第672号,第32页。

的开头,讲述他亲身经历和直接获悉的中国教会的最新情况。这一年,有数名隐藏在各地的欧洲传教士被官府捉拿,其中包括一名在山东的西班牙传教士。因为耶稣会中国副省会长徐懋德的成功斡旋,这名传教士只是被一条铁链锁拿,驱逐至广东,并被要求择期遣返欧洲。

面对起伏不定的中国传教局面,南怀仁介绍了当时教会内部的两种意见,表示他自己不能定夺:"我不想判定,究竟是最平静的时期,即英明的康熙皇帝统治时期,还是康熙死后的十八年,那些充斥迫害和诬陷的年月,更能有充足的收获。福传者倾向于前者,也有很多人认同后者。"[1]

在华传教士内部的这两种意见,关涉到明末耶稣会士来华以来面临的矛盾局面。在以利玛窦为领导的明代末期,利用文化传教交往儒家知识分子,争取到高阶层的奉教知识分子;康熙皇帝对西方知识、西方传教士的亲近,影响到中央和地方官员对基督教传教士的态度,或是出于真正的宽容或是出于对皇帝的忌惮,基督教在基层的发展十分迅速。但是那些抱有佩带耶稣荆冠愿望的传教士们,更愿意成为殉道士,更愿意饱受磨砺。在华传教士群体各自理念上的差异,南怀仁不作评论也是情理之中的事情。

1741年,南怀仁第二次报导中国教会发展近况。他采取论文体例,将全文分成四小节,以帮助读者更加清晰地把握内容。

在华耶稣会士怀念康熙时代中国传教区的美好局面。南怀仁也不例外,他写道:"没有人会怀疑,在北京为皇帝工作的传教士们,虽然他们自己无法前往广阔王国的其他地方,像我们这些在各省传播圣教的教士一样,但维护中国基督教团体的存在,他们通过他们的名望保护了我们的信仰,正如欧洲的科学打开了中国长久对外封闭的大门那样,欧洲的科学同样可以支持我们的圣教学说得以树立,只要我们的科学在北京宫廷得到重视,那样的话,即使是最危险的迫害也

---

[1] 南怀仁1740年10月14日信件,科勒主编:《新世界信使》第34册,第672号,第32页。

不会令基督教学术被根除殆尽"。[1]

"我们的科学""欧洲的科学"得到过康熙皇帝的喜爱和重视,天主教在华传播因此一度呈现繁荣局面。雍正和乾隆皇帝,并没有表现出类似的对欧洲科学的兴趣,尽管他们对一些西洋艺术并不反感,特别是西洋绘画。南怀仁认为,那些耶稣会士的反对者奉承君主此类偏好用心险恶:"反对耶稣会士的人也承认欧洲科学可以帮助他们纠正历算中的错误,但他们有意让君主,一个对欧洲科学并不热爱的君主,失去对欧洲科学的兴趣,其用心甚为险恶。一方面,君主对更为重要的技艺——数学止步;另一方面,可以预见到的是,有限的娱乐手段并不能够实现广泛的善意。"[2]简而言之,浅层的才艺表现远不足以影响皇帝的心意,出于享乐目的产生的需求不会长久,这样一来,在京欧洲人就会失宠,地位就会下降。

在1741年的记述中,南怀仁提及1740年耶稣会士重建北京学院教堂导致的风波。杨光先的后人诬告欧洲人修建教堂的举动会导致地下巨龙震怒,地震会在1740年12月18日发生。关于此次风波的始末在刘松龄同时期的信件中也有记述,南怀仁的信件中补充了更多细节。据说北京城的居民因为恐慌,甚至主动拆除自家房屋的屋顶,因为万一房屋坍塌,他们在重建时候还可以节省造屋顶的钱。

预言的地震没有发生,北京的耶稣会士躲过一场可能的劫难。但针对欧洲传教士的迫害在各地陆续发生。南怀仁对此没有单方面指责清政府的仇教态度,而是进行了颇为理性的分析。

> 如此多样且各不相同的信仰存在于这个国家,彼此之间互不妨碍,没有教派担心会受到迫害。如果信仰基督教的人与异教徒友好共存,对他们不过多指责,或是没有前往衙门指控他们的世俗行为(burgerliche Händeln)的话,也不会引发许多的争

---

[1] 南怀仁1741年8月29日信件,科勒主编:《新世界信使》第34册,第676号,第44页。
[2] 同上书,第45页。

端。如此一来,这些指控与对欧洲信仰学说的针对性指控混杂在一起。大部分的迫害发生在雍正皇帝的国家法令发布之后,法令中称,欧洲的陌生人不应再寄居在各省。我们不清楚这样的法令是出于怎样的考虑,或许是因为鞑靼政权因怨恨汉人而策划的一场起义,或许是害怕位于中国西北部的大国莫斯科,又或许是出于对他者的错误观点。虽然我们长久猜测,但并不知道原因所在。[1]

无论迫害发生的原因与基督徒、传教士自身行为有没有关联,欧洲传教士违背中国皇帝的谕令,非法入境中国是既成事实。不过在1746年之前,尽管一直都有欧洲传教士秘密潜入中国,但所引发的风波都只是局部,且事件的最终解决方式并不血腥,被抓获的传教士基本上只是被驱逐至澳门,择期遣返欧洲。1746年福建抓获五名道明会传教士,引发了明末天主教入华以来后果最严重的事件。

1748年,已经是中国、日本会省视察员的南怀仁致信冯·苏美劳男爵,这是他关于中国教务发展近况的第三次汇报,其中详细回顾了1746年"福安教案"。南怀仁这封长信的情况较为复杂,其中不完全是南怀仁的记述,辑刊编辑科勒补充了他认为南怀仁有所忽略的内容。《新世界信使》编者在1758年该册辑刊出版之际,掌握了更多有关1746年"福安教案"的材料。南怀仁这封书信对白多禄主教有详细记述,但对其他四名道明会士的生平事迹概而言之,辑刊编者根据意大利语所写的殉道史著作,补充了部分内容,接续在南怀仁信件之后。

1746年"福安教案"的涉事方不是耶稣会士,而是托钵修会之一的道明会成员。此前学者多认为,耶稣会士关于此次教案的记述最详细的是法国耶稣会士尚若翰1748年年底的澳门来信,[2]且与中

---

[1] 南怀仁1741年8月29日信件,科勒主编:《新世界信使》第34册,第676号,第47页。

[2] 参见[法]杜赫德编《中国回忆录》第4册,编号95"尚若翰神父致夏欣特夫人的记述"。

国文献档案记载比较吻合。[1]尚若翰是法国耶稣会图卢兹会省成员，1746年来到澳门，1752年之前没有进入过中国内地，"若翰偕傅安德神甫同抵澳门时，教难已遍及中国各省，不得已留居澳门迄于一七五二年"。[2]比照南怀仁1748年的信件内容，笔者推测，尚若翰很有可能参看了南怀仁信件的一个副本。

来华波希米亚会省耶稣会士鲁仲贤1747年11月致信富格伯爵夫人，信中简单述及道明会五名教士被判处死刑一事，并表示自己不会就此过多叙述："尊敬的夫人，您会从南怀仁的详细报告中了解事件整个过程，南怀仁是一名在湖广省的德意志传教士，他的报导依据一手且确凿的证据，已经寄往欧洲。"[3]不过，南怀仁完成并寄往欧洲的教案报导最终的完成时间是1748年，南怀仁信中自述："在我离开欧洲的那一年，雍正皇帝死了，他的儿子乾隆继位，现在已经是这位皇帝统治的第十三年。"[4]

此前学者多认为涉及1746年"福安教案"的中文文献虽然海外多有保存，但案发当时并未得到充分记录，有关此次教案的记述多依据道明会士以及该会历史学者的研究成果。从南怀仁1748年中国来信的记述来看，南怀仁当时不仅搜集了教民的传述，更参阅了多种最新的官方公文抄本，译介的中文材料数量之丰富超乎我们的想象。无论是基层官员的侦查报告，还是地方官员的庭审报告，抑或是督抚大员呈交皇帝的奏折、中央司法机构的批复，基督徒都有渠道获得，可能的途径包括钱财购买，或通过基督教文吏私自誊抄。南怀仁关于"福安教案"的报导使用的多种官方文书汇总如下。

---

[1] 陈方中：《1746年福安教案》，中国社会科学院近代史研究所、比利时鲁汶大学南怀仁研究中心编：《基督宗教与近代中国》，社会科学文献出版社，2011年，第369—404、378页。
[2] [法]费赖之：《在华耶稣会士列传及书目》，第868页。当时滞留澳门的两位法国耶稣会士似乎各有分工：尚若翰译了1746年福建教案事，傅安德编译了1748年苏州教案，黄安多、谈方济神父殒命一事。
[3] 鲁仲贤1747年11月15日信件，科勒主编：《新世界信使》第35册，第690号，第30页。
[4] 南怀仁1748年信件，科勒主编：《新世界报告》第35册，第691号，第49页。

《福建福宁府董启祚访查天主教通禀文》[1]
《闽浙总督马尔泰、福建巡抚周学健奏请调补福安、将乐等县知县事》[2]
乾隆十一年六月二十六日内阁发布禁教谕令,张廷玉与讷亲联合署名
《福建漳州府漳浦县袁本濂、邵武府建宁县王文昭会审福安天主教案招册》[3]
《福建邵武府建宁县王文昭议查福安天主教善后事宜》[4]
大理寺、都察院最后批复

利用这些官方文本,南怀仁为《新世界信使》的读者进行了一次乾隆年间中国司法审讯的实况转播。

一名败坏的基督徒出于"私欲和不可告人的险恶居心",指控教友和传教士。福宁府知府董启祚收到诉状之后,对原告进行了讯问,然后将成文的诉状提交福建巡抚周学健。周学健认为,单从基督徒的诉状中无法获知详情,也不能形成有效指控,于是密遣守备范国卿前往福安县暗中彻查此事。

范国卿有升官念头,办事不遗余力,秘密调查颇有成果,"我们圣教信仰的全部,都被公之于众"。我们此前查阅福建官员对基督教徒以及传教士的审判过程,会心存疑问:为何官员们如此明了基督教基层传播的方式方法,包括传教士的钱财用度?所质疑问题皆直指核心,南怀仁在信中提供了这方面的细节:官员们之所以如此清楚内部情况,是因为范国卿前期的有效工作,他访到了一名"军头的师爷(Geheim-Schreiber)"和一名新教徒的亲戚。当地的基督徒为了争取这名师爷入教,告诉过他圣教会的所有风俗礼仪。而那名热情的新教徒,为争取让教外的亲戚奉教,连神父的藏身之地、姓名一并告

---

[1] 韩琦、吴旻编校:《文献汇编》,第60—62页。
[2] 韩琦、吴旻编校:《文献汇编》编号30。
[3] 韩琦、吴旻编校:《文献汇编》编号33。
[4] 韩琦、吴旻编校:《文献汇编》编号35。

之。[1]由此,热情过度的基督徒提供了那些"心怀恶意的教外之人"足够的指控证据。

收到范国卿的汇报之后,福建官府派出人马,兵分三路前往福安抓人。除了中国信徒之外,共计抓获五名道明会会士:白多禄主教、华敬(Joachim Royo)、德黄正国(Franciscus Serrano)、费若用(Joannes Alcober)、施黄正国(Franciscus Diaz)。

对道明会传教士以及中国信徒的首轮审讯结束之后,周学健指责福安知县周秉官失察无能,昏聩不堪用,提请罢免,并任命官员补缺。南怀仁翻译了这份奏折的部分内容。奏折译本前半部分内容基本对译,后半部分绝大多数文字被省略,只保留结尾补官人选。[2]奏折末尾的朱批内容也一并抄录:"着照所请行。该部知道。"(原文直译:准许所求。照会刑部。)

乾隆十一年六月二十六日内阁发布禁教谕令,张廷玉与讷亲联合署名。南怀仁译介了这份谕令的全文,称讷亲与张廷玉是圣教之敌,他们的意见改变了皇帝原来仁慈、宽大的心,才会下令在全国清除圣教。

福建巡抚组织了新一轮会审,主审官是闽县、侯官县知县。[3]因为巡抚对审讯结果不满意,接着进行了第二次会审,主审官是建宁和漳浦两县长官,"最终的结论总要满足巡抚的不公正心意才算可以"。[4]南怀仁直言,他手头有建宁、漳浦两县县官的庭审记录,并打算详细转述:"对于一件如此不寻常、在中国前所未有的判决,我来作一点补充,这是有价值的事情。因为我手头有他们的原始文件、完整的庭审过程。我一定要将整个血腥的判决逐字逐句在此陈述。感兴趣的读者可以看到:中国的衙门是如何进行审讯的,案件是以怎

---

[1] 南怀仁1748年信件,科勒主编:《新世界信使》第35册,第691号,第51页。
[2] 拟补任福安知县的是时任将乐县县官的山东举人杜忠,湖南举人罗登庸补杜忠的缺。南怀仁信中称湖南举人罗登庸就任福安知县,有误。
[3] 中文文献显示,参与此次审判的还有长乐县知县。
[4] 南怀仁1748年信件,科勒主编:《新世界信使》第35册,第691号,第61页。

样一种恰当的顺序,从一个衙门转到另一个衙门,直到最后送到皇帝面前。"[1]

南怀仁逐字翻译了"福建漳州府漳浦县袁本濂、邵武府建宁县王文昭会审福安天主教案招册"的结论部分:追溯5名传教士抵达福安传教的全过程、西洋传教士在华用度开销和资金来源、天主教仪式的具体呈现、指控天主教士并天主教义、对一众人犯的审判结果。

二次会审最终结果出来之后,建宁知县王文昭提交给巡抚周学健一份公文《福建邵武府建宁县王文昭议查福安天主教善后事宜》,南怀仁全文转译了这份公文。在南怀仁看来,这份公文"读起来令人反胃,但对于了解整个悲剧事件多有帮助"。[2] 同时转译的还有皇帝硃批的大理寺(Ta-Li-Su)、都察院(Tu-tscha-yuen)最终联名批复公文。[3] 笔者比对了南怀仁译本,发现其内容主要依据《文献汇编》第34号文献《福建延平府书成、漳州府漳浦县袁本濂、邵武府建宁县王文昭会同福州府徐维垣审拟福安天主教事》,两院终审意见则与《文献汇编》第36号文献《刑部议覆福建周学健疏称福安天主教事》相同。

南怀仁对1746年"福安教案"的记述截至白多禄被公开处死。据南怀仁透露,最初被指定为监斩官的是参加初次会审的一名知县,但此人不愿参与这样一件"冤假错案"的执行。重新确定监斩官人选需要时间,一名中国神父傅玛窦(Mathiæ Fu)[4]得以在此期间买通狱卒,给被关押的神父带去一些食物,听了神父的告解,第一次将他们的近况消息带出牢狱。

---

[1] 南怀仁1748年信件,科勒主编:《新世界信使》第35册,第691号,第64页。
[2] 同上书,第67页。
[3] 两院批复的确定时间是1747年4月6日,皇帝硃批时间是1747年4月21日。尚若翰1748年澳门来信部分转译了这份公文,但尚若翰显然不清楚大清国的刑事审判程序,机构名称交代不清。中译本出现的错讹亦比较多。《文献汇编》未收录南怀仁所译大理寺、都察院联名公文。
[4] 《流血记》译为"傅玛第亚",此人在乾隆十二年五月前后写成《福安遭难事实》,转引自陈方中《1746年福安教案》,第392页。南怀仁对傅玛窦的身份有所解释:中国出生,隶属遣使会。

对于白多禄的临终时刻，南怀仁的记述非常详细，包括了尚若翰的记述所没有的细节。如临刑之前，白主教手中有五个塔勒，本想送给行刑的刽子手，官员建议他把钱交给牢头，让牢头用这钱去买一副装殓用的棺材。牢头没有收钱，称考虑周详的基督徒已经为神父准备了棺木，于是官员将钱交还给神父随意处置。[1]

围观处决的民众很多，有不停诵念玫瑰经的女信徒，有从福州以及从福安赶来的基督徒，加之这个时候是科考的时间，各地前来应考的读书人都聚集在省城。行刑点在福州城西门外，刽子手挥刀之前，"用右手取下了主教头上戴的小帽"。[2]

南怀仁1750年10月21日的中国来信，也是《新世界信使》最后一封书信体的中国来信，叙述1750年中国各地基督教并不乐观的发展情况，特别提及新任湖广巡抚唐[3]在该地区发布的禁教公文。中国内地禁教已经是大趋势，作为特区存在的北京和澳门，是当时在华传教士的希望所在，这也是南怀仁信件着重报导的1748年"澳门危机"。引发危机的是一起刑事案件，澳门要塞的两名葡萄牙士兵打死了两名中国百姓。南怀仁笔下的"澳门危机"记述与他的"福安教案"记述一样，在把握基本材料的基础上，文笔生动且富有戏剧性。[4]

五、南怀仁的中国观察

宣教是南怀仁来华之后的工作重心，除了刚刚抵达汉口时，在草

---

[1] 南怀仁1748年信件，科勒主编：《新世界信使》第35册，第691号，第75页。
[2] 同上。尚若翰信件中译本称行刑地点在"南门"，不确。明清两代的官方刑场，一般设在西门外。此外，刽子手"又以右手拉了一下主教头上戴的小帽"，不确。《福安遭难纪实》："彼用手取其小帽。"韩琦、吴旻编校：《文献汇编》，第153页。
[3] 湖广新任巡抚是唐绥祖，要求基层信众及时醒悟，以三月为限，如若不听，则加以惩诫。要传教士主动跪安，上交传教用书、图、识字、念珠等物。参见《湖北巡抚唐绥祖奏明访查天主教愚民分别酌办情形折》，《清代中前期西洋天主教在华活动档案史料》第1册，第98号文献。
[4] 关于1748年澳门危机，前文有专文叙述，广泛引用南怀仁1750年中国来信。

庐中观测过一次月全食之外,南怀仁中国来信几乎无关世俗层面的中国研究,例如中国文字、音乐、天文学、陶瓷制作等等,这大概也是南怀仁后世声名寥寥的主要原因。不过,作为外来者,南怀仁无法忽略对中国以及中国人的观察;作为科学技术人员,偶尔也会点评中国的科学技术。

1738—1739年,南怀仁乘船深入中国腹地,沿途记录中国人的衣食住行:"中国人食用稻米、饮茶,即使在最炎热的夏天,他们也很少喝冷水,这一点,我们欧洲人尽可能学他们一样。"[1]南怀仁注意到中国人唯一的饮用水源是浑浊且不干净的河水。酒水的消费量也很大,只是与欧洲的葡萄酒不同,这里的酒是稻米制作的。他接触到的底层民众很少吃肉,有钱的中国人或做官的人饭桌上可能有肉,而底层民众的食物只是没有油的水煮蔬菜。

与此前并此后入华的欧洲观察者一样,南怀仁注意到中国南方地区的特色"风景"——遍布山野的坟茔。

> 坟墓是这样完成的。首先从山中挖凿一个墓坑,类似一个小柜子,中等身材的人能够站立其中,在墓坑周边垒一圈墙,看起来像一把舒服的靠背椅。墓穴口用一块大石头封堵,上面用中文写上死者的姓名、年纪、社会地位,诸如此类写在石头上。墓的一旁建有一个小祭台,供奉神灵,神灵会保佑死者的灵魂。在神灵前面,亲朋一年聚集两次举行他们熟悉的仪式:摆上大米以及其他吃食,点上香和蜡烛。我见到数以百计的此类坟墓,中国人把最后一个赫勒都花在了上面。[2]

1739年,南怀仁辗转抵达长江中游地区的湖广省,也是他此行的目的地。长江中游城市汉口的繁盛商贸令南怀仁印象深刻:"汉口无疑是全中国最著名的商贸聚居地,通过此地,王国各个省份的货物

---

[1] 南怀仁1739年12月3日信件,科勒主编:《新世界信使》第30册,第592号,第121页。
[2] 同上书,第121—122页。

得到流通。每天驻泊和启航的船只不计其数。城市又大又宽,我乘一艘小舟,花了差不多两个小时,才从沿河而建的城市的一端行到另一端。大部分的交易商品是丝绸、造船用木材、盐、大米、麦类、煤,诸如此类的东西。参与商品交易的是中国人和一些伊斯兰教徒(Mahumtanern)。"[1]伊斯兰教徒在中国的存在以及社会地位的提升,南怀仁当时的心态堪称"羡慕嫉妒恨","穆斯林们用钱——这个中国最重要的崇拜物,打开了这个王国的大门"。[2]

南怀仁1741年9月14日给母亲写了一封信,内容比较随意。[3]南怀仁告诉母亲,自己已经像一个中国人那样生活。

> 欧洲的生活方式我基本上都忘记了,我生活在中国人当中,已经变成了一个中国人。特别是我见不到任何一个欧洲人,除了一位法国传教士,去他那里我得走上40—50里路,为彼此作年度告解,为的是让他开心。8个月的时间我住在一艘船上。我常常在船上望弥撒,也乘船去拜访生活在湖上和江上的基督徒团体。那些散布在山间的传教点,要走遍那里,我需要花费两个月。期间我有时骑马或驴子,有时不得不徒步。我很少利用中式出行工具,一种小型的涂成红颜色的车子,当中只有一个座位,两个人可以轻松抬起。[4]

南怀仁向母亲介绍位于中国中部的湖广省:该省既没有北方的严寒,也没有南方的酷暑,但有时会下很厚的雪,所以冬天的时候,他会穿上中式的皮毛衣服,"类似的衣物我在德意志完全不需要,抵御

---

〔1〕 南怀仁1739年12月3日信件,科勒主编:《新世界信使》第30册,第592号,第124页。

〔2〕 同上。

〔3〕 耶稣会士中国来信,鲜有写给父母至亲的信件,除了南怀仁1741年写给母亲的信,笔者所知只有法国耶稣会士汤尚贤写给父亲的信件,参见[法]杜赫德编《中国回忆录》第1册,第18号,汤尚贤"致其父塔特尔先生的信",时间是1701年12月17日。

〔4〕 南怀仁1741年9月14日信件,科勒主编:《新世界信使》第34册,第673号,第36页。

目前的寒冷很管用"。南怀仁甚至称赞中国的空气质量："中国的空气特别健康，或许比德意志的空气更纯净。"[1]或许，南怀仁说的是实情。

南怀仁刚刚来到湖广的时候，连续两个月的腹泻，让他苦不堪言。他从欧洲带来的药物此前在南昌被挑夫弄没了，又不敢去看郎中，南怀仁原本希望试一试他在欧洲经常接触的放血疗法，但是他发现没有人愿意为他治疗。"这里的中国人要么对此一无所知，要么害怕这么做。他们面无血色，因为他们是迟钝冷漠的民众，如同他们的面色所显示的那样。贵族和体面人的脸色虽说是白色的，但是这种白色不如称为死灰色"。[2]南怀仁评点中国人的肤色和"迟钝冷漠"特质，让人联想到18世纪晚期德意志学者赫尔德对中国人的评价。与赫尔德无知且傲慢的直接贬斥不同，南怀仁至少认为欧洲人应该学习中国人喝热水的习惯。

南怀仁在湖广教区服务多年，对外通讯时有阻隔，1746年他收到老朋友——耶稣会奥地利会省弗勒利希神父写于1744年的来信，随即给弗勒利希神父回信，我们可以想象南怀仁收到友人书信的喜悦心情。

南怀仁感谢老朋友弗勒利希神父没有忘记他："整个奥地利会省，您是唯一还记得我这个伙伴的人，身处世界边缘角落，派不了什么作用。"[3]弗勒利希神父在信中谈到自己写的一本研究地球形状的著作，南怀仁不胜唏嘘："我在这个蛮荒之地基本就同化了，我几乎忘记了那些美好的科学，曾经我是那么渴望获得新知的人。"[4]

弗勒利希的来信勾起了南怀仁的回忆。他回应友人的询问，表示同意 Malapertii 的学说，即地球不是一个浑圆体，而是两端略延伸的球体。至于中国的地貌，南怀仁表示，根据他的经验，中国的天文

---

[1] 南怀仁1741年9月14日信件，科勒主编：《新世界信使》第34册，第673号，第37页。
[2] 同上。
[3] 同上书，第25页。
[4] 同上。

观测以及地理测绘水平远远达不到欧洲同时代的水平,并表示,法国耶稣会士杜赫德认同中国地理测绘水平的说法,只能糊弄那些没有到过中国且缺乏专业知识的欧洲人。[1]

弗勒利希向南怀仁打听关于中国钱币的知识。[2] 对此,南怀仁发表了观点。在他看来,中国的钱币在外形上基本统一,都是圆形方孔,且都是铜质地。若说区别,大概只是大小不同而已。为了给对方直观的感受,南怀仁在信中绘制了"乾隆通宝"的图样。此前,方济各会士康和子在信件中介绍过中国新发现的能够证明基督教传行中国历史的两枚钱币。[3]

南怀仁进一步介绍中国的流通货币:"中国人做买卖或交换时用的都是银两,形状各异且没有锻造,上面既没有刻字也没有图案。他们在市场上会用一根银条,使用的时候弄下几小块,放在一个天平上,天平是他们经常备在手头的,称量符合货物价值的银两分量。中国人从不铸造银币,我在中国从没有见到过。"[4] 彭加德(Jacquemin)1712年写给印度和中国传教区视察员的信中,曾经提到过中国的流通货币是铜钱和放在手提小秤上称重量的各种形状的银块。[5]

无论是天文学还是钱币学,抑或是自然知识,南怀仁对当时中国的科学知识水平不以为然。"中国的钱币库中没有什么珍宝,可以如您所想的那样,用以丰富欧洲的钱币学研究。很遗憾,迄今为止,我在这个国家的自然事物中没有发现神秘之物或是奇迹之物,欧洲的

---

〔1〕南怀仁1746年7月18日信件,科勒主编:《新世界信使》第35册,第689号,第25页。

〔2〕德意志中国研究先驱巴耶尔在1737年发表中国钱币研究的专题论文"De re numaria Sinarum"(S. 175 - 184)。在华法国耶稣会士巴多明寄来中国钱币,巴耶尔当时是圣彼得堡皇家科学院的外部院士,为俄罗斯的奥斯特曼(Ostermann)公爵解释这些中国钱币。

〔3〕参见康和子1722年9月8日中国来信,斯特克莱因主编:《新世界信使》第9册,第225号。

〔4〕南怀仁1746年7月18日信件,科勒主编:《新世界信使》第35册,第689号,第26页。

〔5〕[法]杜赫德编:《中国回忆录》第2册,第79页。

世界知识研究者忙于探究这些。我必须认识到,慷慨的大自然在这个广阔无垠的国度,不管是地上还是地下都有一些罕见的馈赠,值得自然探究者用心观察"。[1] 南怀仁表示,福传工作占据了他全部的时间,否则的话,他能找到合适的时机,将自己对中国的物产、矿产、植物等的观察,形成文字陈述。"如今黯淡的传教局面,迫害不断,让从事如此有意思且有教益工作的愿望落空"。[2]

尽管如此,南怀仁还是希望尽其所能,纠正欧洲知识阶层关于中国科技现状的一些他认为的误区。

> 此地的博学家(Welt-Weisen)提供的消息不可靠,从他们那里只能得到一些传奇故事和经不起推敲的传说,将这些寄到欧洲给您是不值得的。此地的博学家,如果他们担得起这个名称的话,他们很少观察自然,既不深入探究地球内部,也不注重查找他们亲眼所见的自然界神秘现象的原因所在,他们全部的精力都用于观测天象或是研究礼仪(Sitten-Kunst)。对于后者,他们投入许多精力,他们生命中所有的日子都在学习之中,但是从未超越欧洲学者。有一些欧洲人错误地认为,他们更为先进。总而言之,中国在这方面的学问(Weißheit)远没有欧洲人多,所以,他们才会给予非同寻常的高度重视,赞扬欧洲的星相学。我很愿意承认,我们欧洲人要感谢中国的一些发明,像火药、火枪,诸如此类的东西。但是,他们的天文学远远比我们落后!我高度评价他们的勤奋、至理名言(Wohlredenheit)、礼仪学说(Sitten-Lehr),补充一句(没有要贬低什么人的意思),我认为,今天的中国学者在任何科学领域都没有超过欧洲人,在许多方面完全没有优势可言。如果我的上级给我更少一点儿传教工作,或者我有更多的时间,我会将我对于中国科学的想法写成一本小书并考虑出版这本书,让欧洲的有识之士摒弃错误认识,或

---

[1] 南怀仁1746年7月18日信件,科勒主编:《新世界信使》第35册,第689号,第26页。
[2] 同上。

者说能够除去眼前的蒙蔽之物。[1]

好奇的弗勒利希问南怀仁,中国与欧洲自然环境的区别。南怀仁作了扼要的介绍,主要以湖广以及北京为例。他告诉弗勒利希,湖广地区冬季严寒,穿三重皮质衣服才能抵御寒冷,而纬度与里斯本大致相同的北京,冬季长达7个月,有许多人被冻死,夏季却又酷暑难挡,"去年,这个国家有超过4万人热死,仅北京一地就超过1万人"。[2]

南怀仁来华之后,在最短时间内掌握了必要的中文知识。对于中文学习,南怀仁的认识与此前的耶稣会士相同,相信中文发音的声调与音乐乐理相通。

> 我对至高上的主感激不尽,他给予我的恩典,让我在如此短的时间之内学会中国语言。我学习它不到三个月,已经能够用中文解释教理,听告解,并主持与传教相关联的其他仪式活动。众所周知,这种语言出奇难。一个单词的含义超过20种,他们只能通过说话时使用的不同音调加以辨认。要区分这种音调上的变化,对每一个人都异常困难,尤其是像我这样不通乐理的人。天主解救了我,我在接下来的一年要学习总数达到八万的中文字,能够阅读他们的书籍。假以时日,还能向有学识的异教徒证明这一点,如果他们给我机会的话。[3]

有学识的中国"异教徒"没有给南怀仁这样的机会,他所设想的,与中国文人知识分子对话交流的时代终究没有再现。

---

[1] 南怀仁1746年7月18日信件,科勒主编:《新世界信使》第35册,第689号,第26—27页。
[2] 同上书,第28页。
[3] 南怀仁1739年12月3日信件,科勒主编:《新世界信使》第30册,第592号,第127—128页。

第四节　宫廷西洋乐师——波希米亚耶稣会士魏继晋研究

来华耶稣会士弗洛里安·约瑟夫·巴尔（Florian Joseph Bahr，1706—1771），中文名魏继晋，字善修。1738 来华，以音乐才能奉召入京，服务北京宫廷。[1]

这位来自耶稣会波希米亚会省的神父，虽然擅长西洋乐器演奏，但既无意在中国推广西方音乐，也无意向欧洲介绍中国音乐，因此在中外音乐交流史上并没有留下太多痕迹，无论是早期冯文慈著《中外音乐交流史》还是宫宏宇新著《来华西人与中西音乐交流》都罕有提及此人。

魏继晋出生于法尔肯堡（Falkenberg），该地位于当时隶属神圣罗马帝国的上西里西亚，今天称涅莫德林（Niemodilin），属于波兰。费赖之将魏继晋归入德意志传教士之列，荣振华认同此说："魏继晋诞生于西里西亚，地理书中所知的许多法尔肯贝特村庄之一（福贡山区），现在是波兰的一部分。我毫不犹豫地把他登录成德国人。"[2] 英国学者傅熊（Bernhard Führer）认为福贡地区当时实际隶属奥地利王朝，将魏继晋及其学术活动归入奥地利早期汉学史范畴。[3] 魏继晋的母语是德语，可以认为是德意志传教士；魏继晋出生地位于西里西亚，亨克尔称之为"西里西亚耶稣会士并乐师"；按照魏继晋所属会省，称为"波希米亚音乐家"亦无不可。[4]

---

[1] 魏继晋葬于北京传教士滕公栅栏墓地（车公庄大街，北京行政学院内），今存墓碑。参看北京行政学院编著《青石存史——"利玛窦和外国传教士墓地"的四百年沧桑》，北京出版社，2011 年。
[2] [法]荣振华等：《16—20 世纪入华天主教传教士列传》，第 466 页。
[3] [英]傅熊著，王艳、儒丹墨译：《忘与亡——奥地利汉学史》，华东师范大学出版社，2011 年，第 45—47 页。
[4] [美]斯塔尼斯拉夫·叶茨尼克著，周萍萍译：《刘松龄：旧耶稣会在京最后一位伟大的天文学家》，上海三联书店，2014 年，第 17 页。

一、奉召入京

魏继晋接受家庭影响,擅长演奏小提琴,懂得修理管风琴,最初作为音乐专才被引入北京,目的是加强在京欧洲传教士的宫廷服务力量。乾隆三年,刘松龄、鲍友管、魏继晋能知律吕之学,王致诚、杨自新在广东督抚派人伴送下,按照惯常的使节路线,从澳门进入广州,从水路抵达赣州,此后沿江下行到南昌,继而过江南、山东,抵达北京。1739年11月3日,在写给富格伯爵夫人的信件中,魏继晋陈述了一行人抵达北京的历程。

> 中国新年的时候,在一名中国文官的陪同之下,我们出发前往北京。接下来的行程是这样的:我们在3月第一天从澳门出发。到了广州,因为开销花费与当地官员起了一点争执,不过最终结果有利于我们。争执的原因是皇帝的谕令,该谕令上有两个字:旧例(Kieù li),意思是遵循旧有习惯,这两个字的意思没有解释清楚。当官员们向我们询问旧有习惯是什么的时候,我们声称,蒙召前往宫廷的传教士的开销都由皇家承担,我们还用白纸黑字写下来,送去给他们。没有写这个说明之前,他们对待欧洲人很糟糕,对旧习一无所知。[1]

魏继晋的旅伴刘松龄在同时期的信件中,以日志形式记述进京之旅,[2]魏继晋想必了解这一点。因此,他对富格伯爵夫人表示,有关从澳门到北京沿途的河流、城市、山川,他在信中不作叙述:"尊敬的夫人,当您浏览《新世界信使》的时候,想必能够从中得到一个完整的印象,在此我就不再进行不必要的重复,以免引起您的厌烦和反感。"

魏继晋一行在1739年6月13日抵达北京,途中魏继晋还遭遇

---

[1] 魏继晋1739年11月3日信件,科勒主编:《新世界信使》第32册,第629号,第70—71页。
[2] 详情参见刘松龄1739年11月4日信件,科勒主编:《新世界信使》第30册,第587号。

了一次险情:"走了 20 中国里之后,魏继晋神父出了事情。他和他的轿椅以及骡子翻下大约 1.5 英寻高的河堤,落到水里。"[1]好在有惊无险,并没有人员受伤。

北京的神父们骑马出城迎接新来者。不过,据魏继晋的了解,在康熙时代,新抵达的欧洲教士们,还有陪同来的文官们,首先会被引入皇宫大殿,在那里,虽然见不到皇帝的面,但仍然按照中国的方式,将头伏地,行九叩礼,"这是给予远人的特殊礼遇"。但现在的乾隆皇帝显然不想继续推行这样的习惯,于是,魏继晋一行被直接带到圣若瑟住院,此后魏继晋长期居住在这座隶属耶稣会葡萄牙传教团的住院。

乾隆皇帝仍然"怠慢"新抵北京的欧洲传教士。两周之后,魏继晋一行终于获得恩准觐见皇帝,在此期间,他们准备好了送给皇帝的礼物。传教士们将礼物带到宫廷,但仍然没有得见天颜,尽管皇帝赏赐了一顿早饭。"我们尽管享用了一顿中式早饭,有 Schepsen-Schlegel、甜奶、小饼(Piscoten)以及其他的蜜饯,但并没有见到皇帝的面。又过了 14 天,我们再次被召入宫,每人获赏一件昂贵的皮毛衣物和一匹丝绸,但这一次仍然没有见到皇帝"。[2]

乾隆皇帝不想第一时间接见这些西洋传教士,但下旨要求新人们展示才艺。所以两名法国修士——画师王致诚、钟表匠杨自新呈交了他们的作品,得到皇帝的喜爱,尤其是绘画作品。当时在京的西洋传教士都知道,乾隆皇帝对于西洋绘画分外喜欢和重视,魏继晋并不寄望他掌握的音乐技能能够得到皇帝的青睐:"绘画艺术几乎是唯一受到重视,且能令他感兴趣的技艺。至于我和我在音乐方面的经验,到目前为止,还没有什么需求,皇帝陛下对这项技艺没有表示出任何好感。因为同样的原因,我的前任,一位能够娴熟演奏各种乐器

---

[1] 刘松龄 1739 年 11 月 4 日信件,科勒主编:《新世界信使》第 30 册,第 587 号,第 89 页。
[2] 魏继晋 1739 年 11 月 3 日信件,科勒主编:《新世界信使》第 32 册,第 629 号,第 72 页。

之人,有意离开宫廷,前往他分配的传教省份,如果他不是在这期间去世的话,或许他的上级领导会准许他这么做。"[1]魏继晋此处提到的"前任",很可能是指 1735 年去世的、同样来自波希米亚会省的耶稣会士严嘉乐。严嘉乐写过关于中国音乐的论文,但并没有留存下来。

二、音乐与教务

乾隆六年,老资格的在京西洋人德理格会同来华两年的魏继晋以及新近抵京的鲁仲贤,在内廷开设音乐课,教授"年轻侍从"演奏不同的西洋乐器。[2]葡萄牙耶稣会士陈善策对魏继晋青睐有加,直接声称乾隆欣赏魏继晋个人才艺:"陛下对他的才艺——演奏小提琴,喜爱有加,表达了最大的善意,并因此委托他为宫中一些年轻侍从讲授欧洲音乐。"[3]

另有学者称,魏继晋、鲁仲贤两人"又为皇帝上演喜歌剧《好姑娘》做准备工作"。[4]此说有误。据冯文慈介绍,意大利作曲家皮钦尼(Nicola Piccinni,1728—1804)的著名喜剧《好姑娘》(La Cecchina)在清宫上演,大约在乾隆四十三年(1778)。[5]此时,鲁仲贤、魏继晋都已经离开人世。

魏继晋抵京之初,就表示不想在宫廷服务上投入太多精力,他更愿意将时间奉献给传教工作。

> 感谢天主!我终于幸运地抵达皇城,得到在目前的情况下所能得到的礼遇。我的四个同伴,有的作为数学人才,有的是画

---

[1] 魏继晋 1739 年 11 月 3 日信件,科勒主编:《新世界信使》第 32 册,第 629 号,第 72 页。
[2] 鲁仲贤 1743 年 11 月 19 日信件,科勒主编:《新世界信使》第 34 册,第 680 号,第 68 页。
[3] 陈善策 1743 年 11 月信件,科勒主编:《新世界信使》第 34 册,第 682 号,第 83 页。
[4] 林青华著,刘红柱译:《中乐西渐的历程》,中央音乐学院出版社,2014 年,第 57 页。
[5] 冯文慈:《中外音乐交流史》,人民音乐出版社,2013 年,第 253 页。

师和钟表匠,他们都忙于在观星台和工坊里为皇帝工作。我和我的乐器还闲在屋子里,认清这个事实对于我很重要。我通过长时间的练习,能够演奏不同的乐器,那么此地是否需要这项才艺,我漂洋过海从欧洲来到这里,不是为了弹鲁特琴、拉小提琴,而是为了去赢得异教徒的心灵,我越少地承担宫廷事务,就越能够享受牧灵带给我的安宁。请天主尽情差遣我!我怀着谦卑之心领受一切。[1]

皇帝对西洋音乐没有好感,就意味着失去赢得皇帝好感的加分项,但魏继晋似乎并不为此感到遗憾,他宣称,自己没有把时间花在演练欧洲音乐方面,而是将时间花在语言学习方面:"我很少关心价值有限的欧洲音乐技艺,因为现在是学习困难的中国语言更为恰当的时期,我离开欧洲的唯一目的就是牧养心灵,学习中文是达到这一目的所必需的。感谢上主恩典,给予我非常大的安慰,我学了两个月就能听中国信徒的告解。"[2]

魏继晋希望将更多时间投入传教,他的愿望因为一场重病得到满足。"在他卧床休息期间,熟悉的宫廷服务不得不中断,在他看来,善变的皇帝失去了此前对(欧洲)音乐的兴趣,在魏继晋神父康复之后,也不再被征召,这正合神父的心意,使他能够全身心投入传教事务"。[3] 魏继晋负责的传教区地距离北京 30 里,大概需要走 5 天才能抵达。魏继晋一年走访那里 4 次,陆续在当地建起了 5 座不显眼的小教堂。[4] 不过,皇帝"遗忘"魏继晋一段时间以后,重新想起来他。因为皇宫中有一架风琴需要检修,神父被重新召回北京住院。

---

[1] 1739 年 12 月 3 日信件,收信人是波希米亚会省耶稣会士 P. France. Xav. Heissler,罗马代理处的德意志参赞。科勒主编:《新世界信使》第 30 册,第 594 号,第 134—135 页。

[2] 魏继晋 1739 年 11 月 3 日信件,科勒主编:《新世界信使》第 32 册,第 629 号,第 72 页。

[3] 陈善策 1743 年信函,科勒主编:《新世界信使》第 34 册,第 682 号,第 83 页。

[4] 科勒主编:《新世界信使》第 35 册,第 692 号,第 90 页。该文献为魏继晋两封信件摘录,原文没有标注时间,笔者推测写作时间在 1740 年。

在此之前,魏继晋已经利用他的音乐才华,带领所在教区的基层信徒,以欧洲音乐形式吟唱赞美诗,"他向我们大家表明,他与那些贫穷的基督徒在一起多么满足,他如何用艺术的标准带领祷告与赞美诗吟唱,令人身心极愉悦的欧洲音乐"。[1] 相信对于当地民众而言,这样的体验绝无仅有。魏继晋有限的中文著述包括《圣若望桌玻穆传》与《圣咏续解》。《圣咏续解》篇幅虽然短小,但适用于以音乐吟唱形式进行的传教活动。

魏继晋在很短时间内掌握了中文口语,而且在学习满汉语言文字方面也有不错的进展。"继晋研究中国语言文字成绩甚佳,甫及一年,能对众讲演。自是以后三十余年,或在京内,或在近郊,每逢星期日或节庆日必有演述,有时日讲两次。语言明畅,满汉听众皆乐聆其说"。[2] 所以,尽管皇帝对西洋音乐的兴趣并不持久,但魏继晋并没有完全告别宫廷服务。1748 年,乾隆皇帝敕令编修《华夷译语》,在京西洋传教士为这部工具书贡献了汉语与拉丁语、法语、意大利语、葡萄牙语、德语对照的双语词汇表,魏继晋负责其中德汉双语词汇表《额呼马尼雅语》,佐证了他在中国语言文字领域的修为。[3]

以传教为使命的魏继晋来华三十余年,未能看到在华传教士的处境改善,感受到的只有越来越惨淡的前景。在京欧洲传教士为中国皇帝提供各种技术服务,并不能换来清廷容许天主教在中国传布。1748 年 11 月 24 日,魏继晋写给富格伯爵夫人的信件中,谈及两位耶稣会士黄安多与谈方济在江苏被秘密处死一事。当时在京城的传教士,包括受到皇帝宠爱的意大利画师郎世宁,曾恳请皇帝给予被拘捕的欧洲传教士一线生机,但并无结果。达官贵人中即使有同情传教士的人士,也都不敢在皇帝面前为欧洲传教士求情。

---

[1] 陈善策 1743 年信函,科勒主编:《新世界信使》第 34 册,第 682 号,第 83 页。
[2] 转引自[法]费赖之《在华耶稣会会士列传及书目》,第 776 页。
[3] 魏继晋 1749 年 11 月 28 日信件,《新世界信使》第 35 册,第 695 号,第 124 页。
　[法]费赖之:《在华耶稣会士列传及书目》,第 778 页。

同样是在 1748 年，为应对中国传教区的紧急情况，澳门、北京两地的传教士在北京召开会议，魏继晋作为中国教区视察员南怀仁的特别代表，负责转呈会议决议。与会欧洲传教士皆认定，绝无必要且无可能求得皇帝解除天主教在华传播禁令；他们相信，谋求来自欧洲某位君主的声援可能性很大，但他们恐怕来到中国的欧洲使团除了能得到皇帝和权臣们礼节周到的接待，再无其他作为。[1]

1766 年，魏继晋在写给富格伯爵夫人的信件中汇报了一件令在京欧洲人惴惴不安的事件。乾隆二十四年(1759)，英国东印度公司职员洪任辉(James Flint)未获当局许可，通过海路抵达天津告御状，控告粤海关官员。这一贸然举动令乾隆皇帝感到不可思议，甚至迁怒在京欧洲传教士，怀疑洪任辉此举乃是受到在京欧洲人的教唆。[2] 尽管如此，乾隆最终没有非难在京欧洲人。魏继晋的传教活动仍在继续，向耶稣会领导、欧洲的贵族捐助人汇报传教业绩的工作也未中断。1761 年开始至逝世为止，魏继晋担任耶稣会中国教区会长和中国、日本副省视察员，晚年他曾经屡次去信罗马耶稣会，请求增派年轻耶稣会士来华传教。1771 年 6 月，在华传教多年的魏继晋突发中风去世，葬在北京传教士滕公栅栏墓地。

三、《驳谬说书》

乾隆年间魏继晋参与编撰的《华夷译语》中的德汉双语词汇表《额哷马尼雅语》，是目前学术界对其开展研究的主要切入点。[3] 相

---

[1] 1748 年苏州教案综合报导，科勒主编：《新世界信使》第 35 册，694 号，第 121—122 页。
[2] 魏继晋 1766 年 10 月 13 日致富格伯爵夫人信函（罗马耶稣会档案馆 Jan-Sin 181, ff. 292 - 293），参见 Hsia, R. Po- Chia, *Noble Patronage and Jesuit Missions: Maria Theresia von Fugger-Wellenburg（1690 - 1762）and Jesuit Missionaries in China und Vietnam*, p. 345.
[3] 关于《额哷马尼雅语》的最新研究，参看拙作《中德语言早期接触史研究——以〈额哷马尼雅语〉和〈德字初桄〉为中心》，《清史研究》2022 年第 3 期。

比之下,魏继晋的护教著作《驳谬说书》并不为人熟知。[1]

魏继晋这部著作的出现颇具偶然性。如果魏继晋没有读到《中华帝国全志》德文译本,他就不会知道新教神学家莫舍姆[2]所著《最新中国教会史》以及德文译本的译者对中国教会历史的补充介绍。

莫舍姆著作《最新中国教会史》在1748年出版单行本,并作为前言刊载在《中华帝国全志》德文本第2册。法国耶稣会士杜赫德的《中华帝国全志》出版于1735年,该书的德文本于1747—1749年在罗斯托克(Rostock)陆续出版。[3] 德文本译者认为法文本缺少有关天主教在华传播历史的记述,因此,其不仅自行增补了三个附录,还推介了莫舍姆撰《最新中国教会史》。1755年,魏继晋通过抵京俄罗斯商团[4]得到《中华帝国全志》德文本,不满于其中的部分内容。无法忍受莫舍姆对中国传教事务的"误读",魏继晋决心加以驳斥。

《驳谬说书》完成于1755年11月16日,书稿于1757年10月8日到达奥格斯堡。[5] 次年,即1758年,在当地贵族富格伯爵夫人的帮助下,魏继晋的著作得以在奥格斯堡出版。魏继晋与奥格斯堡富格伯爵夫人保持长期通信交往,这位欧洲女捐助人热心中国传教事业,尤其关注弃婴受洗一项。魏继晋在1744年的一封信件中郑重告

---

[1] Hsia, R. Po-Chia, *Noble Patronage and Jesuit Missions: Maria Theresia von Fugger-Wellenburg (1690 – 1762) and Jesuit Missionaries in China und Vietnam*, 对《驳谬说书》有扼要介绍。

[2] 路德宗神学家、教会史家、德国哥/格廷根大学首任校长。欧洲学者对其研究甚多,德国学者莱辛(Gotthold Ephraim Lessing,1729—1781)在"莱布尼茨论永罚"中介绍并讨论了莫舍姆的神学观点(参见刘小枫主编《论人类的教育》,华夏出版社,2008年,第14—22页)。

[3] 德文本《中华帝国全志》(*Ausführliche Beschreibung des Chinesischen Reichs und der grossen Tartarey*)共计五卷(Rostock: Johann Christian Koppe, 1747、1748、1749)。

[4] 康熙三十二年(1693)议准,"俄罗斯国贸易,人不得过二百名,隔三年来京一次"[《大清会典则例》卷一四二,《景印文渊阁四库全书》第624册《史部·政书类·通制之属》,(台北)台湾商务印书馆,1983年,第496页]。此后,在京耶稣会士设法利用定期来华俄罗斯商团,与欧洲方面进行信息、通讯沟通。

[5] [德]魏继晋:《驳谬说书》,第138页。

知伯爵夫人,他们每个月会支付一定数量的钱给基督徒或是非教徒,在凌晨的时候去城门边,为那些还没有断气的弃婴施洗。[1]

富格伯爵夫人在1758年1月的信中告诉魏继晋,这本书除了在波希米亚地区刊行,也会在其他省份流通,而且还会转交给《新世界信使》的编者。[2] 伯爵夫人没有食言,《驳谬说书》后来出现在1761年出版的《新世界信使》中,编号742。[3]

《中华帝国全志》德文本的部分附录以及莫舍姆著作,是魏继晋批评的重点。在魏继晋看来,从来没有来过中国的新教神学家莫舍姆以及很可能是新教学者的德文本译者,仅根据在欧洲收集的并不丰富的文献材料,没有资格谈论天主教在华传教史。魏继晋很可能在请示教区领导之后,短时间内完成《驳谬说书》,并将书稿寄往欧洲。

魏继晋的《驳谬说书》由导言和三个章节构成。导言部分驳斥莫舍姆使用文献之误,正文部分三个章节分别批驳关于东印度地区耶稣会士的谬说、关于北京耶稣会士的谬说以及莫舍姆和《中华帝国全志》德文本译者之误。

莫舍姆在他的叙述中,批评耶稣会士海外传教活动中的灵活政策,认为在华耶稣会种种本应受到责难的行为,在有利传教的借口下反而获得褒奖。[4] 莫舍姆似乎有意将清前期天主教在华发展,理解为在华耶稣会士与中国社会高层各取所需的利益结合,因此他用了较长的篇幅批评北京耶稣会士接受清政府官职的问题,其中特别提到汤若望身着朝服的画像(该画像收录于杜赫德《中华帝国全志》),但莫舍姆在叙述中犯了一个"低级"错误。当时业已出版的《中华帝

---

[1] 参见魏继晋1744年11月15日信件,科勒主编:《新世界信使》第34册,第684号,第100—101页。

[2] Hsia, R. Po-Chia, *Noble Patronage and Jesuit Missions: Maria Theresia von Fugger-Wellenburg (1690–1762) and Jesuit Missionaries in China und Vietnam*, p. 315.

[3] Henkel, Willi, „Florian Bahr(1706–1771), ein Schlesischer Jesuitenmissionarin in China und Musiker am Hof in Peking", S. 74.

[4] [德]莫舍姆:《最新中国教会史》,第14—16页。

国全志》法文本附有耶稣会神父利玛窦、汤若望、南怀仁(Ferdinand Verbiest)的全身像,其中利玛窦身着明代儒士服装,南怀仁穿着上层满人的毛皮外套,唯有汤若望身着清代官服,所穿朝服的补子图案是标识高品阶文官的仙鹤,不知为何,莫舍姆将其误解为中国"龙"图案。这个错误成为魏继晋的批评对象,魏继晋声称,在京耶稣会士接受官衔一事,"在欧洲引起哗然,其余波到莫舍姆时代都没有平静。然而莫舍姆先生连中国官服上所绘图案都搞不清,他以为北京的宫廷耶稣会士,穿着前胸饰有龙图案的华丽官服,在中国享受尊荣,过着舒适生活"。[1]魏继晋继而向欧洲读者介绍中国官员服饰的等级:文官服的图案为飞禽,武官服为走兽,等级不同,图案有别。至于"龙"形图案,从来只有皇族成员才可以使用,"这就像罗马帝国的双鹰图像,在中国,龙是皇族徽章"。[2]

在华耶稣会士接受官衔、领取俸禄一事,在天主教内部长期存在争议。魏继晋作为当事人,明白中国环境的特殊性,他无法否认有耶稣会士担任朝廷官员的事实,但他以郎世宁如何被迫接受官衔一事为例,极力证明在华耶稣会士的身不由己,同时断然否认海外耶稣会士们既是官员又是商人、收入丰厚的说法。[3]

魏继晋大致介绍了耶稣会远东传教团过去、现在的主要经济来源:欧洲人士的捐助,以及教会高层允许的丝绸贸易。[4]对于耶稣会在远东开展的丝绸贸易,按照魏继晋的说法,耶稣会曾被获准进行每年1万磅的丝绸交易,提供总共两万弗罗林的海外传教资金扶持。后来为了消弭流言蜚语,耶稣会放弃了这一方式。[5]在魏继晋出生之前很多年,担任耶稣会远东地区视察员的范礼安(Alessandro

---

[1] [德]魏继晋:《驳谬说书》,第63—64页;《最新中国教会史》中相关说法见于该书第92页。
[2] [德]魏继晋:《驳谬说书》,第83页。
[3] 相关叙述详见魏继晋《驳谬说书》,第73—74页。
[4] 关于远东耶稣会士参与商贸活动的研究,参见戚印平《远东耶稣会史研究》,第301—347页;顾卫民:《16—17世纪耶稣会士在长崎与澳门之间的贸易活动》,《史林》2011年第1期,第94—104页。
[5] [德]魏继晋:《驳谬说书》,第48—49页。

Valigano,1539—1606),曾经因为一艘给日本传教团运载物资的荷兰船只倾覆而悲恸,他恳求那些在印度果阿的耶稣会同仁高抬贵手,"我相信那些待在安逸之地而不是此处的人,不可能对那些缺衣少食、挣扎在死亡线上之人的困难作出正确裁判,尊敬的先生们,如果你们中的任何一个人能到这些会省进行一线查看,会发现他们数目惊人的开销以及少得可怜的收入和资产"。[1] 最初,教皇额我略十三世(Gregory XIII,1572—1585在位)允许耶稣会士的海外贸易活动,将其理解为慈善行为,而非商贸行为。[2] 但不同的教皇对待传教士团体的商业活动态度并不一致,对此类活动的非议不绝于耳,也就是魏继晋在《驳谬说中》中提到的"流言蜚语"。比利时学者高华士对耶稣会士鲁日满常熟账本的研究显示,1699年之后在华耶稣会士很少从商业活动中获利。[3] 在华耶稣会士在丝绸贸易之外的商业活动,是否如魏继晋所说的那样已经完全放弃,尚有待进一步辩证。

接受世俗官衔或是从事商业活动,耶稣会士尚可以辩解说是了传教需要所采取的权宜之策,那么对待中国礼仪的态度,则是一个引发轩然大波的问题。一般来说,广义的中国礼仪争端绵延数个世纪,狭义的礼仪争端结束于康熙末年。

康熙末年,原本存在于罗马教廷各修会内部争论的中国礼仪问题,外延发展为清政府与罗马教廷之间的外交争端。康熙与罗马教廷各自派遣代表,交换有关中国礼仪问题的意见。但是,没有妥协的谈判注定以失败告终,中国方面以康熙晚年的禁教政策强势表态。康熙五十九年(1720),康熙晓谕来访的第二位教皇特使嘉乐:"尔教王条约与中国道理大相悖离,尔天主教在中国行不得,务必禁止,教既不行,在中国传教之西洋人亦属无用,除会技艺之人留用,再年老有病不能回去之人仍准存留,其余在中国传教之人

---

[1] Boxer, C. R., *The Christian Century in Japan*(1549 - 1650), Berkeley & Los Angeles: University of California Press, 1951, p.365.
[2] Boxer, C. R., *The Christian Century in Japan*(1549 - 1650), p.118.
[3] [比]高华士:《清初耶稣会士鲁日满常熟账本及灵修笔记研究》,第482—483页。

尔俱带回西洋去。"[1]

罗马教廷有关中国"礼仪"的争论以本笃十四世颁布《自上主圣意》作为结束。教皇谕令在1744年被送达北京,魏继晋受命通报教皇谕令,耶稣会士必须放弃为其灵活传教政策再行申辩。

教皇谕令只能管束天主教人员,莫舍姆是新教人士,而且认为中国礼仪争端的前因后果是中国传教史重要的环节,不能回避。魏继晋因为教廷禁令,不打算就此话题再行讨论,更何况他认为,"过去一百多年的时间,讨论中国礼仪、风俗的书籍已经充斥欧洲各国的图书馆"。[2]魏继晋声称,教皇的谕令并没有让耶稣会士恼怒,北京耶稣会士一直严格遵守执行教皇的谕令,而不是带有变通色彩的"嘉乐八条",他以及同会弟兄遵守教皇谕令,且从来没有允许基督徒沿用被禁止的中国风俗:"1744年9月27日,我有幸在三所教堂中的一所通告本笃十四世的谕令《自上主圣意》,没有任何人反对,没听到一句抱怨。"[3]这与英国学者傅熊认为魏继晋主张严格对待中国习俗的说法相吻合。[4]

驳斥莫舍姆有关中国传教史的叙述之后,魏继晋把矛头转向《中华帝国全志》德文本,他要驳斥这位匿名的德文本译者因为文献处置不当造成的"错误"言论。

如前文所说,魏继晋与他的法国同仁不同,他很少关注传教以外的中国研究,因此也无意点评《中华帝国全志》德文本存在的细节错误,只是批评其译文品质欠佳。无论是导言还是莫舍姆所写前言,始终没有披露《中华帝国全志》德文本译者的真实身份,魏继晋相信背后的原因是因为译本质量太差:"(1735年,杜赫德神父编撰的《中华帝国全志》在法国出版。)1748年,在罗斯托克出版了德文本,可以用

---

[1] 中国第一历史档案馆编:《清中前期西洋天主教在华活动档案史料》第1册,第36页。
[2] [德]魏继晋:《驳谬说书》,第85页。
[3] 同上书,第90页。
[4] [英]傅熊:《忘与亡——奥地利汉学史》,第46页。

我们的母语阅读。……但遗憾的是,译者轻率随意的错误,令优雅得体的德语蒙尘。也许是这个原因,令他不愿写上自己的姓名。"[1]在魏继晋看来,这位德文本译者对耶稣会抱有成见,加之能力有限,译文有太多不足,"如果说莫舍姆错误的历史叙事还有那么一点斯文有礼的话,那么译者,或者说德意志的杜赫德,无论是经验、阅读量,或者写作手法方面,都不能与莫舍姆相提并论"。[2]

《中华帝国全志》德文本译者增补了三个有关中国传教史的附录,[3]魏继晋表示无法容忍其中对在华耶稣会士的批评。

附录一讨论海外传教士们如何应对有别于基督教信仰的信仰崇拜表现形式。在这位译者看来,与海外的嘉布遣会修士相比,耶稣会士对异教徒的信仰表达形式更为宽容。换而言之,海外耶稣会士,包括在华耶稣会士,之所以到处受迫害、被驱逐,乃是自食其果。魏继晋无法同意这位译者的观点,他异常愤慨地批评这位译者对于罗马公教缺少真正的认识,轻视海外耶稣会士的工作,"因为在异教徒中传播福音,耶稣会士们遭遇迫害,其中原因,他能够让读者们知晓吗?或者说连他自己也不知道,他都写了些什么"。[4]

附录二介绍第二位赴华交涉中国礼仪问题的教皇特使嘉乐的经历。译者摘录了遣使会传教士德理格写于1710年11月的一封长信。按照耶稣会士的说法,德理格因严守教廷禁约,皇太后去世不去

---

[1] [德]魏继晋:《驳谬说书》,第2页。
[2] 同上书,第112页。持类似批评意见的还有《中国杂纂》(*Description Générale de la Chine, les lois, les moeurs et usages, sciences et arts des Chinois*)的德文本译者[《中国杂纂》的作者是法国耶稣会士格鲁贤(Jean Baptiste Groiser,1743—1823)]。这位译者对《中华帝国全志》德文本大加贬斥:"1747—1749年在罗斯托克出版了德译本,1756年还出版了一卷补遗。然而翻译得出奇糟糕、拖沓且不够准确:到今天还有谁会去读这样的五本书?"(Jean Baptiste Grosier, *Allgemeine Beschreibung des Chinesischen Reichs nach seinem gegenwärtigen Zustande*, aus dem Französischen des Abbé Grosier übersetzt von G. L. S., Band 1, Frankfurt und Leipzig: Johann Georg Fleischer, 1789, S. VII - VIII。
[3] 《中华帝国全志》德文本,第162—206页。
[4] [德]魏继晋:《驳谬说书》,第120页。

吊丧，回避行叩首礼，在康熙五十九年（1720）被收押入狱。[1] 魏继晋对德理格信件中的立场和态度未置一词，只是批评译者补充的诸多事实错误：其一，将教皇特使嘉乐出访中国的时间记录为1720—1725年，实际情况是：嘉乐1720年抵达澳门，1721年即启程返回欧洲；其二，附录中称刘应被安排到澳门与嘉乐特使见面，也不成立，因为耶稣会中异见人士刘应认为中国人祭祖尊孔所行礼仪有偶像崇拜之嫌，1709年迁往印度本地治里，嘉乐来华之际，没有证据显示刘应到过澳门；其三，附录中称艾逊爵在澳门耍花招取信特使嘉乐的事情不可能发生，因为奉康熙命令出使欧洲的艾逊爵死于返回中国的途中，其遗骸由同行的中国神职人员樊守义在1720年带回广州。

附录三是法国耶稣会士傅圣泽（Jean-François Foucquet，1665—1741）致同会法国神父戈维理的一封信。[2] 傅圣泽在华居住生活二十余年，是在华耶稣会士中持"索隐思想"的少数派，对中国礼仪自有看法，相信能从中国传统典籍中发现基督教真理。自信的傅圣泽认为，如果他有机会向教廷决策层解释中国古典文献的真正含义，和平局面就一定会到来。他与在华法国耶稣会士群体并不能很好相处，无视耶稣会极重视的服从上级原则，宣称来自里昂会省的法国耶稣会士群体不公平对待其他会省的法国耶稣会士。"傅圣泽反对汤尚贤出任法国耶稣会北京住院的负责人，因为此人在他看来与'里昂神甫们'沆瀣一气"。[3] 1718年，傅圣泽向耶稣会上级提出请求，希望被召回欧洲。耶稣会总会长坦布里尼（Michel Angelo Tamburini，1648—1730）同意了他的请求。不过总会长后来致信傅圣泽，称"他之所以被命令返回法国并非由于他本人曾写信要求，而是因为他顽固地拒绝接受一位合法任命的会长，也因为他其后对视察员纪理安

---

[1] 参见方豪《中国天主教史人物传》中册，第356—357页。
[2] 1708—1724年，戈维理在广州负责法国传教会的庶务。1724年，接受上级指令返回法国（参见[法]费赖之：《在华耶稣会士列传及书目》，第587—588页）。
[3] [美]魏若望：《耶稣会士傅圣泽神甫传——索隐派思想在中国及欧洲》，第216页，注释1。

的过激行为"。[1] 傅圣泽在 1720 年返回欧洲,途中给当时在华的教皇特使嘉乐写了两封信,此举同样被视为违反耶稣会的习惯做法,因为作为一名耶稣会士,越过直接上级向更高阶人士提出请求的做法并不妥当。[2] 1725 年,傅圣泽被教廷任命为埃莱特罗波利斯(Eleutheropolis)主教。

魏继晋认为:傅圣泽在这封信中不敢坦白他返回罗马的原因,指责傅圣泽在传教事业上退缩,追逐名利,却又试图加以掩饰,欺瞒众人获得谅解,字里行间流露出对傅圣泽的些许嘲讽:"我个人可以确信,他离开中国时,心里没有觉得不安。是的,如果他还能待在北京,就算埃莱特罗波利斯主教的头衔给了其他人,他也不会不高兴。但他不得不离开中国,那么成为埃莱特罗波利斯主教,总好过成为一名遭驱逐的传教士。因此,他必然会美化他的此次旅行,以掩盖真相。"[3] 魏继晋使用了西塞罗(Ciocero)帮助罗马公民米罗(Milo)开脱罪名的故事来讽刺傅圣泽,称西塞罗通过出众的辩才让涉嫌杀人的米罗免于一死,而傅圣泽靠自己就可以。魏继晋的著作出版经过耶稣会上级批准,文章中对傅圣泽的评价或可认为是当时在华耶稣会的普遍看法。

与"揭发"傅圣泽不同,魏继晋花费颇多笔墨为另一位耶稣会士正名。此人是葡萄牙耶稣会士穆经远,追随康熙第九子允禟参与康熙晚年的王权争斗,遭雍正皇帝清洗。《中华帝国全志》德文本译者称穆经远身负叛国罪名,最后被残酷处死,尸身被切成四块弃置街头,所以耶稣会没有将其列入殉道者之列。魏继晋表示,事实并非德文本译者所说,穆经远虽不是为信仰而牺牲,但也绝非叛国之人,他

---

[1] [美]魏若望:《耶稣会士傅圣泽神甫传——索隐派思想在中国及欧洲》,第 221—222 页。
[2] 同上书,第 224 页。
[3] [德]魏继晋:《驳谬说书》,第 129 页。关于傅圣泽回到法国后的事迹,参见[美]史景迁著、吕玉新译《胡若望的困惑之旅——18 世纪中国天主教徒法国蒙难记》,上海远东出版社,2006 年。

之所以被杀,完全是因为一些无端猜疑。[1]

无论是关于教皇特使,还是本会神父傅圣泽、穆经远,魏继晋都希望说服读者们:与那位《中华帝国全志》德文本译者的叙述相比,他的信息来源更为可靠。

如果单就对中国的了解程度来说,魏继晋无疑占据上风,但当时的欧洲读者恐怕更愿意相信莫舍姆的叙述。因为18世纪的欧洲,反对耶稣会的呼声日渐高涨,欧洲读者一方面继续利用耶稣会译介的中国信息,一方面批评耶稣会为了自身利益,在书籍出版中刻意隐瞒信息。与此同时,当时欧洲读者了解到的"中国"已经不仅仅存在于耶稣会士的笔下。莫舍姆以及《中华帝国全志》德文本译者参阅的文献很多出自非耶稣会士或耶稣会中持不同观点者之手,无论是介绍耶稣会在华传教政策,还是描述教皇特使来华事项无不如此。因此,才有了《最新中国教会史》的面世,莫舍姆在其中"以符合当时时代特点的批评笔触,来面对耶稣会传教士的一面之词"。[2]

本 章 小 结

本章分析研究的四名耶稣会士方记金、费隐、南怀仁、魏继晋,在华世俗事迹并不突出,之所以进行专题介绍的原因也在于此。利用《新世界信使》的资料以及其他中西文材料,可以帮助后来者更多地了解这几位分别生活在康熙晚期至乾隆初期的西洋传教士。通过解读他们的在华经历、中国观察,我们可以多角度地认识康雍乾时期的北京宫廷、民间社会,以及天主教在华传教史上容易被人所忽略的一个时段——后"礼仪之争"时期。

---

[1] [德]魏继晋:《驳谬说书》,第136页。
[2] [德]裴古安(Andreas Pigulla)著,韦凌译:《德语地区中国学历史取向的起源》,张西平、马汉茂(Hermut Martin)等主编:《德国汉学:历史、发展、人物与视角》,大象出版社,2005年,第95—130页。引文见于第102页。

明清间来华耶稣会士数百人,其中有功勋卓著的传教事业推动者,如利玛窦、艾儒略、汤若望、南怀仁(P. Verbist);也有精研中国语言、文学、历史、音乐等领域的知名学者,如巴多明、马若瑟、冯秉正、钱德明。然而,出众者毕竟是少数,更多的来华耶稣会士是常规才情之人。18世纪上半叶葡萄牙耶稣会中国传教团的成员,用通俗的话来说,属于两头不沾。既没有像那些醉心中国研究的法国同仁,开创早期传教士"汉学"研究,[1]也没有机会像前辈学者利玛窦、艾儒略那样精通中国典籍,结交士人君子,践行文化传教策略方针。但无论出众或寻常,他们在中国的存在已经构成16—18世纪东西方文化交流网络的一部分。

中国皇帝的禁教谕令以及罗马教廷禁行中国礼仪的决议,客观上造成18世纪天主教在华传播活动相对沉寂,但陷入此等局面,不完全是他人之过,在华耶稣会士自身也需要承担一定责任。

如同中国儒家学者推崇古人古物那样,来华耶稣会士长期推崇前辈的成就。18世纪来华耶稣会士用以宣讲基督教义的仍然是明末清初耶稣会士译介、编撰的教理手册,作为中文学习材料使用的依然是前辈的译著。"我们的前辈神父、来华传教先驱、传教事业的创立者所写的有关圣教的书籍,大部分我都能看懂,这些书籍主题广泛、文采高雅、行文简洁,使用地道的本土语言完成,就连中国本土学者对此也表示惊叹"。[2]崇古情怀、权威情怀导致18世纪来华耶稣会士无法在传教策略上实现新的突破,无法认识到中国传统文化与基督教文化之间深度的不兼容。虽然南怀仁(P. Laimbeckhoven)对中国科学技术的先进性不以为然,但此一阶段耶稣会士群体的思想

---

[1] 18世纪前半叶在华耶稣会士研究,是此前研究的短板。有限的研究多集中在数位从事中国研究的法国耶稣会士,如钱德明(Jean-Joseph-Marie Amiot, 1718—1793)、宋君荣(Antoine Gaubil, 1689—1757)以及马若瑟(Joseph de Prémare, 1666—1736)。

[2] 刘松龄1743年11月1日信件,科勒主编:《新世界信使》第34册,第681号,第77页。

意识还没有进步到，为了福音传播事业，主动对中国社会进行建设和改造，如 19 世纪的新教传教士那样，在教育、医疗等方面带给中国社会新兴气象。18 世纪在华耶稣会士群体思虑最多的还是如何让欧洲传教士、天主教教义被中国社会容留和接受。

结　语

自16世纪开始,随着天主教传教士积极奔赴海外传教,印度、东亚、南北美洲的人文、地理面貌逐渐以文字和图像形式被欧洲人了解,其中表现最突出的当属耶稣会士。海外耶稣会士记录的海外见闻、实地考察报告、学术研究成果,揭开了欧洲以外新世界的神秘面纱,亦真亦幻的海外图景,如《马可·波罗游记》中富庶的契丹国、葡萄牙早期航海者期盼的约翰长老国,逐步被具体和真实的海外信息所取代。

海外耶稣会士长期坚持将所在地的历史、地理、文化讯息以及基督教会的发展动态写成年度报告,寄回欧洲,尽管这些文献面世之前,需要经过果阿、科英布拉、罗马等地耶稣会文书员的誊抄,经过耶稣会内部的审查,但仍然成为欧洲人了解世界信息的权威甚至唯一渠道。安全抵达欧洲的年度报告以及耶稣会士的个人著述一部分被安排公开出版,其中的中国部分,记录中国各地民俗风情、基督教在华传播动态等丰富信息。鲁保禄(Paul Rule)以中国信息为例,称第一批抵达欧洲的年信(报告)获得了特别的关注并被广泛传播。[1]

17世纪末以后,葡萄牙耶稣会士主导修订的耶稣会年报不再编

---

[1] Rule, Paul, "The Historiography of the Jesuits in China", "Regarding China, a few of the earliest ones achieved particular notoriety and wide circulation, probably as much for what they reported on a Chinese empire hitherto hardly known to Europeans as for their appeal to a devout European Catholic public". https://referenceworks.brillonline.com/entries/jesuit-historiography-online/the-historiography-of-the-jesuits-in-china-COM_192534,2019年12月17日获取。

撰。夏伯嘉就耶稣会年报消失的原因提出一种解释:"中欧双方自17世纪末以来书信往来大量增加。传教士的各种问题,迫切需要解决。一年一度的年报渐失去其重要性。"[1]葡萄牙耶稣会士主导的年报为何消失,并非本文要讨论的重点问题。本文想要指出的一点是,葡萄牙耶稣会士主导的年报消失,并不意味着海外耶稣会士放弃年度报告,而是表明葡萄牙耶稣会势力对海外传教团的影响逐渐削弱,已经无法全面管控耶稣会分布在世界各地的信息来源。

从18世纪初开始,欧洲图书市场上陆续出现大量面向普通读者的期刊,海外耶稣会士书信以一种更加亲民的姿态进入普通读者的视野,以辑刊形式连续出版的书信文献集《新世界信使》是其中的代表之一。

与法文本耶稣会辑刊相比,《新世界信使》在内容上更多关注普通大众的阅读需求,反映了近代早期德语区图书市场的一贯传统。[2]报导各地教会史、传教史的同时,译介各地区的世俗历史或编年史,例如辑刊分册中有长篇专题文献介绍中国历史编年帝王世系年表、埃塞俄比亚历史、波斯历史等等。此外,耶稣会士在欧洲以外地区完成的游记以及绘制的海外世界新地图,在《新世界信使》中得到更多展示。正因为如此,《新世界信使》的编撰者赋予这部辑刊新的特点。

其一,注重文献材料的新颖性、趣味性,广泛利用不同会省耶稣会士海外书信,特别是德意志各会省耶稣会士发自中东、远东以及南北美洲的海外书信。

其二,顺应18世纪知识大众化倾向,放弃使用知识阶层长期通用的拉丁语和18世纪流行的学术语言——法语。编撰者以德语推出辑刊,在欧洲中部的维也纳、格拉茨发行出版,潜在读者群体既有

---

[1] [美]夏伯嘉:《明末至清中叶天主教西文文献中的中国:文献分布与应用讨论》,第13页。
[2] [美]拉赫著,周云龙译:《欧洲形成中的亚洲》第1卷,人民出版社,2013年,第1册第216—217页。

德意志地区各会省的耶稣会士和天主教信众,也包括德语区的抗辩宗信徒和普通民众。

《新世界信使》作为连续出版的辑刊,为同时代的读者提供了可读性强的最新海外信息。新一代的读者更愿意翻阅最新出版的介绍海外新世界的读物,而不是那些已经在图书馆或书架上蒙尘的老旧书籍。作为18世纪欧洲期刊变革、通讯变革的重要体现,这部辑刊对今天的研究者来说具有多重的文献价值,比如本文的研究核心——中国来信。

16世纪开始,入华耶稣会士在中国全境,欧洲商人、冒险家在中国沿海,坚持不懈地探索中国,欧洲图书出版市场出版过多种有关中国的书籍、地图集,帮助欧洲知识阶层了解中国。尽管如此,来自中国的新知识、新消息仍然能够吸引18世纪欧洲读者的目光。普通读者不是专业学者,他们不做研究,不需要追溯学术史,所希望获得的是来自中国的最新信息,维也纳和格拉茨的出版商、耶稣会奥地利会省的编撰者不想错过机会。《新世界信使》的中国来信让同时代的读者看到了一个与世界其他地区相关联的中国。那里的环境、物产、气候、科技、法律可以与欧洲作对比,那里的皇帝、官吏、百姓同样也可以与欧洲相参照。

作为信息提供者的在华耶稣会士,书信文字基本平实,没有明显的文化优越感,但也没有过多推崇中国,作者多以陈述方式介绍中国的新奇事物以及不同之处。欧洲读者接触到这些中国来信之后形成怎样的中国观或中国印象,书信作者无法决定,辑刊编撰者也无法决定,取决于读者各自不同的阅读体验和思想延伸。

参 考 文 献

中文文献并译著

A

安双成编译,中国第一历史档案馆、中国海外汉学研究中心合编:《清初西洋传教士满文档案译本》,大象出版社,2015年

［意］艾儒略著,谢方校释:《职方外纪》,中华书局,1996年

［德］阿塔纳修斯·基歇尔著,张西平等译:《中国图说》,大象出版社,2010年

［法］艾田蒲著,许钧、钱林森译:《中国之欧洲》,广西师范大学出版社,2008年

［法］埃德蒙·帕里斯著,张茹萍、勾永东译:《耶稣会士秘史》,中国社会科学出版社,1990年

［德］于尔根·奥斯特哈默著,刘兴华译:《亚洲的去魔化:十八世纪的欧洲与亚洲帝国》,社会科学文献出版社,2016年

［英］阿绮波德·立德著,王成东、刘皓译:《穿蓝色长袍的国度》,时事出版社,1998年

B

北京行政学院编著:《青石存史——"利玛窦和外国传教士墓地"的四百年沧桑》,北京出版社,2011年

［法］白晋著,赵晨译:《康熙皇帝》,黑龙江人民出版社,1981年

C

陈智超主编:《陈垣全集》第2册,安徽大学出版社,2009年

陈垣识:《康熙与罗马使节关系文书》,(台北)文海出版社,1974年

崔维孝：《明清之际西班牙方济会在华传教研究(1579—1732)》，中华书局，2006年

D

[法]杜赫德著，郑德弟等译：《耶稣会士中国书简集——中国回忆录》，大象出版社，2005年

F

方豪：《中国天主教史人物传》，中华书局，1988年

方豪：《中西交通史》，上海人民出版社，2008年

冯文慈：《中外音乐交流史》，人民音乐出版社，2013年

[法]费赖之著，冯承钧译：《在华耶稣会士列传及书目》，中华书局，1995年

[法]费赖之著，梅乘骐、梅乘骏译：《明清间在华耶稣会士列传(1552—1773)》，上海天主教教区光启社，1997年

[英]傅熊著，王艳、儒丹墨译：《忘与亡——奥地利汉学史》，华东师范大学出版社，2011年

G

故宫博物院编：《文献丛编》(1937年第1辑)，北京图书馆出版社，2008年

高柯立、林荣辑：《明清法制史料辑刊》(二编)，国家图书馆出版社，2014年

顾卫民：《中国与罗马教廷关系史略》，东方出版社，2000年

[法]高龙鞶著，周士良译：《江南传教史》，(台北)辅仁大学出版社，2009年

[比]高华士著，赵殿红译：《清初耶稣会士鲁日满常熟账本及灵修笔记研究》，大象出版社，2007年

H

(清)黄伯禄编：《正教奉褒》，辅仁大学天主教史料研究中心编：《中国天主教史籍汇编》，(台北)辅仁大学出版社，2003年

黄正谦：《西学东渐之序章：明末清初耶稣会史新论》，(香港)香港中

华书局,2010年

弘华文主编:《燕行录全编》第2辑,广西师范大学出版社,2012年

韩琦、吴旻编校:《欧洲所藏雍正乾隆朝天主教文献汇编》,上海人民出版社,2008年

[美]何伟亚著,邓常春译:《怀柔远人:马嘎尔尼使华的中英礼仪冲突》,社会科学文献出版社,2002年

J

《景印文渊阁四库全书》,(台北)台湾商务印书馆,1983年

金国平著/译:《西力东渐:中葡早期接触追昔》,(澳门)澳门基金会,2000年

L

罗光:《教廷与中国使节史》,(台北)传记文学出版社,1983年

陆谷孙主编:《英汉大词典》(第2版),上海译文出版社,2007年

李雪涛:《日耳曼学术谱系中的汉学:德国汉学之研究》,外语教学与研究出版社,2008年

林青华著,刘红柱译:《中乐西渐的历程》,中央音乐学院出版社,2014年

[丹麦]龙伯格著,李真、骆洁译:《清代来华传教士马若瑟研究》,大象出版社,2009年

[法]蓝莉著,许明龙译:《请中国作证:杜赫德〈中华帝国全志〉》,商务印书馆,2015年

[瑞典]龙思泰著,吴义雄等译:《早期澳门史》,东方出版社,1997年

[美]拉赫著,周云龙译:《欧洲形成中的亚洲》第1卷,第1册,人民出版社,2013年

刘耿:《17世纪耶稣会年报研究》,复旦大学2018年博士论文

刘传飞:《清代新疆舆图研究》,新疆社会科学院2017年博士论文

M

毛肇显纂:《民国余庆县志》,1936年石印本,《中国方志丛书·华南地方》第285号,(台北)成文出版社有限公司,1974年

[斯洛文]米加主编,朱晓珂、褚龙飞译:《斯洛文尼亚在中国的文化使者——刘松龄》,大象出版社,2015年

[美]孟德卫著,潘琳译:《灵与肉:山东的天主教,1650—1785》,大象出版社,2009年

[德]马汉茂等主编:《德国汉学:历史、发展、人物与视角》,大象出版社,2005年

N

牛海坤:《〈德文新报〉研究(1886—1917)》,上海交通大学出版社,2012年

[俄]尼古拉·阿多拉茨基著,阎国栋、肖玉秋译:《东正教在华两百年史》,广东人民出版社,2007年

P

潘再平主编:《新德汉词典》,上海译文出版社,1999年

Q

《清实录·高宗纯皇帝实录》,中华书局,1986年影印版

戚印平:《远东耶稣会史研究》,中华书局,2007年

R

[法]荣振华著,耿昇译:《在华耶稣会士列传及书目补编》,中华书局,1995年

[法]荣振华等著,耿昇译:《16—20世纪入华天主教传教士列传》,广西师范大学出版社,2010年

S

孙尚扬、[比]钟鸣旦:《1840年前的中国基督教》,学苑出版社,2004年

沈福伟:《中西文化交流史》,上海人民出版社,2006年

[美]苏尔、诺尔编译,沈保义等译:《中国礼仪之争西文文献一百篇》,上海古籍出版社,2001年

[法]沙百里著,耿昇、郑德弟译:《中国基督徒史》,中国社会科学出版社,1998年

［法］史式徽著，天主教上海教区史料译写组译：《江南传教史》，上海译文出版社，1983年

［美］斯塔尼斯拉夫·叶茨尼克著，周萍萍译：《刘松龄：旧耶稣会在京最后一位伟大的天文学家》，上海三联书店，2014年

W

吴志良、汤开建、金国平主编：《澳门编年史》，广东人民出版社，2009年

王巨新：《清朝前期涉外法律研究：以广东地区来华外国人管理为中心》，人民出版社，2012年

吴伯娅：《康雍乾三帝与西学东渐》，宗教文化出版社，2002年

［美］魏若望著，吴莉苇译：《耶稣会士傅圣泽神甫传——索隐派思想在中国及欧洲》，大象出版社，2006年

X

萧若瑟：《天主教传行中国考》，《民国丛书》第一编，上海书店据河北献县天主堂1931年版本影印，1989年

［美］夏伯嘉著，余芳珍译：《天主教世界的复兴运动（1540—1770）》，上海人民出版社，2015年

Y

（清）印光任、张汝霖：《澳门记略》，乾隆十六年修，嘉庆五年重刊本，（台北）成文出版社，1968年影印本

阎宗临：《中西交通史》，广西师范大学出版社，2007年

徐宗泽：《明清间耶稣会士译者提要》，上海书店出版社，2006年

［捷克］严嘉乐著，丛林、李梅译：《中国来信（1716—1735）》，大象出版社，2002年，2006年第2次印刷

［美］叶茨尼克著，周萍萍译：《刘松龄：旧耶稣会在京最后一位伟大的天文学家》，上海三联书店，2014年

Z

朱维铮主编：《利玛窦中文著译集》，复旦大学出版社，2012年

张西平：《欧洲早期汉学史：中西文化交流与西方汉学的兴起》，中华

书局,2009 年

张泽:《清代禁教期的天主教》,(台北)光启出版社,1992 年

张红扬主编:《北京大学图书馆藏西文汉学珍本提要》,广西师范大学出版社,2009 年

张西平、[意]马西尼、任大援、[意]裴佐宁主编:《梵蒂冈图书馆藏明清中西文化交流史文献丛刊》第 1 辑,大象出版社,2014 年

《中国古代科技行实会纂》,北京图书馆出版社,2006 年

[比]钟鸣旦、[比]杜鼎克、黄一农、祝平一主编:《徐家汇藏书楼明清天主教文献》,辅仁大学神学院影印,(台北)方济出版社,1996 年

[比]钟鸣旦、[比]杜鼎克主编:《耶稣会罗马档案馆明清天主教文献》,(台北)利氏学社,2002 年

[比]钟鸣旦、[比]杜鼎克、[法]蒙曦主编:《法国国家图书馆明清天主教文献》,(台北)利氏学社,2009 年

[比]钟鸣旦、[比]杜鼎克、王仁芳主编:《徐家汇藏书楼明清天主教文献续编》,(台北)利氏学社,2013 年

中国第一历史档案馆编:《清中前期西洋天主教在华活动档案史料》,中华书局,2003 年

中国第一历史档案馆、澳门基金会、暨南大学古籍研究所编:《明清时期澳门问题档案文献汇编》,人民出版社,1999 年

中国科学院编:《明清史料》丁编,国家图书馆出版社,2008 年

张荣选编:《养心殿造办处史料辑览》第 2 辑,故宫出版社,2012 年

朱彭寿编,朱鳌、宋苓珠改编:《清代大学士、部院大臣、总督巡抚全录》,国家图书馆出版社,2010 年

中文论文并译作

C

陈方中:《1746 年福安教案》,中国社会科学院近代史研究所、比利时鲁汶大学南怀仁研究中心编:《基督宗教与近代中国》,社会科

学文献出版社,2011年,第369—404页

程龙:《〈中华帝国全志〉所附中国地图的编绘》,《中国文化研究》2014年夏之卷,第111—121页

F

冯宝琳:《康熙〈皇舆全览图〉的测绘考略》,《故宫博物院院刊》1985年第1期,第23—35页

方豪:《康熙间西士在贵州余庆测绘舆图考》,《方豪文录》,(北平)上智编译馆,1948年,第189—193页

G

顾卫民:《16—17世纪耶稣会士在长崎与澳门之间的贸易活动》,《史林》2011年第1期,第94—104页

H

黄时鉴:《朝鲜燕行录所记的北京天主堂》,北京大学韩国学研究中心编:《韩国学论文集》第8辑,1999年,第152—167页

韩昭庆:《康熙〈皇舆全览图〉空间范围考》,《历史地理》第32辑,上海人民出版社,2015年,第289—300页

J

鞠德源:《清宫廷画家郎世宁年谱——兼在华耶稣会士史事稽年》,《故宫博物院院刊》1988年第2期,第29—71页

K

康志杰:《十八世纪北京耶稣会士开办钱庄研究》,《世界宗教研究》2016年第4期,第153—164页

[德]柯兰霓著,余三乐译:《纪理安——维尔茨堡与中国的使者》,《国际汉学》2004年第2期,第152—173页

柯卉:《在华耶稣会士与后"礼仪之争"时代——德意志耶稣会士魏继晋研究》,《德国研究》2017年第2期,第81—96页

L

李孝聪:《记康熙〈皇舆全览图〉的测绘及其版本》,《故宫学术季刊》第30卷第1期,2012年秋季,第55—85页

李景屏：《传教士、天文历法与清前期钦天监》，"西学与清代文化"国际学术研讨会论文集，北京，2006年，第683—704页

P

[德]裴古安：《德语地区中国学历史取向的起源》(韦凌译)，张西平、马汉茂等主编：《德国汉学：历史、发展、人物与视角》，大象出版社，2005年，第95—130页

T

汤开建：《明清之际中国天主教会传教经费之来源》，《世界宗教研究》2001年第4期，第73—87页

谭世宝：《乾隆十四年〈澳门约束章程〉碑新探》，《广东社会科学》2010年第2期，第92—98页

W

汪前进：《康熙、雍正、乾隆三朝全国总图的绘制》，汪前进、刘若芳整理：《清廷三大实测全图集——康熙皇舆全览图》，外文出版社，2007年，序言

X

许明龙：《孟德斯鸠对"礼仪之争"的解读》，《世界历史》2011年第4期，第28—38页

夏伯嘉：《明末至清中叶天主教西文文献中的中国：文献分布与应用讨论》，《复旦学报》(社会科学版)2015年第5期，第10—18页

席会东：《清代地图中的西域观——基于清准欧地图交流的考察》，《新疆师范大学学报》(哲学社会科学版)2014年第6期，第13—18页

Y

杨玉良：《一部尚未刊行的翻译词典——清官方敕纂的〈华夷译语〉》，《故宫博物院院刊》1985年第4期，第67—69页

Z

[比]钟鸣旦：《文化相遇的方法论：以17世纪中欧文化相遇为例》(刘贤译)，《清史研究》2006年第4期，第65—86页

赵殿红:《西班牙多明我会士闵明我在华活动述论》,《暨南学报》(哲学社会科学版)2009 年第 5 期,第 124—133 页

西文文献
B

Bahr, Florian, *Allerneueste Chinesische Werkwürdigkeiten und zugleich gründliche Widerlegung vieler ungleicher Vergleicher Bericht und Irrungen, welche Herr Johann Lorenz Moßheim, Canzler bei der hohen Schule zu Göttingen, in seine Erzählung der neuesten Chinesischen Kirchengeschichten hat einfliessen lassen*, Augsburg und Innsbrugg: Joseph Wolff, 1758.

Bell, Adam Schall von, *Geschichte der Chinesischen Mission*, Wien: Mechitaristen Congregations Buchhandlung, 1834. (aus dem lateinischen übersetzt und mit Anmerkungen begleitet von Ignaz Schumann Von Mannsegg), Bad Mergentheim: Ascanio Verlag, 2008.

Boxer, C. R., *The Christian Century in Japan (1549 – 1650)*, Berkeley & Los Angeles: University of California Press, 1951.

C

Clossey, Luke, *Salvation and Globalization in the Early Jesuit Missions*, New York: Cambridge University Press, 2009.

Collani, Claudia von, „Miracles, Death and Devil: Natural and Supernatural Events between the Worlds as described in der Neue *Welt-Bott*", in: Overmeire, Dirk van/Ackerman, Pieter (ed.), *About Books, Maps, Songs and Steles: the Wording and Teaching of the Christian Faith in China* (Leuven Chinese Studies XXI) (Leuven 2011) pp. 200 – 227.

——„Der Neue Welt-Bott. A Preliminary Survey", in: *Sino-*

Western Cultural Relations Journal XXV(2003)pp. 16 – 43.

—— „Gaspar Castners (1665 – 1708) Bericht über den Bau des Grabmals des hl. Franz Xaver aus dem Neuen Welt-Bott", Einleitung u. Transskribierung zusammen mit Toran von Collani, in: *China heute* XXII(2002), pp. 47 – 58.

—— Miracles, Death and Devil: Natural and Supernatural Events between the Worlds as described in der „Neue Welt-Bott", in: Dirk van Overmeire, Pieter Ackerman(ed.), *About Books, Maps, Songs and Steles: the Wording and Teaching of the Christian Faith in China* (Leuven Chinese Studies XXI), Leuven 2011, pp. 200 – 227.

Coello de la Rosa, Alexandre, *Jesuits at the Margins: Missions and Missionaries in the Mariana Islands (1668 – 1769)*, London & New York: Routledge, 2015.

D

Du Halde, Jean Baptiste, *Ausführliche Beschreibung des Chinesischen Reichs und der grossen Tartarey. Erster Theil, aus dem Französischen mit Fleiß übersetzet, nebst vielen Kupfern. Mit einer Vorrede Sr. Hochwürden, Herrn Abt Mosheims, darin die neuesten Chinesischen Kirchengeschichte erzählet werden*, Rostock: Johann Christian Koppe, 1747; Zweyter Theil, aus dem Französischen mit Fleiß übersetztt, nebst vielen Kupfern. Mit einer Vorrede Sr. Hochwürden, Herrn Johann Lorenz von. Canzlers der Universität Göttingen. Rostock: Johann Christian Koppe, 1748; Dritter Theil, aus dem Französischen mit Fleiß übersetzet, nebst vielen Kupfern. Mit einer Vorrede von der Chronologie und Literatur der Chineser, Rostock: Johann Christian Koppe, 1749; Vierter und letzter Theil, nebst Engelbrecht Kämpfers *Beschreibung des Japonischen Reichs* und einem Register über alle vier Theile,Rostock: Johann Christian Koppe, 1749.

Duhr, Bernhard, *Geschichte der Jesuiten in den Ländern deutscher Zunge*, Vol. 3. Freiburg, 1921.

Dürr, Renate, „Der, Neue Welt-Bott' als Markt der Informationen? Wissenstransfer als Moment jesuitischer Identitätsbildung ", in: *Zeitschrift für Historische Forschung*, vol. 34, No. 3 (2007), S. 441 - 466.

——„Wissen als Erbauung: zur Theatralität der Präsentation von Wissen aus aller Welt im Neuen Welt-Bot ", in Constanze Baum und Nikola Roßbach(hrsg.), *Theatralität von Wissen in der Frühen Neuzeit*, Wolfenbüttel: Herzog August Bibliothek, 2013.

——„Locating Paradise in China: Jospeph Stoecklein's Chronology (1729)in Context", in *German History*, Vol. 36, Issue 4, 2018, pp. 497 - 521.

——„Das Paradise im fernen Osten: die Chronologie Joseph Stöcklein S. J. (1729) als Kommentar zur Zeitgeschichte", in: *Religiöses Wissen im vormodernen Europa-Schöpfung, Mutterschaft, Passion*, edited by Renate Dürr, Annette Gerok-Reiter, Andreas Holzem, Steffen Patzold, Paderborn 2018.

F

Friedrich, Markus/Schunka, Alexander(ed.), *Reporting Christian Missions in the Eighteenth Century, Communication, Culture of Knowledge and Regular Publication in a Cross-Confessional Perspective*, Wiesbaden: Harrassowitz Verlag, 2017.

Fuchs, Walter (hrsg.), *Der Jesuiten-Atlas der Kanghsi-Zeit: China und die Aussenländer*, Peking: Furen-Universität, 1941.

——Der Jesuiten-Atlas der Kanhsi-Zeit; seine Entstehungsgeschichte nebst Namesindices für der Mandjurei, Mongolei, Osturkestan und Tibet, mit Wiedergabe der Jesuiten-Karten in Original Grösse: Kangxi Huang Yu Quan Lan Tu, Peking: Furen-Universität(die Katholische Universität), 1943.

——„Das erste deutsch-chinesische Vokabular vom P. Florian Bahr", in: Sinica- Sonderausgabe. Frankfurt a. M. : Verlag des China-Instituts, 1937, S. 68-72.

G

Borja González, Galaxis, *Die Jesuitische Berichterstattung über die Neue Welt. Zur Veröffentlilchungs-, Verbreitungs- und Rezeptionsgeschichte jesuitscher Americana auf dem deutschen Buchmarkt im Zeitalter der Aufklärung*, Diss. Hamburg 2005.

H

Hsia, R. Po-Chia, *Noble Patronage and Jesuit Missions: Maria Theresia von Fugger-Wellenburg (1690-1762) and Jesuit Missionaries in China and Vietnam*, Rome: Institum Historicum Societiatis Jesu, 2006.

——*Adelige Frömmigkeit und die ferne Welt der Jesuitenmission in China*, Augsburg: Wißner-Verlag, 2015.

Heyden, Ulrich van der/Liebau, Heike (hrsg.), *Missionsgeschichte, Kirchengeschichte, Weltgeschichte: christliche Missionen im Kontext nationaler Entwicklungen in Afrika, Asian und Ozeanien*, Stuttgart 1996.

Huonder, Anton, *Deutsche Jesuitenmissionäre des 17. Und 18. Jahrhunderts: Ein Beitrag zur Missionsgeschichte und zur deutschen Biographie*, Freiburg i. B: Herder, 1889.

K

Krahl, Joseph, *China Missions in Crisis: Bishop Laimbeckhoven and his Times 1738 – 1787*, Analecta Gregoriana, Vol. 137. Series Facultatis Historiae Ecclesiasticae: sectio B. n. 24 Rom, 1964.

L

Gottfried von Laimbeckhoven SJ（1707 – 1787）Der Bischof von Nanjing und seine Briefe aus China: mit Faksimile seiner Reisebeschreibung. Transkribiert und bearbeitet von Stephan Puhl und Sigismund Freiherr von Elverfeldt-Ulm unter Mitwirkung von Gerhard Zeilinger. Institut Monumenta Serica, Sankt Augustin, 2000.

Li, Wenchao, *Die christliche China-Mission im 17. Jahrhundert*, Stuttgart: Franz Steiner Verlag, 2000.

Lederle, Julia, *Mission und Ökonomie der Jesuiten in Indien = Intermediäres Handeln am Beispiel der Malabar-Provinz im 18. Jahrhundert*, Wiesbaden 2009.

M

Mosheim, Johann Lorenz von, *Erzählung der neuesten Chinesischen Kirchengeschichte*, Rostock: verlegts Johann Christ. Koppe, 1748.

Murr, Christoph Gottlieb von, *Eines Protestanten, Herrn Christoph Gottlieb von Murr, ... Acht und zwanzig Briefe über die Aufhebung des Jesuiterordens*, 1774.

—*Journal zur Kunstgeschichte und zur allgemeinen Litteratur*, Nürnberg, 1775 – 1778.

R

Rule, Paul, „The Historiography of the Jesuits in China" (2016) https://referenceworks.brillonline.com/entries/jesuit-historiography-online/*-COM_192534[abgerufen am 17.12.2019].

S

Stöcklein, Joseph/Probst, Petro/Keller, Francisco, *Der Neue Welt- Bott mit allerhand Nachrichten dern Missionarium Soc. Jesu. Allerhand so Lehr- als Geist-reiche Brief, Schriften und Reis-Beschreibungen, welche (meistens) von denen Missionariis der Gesellschaft JESU aus Beyden Indien und andern über Meer gelegenen Ländern*, Augsburg/Grätz/Wien, 1726 – 1761. (Stöcklein, Joseph, Vol. 1 – 24, Augsburg & Grätz, 1726 – 1736; Probst, Petro, Vol. 25 – 28, Wien, 1748; Keller, Francisco, Vol. 29 – 36, Wien, 1755 – 1758; Socher, Francisco, Vol. 37 – 40, 1761).

Standaert, Nicolas(ed.), *Handbook of Christianity in China*, vol. One, Leiden/Boston/Köln: Brill, 2001.

Stücken, Christian, *Der Mandarin des Himmels: Zeit und Leben des Chinamissionars Ignaz Kögler S. J. (1680 – 1746)*, Nettetal: Steyler Verlag, 2003.

Sun, Xi, *Bedeutung und Rolle des Jesuitenmissionars Ignaz Kögler (1680 – 1746) in China: aus chinesischer Sicht*, Frankfurt am Main: Lang, 2007.

Standaert, Nicolas (ed.), *Handbook of Christianity in China. Volume One: 635 – 1800*, Leiden, Boston, Köln 2001.

Schön, Michael, „Die Darstellung Chinas im Neuen Welt-Bott"(Vortrag, 15. Juni 2016) http://excellent.tku.edu.tw/ExcResDtl.aspx? nid＝AD3C869E1AF88F22 [abgerufen am 17. 11. 2018].

W

Wendt, Helge, „Interkulturelle Essensgeschichte am Beispiel zweier deutschsprachiger Jesuitenmissionare in Südamerika(18 Jahrhundert)". In *Zeitsprünge*, 16 (3/4), 2012, S. 198 –

224.

Z

Zerlik, Alfred, P. Xaver Ernbert Fridelli, *Chinamissionar und Kartograph aus Linz*, Schriftenreihe des Institutes für Landeskunde von Oberösterreich 14, Linz: Oberösterreichischer Verlag, 1962.

附录一　刘松龄八封信件译文

《新世界信使》刘松龄信件八封，分别收录在第 30、34、35 册。
第 30 册：第 584、585、586、587、588 号
第 34 册：第 675、681 号
第 35 册：第 696 号

第 30 册第 584 号，第 71—73 页

来自耶稣会奥地利会省的刘松龄神父致该省会长莫林德神父的信，里斯本，1735 年 12 月 7 日

尊敬的会长神父：

主内平安！

衷心希望尊驾在收到这封信时身体健康，为此我每日祈祷天主，从无间断。这封信的内容除了向尊驾通报我从热那亚（Genua）返回里斯本（Lisbon）的旅行，以及我的现状，此前我承诺过将告知上述信息。

我们在热那亚休息了 19 天，期间受到尊敬的坦比尼神父（R. P. Franciscus Tambini）如慈父般无微不至的照顾，一如我们初次到来时那样。10 月 30 日下午三时，我们继续启航出发，塔毕尼神父为我们备齐了日用必需品。

11 月 16 日，我们才第一次见到里斯本。此前，因为马拉加（Malaga）和卡尔佩（Calpe）之间的海面无风，我们被迫滞留。接着又刮起北风，伴随而来的风暴天气虽然没有造成严重损失，但也令我们的船只难以驶入港口，原本我们还信心满满，想着能够在里斯本城里享用晚餐。4 天以后，我们的船终于驶入海港，但是又不得不在船上多待了一天多时

间,因为船上的一名水手染上水痘,当地的医务委员会禁止我们上岸。如果不是这些令人不快的小状况,我们的航程可以在 13 天内结束。

感谢上主! 水路航行过程中,经常被晕船困扰的我的队友南怀仁神父已经好了很多。至于我,直到航行在塔霍河(Tago-Fluß)时还会剧烈呕吐,我觉得我都不能活着到达里斯本,更别提到中国去了。何况我们的船长此前告知,海水会给我的身体造成非常大的影响。然而天主并不是要让晕船病置我于死地,而是为了彰显他的名,看起来,他已经选定我进行更加艰险的旅程,他考验我正是出于这一目的。

1734 年 5 月 10 日,我想起了(第 72 页)圣叶理诺(Heil. Hieronymi,又译圣哲罗姆)评述一位阅历丰富、承受力极高的大师的话,这位大师为《旧约·约伯传》中的约伯,是我本月的主保圣人。评述如下:我们必须忍受平淡乏味、苦难不幸,才能找到通向荣耀的道路,与不幸、危机与辛苦作斗争,才能赢得胜利的花环。圣叶理诺在困境之下怀有信心,海上经历危险的人们共勉。

在我陷入这种低落情绪的同一时间,收到了您 5 月 10 日的信件,看到这封信,我知道前往中国传教的事情已经落实。此时此刻,我思考着我的月度主保圣人说过的话、他的品德与观点,同时考虑尊驾寄来的书信,心中一片明朗。上主有意提醒我,希望我勇敢地承受磨难。感念上主! "只要我完成了我的行程,完成了受自主耶稣叫我给天主恩宠的福音作证的任务,我没有任何理由,珍惜我的性命"(《新约·宗徒大事录》20:24)。[1]

---

[1] 已出版中译文使用了和合本圣经《新约·使徒行传》20:24,有数处笔误。正确文字应当是:"我却不以性命为念,也不看为宝贵,只要行完我的路程,成就我从主耶稣所领受的职事,证明神恩惠的福音。"《圣经》德文版(Die Bible, Stuttgart, Verlag Katholisches Bibelwerk GmbH, 1999, Apostelgeschichte 20:24):"Aber ich will mit keinem Wort mein Leben wichtig nehmen, wenn ich nur meinen Lauf vollende und den Dienst erfülle, der mir vor Jesus, dem Herrn, übertragen wurde: das Evangelium von der Gnade Gottes zu bezeugen." 与《新世界信使》的引用文字"Ich förchte deren Dingen keines, und achte auch meine Seel nicht theurer, dann mich selbst; wann ich nur meinen Lauff vollenden mag, und den Dienst des Worts, den ich vom HErrn JEsu empfangen habe, dass Evangelium der Gnade Gottes zu zeugen"有一定区别。

请允许我回到前面的话题：11月19日，住院的总务长神父（Procurator Collegii）派了两名修士来接应我们，人员和行李都上了岸。我此前在船上的时候写过信给总务长神父，告知他我们抵达的日期。我们被带到圣安东尼学院。迎接我们的除了宫廷的神父，还有大学教授、所有教师、热情的青年学生以及我们同会的弟兄，给予我们难以用文字描述的友爱和礼貌，令我们始料不及，因为此前我读到的书中称，在葡萄牙不存在这些。当然，我在葡萄牙、意大利都没有发现奥地利人，但我在葡萄牙人中也找不到我此前臆想的恶意与敌视。如果不是因为我直到现在还享受着葡萄牙人的和蔼和礼貌，我不会相信他们最初表现出的谦恭有礼。正如巴德（Balde）在他的《基督教真理》（*Christliche Wahrheiten*）中写道：“从他处听闻的谣言或是名望都十分可疑，或者根本就是错误的。”

在我们到达里斯本数天以后，我和南怀仁神父暗自寻思，觉得可能会被派到其他地方，而不是中国。让我们产生这一猜想的事件是：耶稣会士卡尔博内神父（P. Joannes Baptista Carbone），一位那不勒斯人，来到了里斯本，与他一同到来的还有多米尼克·卡帕斯（Dominico Cappacio）神父，他们的目的地是巴西。至于他们此行的任务是传教还是测绘地图，我并不清楚。卡尔博内神父天资聪慧，品格高尚，尤其是他知进退、识大体的素质令葡萄牙国王十分欣赏，他把多米尼克·卡帕斯神父与一位葡萄牙人索阿（Soares）神父送去巴西进行测量工作，而把卡尔博内神父留在里斯本作皇家天文学家，经常召他去商讨一些最机密的事项。

这位神父来到我们的房间，十分亲切地问候我们，谈话中，话题转到了在雍正皇帝统治时期前往中国的诸多困难，他话锋一转，表示他确信我们已经做好了准备，命令我们去哪里，我们就去哪里，之后他就告辞了。南怀仁神父对我说：“神父，如果我们被派到巴西，去帮助那些卡帕斯神父已经教化过的人，那该怎么办呢？我的愿望是去中国。”我回答：“稍安勿躁！时间会证明一切”。

没过多久,这所大学的一位数学教授堪普斯神父(P. de Campus),私下里告诉我:他从卡尔博内神父那里听闻,莫卧儿王朝(Groß-Mogols)的一位王公给果阿总督送了一封信,希望得到一名来自欧洲的耶稣会士,要求此人精通数学,尤其擅长天文学,因为天文学是莫卧儿王朝的数学家研习了很久但仍未精通的学问。王公会允许该传教士修建住院和教堂,给予在其辖区传播基督教教义的自由,允许其臣民接受洗礼。果阿总督将此事告知卡尔博内神父,同时表示,如果卡尔博内神父没有得到这个任务,他准备给最尊敬的总会长神父写信。卡尔博内神父给罗马写了一封信,内容如下:"为了天主的荣誉和灵魂的救赎,如果从派往中国的传教士中挑选两名,至少一名为这里的统治者服务,会是一个更好的选择,因为在中国开展传教活动的希望渺茫,且收获甚微。"卡尔博内神父现在正等待罗马的答复。堪普斯神父告诉我的就是这些。

为了获得事实真相,我去拜访了卡尔博内神父,这也是出于尊重和礼数。(第73页)还没等我说到中国,他就开始打断了我的话(原文有两处字迹不清),并且重复了我此前从堪普斯神父处获知的事情;他给我看了王公的信,不管这封信是用阿拉伯文、波斯文还是叙利亚文写成的,反正我都读不懂。对于我是否乐意接受这一任务的问题,我给出的回答是:"我会去尊敬的总会长神父认为合适的地方,他需要我在那里勤奋工作,为天主做工,皈依异教徒。"他回答:"没错。那就让我们等待罗马的回复吧。"我回答道:"如果命运果真这样安排,我请求给我至少一年的准备时间,利用这段时间,我可以充实我的天文知识,这样也可以更好地满足那位王公的需求。"教父最后说了一句"这很有必要",就离开了。

另一次见面的时候,卡尔博内神父将他的数学书籍与仪器给了我,这些仪器凝聚了他的技艺和辛苦,他通过它们得以在宫中立足。我和我的同伴用这些仪器来观测星体。这门学问在葡萄牙很受重视,发展顺利。位于科英布拉(Conimbrica)的大学,一些自称Destinatos的耶稣会成员,受到他们的一位教授堪普斯神父的引导,全身心投入到这项工作之中。堪普斯神父是葡萄牙国内这一领域的领军人物。

有一位来自西西里省(Sicilianischen Provinz)的传教士,在马杜拉王国(das Reich Madura)工作了14年。(第163页)我在热那亚的时候从他那里了解到,马杜拉、迈索尔(Maysura)和卡纳塔(Carnate)共有15万名基督徒,他们参加圣体节(Fronleichnams)和告解圣事(Sacramenten der Buß)。在这个上主的葡萄园中服务的只有28位耶稣会传教士,没有其他修会传教士活动。传教士吃的东西只有大米和水,他们必须准确无误地坚持这样的饮食习惯,如果他们不想激怒那些新教徒以及其他异教徒的话。在不到一年的时间内,他们至少为3 000名成人施洗,这个数字不包括受洗的孩童。"庄稼固多,工人却少"(《新约·玛窦福音》9∶37)。

我们还不知道何时从这里离开,有些人希望我们明年4月份启程。我没有浪费时间,部分时间观测天文活动,其余时间用来学习葡萄牙语,不断督促我做这两件事情的分别是卡尔博内神父和总务长雷登(Leitam)神父。

不久之前,我有幸见到了修会新建的印度初修院(Indianisches Prob-Haus),我必须要让尊驾知道,这里的教堂、圣器收藏室(Sacristen)以及配套餐厅(Speis-Saal),比我见过的任何住院或者学院(Collegio)都更为美观、整洁。

在我们的书库,我找到一本西班牙语书 *Asia Portuqueza*,书中有葡萄牙人在东方修建的要塞的精美绘图。我这段时间要勤奋些,把图摹绘下来,寄到维也纳去,装饰桑那神父(Thulner)的数学教室。

尊敬的王后陛下,最仁慈的夫人,对待我们十分友好。葡萄牙神父们给予我们父亲般的照顾,我们在葡萄牙生活舒适惬意,如同在深爱的奥地利省。在我的祈祷功课中,我从来不会忘记那里,更不会忘记尊贵的省会长。我把自己交托给天主。

里斯本,1735年12月7日。

尊敬的会长神父。

最谦卑的儿子和仆人,耶稣会士刘松龄。

第 30 册第 585 号,第 74—76 页

第二封信。耶稣会奥地利会省的刘松龄神父写给他的弟弟韦查德神父(P. Weichardum Hallerstein)的信。当时韦查德担任奥地利维也纳大学的伦理学教授,写于里斯本。1736 年 4 月 24 日。

韦查德神父:主内平安!

  我们将要在 14 天内登船开始我们的旅行,在此期间我有更重要的事情,特别是为期八天的"依纳爵神操"(die geistliche acht-tägige Ubungen des Heil. Ignatii)——如果缺少了它,如此漫长的海上航行,我将茫然无措。我此前承诺将出发之后所遇到的新鲜事情进行报导,但现在不得不推迟完成,等到了果阿或者澳门之后再写。在离开欧洲之前,我想减轻些我自愿承揽的债务负担(Schulden-Last),所以这里先写一点,以后找到更好的机会再接着叙述。

  耶稣会葡萄牙会省管辖的学院,除了王国本土领域,还包括亚述尔群岛(Eylände Azores),或称 Habicht-Insuln 上的三所:一所位于名为特塞拉(Terzera)的主岛上,第二所在法亚尔岛(Fayal)上,第三所在圣弥格尔岛(S. Miquel)上。另外在亚述尔岛和加纳利岛(Canary)之间的马德拉(Madera)岛上也有一所学院。还有一所位于安哥拉的罗安达(das Angolanische Reich Loanda),名圣保禄学院。几年以前,巴西会省提出要求接管这所学院,如果不是发生插曲,派驻人员前往那里有风险,葡萄牙会省可能已经将圣保禄书院交给巴西会省了。下文会说明这些事情。

  三年前,尊敬的省会长神父(R. P. Provincialis)按照惯例,派出四名神父(Priester)和一名药剂师(Magister)去那里。他们上了一艘英国船只,但不幸的是,他们与船上的其他英国旅客一同被海盗抓获,被带到梅克内斯(Mequinez)进行奴役。

  英国人很快就用钱赎回了被抓获的同胞,每个人的赎金是 700 莱茵古尔登(Rheinische Gulden)。与获得自由的英国人不同,我们

的人却过了三年奴役生活。摩洛哥皇帝，也是梅克内斯和菲斯(Fez)的国王，释放五名耶稣会人员的条件是每人 25 000 克鲁扎多(Crusad)赎金[1 克鲁扎多换算成德意志货币相当于 1 个金古尔登(fl.)加上 24 个克鲁兹(kr.)]，[1]外加 10 件英式宽袍与各式欧洲奇珍。若不是葡萄牙国王陛下慷慨解囊，支付给摩洛哥暴君释放这五名耶稣会人员所要求的一切，这些不幸的人现在还在那些野蛮人的枷锁之下受苦。

在我们离开前不久，获救的耶稣会士来到了里斯本。他们告诉我们，没有任何语言能够表达他们对方济各会神父们的感谢，他们前往梅克内斯，安抚被抓获的基督徒们并为他们提供帮助，不离不弃。(第75页)他们为四名耶稣会神父求情，帮助四人获得每天诵读弥撒经的自由。他们小心翼翼地安排，不时从葡萄牙住院送出生活物资，令被抓获的耶稣会士不致受物质短缺之苦。他们还改变了那些蛮族人的残暴习性，这些空等了两年赎金的异族人改变了很多，对待囚徒的方式虽然依旧粗鲁，但不像以前那么残酷。

获救者还告诉我们，蛮人们让他们像雇工一样，做所有的辛苦活，比如推倒旧墙、搬石头、挑砂浆，诸如此类。他们在太阳升起前念弥撒经，紧接着就开始干活，在太阳下山之前，除了半小时的休息时间，他们不能有丝毫停顿。

我问道，被驱使做工时，他们中有谁没有挨过鞭打。"我经常被打"，他们中的一员回答我，"因为我身体不够强壮，无法又快又好地完成工作，我的后背时常会挨鞭子"。我又问他们是否见过摩洛哥国王？他们回答说每天都见到，"因为国王每天骑着马，携带一柄长矛，视察我们的工作，催促建筑工程尽快完成"。

我已经花费了太长时间讲述这一悲伤事件，因为时间有限，我很快就要中断这封信的撰写。我们在今天下午三点已经登船，上主保佑，明天上午我们的船会与其他 20 艘船一同启航，其中有 5 艘战船，

---

[1] "kr."是"Kreuzer"的缩写。18 世纪的欧洲，1 古尔敦(Gulden)相当于 60 克鲁兹(Kreuzer，又译十字币)，1 克鲁兹相当于 8 赫勒(Heller)——译者注。

剩下的全是商船。

我们的船名为圣佩德罗·阿尔坎塔拉号（S. Petro de Alcantara）。在这名圣徒强大的保护之下，我们期望此次海上航行能够快速且安全。

在我离开葡萄牙之前，我一定要称赞我们的葡萄牙神父们的诚挚情义。他们在我们抵达之初用所能想象到的友好态度欢迎我们，在我们逗留期间给予我们慷慨的资助，在我们离开的时候为我们准备旅途中所需的所有物资。

尊敬的王后陛下，我们最仁慈的夫人，在给予我们这些远行者其他关照之余，出于皇家的慷慨气度，另外送给我们 200 克鲁扎多。她还送给北京圣若瑟教堂一架纯银做的（四条腿除外）小型管风琴，在这架管风琴的顶部有一个玻璃圆球，里面放置了一块钟表。王后陛下当着我们的面，开心地用这件乐器娴熟地弹奏了几段乐曲。她给尊敬的费隐神父一封拉丁文的亲笔信，另有一封信给马拉巴尔（Malabarien）的雅各布·豪森格尔（Josephum Hausegger）神父。

尊敬的王后陛下跟我提到了由耶稣会士约瑟夫·斯特克莱因编辑的《新世界信使》，她一见到我，就亲切地要求阅读刊物，读后又把书送回来。我在书中发现一个书签，尊敬的王后用来标记她阅读的地方。我把这件事告诉了王后的告解神父维英格（Wezinger），并示意自己想把这枚书签系在怀表上，作为永久纪念。维英格神父想必是将这件事情告诉了王后的侍女，侍女又告诉了尊敬的王后陛下。在这之后不久，仁慈的王后陛下出人意料地给我们送来一些用金银线织花的塔夫绸书签，用来系在我们的怀表上。

我们有幸与尊敬的陛下进行了六次交谈。有几次她亲切地问我，觉得葡萄牙食物味道怎么样？我回答：非常不错。我这是实话实说。虽说我在这里吃得没有在德意志地区（Deutschland）那么好，但是比意大利（Welschland）好多了，我也不指望能从餐厅吃到更多的东西。在最后一次谈话中，尊敬的陛下庄重地给我下了一个指令，要我以后勤于写信，向她详细汇报我的境况，特别是中国的传教形势。

数周之前，有 5 艘英国的战船来到这里，英国舰队的大部队比它们提前八天从里斯本出发。当它们靠港时，有 3 艘遭遇厄运，在海港〔葡萄牙人称呼它巴兰（Barra）〕失事，人们从其中一艘船上救下 6 名水手，另两艘船则不幸全部沉没。

我听到了一些传闻（来源尚不清楚），说尊敬的卡尔六世陛下〔1〕去世了。愿天主保佑他！

关于我们接下来的航行，现在有不同的猜测。一些人觉得，我们今年（第 76 页）不去果阿，而是前往巴伊亚（Bahia）或者巴西海岸，明年再抵达果阿。另一些人却预测，我们此行会一帆风顺。希望如他们所愿，至少这种预测让我心安，可以让我更靠近我的目标。

请尊驾原谅这封信的杂乱无序，一个人在匆忙之时就会这样。感谢救恩，把自己托付给救主！天主既拣选了我，是要我为他所用，在不信的人中彰显他的名。

里斯本，1736 年 4 月 24 日。致我最亲爱的兄弟。

主内兄弟并仆人，刘松龄，耶稣会传教士。

第 30 册第 586 号，第 76—78 页

第三封信。耶稣会奥地利会省的刘松龄神父致信他的弟弟韦查德神父——与刘松龄同属耶稣会奥地利会省，尼德兰长官、法国洛林卡尔斯王子的告解神父。写于果阿。1738 年 1 月 13 日。

主内平安！

天主保佑，从欧洲到印度再前往果阿的旅行已经完成，如果我把这一路上遇到的幸运或不幸的事情统统陈述给你听，那可就是长篇大论了。如果天主能够让我到达此行的终点，如果我能赢得更多时间，我会把我和同伴们从里斯本到中国的旅途中所经历的事情，写一份尽可能详细的报告寄到欧洲去。

---

〔1〕 神圣罗马帝国皇帝卡尔六世在 1740 年去世——译者注。

现在让我来谈谈从里斯本到果阿的旅行。我们于 1736 年 4 月 25 日从里斯本出发，7 月 24 日绕过好望角，9 月 16 日在索法拉（Sofala）靠岸抛锚。然后经过了六周令人精疲力竭的旅行，在 10 月 29 日到达了莫桑比克港（der Port zu Mozambique），其实如果顺风的话，这段航程只需要 15 天。我们被迫在莫桑比克港停留了整整九个月，因为海况和风向都不允许我们在来年 8 月中旬之前起航。1737 年 8 月 16 日，我们愉快地开始旅行，并在 9 月 18 日来到果阿。我是多么渴望来到印度，所以您完全能够想象，如此漫长的旅行和很多不必要的延误对于我来说就是煎熬。我需要时时用来自天主最智慧的预见来安慰自己：神让他所喜悦的事情发生（Wie es dem Herrn gefallen, also ist es geschehen）。愿上主的名被赞美！

我到达果阿的时候收到了三封信，都是尊驾在 1736 年写给我的，对此我感到（第 77 页）非常愧疚。其中一封信中提到一种叫"Ariquirize"的石头，这种石头在日本群岛上能找到，但这里所有人都不知道它。如果这种石头不是指那种大名鼎鼎的牛黄（Bezoar）的话，那就没人知道是什么东西了。如果我能够找到关于它的进一步信息或者能够找到这种"Ariquirize"的话，我一定非常高兴地告知我挚爱的兄弟。

为了让欧洲人接触到一些印度新闻，我这里简短报导我到这里之后，从他人那里获知的或者从来信中读到的一些新消息。

据说，在势力强大的莫卧儿大帝国发生了一场大范围的骚乱。一些实力强大的异教徒王公，当地的称呼是"Rajas"，他们发誓要推翻信奉伊斯兰教的帝王，这位君主享受着王国各地的供养，生活奢靡，政务松弛。他们如今可以更轻易地做成这件事，因为莫卧儿君主原本可以求助于波斯国王，但波斯国王此时却被惹恼了，原因很可能是因为莫卧儿君主要求波斯归还此前属于莫卧儿王朝的土地坎大哈（Candahar）。波斯国王命令他的军队前去围攻莫卧儿王朝首都阿格拉（Agra），据说波斯的大军距离阿格拉只有三天的路程了。

我所在的地方，有谣言开始传播。一名异教王公 Marata，又被称为"Salva-Raja"或者"Sauraja",夺取了位于离果阿 70 德里(Deutsche Meil)的名为萨尔赛德(Salsette)的小岛,不要把这个小岛和同名的萨尔赛德半岛混淆。他还占领了小岛上四五个葡萄牙人建立的要塞。现在他把那里的武器对准了瓦塞(Bacaim)。[1] Marata 率军从靠陆地的一侧将萨尔赛德城团团围困,因为他们在海上没有力量。进攻方用所携带的大量云梯频繁攻城。要塞指挥官、勇敢的约翰·卡丁(Joan Cardin)此时得到果阿总督提供的人力支持,加上教会提供的财力支持,一次次英勇打退了敌人的进攻。然而,据说敌人已经夺取了塔那(Tana)要塞,并且给那里的居民造成极大破坏,居民中有相当一部分是来自我们果阿、马拉巴尔、中国及日本会省的成员,这些人的日常必需品大部分来自萨尔赛德和瓦塞。未被攻陷的要塞包括葡萄牙人的 Varsave 要塞、英国人的 Bambayn 要塞,被围墙和壕沟环绕的 Bandora 住院(Haus/Schloß Bandora)属于果阿会省,孟买(Bombayn)的指挥官从他的部队中调拨出部分援军,这支当地人组成的队伍英勇守卫住院。我们希望,敌军不要进一步扩大战果,更盼望尽快迫使他们撤离现在占据的地方。

我高兴地读到孟定士神父(Manuele Mendez)于 1736 年 10 月 14 日在澳门用葡萄牙语写的信,内容如下:中国的陕西省(Chansi),数名满人高官用尽一切威胁、折磨手段,想要强迫手下军队中的奉教士兵放弃基督信仰。我们在北京的神父们给皇帝上书,恳求皇帝予以保护。皇帝准允了他们的请求,但同时告诫说,哀悼期尚未结束,传播教义要非常谨慎小心。哀悼期结束之后,那时他已经大权在握,会适当放松管控,减轻对他们传教热情的打压,会保护他们及他们的宗教信仰。

孟定士神父的信中随后引用了德玛诺神父的信件,提及皇帝与其他大人物强烈斥责了教难的始作俑者所犯的过失,因为前朝皇帝颁布过传教禁令,不得宣讲福音,不得在各省宣传基督教,禁令被压

---

[1] 印度东北部港口——译者注。

了下来，没有在各个省份发布。康熙时期，传教士们可以自由开展传教活动。1736年11月到1737年8月，德玛诺神父在山西省（Xansi）为1234名中国人施洗，为78人行了临终傅油礼。听告解7641人次，为5871人行圣餐礼。在崇明（Cum-hi）岛上，他为411人施洗，听告解1773人次。他最后前往浙江省，在此后的时间里顺利开展福传工作。

（第78页）据说，苏霖神父去世时，皇帝恩赐了200两葬银，另一位总督则慷慨赠予白银50两。朝中大臣和内廷官员们公开拜访我们在北京的教堂和住所，他们完全没有顾虑。在我们那里见到的所有东西，他们都认为是贵重之物，诸如此类。

在我自认为中华帝国需要我些微付出的时候，这些消息让我心安，其中体会难以言表。我信心满满，如果地方大员和王公大臣对待圣教如此亲善，我皈依异教徒的努力就一定会达成预期成果，这样的预期对传福音者来说就是最大的满足。

要想有这样的收获，一些来自欧洲的教堂用稀罕物是非常有用的，各式各样的都可以，象牙编织的、镜片打磨的、黄铜锻造的、木雕的箱盒（Geschancknussen），这些器物在贝希特斯加登（Berchtolsgaden）、威尼斯、斯泰尔（Steyer）和奥格斯堡加工制作，售价低廉。如果可能，我希望，无上尊贵的安斯霍芬（Baron von Engelshoffen）男爵的部分捐赠能够用于购买包括上述稀罕物以及其他讨人喜欢的器物。安斯霍芬男爵是Temeswarer Bannat地区长官，是一位对我意义不一般的恩主，我由衷感谢他的所有善举。尊驾费心，未来给我这边寄来欧洲生产的这样一些物品。

在我结束这封信之前，我有令人欣慰、为我们的祖国争光的消息告诉您：我们勇敢无畏的英雄Gallenfels的弗兰茨男爵（Franz Freyherr von Gallenfels），他是我们的卡尔博内神父的亲兄弟，卡尔博内神父是葡萄牙王后陛下的告解神父。弗兰茨男爵凭借他的品德、公平正直以及丰富的作战经验，不仅赢得了当地天主教徒的心，也得到了异教徒和伊斯兰教徒的支持。数周之前，他结束在岛上的要塞和第乌城(Dium)三年的行政工作之后来到果阿。当地上层人物和普通民众对他就任这一高职都给予高度评价。我在莫桑比克过冬的时候，从前文提到的那座岛上来了一位富有的异教徒商人，我询问他关于"Don Francisco Alemao"(他们这里这样称呼男爵)的情况，他对男爵的赞美溢于言表，商人用以下这句话结束了他的一番夸赞："'Em fim, he homem, que faz justice à todos.'简而言之：他公平对待每个人。"在果阿，我和当地一位大人物交谈时提到弗兰茨男爵，他这样赞扬他："我们葡萄牙人有多么重视 Gallenfels 的男爵先生，尊驾可以通过以下事实得知：尽管他是一个外国人，但我们还是把第乌城托付给他，要知道第乌城是通往印度的门户，也是我们在此地最早、最重要的要塞，这样的事情此前绝无仅有。"

我热切期待着我在果阿的最后的快乐时光。虽然，因为尊敬的院长神父拉尼·堪诺修提(Reinerio Cognosciuti)，一位来费拉利(Ferrarien)的意大利人，我们在位于克劳岛(die Insul Choram)上的初修院(Prob-Haus)里过得很安适，感谢天主，我的身体和在奥地利的时候一样健康。然而，这并不能真正让我心满意足，因为我想要与那些异教徒在一起，让他们皈依天主，这是我所希望和所请求的。我的希望和请求很快就要实现了，至高的天主怜悯我，让我为这伟大的工作献身。希望您每天弥撒祷告时记得为我祈祷。我谦卑地把自己托付给天主。

果阿，1738 年 1 月 13 日。

主内仆人和弟兄，耶稣会传教士刘松龄。

第 30 册 587 号，第 79—93 页

耶稣会奥地利会省刘松龄神父致信他的弟弟韦查德神父——与刘松龄同属耶稣会奥地利会省，尼德兰长官、法国洛林卡尔斯王子的告解神父。写于北京。1739 年 11 月 4 日。

主内平安！

蒙天主庇佑，我终于到达了漫长旅行的终点。今年 6 月 13 日，

这一天也是葡萄牙的奇迹创造者（Wunder-Mann）、帕多瓦的圣安东尼（Heil. Antoni von Padua）瞻礼日，我抵达了中国的都城北京。我应当称之为一次漫长的旅行，因为我从里斯本启航的时间是 1736 年 4 月 25 日。

我万分高兴地收到了您给我寄来的 4 封信。不过我只回了两封信，一封是 1738 年在果阿写的，另一封是同年年底在澳门完成的。我不确定您是否能够收到它们，所以想把信中大意简单概括，把一路走过的曲折道路毫无隐瞒地重复一次。

我们在里斯本启航的时候，同行的有 12 艘前往巴西的葡萄牙船，这些船只和我们一路同行到马德拉岛（Madera）附近。因为他们会在数月之后返回欧洲，所以我委托他们捎寄了几封信件。他们继续直行，我们则调转船头向南，在天主和主保圣人的陪伴下，一路顺风到达好望角。然而这时，风向和海况开始不利于我们，同年到达果阿的希望一天比一天渺茫，在希望全部破灭之前，一股神秘的海流把我们推到莫桑比克的索法拉海岸。（第 80 页）10 月 29 日，我们冒着很大的风险抛锚靠岸，还不得不在那里过冬。

我们住在耶稣会在此地的学院，院长神父（P. Rector）周到热情地招待我们，学院虽然不大，但在此地已经算十分舒适。我在这里和其他地方常常百倍地获得心灵犒赏——天主向那些为了天主以及福音之爱而工作的人所允诺的。实际上，住院的房子很大，许多在欧洲分别的神父和修士，在亚洲又重逢。我越是经常感受到神的应许，就越不会要求舒适生活，虽然这种舒适能够让一个因为舟船劳顿而筋疲力尽的人恢复元气。感谢仁慈的天主让他所创之物不致跌倒。

尊敬的院长神父第一次造访我们，随即要我承担起监护六名葡萄牙见习修士的任务，这六人是随我们一同前来的。因为我们的上级神父（P. Superior）身体不适，不得不移交这份工作。我乐意接受这个任务，对我而言，是重温基础教理的好机会。这位院长神父认为我有能力用葡萄牙语传道。我在斋戒期（Fasten-Zeit）期间进行了三次布道，第一次和第二次布道后都有数量可观的皈依者。虽然会中有些人认为我在第二次传道时说话过于直接,但是兵头(Herrn Gubernator)认同我的做法。我在第三次布道时候的语气并没有比第二次缓和多少,他到场并向院长宣布:在莫桑比克传教,如果想要赢得当地人的心,需要这样的布道形式。

复活节后不久,我发了一场高烧,差点丢了性命。仁慈的天主这一次垂青了另一个人,我在一个月后才病愈,此后的海上航行期间我都处于身体恢复期。葡萄牙神父给予我充分关怀,在我患病期间,他们毫不迟疑地接下了督导见习修士的工作。在生病的这段时间,我惊奇地发现,我的主保圣人圣沙勿略同样是在这座岛屿上生了重病,同样发着高烧。

总而言之,来到这座岛屿的外国人都必须经历同样的关口。如果能活下来,就可以认为自己非常幸运。我们船上的士兵大概有100人被死神带走,许多人生命的最后时刻,我陪在他们旁边。船上的水手只有3人死亡,其中两人更多是因为上了年纪而不是因为疾病本身。这两名老水手中,有一个经历了从葡萄牙到巴西的42次航行,另一个则完成了从里斯本到果阿的10次航行。后者在距离好望角不远的时候,从他的小箱匣中取出一件衬衫换上,我就站在他身边,他告诉我:"这是我第十次去印度,每次都只在这个地方换掉衬衫。"

现在让我言归正传,我在这个岛上逗留期间,只上过一次距离岛屿3 000步(Schritt,按:长度单位)的陆地,为的是去教堂参加圣母玛利亚纪念日(Fest Maria Opferung)活动。那座教堂取名圣玛利亚堂,负责教堂工作的是一名耶稣会传教士。我在那里并没有看到任何风景,只有裸露的土地和被太阳炙烤的林木,我当天乘船返回了小岛。圣玛利亚教堂里除了我刚提到的那位传教士以外,还有六人,他们需要在当地黑人中传教,这些人都住在距离莫桑比克岛很远的地方,其中的大部分生活在赞比西河两岸,赞比西河在南纬19度左右流入大海。

我对小岛和莫桑比克城已经说得过多,关于它们以及整个东部非洲黑人地区(Cafrarien)地区的情况,我的旅友南怀仁有更详尽更准确的报告，且已寄回欧洲。通过他的记述，人们可以修正那个可笑的童话故事，也就是莫利萨德（Melisantes）之前关于这块陆地的说法，同时也能够改正许多霍曼非洲地图（die Homanische Charte von Africa）上的错误。[1] 参见《新世界信使》第 28 册，第 555 号。

（第81页）1737 年 8 月 14 日晚间，我们再次上船。16 日一早，在一艘果阿船只的陪同下，我们启航离开了海港。陪同我们的那艘船在第三天不见了踪影，直至我们已经看到印度海岸线的时候，才再次见到它。因为风向有利，我们的航行仅历时 34 天，便顺利抵达果阿。

午夜时分，我们会中一名神父带着一名修士前来，用一条小船把我们带去城外的一处休假地（Lust-Ort），耶稣会的会友等候在那里，我们受到热情欢迎，享用过中饭后我们的精力得到恢复。下午，在钟声的伴随下，我们被带到城里。我们径直前往位于耶稣会初学院（Profeß-Haus）[2] 的圣方济各·沙勿略墓地，然后去了学院教堂（die Kirch des Collegii）。接下来，在我们的"图斯库卢（Tusculum）"，[3] 或称之为休假地（Lust-Ort）的地方安静休整了 8 天，帮助我们恢复体力。

我们在那里待了不到三天，有另一艘葡萄牙船来到这里，那艘船五个月前才从里斯本出发，船上有 10 名新传教士，其中有我们同会的纽介堡（Bruder Neugebauer）修士。他们和我们一样，也休整了 8 天，然后一同前往萨尔赛德岛（Insul Salsette），在拉克尔的学院（Collegio zu Rachol）停留了几天。我们拜访了由耶稣会士照管的另外几处教堂，8 天以后回到了此前提到的学院，然后被分到耶稣会不同的住院。

我和来自上德意志会省的两名耶稣会士被分到初修院（Prob-

---

[1] Johann Baptist Homann(1664—1724)，德意志地图学家、出版商——译者注。
[2] 耶稣会士居住地的一种，居住在 Profeß-Haus 的是发过四项誓言的耶稣会士——译者注。
[3] 欧洲古城，位于阿尔巴尼亚山区——译者注。

Haus),位于克劳岛(Insul Choram),一个趣味盎然且健康卫生的地方。当时这个修院的院长是尊敬的兰尼尔·康格修提(Rainerius Conosciuti)神父,他还承担督导、指导见习修士的工作,同时还是进入第三见习期(die dritten Prob)的耶稣会士的教导员。他工作兢兢业业,在他的用心管理下,我对几个月来的生活感到非常满意。我在那里发现,使用葡萄牙语能给我带来好的机遇。我按照院长神父的吩咐,在为圣斯坦斯洛斯(Saint Stanislaus)举行的为期9天的纪念活动上,发表了两场公开演讲。院长神父颇为满意,他随即把所有斋戒期的布道工作委托给我,而我也很高兴地接受了任务。按照这里的习惯,4个星期六、圣枝主日(Palm-Sonntag)以及圣礼拜四(Grünen-Donnerstag)用葡萄牙语布道。我发表了4场简短演说代替7场布道,为要求接受苦刑的民众举行仪式,该仪式以教堂内的公开鞭笞结束。与此同时,确定前往马拉巴尔的一名意大利耶稣会士奥里根(Archangelus d'Origni)神父带领众人完成为期8天的退省神工(die acht-tägige geistliche Ubungen),有大批新教徒皈依。

1737年的万圣节/万灵节庆典上,在尊敬的初修院院长神父(Patris Praepositi)以及伊曼纽尔·西尔瓦(Patris Emmanuelis Sylva)神父的见证下,我在圣方济各·沙勿略的墓前发下四大誓愿。如果我们在莫桑比克的时候就收到下达命令的信件,我本可以更早完成立誓。宣誓前三天,我一直披着一件白色的斗篷在克劳岛[Choram(Tscharáo)]上闲逛,因为这里的空气清新,许多葡萄牙上层人物住在此地。我的同伴是来自波希米亚的严嘉乐,他是一名耶稣会见习修士(Noviz),以前是骑兵团(d'Olonischen Dragoner-Regiment)的随军医生,在匈牙利和锡本布尔根(Siebenbürgen)[1]工作过,我不清楚到底是他的父亲还是母亲的弟弟/哥哥阻止他献身天主,所以他最初学的是药学和外科学,此后被迫投身战场。阻止他的人死后,他离开了战场,就在我离开匈牙利的时候,他已经在去但

---

[1] 位于罗马尼亚中西部地区——译者注。

泽（Danzig）的路上。他搭乘一艘荷兰船去阿姆斯特丹，然后再乘船去里斯本，他在那里碰到了我们德意志会省的神父们，在得到让他加入耶稣会的准许后，他和他们一起来到果阿，尤其是尊敬的葡萄牙王后陛下对他多有赞许，所以很容易就被一所培养院校（Scholasticum）录取。

在我写这封信时，我们得到消息，一个异教徒王公已经攻占了果阿周边地区，正在向果阿城逼近。仍然逗留在果阿的人们感到害怕，我们也依然逗留在此。据说敌人已经攻占了大陆上设立的三个要塞中的两个，即丘恩乔利姆（Cuculin）和莫尔穆（Murmogao）。目前正在攻打拱卫拉克尔城（Stadt Rachol）的第三处要塞，但没有成功。尽管如此，(第 82 页)也不能阻止敌人对周围地区进行劫掠。果阿以北的巴德兹（Bardez）地区已经完全在他们的控制范围之内。情况究竟如何，我尚未得到任何确切消息。我们现在知道的是，敌军并没有占据果阿岛、克劳岛，但克劳岛上的城池完全被放弃，因为士兵撤走，神职人员自己来守卫要塞。在莫尔穆要塞中，大约有 60 名方济各会士，主教本人担任了军事指挥官的角色。我们的圣母角要塞（Liebe Frauen von Vorgebürg）被方济各会分支机构的神父接管，他们被称为"嘉布遣会士（Capuchos）"。耶稣会士们看守另两处要塞：阿瓜达（Aquada）和德里格斯（des Reges）。头一年搭乘两艘葡萄牙船抵达这里的所有传教士，一段时期内都必须充当战士。

被认为坚不可摧的岛屿和果阿城陷入这样的不幸，有些人找到了恶意抨击葡萄牙的机会，他们嘲讽说葡萄牙人到达印度时右手执剑，左手拿十字架（Crucifix），当他们发现了黄金，就把十字架放在一旁，用左手去搜罗黄金，装满自己的口袋；当发现更多黄金的时候，他们变得更加贪婪，于是干脆连剑也丢掉，用一双手去攫取黄金。这些辱骂字词是对勇敢的葡萄牙人尊严的亵渎。

这里要提及关于圣方济各·沙勿略遗体的罕见事件。为了安全起见，视察员神父三次委派他的同伴前往果阿城，把圣徒的遗体用安排好的船安全运到莫尔穆，在这种危险时期所有珍宝都要运出果阿，但同伴回来时两手空空。人们问他为什么没有把圣徒的遗体带回来,据说他是这样回答的:虽然他去了圣徒的墓地并在那里做了祷告,但他心里没有产生任何移走圣徒遗体的念头。葡萄牙人把这非同寻常的健忘视为一种预兆,因为圣徒不希望被带到别处去,那人们同样不需要过于害怕敌人,这座城市不会沦陷。但愿天主保佑,一切成真!

葡萄牙人占据了果阿附近的印度海岸,南端还有一个小岛,距离果阿有几里路,名叫安杰第瓦(Anjidiva)。小岛的北边是第乌、瓦塞(Bazaim)、达曼(Damao)和朱尔港(Chaul)。塔那在我们到达果阿之前,就被前文提到的异教徒王公占领了。瓦塞也被围困多日,海路出口被海盗安格里拉(Angria)严密封锁。我们有充足的理由求告天主保佑,因为如果我们失去了这些土地,耶稣会在印度的四个会省很快也将不复存在。

现在重新回到我们的旅行。5月8日,我们乘坐圣安娜号(S. Anna)出发,我的两个奥地利同伴南怀仁神父与纽介堡修士,已经将一本十分详尽的日记寄往了我们的会省。日记中描述了我们此次航行中经历的各种快乐与不幸事件,所以我无需再花时间进行叙述。在到达马六甲(我在那里和他们分手)之前发生的事情,我没有任何汇报。在这座城市驻留之后发生的事情,叙述如下:

因为荷兰人接管了马六甲,一名在此秘密居住的神父拜访了我们,他见到我们异常欣喜,不仅就他自身而言,对于此地他所牧养的教徒而言也是如此。这些人当中有为数不少的德意志天主教徒,荷兰人在印度的所有占据地也是如此。他坚持要我们给这里的德意志士兵、平民以及官员提供特别的心灵抚慰,因为缺少德意志神父,他们已经多年没有进行忏悔圣事,希望我们能够为他们举行这一圣事。

这一请求很合理,但是却令我们十分为难,因为时间关系,我们第二天必须回到船上去,因而无法履行我们的神职义务。那位神父再次请求,并恳请我们中的至少一个人可以短暂停留。他说,在15天以内,最多30天内,(第83页)会有一艘更好、更舒适的澳门船

(Macaisches Schiff)靠岸，它从英国殖民地(die Englische Pflanz-Standt)马德拉斯(Madras)驶往澳门。还会有一艘来自本地治里(Pondischeri)的法国船、一艘来自马德拉斯的英国船与一艘来自苏拉特(Suratte)的摩尔人的船(ein Maurisches)，这三艘船都确定前往广州，很快也会到达这里。留下的那个人可以登上其中任何一条船去澳门，很可能今年就能到那里，甚至可能和其他先行的人同一个月到达。他跪倒在地接着说道：自从我们的菲利普·席宾(Philippi Sibin)神父离开后，15年过去了，这里再没有来过德意志神父，也许再过15年也不会有德意志神父来这里。如果他无法实现愿望，如果他放过现在这个能够帮助他的信众的大好机会，他的内心无法安宁，因为这些信众不懂葡萄牙语，他没法帮助他们。他最后表示，如果适度小心行事，就不用过于害怕这里的荷兰人，在此地能够收获的成果会比遇到的危险大得多，如此等等这样的话。

深思熟虑之后，我愿意抓住这次机会，为德意志人服务。但是我担心，这更多是我个人一厢情愿的想法，而不是我的同伴们一致认可的做法，为此，我听取了他们每个人的意见。此前提到的几个原因，他们表示认可，特别是他们觉得，让我一个人留在这里，一旦出现不利情况，我只需要考虑自己，而不需要为其他人承担责任，这对于我来说更为简单。我们的船长和他的随船牧师(Schiff-Caplan)，一名道明会神父，也支持我的决定。船长许诺说，他会从公司最高领导那里拿到允许我留下的许可证明，他确实这么做了。不过等到合适的机会到来，那人向船长问及是谁要做这件事时，他没有立即记起我的名字，他给出的名字是"Ignatius Carvalho"。

7月2日晚九点，我陪同我的同伴来到海边，辞别他们之后，我回到自己刚抵达时居住的那座房子，此后我就一直住在那里，感觉好像住在德意志风格的旅社，对外开放但又十分可靠。第一天我待在房间里，一部分原因是我对马六甲完全不熟悉，另一部分原因是有些想要忏悔的人，直接来找我了。我有空时就在城外散步，这会更安全一些，大部分基督徒也都住在这一带。我经常于午夜以后在他们的房子里举行弥撒,听告解,在凌晨时主持圣餐礼(Heil. Communion)。有两次,我在一名天主教信徒家中的花园召集了许多人,为他们布道。我留在此地主要是因为这里的士兵,因为他们不能经常、随意离开要塞,与他们的交往接触有难度。虽然我能够进出要塞,但是经常这么做显然不是明智之举。为了使要塞中的德意志天主教徒有更多的机会领受圣礼,我决定在要塞过一夜。但是没有人允许我使用他们的住房,他们害怕被免职,因为此事被人发现,根据惩罚措施,如果发现谁参与天主教活动,他就要被罚到船上做苦工。最后,一个尼德兰军官提供他的房子,让我在其中进行天主教活动,并且承诺会平安无事。

在圣安娜纪念日前夜,我抵达要塞,整个晚上我都在聆听人们的告解。黎明之前,我带领了弥撒(在荷兰占领该地区后,这一仪式就再也没有举行过),那些已经做过告解的人则领受圣体圣事(Allerheiligste Altars-Sacrament)。在举行完弥撒以后,我通过头一天进来时的门离开。当我去拜访住在一座房子里的两位葡萄牙商人时,其中一人这样告诉我:"说真的,尊敬的阁下,您给我们带来很多惊恐和顾虑。昨天晚上九点,一名天主教徒告诉我们说,您去了要塞,在那里带领弥撒。此事在士兵中(第84页)都传开了,一些非天主教徒已经把此事汇报给了上级军官,确信他们派出6名士兵准备抓捕您。"这一说法还有其他类似的传说出自那些好心人之口,他们因为害怕编造了这些故事。顺便提一下,我有机会让4对男女依照天主教习俗结合,他们此前已经在一起生活很长时间,为一个孩子施了洗礼,还有一个人领受了临终敷油礼。

我的主要目的是帮助那些已经很长时间没有做过告解的人,让他们能够及时忏悔。您能够想象得到,这件事情对于双方来说都是一种宽慰,有许多人现在有机会在时隔6年、7年、8年,甚至15年、17年之后进行忏悔。他们中的一些人告诉我:这种与天主和解的方式,是天主仁慈的体现,而我仿佛就是受天主派遣而来。

这是短时间内在夜幕中允许我收获的成果。然而,我不能进一步冒险,因为现在大家都已经知道我的身份。如果关于我个人以及我所进行的秘密活动的消息传到了兵头耳中,我难免不受惩罚。

在这期间,来自马德拉斯的那艘英国船靠岸,据船上的人带来的消息,那艘我曾经想搭乘前往澳门的澳门船,今年并未抵达马德拉斯,据说它的桅杆都没了,在锡兰高地附近海域飘来飘去,这艘船未来的命运如何,没人知道。我开始考虑,是搭乘眼下这艘英国船还是等下一艘法国船,毕竟这些英国绅士们很客气,邀请我去他们那艘舒适、宽敞、做工精良的船上。我在船上住了8天,我们在一间小餐厅吃饭,彼此都有好感,搭他们的船可以延续这样的交往时光。在我们讨论这个问题的时候,一艘从本地治里来的法国船在马六甲抛锚靠岸。我十分幸运地在我的住所碰到了船长。当我走近他,听到他叫:"主父(Senhor Padre)！神父！"想必已经有人告诉过他,我是一名神父。当得知我是一名耶稣会士,且获悉我的打算之后,他非常亲切地邀请我搭乘他的船,并大力强调,有此机会表达他对耶稣会的喜爱是一件非常幸运的事。我要让人们知道他的善意和我深深的感激之情。

在我离开马六甲之前,我想简单记述一下我对此地的观察。荷兰从葡萄牙手中得到这片土地已有百年,当时这里是属于印度的繁荣商业城市之一。负责城市行政工作有三个领导人,分别是:兵头(Gubernator),统领军事;Fiscal,掌管立法和审判事务;Sabandor,负责商贸事务。据说,担任上述职务者花的钱要比赚的多,因为挣到的钱大部分都被用来供养这三个人还有他们的随从,每届任期三年。但人们不能得罪他们,因为他们拥有巽他(Sunda)海峡的管辖权,该水道是前往远东的咽喉之地,通过它前往远东十分便利,而他们可以随意开放或是封锁水道。我所说的"便利"是指,虽然绕过爪哇岛有许多通往中国和日本的航路,但都很难走,且十分危险。

这里的要塞是葡萄牙人用方石修筑的,相当坚固安全。在一些地方仍可以看到葡萄牙的盾形徽章、圣十字架的标志。据葡萄牙人说,荷兰人曾经多次尝试拆除或者掩埋这些老的纪念标志。他们还说,荷兰人只要在要塞(Pastey)上升起旗帜就会招致骇人的暴风雨,这不是杜撰。为了了解此事的更多情况,我询问过多名士兵,还有兵头的私人秘书(Geheim-Schreiber),他们一致称确有此事。当我追问那位秘书,为什么会发生这种事情,他耸耸肩对我说:他不知道。(第85页)在那些士兵们中间,有一位已经在马六甲呆了22年的老兵。他说:几年前,在几处不同的要塞(Pastey)共升过7次荷兰旗帜。但只要升了旗,24小时内必会有一场出其不意的雷暴天气将其毁掉。有一次,闪电正好击中了旗杆,旗杆粉碎,连一点碎屑都不留。旗帜连同一个士兵的胳膊,这名士兵大概是依靠在旗杆上,还有士兵当时挎在胳膊上的散弹枪,都被闪电击中,抛入大海深处。

一些人认为此类罕有事件是因为地球上非常丰富的金属蒸汽,此类蒸汽容易引发雷暴天气。当旗帜在空中飘舞的时候,周边空气形成了一个漩涡,气旋的形成导致了雷暴。如果人们发问,难道地球上的金属和矿物蕴藏是现在才有的吗?我也不知道哪一个才是正确答案。

这座要塞的驻军大约有200人,其中10%是荷兰人,剩下的都是德意志人,大多数来自萨克森(Sachsen)、勃兰登堡(Brandenburg)、斯瓦本(Schwaben)、弗兰肯(Francken)、威斯特伐利亚(Westphalier),还有尼德兰(Niederländer)和黑森(Hessen)。如果将这些德意志人分成六部分,其中三部分是天主教徒,两部分是路德教徒,还有一部分是加尔文教徒。城中的居民也信仰各种不同的教派,他们在要塞中或城市里都有固定的礼拜地点。只有天主教的礼拜堂建在城外的一处森林之中,教徒在星期天以及庆典日来做礼拜,他们的神父,一个果阿出生的印度人,会来礼拜堂为他们主持活动。这个天主教集会得以进行,与其说是得到了荷兰人的准许,不如说是荷兰人对此睁一只闭一只眼罢了。我在马六甲的时候,此类活动经常被禁止。

这里的人说葡萄牙语,整个东印度地区也都说葡萄牙语。事实上这令人称奇,葡萄牙语在如此短的时间内如此广泛地推行,在葡萄牙人四处遭到驱逐的情形之下,葡萄牙语却被保留了下来。所有的商人,无论是德意志人还是荷兰人,一旦他们绕过好望角,都会转而说葡萄牙语,这能够让他们的生意做得更顺利。他们也教自己的孩子说葡萄牙语,孩子们学葡萄牙语、说葡萄牙语一般来说比他们的父母更加容易。更有甚者,葡萄牙语在巴达维亚(Batavia)也被广泛使用,而巴达维亚所在的爪哇岛,葡萄牙人从来没有过一块领地。在巴达维亚,除了一位荷兰牧师(Prädicanten)以外,还有一位用葡萄牙语传播荷兰教的牧师。我这里说的是"荷兰教(den Holländischen Glauben)",如果有人问一个加尔文信徒或路德信徒的信仰是什么,他用葡萄牙语会回答说"信的是荷兰教"。如果他是天主教徒,他会称自己是一个"基督徒(Christ)"。这种表达方式不仅流行于当地人(Land-Pövel)中间,荷兰人自己也这样说。当他们提到自己的教派时,会说"我们的宗教";当他们用葡萄牙语表述天主教信仰时,他们愿意称其为"基督教(das Christliche Gesa3)"。当他们航行到日本,被问及是否是基督徒时,他们也这样说。有一名葡萄牙商人就此指责了一名荷兰书记员(Secretarius),后者并未加反驳,这是我亲眼所见。现在把话题从马六甲转回到我们此次航行。

8月4日,我重新换上了神职人员着装,登上了圣本尼狄克(S. Benedictus)号。两天之内,我们已经通过了新加坡海峡(die Meer-Enge Syncapura),在顺风的有利形势下,调转船头向北航行。8月23日,我已经能看到中国的岛屿了,我们以为那就是上川岛(Insul Sanciano),所以把船头转向东航行,希望直接驶向澳门。但是到了第二天早上,我们意识到,我们已经在澳门城偏西方向30西班牙里(30. Spanische Meilen)处,所以还得往回航行30里。

我还记得,8月25日晚上我们在离澳门两海里的地方抛锚,因为晚上在岛屿之间航行并不安全。第二天早上,我们的船在这些岛屿之间缓慢前行。8月28日,圣奥古斯丁(Heil. Augustini)纪念日,正午时分,(第86页)我们到达了中华帝国的第一处门户——虎河口

(Mündung des Tiger Flusses)。[1]我感谢天主让我能够如此幸运，这一天是我的命名日与出生日（8月27日晚上九点，我出生的时刻，28日凌晨三点达成协议），我的愿望和憧憬在这一天实现了。8月29日中午，我们在黄埔（Vampu）（黄埔是一个离广州三英里的地区）抛锚靠岸。

在船上无所事事的三天时间里，我收到了澳门的视察员神父（P. Visitator）寄给我的回信。当我们在澳门之外抛锚的时候，我给澳门的视察员神父写了一封信，汇报我将直接前往广州事宜，帮我送信的是一艘小渔船。虽然我这艘船的船长之前在马六甲承诺会带我去澳门，但是他对于风暴天气的惊恐，让他改变了计划。

9月1日，我最后一次刮好胡子，坐上一架小车，被送到广州的法国商人处，他们是应视察员神父的书面请求这么做的。凌晨两点，我到了他们那里并换上了普通服装。船长坚持要我换衣服，否则他会时时担惊受怕，因为是他把一名天主教神父带到这里的。

第二天早上，我见到了另一位船长，一艘来自欧洲的法国船船长，他是一个爱尔兰人，我同他一起到广州城郊看了看，还同他一起去见了一个法国商行（Französische Niederlage）的高级职员拉·巴热（la Barre）先生，后者热情地招待我们吃了中饭，还给我订了一艘中国小船。我乘这艘船在当天晚上动身去了澳门，9月4日太阳升起之前，我抵达澳门，得到我们的神父和修士们的接待。

天主的仁慈从来都令我惊叹。长路漫漫，我经历了太多危险，但有惊无险，最后都平安无事。三年的旅程中，有数不尽的船只失事，仅就我个人统计，在外海冒险航行的船只中，触礁撞毁或是被海浪吞噬的大船就达20艘，还有3艘被Angria海盗劫持。所有这一切都发生在我停留过的水道上，以及我途经的同一地点，只不过发生在我们到达之前，或是我们离开后不久。

就在我到达澳门之际，9月6日，一场猛烈的旋风导致周边海域

---

〔1〕 疑为虎门——译者注。

一片惊恐混乱。澳门城因此震荡，许多欧洲风格的石质建筑物倒塌。我们的圣若瑟住院（Residenz des H. Josephs）不在此列，因为它是新建的，没有受到任何破坏，但是此间这座建筑一直摇摆，如同地震中一样，在风暴停止之前，不允许任何人在里面做弥撒。在原本相对安全的澳门海港，被风暴摧毁海锚系绳的船只在风暴中被卷走，散落在沙滩各处。其中一艘受损最严重的船，已经被完全摧毁了。

风暴对广州的破坏力没有这么大，但是灾害过后几天，能见到数以千计的死尸漂在海面上，其中很多是住在船屋里的中国人，船屋翻了，人就被淹死了。其中有个孩子，躺在块木板上，一息尚存，我们把孩子带到我们的教堂施洗，让孩子的灵魂得以上天堂。如果我推迟30小时离开广州，我确信自己会遭遇同样的灭顶之灾。还好，有天主仁慈庇佑，引领我免遭不幸。

我在澳门多休整了几天。在那里，葡萄牙神父们隆重纪念圣厄休拉日（the Feast of Saint Ursula），我在纪念日上作了赞美演讲（Lob-Red），这也是我最后一次用葡萄牙语进演讲。稍后不久，在兵头的请求下，我绘制了一幅澳门城及周边区域的地图，很快会有一份草图送到果阿总督（Vice-König）那里。另外一份图在我离开以后，交给纽介堡修士继续完成，它会被送到葡萄牙，献给最伟大、最仁慈的国王。其他的时间里，我投入所有心思进行汉语学习，因为一般来说，我会作为一名数学家被传召进京，我不得不严肃面对数学学习，（第87页）此前我除了上数学课，就再没有认真学习的机会。几个月的时间就这样很快过去。尊敬的省会长神父（Pater Provincial）点名要我们这些人前往北京：来自波希米亚会省的魏继晋神父（P. Florianus Bahr），作为音乐家；作为数学家的鲍友管神父（P. Antonius Gogeisl）和我。陪同我们前往北京的官员不是传闻的从北京派出的官员，而是广州地方高官（die Obrigkeit von Canton）为我们安排的。

在我们逗留澳门期间，波希米亚人文森·帕勒斯（Wenceslaus Paleczeck）神父起程出发去了越南的东京（Tunkin）。当我们去北京的时候,另一位波希米亚人白乃心(Joannes Grueber)神父与摩拉维亚人(Mährer)约翰·希伯特(Joannes Siebert)神父出发去了交趾支那(Cocinchina)。与此同时,南怀仁神父出发前往湖广省(Provinz Hu-quam)。过些时候,我们就会知道亲爱的纽介堡修士将会被派到何处。南怀仁神父原先希望纽介堡修士能去北京,当这个愿望无法满足以后,他又希望把纽介堡修士派到他的传教地,这样的话他就可以教纽介堡修士拉丁文,以及灵修(Gewissens-Angelegenheiten)涉及的其他学科知识,这样做的意图是为了帮助他获得神父身份(Priesterthum)。可是在即使一个人都难以藏身的地方,如何能藏匿两个人呢?原本的打算落空之后,纽介堡修士为了实现上述目的,申请前往日本省,已经获得省会长神父的批准。

3月1日,我们穿上中式服装,踏上前往北京的旅行。3月4日,我们到达广州,在那里消磨了一个月时间。4月4日,我们再次出发,逆流而上,途中经过据说有100万人口的佛山(Fo-xan),时而升起帆,时而用桨划船。4月7日,我们在离清远(Cin-yuen)只有一个小时路程的地方停下来。我们晚上过夜的地方离一座寺院不远,散步的时候到那里参观。一位擅长绘画的法国修士与我一起站在庙门外,陪同我们的中国官员走进去,在正中的地方跪下,用前额碰地三次,以示对菩萨(Pú-sá)(这是邪神的名称)的尊敬,然后回到我们一起。正在那时,按照这座寺庙的规矩,分散在各处的和尚们开始虔诚诵唱。他们眼睛盯着地面,双手交叠在胸前,有一人快速地敲钟,其他人的双手姿势保持不变。他们绕着寺庙转圈,经过神像的时候,他们每次都全身伏地。最后,一个年轻的小和尚(Bozen-Noviz)用一种难以描述的虔诚高高举起一个装满美酒(Wein)的酒杯,奉到神像面前,再把酒杯端到大门前,将酒洒在火上。

当地的长官十分热情地邀请我们进入寺院,他领我们穿过一个大厅,走到一处苍翠的山崖前,崖前有一帘赏心悦目的瀑布,大约12—15英寻(Claffter)(按:1Claffter等于6英尺)高度,流水发出哗哗的声音。按照这里的习俗,他们提供我们一管烟和一杯茶。我们折返的时候,大厅里的桌子上放了各式各样的食物。我们尝试表达谢意,用他们熟悉的"多谢(To-sie)",告辞时我们说的是"Um-leáo",然后返回了我们的住处。

第二天,我和其他旅伴前往那座寺庙。当我们站到庙门前时,一些和尚禁不住偷瞄我们的胡须。寺庙面积不大,光线阴暗,但是装饰得十分精致。殿堂由四根柱子支撑,祭台是一张涂了清漆的四边形桌子,上面摆了四支蜡烛。殿堂正中是一尊木头雕刻的镀金菩萨像,雕工相当细腻,旁边还有两尊其他塑像。

三天以后,我们在英德(Im-tè)过夜。英德是一个小城,但也有城墙和一座高耸的城门,显得很气派。在那里,地方长官的私人医生拜访了我们,他是一个基督徒,我赠给他一串玫瑰念珠和一枚罗马钱币。我们途经河岸边的一处峭壁,上面有一个小小的洞穴,两名和尚在洞穴里修行。其中一个人走出来,向我们讨要施舍,但是我们的仆人不屑地拒绝了他。我们的船夫祭祀了他的神灵,他把少量物品用镀金的纸包起来,然后丢进水里。

(第88页)4月13日,我们到达了韶州(Xao-cheu)。第二天,我们在河岸边见到了大约200名士兵,他们的服饰不同,所携兵器也各式各样。一些人配有刀剑和一根大棒,大棒与一种匈牙利的、被称为"Pusican"的棍棒类似;一些人除了短刀以外,还带有步枪;还有一些人装备着弓箭,所有人都执有盾牌作为掩护。队伍后面是一些骑士,他们站在自己的马匹旁边,全身披挂,头戴头盔。在他们的旗帜上,用金色或黄色描画有中国龙。

我们在此处遇到了提督的船,提督是广东全省的军事长官。他的下属用这样的方式迎接他:所有人按品阶高低列队站好,然后将双手叠放在胸前,齐齐跪下,一个接一个地喊:"大老爷(Ta-láo-ye)!"其意思相当于"大人物"或是"尊师"。提督则会逐个允许他们站起来。我们冒着风雨天气继续旅行。

4月15日,河水不断变浅,随着时间一天天过去,我们接近了河流源头。18日,我们到达了南雄(Nan-yong)。一个信仰穆罕默德的高级军官要来我们歇脚的客栈拜访,但接待如此尊贵的客人在我们的预期之外,所以我们在感激与荣幸之余婉拒了他。不过,第二天我们去拜访了他,他十分客气地接待了我们。当地长官也来拜访我们,他们称他为"知县(Chi-hien)"。南雄位于两条河流交汇处,周边环绕着一圈坚固的城墙,有两座笔直的石桥连接城内外。

4月20日,我们从南雄到了南安(Nan-gnan)。[1] 我们每人乘坐着由4名轿夫抬着的轿椅,7个小时行了120中国里(Feldwegs)(约合7德意志里)。下午两点左右,我们翻越了一座有豁口的山峰,在山顶有一处省界关口,将广东省与江西省区分开。下行4中国里,我们就远远见到了南安城,城池坐落在一个宽阔且优美的峡谷之中,我们在下午五点左右抵达那里。从南雄到南安的道路两旁有着大片的田野与草地,方石铺就的道路有1.5英寻宽,走在上面让人感觉十分舒适。人们在这里不时能见到村落农庄,与欧洲的村庄颇有几分相似。那些为旅人将杂物细软从一个地方挑到另一个地方的挑夫,个个都动作轻快、生机勃勃,他们一路上闲聊、说笑、逗趣,完全不以他们背负的重荷为意。

4月21日傍晚时分,我们登上了一艘租来的新船,船很漂亮舒适。第二天,我们乘船顺流继续旅行。24日,我们到达了赣州(Cam-cheu),这是一座被城墙围绕的大城,被两条宽阔的河流环抱,风景优美,土地肥沃。我们的总视察员神父(P. Visitator Generalis)徐茂盛(Jacobus Philippus Simonetti)曾在此居住。虽然我们很希望能见到他,但未能如愿,因为他已经为了传教工作出门了。我只找到了他的两封信和南怀仁神父的一封信,南怀仁神父的信是他在临行前不久寄来的。

27日一早,我们到达了沙湖(Xa-hu,音译),一个干净的市镇(Marck-Flecken)。那里有法国传教士的据点。耶稣会的白多禄神父(Pater Petrus Sina)负责照管这里的基督徒,他到船上看望我们,

---

[1] 从拼音分析,此处应是南安(明清时期的称呼)。

告诉我们说：视察员神父和法国耶稣会会长神父（Französischen P. Superior），以及另一名法国神父嘉类思（Maria Ludovicus du Gad），三天前不得不逃走，他们把弥撒用器物背在肩上，一个在日出时分走，另两人在日落时分走。因为一些异教徒窥探得知欧洲人在一座房子中聚会，他们把消息透露给了中国官员。但是奉命前来的差役在搜查完整栋房子后一无所获，没有发现任何指向欧洲人、欧洲神父的证据，一切又都平息下来。

29日，我们到达省府南昌，受到热情接待。我们舒适惬意且安全的水上航行到此为止，剩下从南昌到北京的陆路旅行充满了艰辛与危险，不时遭遇恶劣天气，状况不断。

我们在5月3日开始我们的旅程，每个人都坐一部轿椅，每部轿椅6英尺（Schuh）长，4英尺高，3英尺宽，（第89页）用两头骡子牵拉。当天我们到达了罗湖（Lo-hoa，音译）。

5月4日，我们走了60中国里（Feldwegs）之后，到达三岔渡（San-cha-tú，音译）。5日，我们还走了10中国里水路，其间路过一个筑有防御工事的村庄——建昌（Kien-chang，音译）。又走了40中国里以后，我们在一个叫岩安堡（Ye-nan-pú，音译）的集镇（Marck-Flecken）过夜。刚上路的时候，要先走几里路，然后逐渐把骡子派上用场，当然这样速度会更慢些。

5月6日，我们天没亮就出发上路，所以每部轿子的两边各挂了一盏灯笼。凌晨三点车辆穿过一个名为德南（Te-ngnan，音译）的村庄。十点钟左右，到达一个名叫易马（Y-ma，音译）的集镇，交易马匹的人都在这里逗留聚集。从一早到这个时候，我们已经走了60中国里。十一点之后，我们继续上路，走了20中国里之后，魏继晋神父出了事情。他和他的轿椅以及骡子翻下大约1.5英寻高的河堤，落到水里。幸好，天主保佑！除了轿子被摔破，里面放的东西包括我的一些书被浸湿以外，没有其他损失。

因为这件事，我把我的轿子让给了魏继晋神父。接下来的10中国里路程，我在大雨中骑行，浑身湿透。到了通远驿（Tum-yvan-y，音译)之后,我们逗留了一天,晾干我们的衣服和书籍,把轿子修好。还用中国式的鞭打(Sinischen Prügel-Suppe)处罚了犯有过错的赶骡子的仆人,因为意外事故发生时,他并不在骡子边上。如果我们当时有经验的话,我们想必会走在路中间。

8日,我们在通林集(Tum-lim-sie,音译)吃过简单的早饭,同样在清早五点出发,匆匆赶路。下午一点,已经到了九江(Kieou-kiang)——一座戒备森严的大城。在那里,我们必须要跨过一条宽达4中国里的河流。在我们上船的时候,附近的一座寺院里来了一个和尚,在我们面前布置了一张小桌子,上面放有几个盘子,里面盛有水果和甜点,这是一种化缘的方式。

9日早上,我们赶了30里路,来到属于湖广省的孔垄(Kong-long,音译),继续行走60里到达黄梅县(Hoan-moei-hien)。

10日,我们六点启程上路。八点钟的时候,到达南京省(Provinz Nan-kin)。[1] 在那里我们经过一座小桥,鲍友管神父的一只骡子踏到两块木头的缝隙中,断了一条腿,掉进了沟渠中,不过轿子完好无损地在桥上停着。我们得到另外一头骡子,继续我们的旅行。11日晚,我们到达了宝兴驿(Pum-xam-y,音译)。

12日,我们经过带湖(Tai-hu,音译),在小池驿(Siao-ky-y,音译)吃午饭,在潜山(Tsien-chan,音译)吃晚饭。

14日,我们在下陆口(Sia-lu-kao,音译)吃午饭,到了桐城(Tong-ching)吃晚饭。接下来5天没有什么意外的事情发生。

20日,我们到庐州府(Liu-cheu-fu)吃中饭,受到该城长官的欢迎。他有一个儿子在北京,在我们的郎世宁修士(Bruder Castiglione)的指导下学习绘画。他派给我们两名士兵,一路护送我们到南京省界。他们跑在我们前面,让我们所经之地的哨兵知晓我们的到来。于是乎,每到一处,那些哨兵屈膝跪倒,把头弯向地面向我们行礼,嘴里习惯性地喊"大老爷(Ta-lao-ye)"。

---

[1] 原文如此,清代行政区划中,该地区称"江南省",在华传教士习惯沿用明代名称"南京省"。

23日,我们到达定远(Ting-yuen,音译),在那里碰到南京巡抚(Vice-König von Nan-kin)和他浩浩荡荡的随从人员。他占了10家客栈,只留给我们和我们的旅伴一家条件糟糕的旅舍。按照中国的风俗,我们给总督写了一封致敬的信。他借助一位通事与我们热情交谈,提了许多关于我们此次旅行的问题,并希望我们代为转达他对北京神父们的问候。半个小时之后,他向我们表达了充分的敬意。他穿着朝服陪我们四处走动,朝服的前胸和后背都有仙鹤图案。当总督不知是听到了谁的汇报,说我们找到的是一家非常逼仄的旅舍,他把他的随员占用的一家客栈腾出来给了我们。

24日,我们来到一座有很好防御工事的小城临淮(Ling-hoai),小城紧邻着一条河。我们第二天渡河,(第90页)税关没有收我们的钱就放行了。

26日,在前面抬我的轿子的那头骡子受了惊,它甩掉轿杠跑走了。轿子四分五裂,我的手和头部靠近太阳穴的位置受伤严重。如果事故发生在一座有些残破的桥上,我很有可能就再也站不起来了。

27日,我们前往南泗州(Nam-sim-cheu),过了泗州(Sim-cheu)再往南的地方。28日,我们去的却是北泗州(Pe-sim-cheu),或者说,泗州以北的地方。近段时间第一个地方守卫森严,我们晚上住在第二个地方。这个地方的人迷信吃斋,只吃草本植物和有壳类果实,所以我们能找到的食物也不怎么样。

29日,我们顺着番红花(Safran)河,或者说一条呈晦暗黄铜色的河流,[1]翻山越岭走了110里路以后,我们来到了所谓的皇家运河。我们到的时候,运河上恰逢有皇帝的船队经过,大约有40艘船,船体庞大且华丽。这些运河上的船只每年负责装运各省进贡的物品。以前的一位皇帝出于运输贡品的考虑,下令修建了这条运河,这样一来,运送贡品的船只从南昌到北京会更加便利和安全,避免了走海路会遇到的危险。

---

〔1〕 按:此处指黄河。

第二天晚上,我们来到了离大运河山东段不远的韩庄湖(Han-chung-hu,音译)。从那里路过了守卫森严的滕县(Teng-hieu[1])和邹县(Tscheu-hien),然后经过一座又长又宽、高大坚固、用漂亮的方石建造的桥梁。接下去经过了兖州府(Yen-cheu)。下午,我们路过王庄(Voen-chang,音译)。第二天经过东平州(Tong-ping-cheu),那里同样有一座美丽精致的桥梁。接着,我们途经邱县(Kieu-hien)、棠戈(Tang-go,音译)、茌平(Gim-pin)、高唐州(Chao-tang-cheu)以及恩城(Yen-tschan)。6月6日晚上,我们到达了皇家大运河边的德州(Tu-cheu)。我们接着赶路,走了20余里后,我们在这天深夜抵达直隶省(Provinz Pekin)的边界。第二天一早我们进入直隶省,中午在景州(Kim-cheu)吃饭,晚饭则是在阜城(Fong-ching)吃的。

6月8日,我们途经交河(Kiao-ho)与献县(Hien-hien),穿越河流,翻过一座美丽的石桥,夜幕降临时到达沙家林(Teia-kia-lin,音译)。第二天,就在我们快要到达河间府(Ho-kien-fu)的时候,我们看到了两队士兵,他们穿着各不相同的衣服,并且全副武装,正在等候一位军官。拉着魏继晋神父轿子的骡子被空中飘舞的旗帜吓到,它蹿了起来,一下子掀翻了神父的轿子,神父重重摔倒,所幸并没有受伤。此后,我们从河间前往任丘(Gin-kieou)。晚上,我们就宿在任丘。

10日,我们必须穿过湿地(Marast),因为水洼处(Pfitzen)过深,所以我们得找到适宜的桥梁,一座接一座,我数了数,一共通过了9座桥。中午到达雄县(Hiom-hien)。我们遇到了携带我们省会长的信前来欢迎我们的两位教友(Bediente)。我们在白河口(Pe-keu-ho,音译)吃中饭,一名教友当天晚上就走了,前去告知省会长神父我们到来的消息,同时带去的还有我写的一封信。

11日上午,我们路过了新城(Sin-chim),晚上睡在涿州(Tscho-cheu)。

---

[1] 原文如此,疑为印刷错误,应是"hien"。

12日，在唐州（Tam-cheu，音译）与良乡（Leam-hean，音译）之间的一个地方，我们吃过午饭，晚上在长辛店（Cham-sin-tien，音译）过夜。现在我们离北京城已经只有35中国里了。我们再次见到那位先期返回北京送信的仆人，他带回了信件、葡萄酒和一些吃的东西，是我们的省会长神父捎给我们的。

6月13日，在距离北京城接近1德里的地方，我们遇到了省会长神父，和他一起来的还有来自法国住院（Französische Residenz）的沙如玉神父。互致问候以后，我们跟随他们前往北京，上午十点到达。我们通过外城，也就是中国人的城市，进入到内城或称鞑靼人的城市，直接前往我们的学院（Collegio）。欢迎仪式过后，我们的神父和修士们领我们进入教堂，在这里能够把我们在旅途中受到的磨难向最仁慈的天主明禀，致以我们最谦卑的感谢。因为有天主指引，我们在经历了水上、陆地上的许许多多危险之后，才能平安无恙。

待我们从旅途的辛苦、炎热天气和沙尘中缓过劲来，14天之后，我们去了圆明园（Yuen-ming-yoen），很多人都这样称呼，意思为"四季长春"，该地也是皇帝的夏宫。（第91页）按照当地的风俗，我们提前送上了礼物，等候皇帝驾临。虽说皇帝赐给我们的各色食物，但皇帝没有让人传话，有些人认为，这是一个信号，代表了他对欧洲人不满的态度。数天之后，我们得蒙召见，皇帝赐给我们漂亮且名贵的皮货，除此之外，我们每个人还得到一匹可以用来做其他衣服的丝绸。为了表示感谢，我们按照中国的习惯，面朝北方，脸部触地，磕了九个头。

过了一会儿，有两位官员进来，一位是钦天监监正，我们的戴进贤神父（Ignatius Kögler），另一位是他的同事，我们的省会长神父徐懋德（Andreas Pereyra），据说不久以后会成为接替这个职位的人。他们前来向皇帝陛下呈递最新的月食记录，皇帝询问他们，两名新来的欧洲人是否也同样通晓数学。他们回答说是。陛下对此回答颇感欣慰，让他们退下了。

您会愿意读到我们耶稣会在中国的状况：在北京我们拥有三处

教堂建筑(Haus)：学院(Collegium)、圣若瑟住院(Residenz des H. Josephs)以及法国住院(Französische Residenz)。

以下几位耶稣会士安顿在司铎书院：省会长和学院院长、朝廷五品官员、尊敬的徐懋德神父，他是我的大恩人；来自上德意志教省的戴进贤神父，一个拥有美德、多才多艺之人，尤其擅长数学，在这方面他毫不逊色于任何来到中国的博学之士，他是钦天监的监正、礼部侍郎、朝廷二品大员；另外还有任重道神父(Jacobus Antonini)，他是摩德纳人(Modeneser)，来自威尼斯会省(Venetianische Provinz)；来自里斯本的葡萄牙人傅作霖(Felix Rocha)神父；来自上德意志会省的鲍友管神父；还有葡萄牙人索智能(Polycarpus de Sousa)神父，他在科英布拉(Conimbrica)完成数年的修辞学(Wohlredenheit)学习之后，来到了这里，葡萄牙国王任命他为北京主教；高嘉乐(Carolus de Rosende)神父承担的工作是在礼拜日与节庆日用葡萄牙语布道；程儒良(Chim Julianus)神父，一名中国人，北京教省的传教士；另一名中国人樊守义(Fan Ludovicus)神父，已经在长城之外的辽东省(Provinz Leao-tum)传教两年；罗怀忠修士(Frater Josephus de Costa)，一名那不勒斯人，是一名药剂师和外科医生；最后是一名来自楚格(Zugg)的瑞士人，82岁的林济各修士(Frater Franciscus Stadelin)。33年前，隶属波希米亚会省的林济各来到这里，最为擅长的是钟表制造技术，他不仅为宫廷服务，也为中国的传教工作尽职尽责。这位修士有个特点，如果谁要听得懂他说话，必须要同时会德语、葡萄牙语以及汉语三种语言，因为他把德语忘记许多，另两种语言又从来没有完整地学习过，所以说他就不得不混用以上三种语言。和这位可爱的老人谈话让人非常舒服，虽说他忘记了母语，但并没有忘记德意志人的正直品性。我有一次问他，活到这么大年纪是怎样做到的？他这样回答我："如果在德意志的话我早死掉了，因为那里的人喝很多酒，但在这里不会出现这样的情况，因为酒很匮乏。"我们学院加上我，一共12人。

圣若瑟住院的院长(Superior)是陈善策(Domenico Pinheiro)神

父。来自我们奥地利会省的费隐担任本堂神父,并负责节庆日的中文布道。虽然年事已高,但费隐神父精力充沛,除了要开展在华传教工作,他还要皇帝提供服务。他参与完成中华帝国地图的绘制,历经艰辛,足迹遍布帝国全境,从最南端的云南(Iunnan)省,到长城以外鞑靼地区的边界。住在同一屋檐下的还有来自波希米亚会省的魏继晋神父,他是管风琴和音乐方面的专家。沈东行(Josephus Sarayua)神父,一位中国人,前不久在澳门祝圣为神父。郎世宁修士,一位出色的画家,在其他的艺术作品之外,他为我们的小教堂绘制了如此精妙富有艺术性的作品。有一位最近才从罗马来到这里的修会成员,其本身也懂绘画,(第92页)他在看过小教堂的画之后,脱口而出:这样的小教堂在罗马也会吸引所有人的目光。最后还有来自佛罗伦萨的博利明修士(Frater Moggi),一位有名气的雕塑家。自从康熙皇帝驾崩以后,对他艺术才能的赞誉之声几乎完全消失。

耶稣会法国住院的院长是沙如玉神父,他是一个钟表匠,和他在一起的还有巴多明神父(P. Parrenin)、宋君荣神父(P. Gaubil)、冯秉正神父(P. Mailla)、孙璋神父(P. La Charme)、殷弘绪神父(P. d'Entrereau)(一位可爱的老人)、赵加彼神父(P. Boussel)、吴君神父(P. Foureau)以及两名中国神父。王致诚修士(Bruder Attiret),一位优秀的画家,他在皇宫里也要用到绘画才艺。安泰修士(Bruder Rosset),医生。杨自新修士(Bruder Thebault),一位钟表匠,他与住院院长一道为宫廷提供服务。

在城外的海淀(Hai-tien),还有另外两名来自教廷传信部(Congregation de propaganda Fide)的神父,据说他们在那里建了一座本会的修道院。

受人尊敬的德理格(Theodoricus Pedrini)神父,是一位为人熟知的在华传教士,他在这座城市里也有一个小礼拜堂,我曾经去过一次。

把这些人全部加起来,共有31名欧洲人居住在北京。莫斯科人没有一并统计在内,他们来这里是为了做生意,皈依异教徒之事他们很少上心,除了一个佣人,莫斯科人接纳此人参与他们在住处举行的礼拜活动,但他们能给这个佣人的天主教教理书,只有一本我们的神父译成中文的教义手册。

禁止传播天主教,禁止公开举行礼拜活动,上述禁令自雍正皇帝颁布以来,不仅在北京,在帝国所有省份都被严格执行,所以我们做任何事情都必须分外小心。不过我们的教堂一直都对外开放,天主教徒会来拜访。在这里不时还会给一些成年人施洗礼,当然人数很少。在京外各省,我们的传教士秘密潜藏在那里,有更多的人受洗。

我们最近从一位方济各会传教士那里,体会到小心谨慎对于传教活动的重要性。他昨天背负一条锁链,被从北京遣送到广州去了,接下来还要把他遣送去菲律宾群岛。他和另外几名基督徒在山东省被抓,被山东总督用两条锁链加身,送往刑部。我们会中的两位政府官员想方设法,希望阻止遣送,但是无济于事,他们争取到的只是减去人犯一条锁链,并且不再追查各省是否有更多欧洲人存在。驱逐令被要求晓谕大众:兹有山东省送来一名西洋教师,此人违令居停。遣送广东巡抚处,着令逐回其国。

我们因为该事件陷入了惊恐之中,难以置信的是,可能不会发生针对基督徒的大规模清查行动。如果是在雍正皇帝统治期间,事情显然不可能如此轻易平息。雍正皇帝倚重刑部官员,而当朝皇帝正好相反,刑部官员听命于皇帝。

我前面提到的禁教令也牵连到宗室亲王们,他们有很多支脉。这些亲王们大多是基督徒,因为这个原因,雍正皇帝没收了他们的财产,把他们连同妻小都发配到鞑靼地区受折磨。虽然当朝皇帝召回了他们,但并不恢复他们的财产,每人每月发放不超过7个半古尔登的例钱,一个中国士兵一个月的饷钱也有这么多,他们用这点钱勉强维持凄惨的生活。他们是虔诚的基督徒,经常来我们的教堂和住处,虽然一些人衣着破烂,但他们的面庞仍能看出皇家血统,富有光彩,基督徒的美德令他们的容颜更加动人。

我在一年前就提到过对 Gallenfels 的兰茨男爵的赞誉,(第93

页)现在都得到了确认。作为对他这么多年来为葡萄牙宫廷服务的回报,他被任命为第乌岛、第乌城及要塞的执政官(Gubernator)(三个任命合用一个名称)。按照惯例,他的任期是三年,任期内的表现令葡萄牙宫廷极为满意,给予他高度赞誉。特别是他处事机智灵活,得到这块葡萄牙领地上居民的交口称赞。葡萄牙人也认可他,这一点从他作为一个外国人被任命为第乌长官即可见一斑,要知道第乌是通往葡萄牙属东印度的门户。**每年从第乌(Diu oder Dium)输出的印度丝织品(Seiden-Zeug)数量庞大,这些丝织品被运到莫桑比克,以高价出售**,很多时候要用金币来交易。维持葡属东印度的首府果阿运转的资金主要依靠此类贸易的利润。

最后,我想起自己还曾向您讨要过几本用于传教的书籍,但是因为我被指定前来北京,这类书籍在这里并不急需,我诚恳地请求尊驾给我寄一些有天体运算表的新书。我听说,哈雷(Halleyus)先生、彼得堡的利斯勒(L'Isle)先生、维也纳的马里诺尼(Marinoni)先生(请向最后一位先生转达我谦卑的请求)有意出版此类算表。我最亲爱的弟弟,大爱让我们永远在一起,在祷告与圣餐礼中最迫切地恳求天主差遣我。

致我亲爱的弟弟。北京,1739 年 11 月 4 日。

第 30 册第 588 号,第 93—97 页

第五封信　奥地利会省耶稣会士刘松龄致信弟弟韦查德神父,同为奥地利会省耶稣会士,法国洛林卡尔斯王子、尼德兰长官的告解神父。写于北京,中国。1740 年 11 月 6 日。

主内平安!

整整两年时间过去了,我没有收到过一封从欧洲或印度寄出的信件,这两年来(第 94 页)从两地寄给我们的信件有可能还在传递之中。邮件通讯长期中断,可能与那些在果阿及葡属印度各地行迹不定的异教徒有关,他们并不友善。但葡萄牙邮局对邮路中断也要承担责任,委托他们投递的邮件耗时漫长,且不能保证安全送达目

地。不久之前,年事已高的费隐神父的亲身感受,今年他收到了一封13年前从欧洲寄出的信。

如他所期望的那样,为了让我们和我们的朋友们能放心,未来的邮件传递需要以更加安全且更加快捷的方式进行,目前没有比法国人的邮路更安全的途径。

最近,尊敬的吴君神父(P. Petrus Foureau)踏上了从中国返回法国的旅程,他承揽了帮我传递邮件的工作,他不仅会将我写给别人的信带去,还会将他们写给我的回信,热心且毫不耽搁地从欧洲带到中国来,当然还有其他人的信。吴君神父六年前来到北京,期间他熟练掌握了汉语和满语,他的雄心抱负是皈依全体中国人。但是在目前黯淡的传教形势之下,他在宫廷内外都无法开展传教工作。除了这个原因,令他决定返回祖国的另一个也是更主要的原因是困扰他的身体状况。他有意在回国之后,在一个他创立的神学院(Seminario oder Zeit-Haus)培养一些中国青年,为我们的信仰服务。让这些年轻人代替他成为热情的传播福音者,去完成他因为时间和身体原因无法办到的事情。

有数名年轻的中国人随他一同前往法国。他对这些年轻人抱有希望,如果他们坚信不疑的话,就能够实现双方所期待的目标,而且很快会有更多人效仿他们这样做。我希望,尊驾不久之后有机会读到他的文字,从中能够了解我的这位好友给予我的不同寻常的善意。尊驾还将从他的作品中轻松发现他的美德、理性以及辩才,他的这些才华得到过我们大家的高度评价。

我此次记录的新消息大部分又是令人情绪低落之事,不过,除了一次短暂的恐慌事件之外,没有更进一步的糟糕后续,所以我并不想在此增补介绍。

我们在北京重建了耶稣会学院的那座教堂,之前的教堂在再次发生的地震中坍塌。现在的建筑物高度,在一些中国人看来过于突出。一个中国文人(Schul-Meister)试图阻止教堂继续修建,他上书给皇帝,声称如果不叫停教堂修建,农历十月三十日,相当于我们的

12月18日,恐怕会有大地震发生。他的这一预言基于一个可笑的原因。他是这样说的:干支纪年的解读表明,王朝之龙今年恰好盘桓在欧洲人居住地区的下面,如果在它身上压一座如此沉重的建筑,它不可能会无声无息地离开。与其说皇帝害怕民众的不满,不如说更担心大地震动,他下了手谕,责令我们停工一段时间,等到来年2月,我们想什么时候开工都可以。

我们的神父们在钦天监工作且身居高位,该机构的中国星相师(Chinesische Stern-Sehern)们对此深为不满,这一点众人皆知,就算不能把我们彻底拉下马,至少也要在所有人面前抹黑我们的名声。所以,他们递了一份污蔑我们的奏折给皇帝,其中内容是:欧洲人正合力消弭和根绝那些代表中国观星术光辉历史的纪念品。为了证明他们所说确凿,他们举例说:南怀仁,也就是Ferdinandus Verbiest神父,擅自将已经沿用多年的古老的中国观星仪器,全部移出观象台,扔到无人知晓的阴暗角落里,取而代之的是(第95页)他所宣称的欧洲式样的新仪器。另一位纪理安,即Kilianus Stumpf神父,做得更加过分,他将前面提到的观象仪器中的一部分进行熔化,然后把熔液注入其他模具。为了达到嘲讽本土观象学的目的,他还把新铸仪器作为外来科学胜利的标志,公开放置在观象台。还有精通数学的戴进贤(Tai-cin-hien)和徐懋德(Siu-men-te),即Ignatius Kögler神父和Andreas Pereyra神父,不仅暗中策划,而且在可能的情况下,不遗余力地清除中国所有的旧仪器,以巩固他们带到这里的新技术,借此摧毁中国本土古老科学的荣誉与声望,后者已经延续了数百年时间。

后面提到的两位神父,很快拿到这份广泛印制且在全国传播的控状,他们毫不犹豫地提出抗辩。他们呈给皇帝一份陈情书,在其中写道:南怀仁(F. V.)神父的所作所为,完全是遵照康熙皇帝的盼咐,如果他不听从,会因为大不敬而受到惩处。现在因为他贯彻了大帝的旨意而指责他,理由是不成立的。虽然纪理安打造了新款四分仪,但他是应宫中的要求才这么做的。传言说旧观象仪器被砸碎熔化用来打造新四分仪的材料,事实上用的是皇帝命令一名官员供给的黄铜,在账目清单上能查到记录。戴进贤和徐懋德既没有抛弃过任何一件古老的中国仪器,也不曾用它们来制作新的仪器,没有任何人能够指证他们曾经,哪怕说过一句,或者以某种方式,轻视、放弃乃至根除他们极其尊敬的中国古老观星术。所有的控告都是凭空捏造,是那些喜爱污蔑他人者的恶意中伤。

皇帝宽厚地接受了这份抗辩奏折,但是除了彻底不再提及此次指控,再无其他后续影响。那些卑劣的造谣者是否会受到惩罚,会受到怎样的惩罚,我们都一概不知。如果他们在雍正皇帝统治时期,有胆量将一份满纸谎言的奏折递到御前,那么他们会因为这样的肆意妄为付出代价,就算不掉脑袋,也会受到非常严厉的惩罚。

第三件悲伤的事情,于我们不过也是灵魂上的安慰,今年我们会中有两人在北京先后去世,他们的灵魂去了天主那里。

第一位是任重道神父(P. Jacobus Antonini)。如果不是因为天堂里有更美好更般配的永恒美德,他本应该活得更长一些。他先于我一年到达中国,他充满荣耀的事业就这样戛然而止。他来自耶稣会威尼斯会省,出生于魏登(Weiden)。

第二位是我们亲爱的林济各修士。以下我所写的事迹,几乎完全来自于戴进贤神父的悼词,二十多年的时间里,戴进贤神父见证了林济各的美德。

1740年春天快结束的时候,我们安葬了一位兢兢业业的老者,亲爱的林济各修士。这位老者度过了82年可称颂的生命,天主召唤他去领受永生的冠冕。

1658年6月18日,林济各生于瑞士的小村庄楚格。他的父母亲都是虔诚的天主教徒,他们在他小时候就尽心培养他基督徒的美德,以及制作钟表的各种手艺。我们的林济各修士全面领会了其中的专业性,不久成为这两个领域的专家。德意志各地区,如乌尔姆、维也纳、布拉格、但泽、柯尼斯堡、德累斯顿以及柏林最有名的工艺师,对他的工作进行指导,给予好评并加以称赞。他的美德就连反对我们宗教的人士也不得不认可，他在这些反对者中间度过了他一生中大部分的时间。

听他用朴实可信的话语讲述多次旅行中的许多见闻，让人感觉愉快。（第 96 页）他长时间接触信仰错误的人群，但他的宗教热情不仅没有消退，反而更加强烈，直至火热的激情将他的内心点燃，渴望将基督的美德与灵魂的圆满结合在了一起，他带着奇妙的满足心情将这一切归功于天主。

为了实现这个目标，他尝试加入修会，而耶稣会是他的首选，他仔细考虑之后加入我们的组织。1687 年 9 月 28 日，波希米亚会省接受他进入初修院。10 年之后的 1697 年 2 月 2 日，作为他美德的回报，他被允许公开宣誓。他以完全的恭谨和顺从之心，在教省内的不同地方努力工作 18 年，恰逢庞嘉宾神父由中国返回欧洲，召集新成员前往中国宫廷，为皇帝服务，他应召加入。1707 年，经历了无比艰苦的旅行之后，他来到了现在的中国国都。

林济各无休无止地努力工作，制作并修理各式各样的钟表机械。他灵活机智，少见的尖头笔与钟表发条混放在他面前，他短时间内就能发现；他手法娴熟，总是能拿出艺术精品。令人满意的工作让他在宫廷赢得相当多人的好感，特别是康熙皇帝的赏识，他相信这样的荣誉有助于彰显天主圣名，对传教工作有利，而不是个人名声。出于这一考虑，他坚强承受所有困难，包括辛劳的工作，以及他所不习惯的中国生活方式。

相比他在才能技艺方面的表现，他在灵修方面更为准时和虔诚。按照"神操"的规定，探索知识，阅读一本灵修著作。与此同时，他在固定的时间绝不懈怠，晚上为第二天的冥想（Betrachtung）作周到准备，他很早就起床，经常在白天前往教堂，敬拜全能的主耶稣，虔诚赞美天主，颂赞圣母玛利亚。他每天都会用一定的时间赞美圣母，并喜欢称之为他的每日礼赞（Brevier）。每周六严格守斋戒，在斋戒期间，特别是八天的"圣依纳爵神操"期间，他会加倍完成常规的苦修操练，结束的时候会进行一次深刻的忏悔，告解自己一年中所犯之罪。作为美德之一的耐心在这个国家显得极为重要,林济各从未间断对耐心的培养。也许是作为人的软弱,当苦楚如洪水般涌上心头的时候,他会有片刻的焦躁不安,但他会迅速加以调整,然后红着脸谦逊地表示:是他的钟表链条断了,他必须马上换一根。他当时靠手艺得到一点犒赏,他并没有用来享乐或改善自己的生活,根据上级的意思,他将其要么用于教堂的布置,要么用来帮助穷人。他为了不让自己没有事情做,手里经常拿一把锉刀、一柄斧头或一块吸铁石(Dreh-Eisen),他总是能用一种神奇的好心情完成他的公务。在工作时间,他会用母语虔诚地唱一首充满情感的赞美诗。用这样一种神圣的舒缓心情的方式,他尝试着减轻高龄带给他的痛苦,让他能够承受这些痛苦:脸上的老年斑、令人极其郁闷的工作、20年前开始整垮他身体的疼痛因为三年前受过伤的一只脚而加剧。虽然这些苦难十分令人难以忍受,他还是平静且满足地从天主手中领受一切。因为他把这些视为死亡临近的先兆,他已经准备好,特别是在他生命的最后三年,迎接死亡。

在他生命中的最后一个月,他以加倍的热情做那些能够让他领受幸福死亡的事情。4月13日,林济各走到生命终点,这一天正好是今年圣周的周三,是圣周四庆典的前夜,耶稣基督在圣周四设立了圣体圣事,我们的林济各修士到时要出现在庆典仪式上。为此,他那天晚上在教堂待了很长时间,虔诚告解。他把有关这一神秘庆典日的静思书(Betrachtung-Buch)放在(第 97 页)他的床榻上;把第二天需要用到的铁制苦修带提前拿出来,如果没有苦修带他是不会踏上祭台的。带着对新的美好一天的满满期望,他安静休息。半夜时分,隔壁房间一位也许尚未入睡的仆人听到林济各大声喘气的声音,用断断续续的声音呼喊耶稣圣名。仆人迅速冲进房内,意识到林济各已经到了生命的最后时刻,他通知了我们的神父们。在当时的情形下做不了更多事情,除了求天主赦免他的罪责。凌晨三点钟左右,以圣父、圣子、圣灵之名将他无罪的灵魂送入天堂。在那里,他将快乐地参加那盛大的宴会,收到天主预告的仆人们将腰带束起,掌好灯,等他前来叩门,就迅速为他开门。

林济各的葬礼奢华隆重,在中国这是再寻常不过的。有人数众多的基督徒前来送葬,还来了不少曾经在内廷跟他学习钟表制作的宦官学徒,他们来此是为了向他们出色的师傅表达最后的敬意。为纪念林济各的宫廷服务或者纪念他长期的、忠诚的、富有成果的工作,皇帝赐葬银 200 两及 10 匹精美丝绸,作为安葬之用。

我此次告诉您的事情就是这些。信中还附有我对今年发生的日食、月食的一些天文计算数据,如果欧洲的观星家也能够提供给我们此类或类似的学术消息,我会分外高兴!祷告中,我把自己托付给主!

致我最亲爱的弟弟。北京,1740 年 11 月 6 日。

主内仆人与弟兄、在华传教士刘松龄。

第 34 册第 675 号,第 39—42 页

(S. 39)第一封信 奥地利会省在华耶稣会传教士刘松龄致信同一会省的弟弟韦查德神父。写于北京,中国。1741 年 12 月 10 日。

中国的传教局面依旧黯淡。皇帝继续着他对欧洲人及圣教的蔑视,数年前开始的针对基督徒的迫害到现在依旧没有停止。我们不时会听到消息,在王国的某个省份,为了抓捕那些秘密隐藏下来的传教士,他们费尽心机。对于那些追随我们圣教的当地百姓,他们不遗余力进行迫害。我们的一名中国籍神父,春天的时候还能在河南(Ho-nan)相对平静地开展福音宣传工作,到了夏天的时候就有异教徒(第 40 页)朝他吐口水,并且到巡抚处告发他,导致他险些就被抓住。除了抓他,也抓那些他常去地方的基督徒们。措辞严厉的告示(Cao-xi)张贴在各处,如果这些基督徒不放弃所接受的信仰,会受到残酷的惩罚。

在北京的我们虽然还很平静地生活,但是一直都忧心忡忡,不知道什么时候反对我们和我们的基督教小集团的风暴就会爆发。上个月,我们陷入极大的惊恐之中,因为我们在"报"上,或者说在公开发

行的《京报》(Pao/Pekinische Zeitung)上获悉,去年冬天,新巴达维亚的荷兰占领者对居住在那里的中国人实施了残酷且血腥的镇压,有15 000人被杀(最近的消息中称死亡人数达5万人)。我们有理由害怕,中国君主在某个时候,会因为欧洲人对帝国以外中国人的大肆杀戮,对居住在其王国境内的欧洲人采取报复行动。

关于这件事也有不同的记述。一些人说,去年有一位中国皇帝的私生子秘密潜入荷属爪哇岛,并煽动那里服从荷兰人的中国人反抗统治者。荷兰人为了将这些反叛者驱散,动用了武器,因为这些造反的底层民众的大力抵抗,才造成了如此巨大的伤亡人数。这个故事不足为信。因为中国皇帝不会有私生子,皇帝的儿子都是由合法的、依循婚俗迎娶的妃嫔所生。再则,如果没有得到他的父亲——皇帝的允许,皇子们连北京城都出不了,更不必说前往像荷属巴达维亚这样陌生、遥远的国度。

另一些人关于此事的说法更显真实性。他们说,1740年荷兰人用船将数千中国人运出爪哇岛,送到锡兰岛服兵役。谣言在爪哇的中国人中出现,称荷兰人最近将绑架而来的人投入大海淹死,以遏止巴达维亚的中国人数量的持续增长。在错误谣言传播的情况下,当荷兰人意图再次强征数千名中国人去服兵役的时候,中国人就造反了。他们秘密宣誓,不会让荷兰人带走一个人,并且计划为他们死去的同胞复仇。他们定好了日子,在这一天要将所有荷兰人,包括女人、孩子统统杀光。荷兰人抢先一步关闭了城门,动用驻军镇压造反者,大批中国人被杀。大部分中国人住在城外的郊区,住在同一地区的少数荷兰人被冷酷杀害,许多房屋与花园被付之一炬。做完这些事情的中国人逃进山区,他们在那里得到不满荷兰人的当地土著的帮助,继续攻击荷兰人,给他们制造了许多麻烦。

有些人补充说,中国人在起事的当天,打算杀尽荷兰人,城里的确有一些荷兰人被杀,其余的人被迫逃进要塞。中国人长时间围困要塞,为了让被围困的荷兰人尽快投降,他们切断了要塞的水源和所有物资供应。中国人的险恶还不止于此,他们提出,被包围的荷兰人要想获得自由,没有其他条件可谈,除非他们交出总督和另两位要员Fiscal 和 Sabanda。中国人的放肆激怒了荷兰人,他们冒险发动了一次突围,那些造反者,无论男女老少,结局悲惨,都被士兵们吊死。

我们从两个月前澳门寄来的信中就已经获悉这场悲剧,而现在我们听说,福建提督(Tu-ti)——福建最高军事长官,[1]已将此事上报朝廷,不过措辞温和,他没有将荷兰人称为西洋人(Si-jang),即欧洲人,也没有上奏加以指控。这位长官,要么是因为对欧洲人友好,要么是因为荷兰商人的劝阻,也许还因为他怕自己被牵扯进去,怕皇帝怪罪他玩忽职守[他是海港厦门(Emuy)的军事长官,该地毗邻巴达维亚[2]]。提督在汇报中没有提及很多事实,因为这些也许会引起朝廷方面对此事的高度重视。他尽可能地将整件事情的影响缩小,他表示,这些荷兰人的母国是 Ceilon 或称锡兰(Si-lum),他并未单独指出被杀害中国人的数量,只是提到有许多人被杀,另外有 1 100 余人逃入山区。(第 41 页)按照他的意见,居住在巴达维亚的中国人不是真正的中国人,相反他们是外国人,因为他们在那里定居已达数百年,遵循当地的法律,他们把税(Tribut)交给荷兰人而不是中国皇帝。他原谅荷兰人,认为如果不是为了用武力驱散以暴力方式反叛的基层民众,荷兰人不会动用武器。他谴责了那些反叛者,称他们无缘无故造反,他们原本应当服从他们的合法统治者,但他们坚决不从。

提督赋予该事件一种完全不同的色彩。他向皇帝陈述:荷兰人有一种习惯做法,每年会把巴达维亚的一些犯罪者送到锡兰,让他们在那里服各种劳役,特别是会让他们充作士兵参加战斗,对付各地流窜的当地蛮族。不过,荷兰人许诺服兵役的中国人,如果谁在对抗敌人的战斗中有一两次出色表现,就可以考虑给他自由,同意他重返巴达维亚。但条件是,需要他的同胞来顶替他的位置,此举旨在避免人员撤空之后,岛屿重新落入蛮族手中,那样的话,很可能会被劫掠一

---

[1] 时任福建水师提督王郡,陕西人——译者注。
[2] 原文如此"benachbarten"——译者注。

空。为了兑现他们的承诺，他们要求巴达维亚的华人首领提供一批新的人员以替代先前的那批人员，可是因为当时监牢里没有收押足够多的犯人，他们挑选了一些无辜的人去服兵役。这批人不仅不愿服从命令，而且煽动全体中国人发动了一场公开起义，反对他们的主家。而主家除了对罪人施以严厉的惩罚，让一些人付出生命代价之外，没有其他解决办法。

福建提督对此次事件的叙述就是如此。相信广东的官员也会有同样的消息上报朝廷。荷兰人的手段让作为欧洲人的我们担惊受怕，我们希望，北京方面能够将其视作必要的挽救手段予以认可。特别是我们听说设在巴达维亚的商会（Kauffartey-Gesellschaft）向中国皇帝解释称，他们此举乃是行使职责，且为他们行事手段的合法性辩护。

您现在看到了，我们在这个国家身处怎样危险的境地，一件意想不到的、我们完全没有参与的事情，如何会让皇帝因此讨厌我们。多亏有厦门长官的庇护，当然他不是白干，他这么做也是为了自保！我们所有的信靠与希望都在全能天主的佑护之下。

您可能想知道，欧洲数学在今天的中国宫廷有怎样的地位。我实话实说，在我看来，中国人对我们欧洲科学的喜爱程度持续大幅下降。在这方面，朝廷的高官们以皇帝的喜恶为标杆，除了绘画，几乎就没有任何一种欧洲艺术能得到皇帝的欣赏。我们的郎世宁修士每天都讨得皇帝欢心，陛下经常会需要这位欧洲大师的艺术之笔，这是对他的褒奖。

根据雍正皇帝的旨意，郎世宁在多年前画过一幅6英寻长、2英寻宽的作品，画面上是100匹蒙古矮种马和马上的骑手们，马匹与人的用色、身姿各不相同。当今皇帝特别钟爱这幅画作，他想要有缩小尺寸的同样的一幅画作，以便能经常放在手边赏玩，他还想要把图案画到出行用的华盖之上。郎世宁在短时间内圆满完成了任务，艺术水准高超，令皇帝十分满意。与他的第一幅画一样，郎世宁完成的第二幅画肯定也能得到欧洲行家的高度赞扬，特别是他需要在一个缩小比例的创作空间中完成作品。

这些工作并没有让皇帝满足。他要求郎世宁给他画像，画尺幅不一、姿势不同、服饰各异的肖像。他传召这位懂艺术的差会中人前往他的后宫，来到皇后的房间作画，此前还从没有欧洲人亲眼见到过皇后，这也是数百年来在中国闻所未闻的事情。皇帝命令郎世宁用他精妙的手法描画皇后的样子。郎世宁凭借其生动传神的画作，得到皇帝陛下和皇后陛下的欢心。

我们希望，这位才华横溢、彬彬有礼的差会中人能够获得皇帝的爱怜，在这位皇帝统治的时代，（第42页）为我们的事业带来有利的影响。或许欧洲的画家们也能够抱此期望，特别是来自我们耶稣会的画家，有了一个动力，用现在能够取悦中国宫廷的几乎是唯一的手段——绘画才能，为天主教会工作，并可以帮到业已筋疲力尽的郎世宁。来到此地的画家不必是掌握所有绘画技艺的全能大师。郎世宁在26年前抵达这里时，也不是像现在这样的一名画家。如果来人在欧洲接受过很好的、作为绘画艺术基础的透视法（Perspectiva）训练，那么他们绝对可以尝试来中国，通过自身勤奋的练习以及郎世宁的指点，他们会在其他绘画形式方面取得长足进步。这些为荣耀天主的名付出努力的人，会得到天主的祝福。

在华传教团今年面临巨大的危险，差点失去一名久负盛名、奉献至深的传教士——来自遣使会的尊敬的德理格神父，今年年初，德理格病得很厉害，考虑到病人年近70，所有人都认为他将不久于人世。很快他自己也意识到病情凶险，他与来自我们耶稣会的戴进贤就心灵问题进行了交谈，他恳请尊敬的副省会长神父，希望能够在生病期间得到耶稣会中人士提供的精神扶持。我与魏继晋幸运地被指定陪护这位尊敬的教长。[1]根据病势发展，三个礼拜的时间里，我们日夜陪伴，为他服务。但是天主为了中国教会的需要，宁愿让这位值得尊敬的老人活得更长一些。现在他走到哪里，都一定会提及我们所

---

[1] Proelat，今作 Prälat——译者注。

做的事情令他多么喜悦。他把自己的康复归功于我们关心与照顾，寻找一切机会向我们表示他的感激之情。

我们今年在这块土地上收获的传教果实，我在这里就不讲了。此前我已经写过一封关于该要点的信寄往欧洲，特别是寄到我们热爱的奥地利会省。尊驾会愿意同我们一道，向全能的天主献上我们不配的感谢，让浓密的蓟草和野草中还能长出饱满多汁的好麦子。在祷告中，我把自己和我们的传教会交托给天主。

1741年10月19日写于北京。

主内仆人与弟兄刘松龄，在华耶稣会传教士。

第34册第681号，第74—78页

第二封信　来自奥地利会省的在华耶稣会士刘松龄致信来自同一会省耶稣会士约瑟夫·里德(P. Josephum Ritter)，里德是葡萄牙摄政王后的告解神父。写于中国北京，1743年11月1日。

致尊敬的神父：

主内平安！

从葡萄牙传来一个令我们高兴的消息，尊驾有望从奥地利前往里斯本宫廷，在尊敬的卡尔·伽伦弗神父(R. P. Caroli Gallenfel)去世后，葡萄牙摄政王后陛下的告解神父便一直空缺，您应该会接任这个位置。值此机会，我怀着喜悦之情祝贺您。我完全相信您已经就任这一受人尊重的位置，所以我愿天主多多赐福，并邀请您与留在中国的我们进行友好的通信交往，这样的通信，也许不会给您添加什么麻烦，对于我们来说却至关重要。当然，有关圣教发展以及传教士的相关新消息，我们绝不会怠慢，会不时提交最新报告。

今天，我从目前驻留在宫城，或者北京城内的耶稣会传教士说起。对于其他分散在全国各地的传教士，一旦有他们的好消息传来，(第75页)我会另外找机会详加补充。

我们在此地有三座教堂，以及配套的三处住院。学院教堂(die Kirch des Collegii)、法国耶稣会士教堂(die Kirch deren

Französischen Jesuiten），这两座教堂都是皇帝下旨建造的，如教堂前门或大门上镌刻的中文字符的含义那样。圣若瑟堂虽然不是奉旨建造，但皇帝陛下也没有反对这么做。在所有时候，即使是在受迫害期间，它都被视为耶稣会的教堂。人们在宫廷中提到这些耶稣会的教堂时，称它们为"三堂"，即三座教堂之意。

在年代以及受崇拜程度上，排名最前的是学院教堂——"南堂（Nam-tam）"，因为它坐落在皇宫南面，所以通常被称为南面的教堂。前朝皇帝将教堂用地赐给我们的利玛窦神父，今朝皇帝又恩准将这些土地给予汤若望神父。利玛窦神父在这块地上只盖了一座小型礼拜堂，而汤若望神父建起了一座华美、舒适的中国式样大教堂。最后，徐日昇神父会同闵明我神父赋予了这个教堂欧洲风貌。但是1720、1730年的两次地震把教堂完全摧毁，几乎变成了一大堆石头。今年在废墟的基础上再度重建教堂，让它以光彩夺目的形象矗立，让基督徒欢喜，令异教徒惊诧。康熙皇帝尊敬曾经教过他的神父们，为教堂书写了敬崇之词"万有真元"。

在这座教堂附近的学院里，目前住着7位耶稣会士。他们分别是院长神父徐懋德、布道师高嘉乐神父（P. Carolus Rosende）以及本堂神父傅作霖（P. Felix Rocha），三人皆是葡萄牙人。还有钦天监监正戴进贤和总务长（Procurator）神父鲍友管，这两人来自上德意志会省；鲁仲贤神父，波希米亚人，音乐教师；罗怀忠修士（F. Jesephus Costa）是一名经验丰富的外科医生和药剂师，来自那不勒斯。

圣若瑟堂仅住了5名欧洲人：尊敬的副省会长和院长（Superior）陈善策（R. P. Dominicus Pinheyro），葡萄牙人；来自波希米亚会省的魏继晋神父；还有来自奥地利会省的我；米兰人郎世宁修士是一位绘画大师；来自佛罗伦萨的利博明修士（Fr. Andreas Moggi），是一位出色的建筑师。

这处住院及一旁小教堂的来历非同寻常。当鞑靼人起意征服中国全境之际，他们一个接一个地攻陷各省，慢慢地将他们的兵力在同一个时间里以令人不易觉察的方式扩展。在四川省，征服者抓住了在当地工作的两位我们的神父：西西里人利类思(Ludovicus Buglio)神父与葡萄牙人安文思(Gabriel Magalhães)神父。鞑靼人把他们当作奴隶，在无从知道两人身份的情况下，把他们带到了北京。

北京的基督徒辨认出两名被俘者的身份，他们争先恐后要去向这些奇怪的奴隶展示非同寻常的敬意，以极其尊崇的形式去探望他们，并且尽可能地为他们提供帮助。鞑靼的看守们也关心两人，他们向皇帝报告，告诉皇帝：在他们看来，这两人完全不像出身底层，有地位的中国人对他们很尊重，视其为有学问、品德高尚的外国人，他们能够流利地讲这些有地位中国人的语言；有人说，他们和当时在北京的声名赫赫的**汤若望神父**是同一类的教师，诸如此类的话。皇帝陛下获悉之后，下令立即释放二人。

为了替这些新客人安排一个舒适合宜的住所，有一位朝臣将他自己的一处闲置房产拿出来供他们使用。如果他们觉得合意，就把整幢房子都留给他们。他们搬进了这座房子，并逐渐把周边的一些小房子买了过来，推平之后，在朝廷不反对的情况下，盖起一座新建筑以及一间小教堂。在多年之后，我们的利博明修士按照欧洲的建筑艺术规则对小教堂加以修缮，加上郎世宁修士的绘画精品，令整个建筑呈现出非同一般的魅力。

救世主堂(Die Kirche S. Salvatoris)是康熙大帝赐予来华法国神父们使用的。时至今日，在教堂旁边的法国住院中，除了院长(P. Superiore)宋君荣，尚有5位神父以及4名修士居住。4名修士因为具备不同的艺术才能，尤其擅长钟表制作、绘画以及玻璃制作，(第76页)他们成为皇家服务人员，每天都必须去宫廷工作。法国人的全部建筑坐落在内城墙之间、皇城之内，一些人藉此提出将其称作法国人的皇家教堂或宫廷教堂，这些人的名字这里就不提了。

皇帝所在的都城北京，四周环绕着三道高耸、厚重的砖砌城墙，这是大家都知道的事情。最外层的城墙分隔开城市与郊区。中间一道城墙全被涂成黄色，或者更确切地说是一种赭红色，区别外城与宫廷或宫殿。虽然这一区域被称作皇城，但是几乎没有皇室成员居住，而是王子们、朝廷官员以及大臣们的宅邸。"朝廷"和"宫廷",即宫殿的全部建筑,坐落在被称为宫墙的第三重城墙之内,皇帝和所有为他服务的人员以及宫廷成员,都住在那里面。

在城墙之外的圆明园,我们和法国的神父们都各有一座住院和一座礼拜堂。圆明园是一个距离宫城两小时路程的休闲之地,皇帝经常会去那里。那些长期为宫廷提供服务,或者经常与皇帝随行的人可以在那里做礼拜。城墙之外,葡萄牙人和法国人的墓地紧挨在一起(在中国,所有死去的人都被埋在城市以及市镇的外围)。距离司铎书院以及圣若瑟堂尽管只有数千步(Schritt,按:长度单位),但距离城内的救世主堂却有两个小时路程。两块墓地占地颇广,四周被围墙整个围起来。围墙里面是我们安葬逝者身躯之地,有花园、房子和教堂。一年两次,一般在春天和秋天,这里会举行安魂弥撒,有很多基督徒到场,并参加这个时候举行的穿过墓园的祈祷游行。

尊驾会要求我面对一个问题,如果说基督教被严格禁止,那么我们的教堂在这个时候还有什么用? 对于这个问题,我的回答是:在灾难性的禁教令颁发之后,北京的基督教教堂发挥的功用几乎没有变化,除了一点,现在我们教堂朝向大道的大门不开,来做礼拜的民众通过学院或者住院的大门入内,先进我们的住所,然后再进教堂。礼拜日以及庆典日,除了欢庆弥撒,还有布道活动。学院教堂布道的是年届80的高嘉乐神父,圣若瑟堂则是由我和魏继晋神父轮流布道,救世主堂是长上神父宋君荣以及孙璋神父(P. La Charme)轮流布道。但是妇女们不允许参加这样的礼拜活动,目前对圣教的迫害如此严酷,我们还找不到什么方法把女人们集中起来望弥撒或听布道。

但我们在住院附近有一所房子,与住院完全分开。房子里面有一间敬拜圣母玛利亚的礼拜堂,虔诚的妇女们一个接一个地秘密聚集到那里,参加礼拜活动。我们会去那里拜访她们,并且领诵弥撒。但这样的机会少之又少,只能帮到极小部分妇女信徒。其余的女信徒们只能接受通常是每半年一次的走访。我们会在3月和9月走遍城内外的基督徒家庭,听这些女性基督徒的告解忏悔,为她们赦免祝福,让她们领受圣餐。

男人们的情况正相反,他们不在意当朝皇帝乾隆继续推行的禁教令,禁教令是上一任雍正皇帝[1]所颁布,乾隆皇帝不仅没有废除,反而加强了禁教力度。男人们自由出入我们的教堂,参加礼拜活动。他们把来自高、中、低不同社会阶层的异教徒带到我们这里(因为他们不必害怕阻扰者、告密者或者投诉者),我们让这些人意识到自己的无知与错误,向他们讲解我们的教义,每年差不多有 200 人加入我们的教会,不包括孩子。在我们的三座教堂之中,每年有大约 3 000 人接受洗礼圣事,在基督里重生。

这里的人们会问我们一个问题,无论是宫廷里的人还是宫廷以外的人,无论是平民异教徒还是官员,都会询问我们从远方异域来到中国的目的何在。我们的回答直截了当:传教(Chuen-kiao),将真理、天主的教义晓谕中国人。我们的前辈传教士一直以来也是这样公开作答的。我们的意图很明确,留在这个帝制王朝的展望和主要目的,不仅仅是为了皇帝,为了整个宫廷,为了这个大帝国,也是为了每一位普通中国人。他们认识我们,称我们为(第 77 页)天主教士、天主教义的布道者,诸如此类,他们不会在意我们的艺术才华和所掌握的学识,我们得以按照自己的最大愿望公开进行各种属灵的传教活动,但我们设立传教点必须极其小心谨慎,秘密进行。

这种不安全感不能完全归因于皇帝不喜欢我们或者我们的宗教,因为很显然,即便说皇帝已经不再对我们抱有特别好感,但也没有特别厌恶我们。我们的不安全感来自于被称为礼部的裁决部门,该部门负责裁决整个国家的宗教事务,对我们的宗教极其敌视。礼部一次又一次给皇帝呈递控诉奏折,但是皇帝的态度与礼部不同,他的意见是:穆罕默德教、基督教、占卜星象术,在中国从来都没有被禁止过。单单依靠这种不可信的风传很难收到成效,依靠某几位支

---

[1] 原文第 76 页的错讹,称雍正是乾隆的哥哥——译者注。

持我们的礼部官员的友善、礼貌态度也是一样，中国人和鞑靼人狡黠、圆滑且做作，如果不想受骗，就不能相信他们。

中国的封疆大吏、城市长官、集镇和村庄的掌管者，不计其数，他们依据所了解的有关我们教义、仪式以及传教工作或正确或错误的知识，对我们采取或友好或敌视的态度，但总的来说，也许现在某个人认为我们是好的，但让他改弦易辙是再容易不过的事情，尤其是当有人煽动了他的内心，告诉他通过改变立场，可以升官发财，无耻的欲望随即会占据他的心灵。

所以，您现在可以理解我们的圣教会在中国处在怎样的境况之下。我们漫游在宫廷与北京城时有理由时时保持警惕，不要做出任何能够让多疑的中国人抓住把柄的事情，我们还要不时能够找到新办法，以此赢得他们的好感和尊重。

对于赢得好感和尊重这件事，在我们被传召进京的时候，当时的巡察员西蒙神父（R. P. Simonelli）就写信叮嘱过我和我的两位旅伴："我对你们的第一个要求：在北京的头等大事是尽全力、专心致志学习中国话，掌握汉字，不仅要能说流利的汉语，还要会阅读和书写。最重要的工作就是逐渐掌握中国学者们的经典著作，这是当务之急要做的事，掌握经典著作对一名在华传教士大有用处，藉此他可以获得名望和敬重。反之，他会被视为一名白丁，中国人不会听他讲话，或者说即便听了他的话，也不会有人因此成为信徒。……西蒙神父。"

按照这个关爱备至的提议，我在灵修、弥撒以外的时间，刻苦学习汉语，度过了非常快乐的时光，为此我要无限赞美天主！我能说中文，不需要太长时间准备就能站在布道坛上，在中国人面前演讲基督教的真理；我能读中文，我们的前辈神父、来华传教先驱、传教事业的创立者所写的有关圣教的书籍，大部分我都能看懂，这些书籍主题广泛，文采高雅，行文简洁，使用地道的本土语言完成，就连中国本土学者对此也表示惊叹。中国的学说以及经典读物，因年代久远以致语意模糊，如果没有一位中国老师在旁，几乎不可能理解其文意，我在天主的佑护之下,用了一年时间阅读、理解并且翻译这些书籍,现在我自己也可以从异教徒所引用的章句中发现他们的错误。想要完全理解这些书籍,我要做的事情还有很多。写字,就是用毛笔描画出汉字字符,这个我也学过了,我写的中文远比我写的拉丁文更能让人看懂。为了在写作方面有进一步的练习,我正在认真抄写肯彭的托马斯(Thomas von Kempen)著作的中译本,该译本在一百多年前就已经出现。[1] 最后谈谈写字,以真正的书面方式表达思想,与使用口头语言表达思想完全不同,其难度超出我的能力,但我的师傅对我寄予厚望,认为我一定会打破这块坚冰。(第78页)天主会让孩子们开口说话,而我所做一切皆是为彰显天主荣耀。请您在弥撒时为我的工作祈祷,让我为天主所用,弘扬天主的荣耀。

北京,1743年11月1日。

主内最谦卑的仆人、在华传教士耶稣会士刘松龄。

第35册第696号,第125—128页

耶稣会奥地利会省刘松龄致信耶稣会那不勒斯会省倪天爵神父(R. P. Nicolaum Giampriamo,又名喜大教)。北京,1749年11月28日。

尊敬的神父:主内平安!

您最近一次写于1748年1月13日的信中,要我就许久不通音讯一事加以解释,并给予我一个友好惩戒,责令我日后回信要更为频繁些,这让我分外开心,因为我从中认定,写信告诉您中国的新鲜事,是我能够也乐于承担的一项工作。哦!将我们目前在中国所处的状况,以及我们所了解到的各种饶有趣味、令人欣喜的新闻告知欧洲人。

(第126页)在中国上空盘踞多年的可怕风暴,终于演变成一场血雨腥风。在福建省,备受尊敬的主教和他的4名同伴,全部来自道

---

[1] 原书名 De Imitatione Christi,来华葡萄牙耶稣会士阳玛诺(Emmanuel Diaz Junior,1574—1659)译,1640年初版刊印,此后多次重印。中译书名包括《遵主圣范》《师主篇》《轻世金书》《效法基督》——译者注。

明会;在南京省,耶稣会的两位神父;江西省,一名圣方济各会士,皆死于利刃和绳索之下。治他们死罪的理由是一个不实的罪名,称他们利用邪说惑众。

这些省份的基督徒也因此受到牵连,尽管对他们的惩治没有那么严厉。迫害期间,他们中的一些人遭受酷刑而死,另一些人逃离家园,还有一部分人被鞭笞和杖责。

就连我们自己,虽然有中国君主的保护,也未能幸免。我与傅作霖神父(P. Felix de Rocha)被带到一个异教徒法官面前,虽说我们主动承认在基督徒中间分发了各类敬拜用的宗教手册、图像以及类似东西,但如果不是皇帝有意宽待,这位法官不会让我们安然无恙离开。

现在这场风暴在前文提到的省份已经渐渐平息。这样的风暴会不会带着新的怒火卷土重来,或者在其他地方爆发同样损失惨重的风暴,我们有根据地断言,即使发生了,其危害性也会减轻。因为此次迫害的始作俑者,以及支持他的大人物,在天主公正的报复之下,已经被打压、被清除。不过,基督徒和欧洲人最大的敌人——皇帝,仍然活着,一直以来,他坚定地遵行其父亲的准则:王国各省不需要欧洲人,但欧洲人在宫廷能派用处。并为此决定,将外国教士连同他们的教义从王国各省驱逐,因为他已经容忍外国教士留在北京。但这些留在北京的教士力量如此微小,他们无法声援信徒和会内兄弟,或是通过上书求助皇帝的方式为他们的正当事务提出辩护。很遗憾,这就是我们的现状!今年,我们得知,所有通达皇帝的消息渠道都被人用奸诈手法切断,以阻止我们为受不合理迫害的传教士向皇帝陛下提出口头或书面求情。

您大概已经从其他消息报导中获知,公正的天主是如何用激烈的方式对圣教的敌人们施加报复。

讷王公(Graf No)是鞑靼人,[1]是朝中位列一品的大臣,由于这

---

[1] 讷亲,满洲镶黄旗人,乾隆十三年(1748),率兵征战大小金川——译者注。

位军事将领率军镇压四川的反叛出师不利,皇帝在一份谴责诏书(Schand-Schrifft)中,对其严厉申斥,并处以斩刑,他的首级被悬挂在军营中央的旗杆上。福建巡抚是汉人,因为他违反了满人的习俗,在皇后去世全民哀悼期剃了头,为此被判处绞刑。南京巡抚,[1]一个鞑靼人,他现在仍然活着,不过被流放到鞑靼地区,每月从他被充公的财产中拨发一两银子给他,仅够其活命而已。他要做低贱的工作,用笤帚打扫皇家宫殿的一处庭院。

出于天主的惩戒,皇帝失去了正宫皇后所生的第一个皇子。如果不是因为孩子夭亡的时间,皇帝原本不应该如此悲伤,因为皇帝不缺孩子,不计其数的嫔妃为他生了很多孩子。这个孩子死的不是时候,他死在中国除夕夜,辞旧迎新进入新年第一天的前夕,这在中国人看来是非常坏的兆头,也让这件事变得令人难堪和扑朔迷离。父母在这一天失去他们的孩子,想必一定是罪孽深重之人。

为了挽回皇帝与皇后的颜面,皇帝发布了一道颁行全国的诏书(Denk-Schrifft),这是皇帝遇到此类状况时的习惯做法。诏书中首先用极尽溢美之词赞颂皇帝及皇后的美德与功勋,之后,皇帝诚恳承认,他因为傲慢自大犯下过错,以为自己是第一位有幸以皇后之子为皇位继承人的皇帝,而此前的皇帝,包括他自己,都是嫔妃之子。因为这个过失,他已经受到令人心碎的惩罚。[2]

天主给予这位冷酷君王的第二个严厉惩罚,同样不光彩且痛苦万状,在一次朝圣之旅中,皇帝失去了他的皇后。当时他们为消灾避祸,出发前往一座著名的佛教寺院祈福,皇后在返程途中突发重病(第127页),一天之内就悲惨死去,当时他们距离京师只有两天路程。祈福行程中发生这样的意外,神灵似乎完全没有理会皇帝的祈祷,而是带给他巨大的羞辱。倒霉的君主感到无尽的羞辱与愤怒,他用一次狂怒发泄了情绪。

---

〔1〕 原文如此 Der Unter-König von Nan-Kim——译者注。
〔2〕 "先朝未有以元后正嫡绍乘大统者,朕乃欲行先人所未行之事,邀先人不能获之福,此乃朕过耶!"——《清史稿·列传八·诸王七》——译者注。

皇帝踢了他的皇长子，这个儿子是一名侧妃所生，且已经做了父亲。皇帝认为皇长子对皇后之死没有表现出足够的悲伤，没有流泪，他用脚踢了皇长子，并且下令对他严厉责打。两名朝廷大员遭到皇帝的莫名惩罚，被长时间杖责，其中一人当天殒命，另一人此后不久也死了。还有一位朝中鸿儒、位列一品的鞑靼大臣，被皇帝问斩，不过数月之后他幸运地免于受难。[1] 另一位同样受尊敬的官员虽因太后求情免于杀头，但仍无法逃脱被杖责的命运，当着皇帝的面，此人几乎被打死，行刑之后被很不体面地拖走。

当皇帝在宫廷中对臣属发威的时候，四川地区爆发酝酿已久的起义，这是天主对这位君主新的惩罚。虽然他派出一支由10万鞑靼人组成的军队前往当地，意图清剿造反的山区民众。但是，清兵被打败了，损失惨重，更大的耻辱是羸弱的汉人竟能战胜经验丰富的清兵。事情发展到这一步，皇帝对胜利不抱期望，他决定召回将帅。但是，数名高级军官认为这样的撤军过于耻辱，他们与敌方密谋，要对方假装向皇帝屈服并求和，而他们则许诺给予财物、归还俘虏以及允许自由通商，最后一项正是引发叛乱的根本原因所在。交易就这样谈成了，和平再次回归。对反叛者来说这是非常体面和有利的交易，但对于皇帝而言，他的尊严和利益都受到损害，他想的是作为征服者受到国民崇拜，而不是作为一个怯弱的君王在万民面前丢尽颜面。

您现在可以看出，我们待在宫廷里有多危险，我们所服务的又是怎样的一位主子。不过对事业的前景展望让我们能够承受这一切，我们在这个王国的存在以及为皇帝所做的事情，都是为了弘扬天主的荣耀，为了维持动荡的传教活动，也为了让许许多多的中国人得到

---

[1] 此人很可能指尹继善，满洲镶黄旗人，乾隆朝名臣。乾隆十三年的风波，并没有给他带来致命打击。《在华耶稣会士列传及书目》中译本当中，译者冯承钧添加的注释中称："时在一七四六至一七四八年教难之时。帝已年高，而残忍特甚，致受天罚。其嫡生之独子殒于中国新年元旦；若干月后正后继殒，帝痛愤之极，几类疯狂。曾足踢皇长子仆地而痛击之；又将朝中重臣二人杖毙；征苗之役劳师无功，全国怨愤。若使中部诸省亦有叛乱，时人咸信清朝必亡。"——译者注。

心灵慰藉。

我和我的伙伴们的日常工作是观测天象,如果天主给予我们活力和能量,那么我们很快就能完成一本大部头的书。我们除了观测日食、月食,还观测木星的卫星与这颗行星的阴影面重叠、分开的情况,观测其他行星的位置,将其与恒星进行比较,这样我们就不会忽略类似的星体变化情况。

我们在这项工作中用到一个十分精确的千分尺(Micrometer),或称测微仪(Klein-Messers)与一座优质摆钟(Perpendicul-Uhr),我们根据太阳的移动来校正时间,每天两次观测相同的太阳高度,使用的仪器是半径2英尺但放大镜达5英尺的四分仪。

如果我们有一个新款的法国或英国式样的四分仪,半径至少3英尺,带5英尺放大镜,边缘按照Louvillianischer风格划分区间,再配上同样风格的千分尺,我们就能进行一些更大规模的试验。只不过谁会是我们的资助人?今年我们从法国订购了一只新的摆钟,从英国订购了一个新的测微仪,我们的钱不够买一个新的四分仪。

数年前,应彼得堡、伦敦和巴黎的学术机构的请求,我们很荣幸地能够通报我们微不足道的工作,同时也十分感谢他们慷慨寄出的信件、学术论文以及价值不菲的珍贵图书。

1745年,当时的彼得堡科学院院长、现在的驻瑞典宫廷大使冯·科夫男爵(Herr Baron von Korff),以彼得堡科学院全体成员的名义提出邀请,措辞十分客气,希望与我们开展广泛的通信交流,并赠予我们三箱彼得堡科学院的珍贵学术书籍,我们三处住院都分到了一些。对于这样一份意想不到的邀请和慷慨,我们各自拿出一部分津贴(第128页),寄给彼得堡方面一箱中文书作为回礼,这些中文书一部分是数学书,一部分是我们的前辈们编辑的其他题材的著作,还有我们手头少量但精准的观测记录。彼得堡科学院方面收到后如此之喜悦,今年我们得知,他们决定利用大篷车商队(Caravanen Kaufleute)或者俄罗斯商人,给我们带来新的欧洲书籍,特别是西伯利亚的新绘地图,以增加我们图书馆的存书量。我们热切期望这样一份令人愉悦的礼物明年能够送达。

去年,我们收到皇家伦敦学会秘书莫蒂默先生(Herr Cromvell Mortimer)给我们的一封亲切的信函。他在信中提出,让我们给他和他的同伴提供科学服务,他以全体成员的名义,要求我们与他们分享我们的天文工作成果。因为他的善意,我们今年收到了一卷《哲学汇刊》(Transactionum Philosophicarum)。因为我们手头什么东西也没有,所以就将前辈戴进贤神父译成中文的牛顿诸表(Tafeln des Newton),〔1〕以及一本关于对数(Logorithmis)、正切(Tangentibus)、正割(Secantibus)等内容的中文书籍,作为一份小小的回礼寄往伦敦。

出于同样的心愿,利斯勒先生(Herr de L'Isle)给宋君荣神父写了一封措辞客气的长信。其中介绍了目前欧洲天文学研究的状况,他所在的巴黎科学院并伦敦和博洛尼亚的科学院(Bononiensische Academie)发展天文学所付出的努力,不过同时也期望我们能为这一迷人学科的发展和提高作出贡献。

我们是天文观测行家,尽管并不是为了研究天文来到这个国家,但我们在首要工作之余,将所有的闲暇时间都投入到这项学科的研究之中。一部分原因是将我们的欧洲朋友们发起的书面交流形式继续下去,另一部分原因是让中国人相信,他们还远远不能全面掌握这项技术,所以我们仍然是不可或缺的。在上一次对基督教的迫害中,假如那些冒充天文技术大师的半吊子中国学者,在宫廷中也获得了这样的认同,那么基督徒以及欧洲人,连带我们在内,都会陷入非常凄惨的境地。

交趾支那和东京(越南)的宫廷中有两名我们的欧洲传教士,纽介堡神父(P. Josephus Neugebauer)和文森·帕勒斯神父(P.

---

〔1〕 这份图表有不同中译名。[法]费赖之《在华耶稣会会士列传(1552—1773)》"戴进贤"条目(第783页):"有关牛顿定律的数据表";"刘松龄"条目(第929页):"根据牛顿数据编著的中文星体表"。[法]费赖之《在华耶稣会会士列传及书目》,"戴进贤"条目(第662页):"牛顿诸表汉译本";"刘松龄"条目(第788页):"根据牛顿得数所制之《日月表》"——译者注。

Wenceslaus Paleczeck),他们要安全得多,而且因为他们的传教工作不会受到阻扰,所以他们的心情也更加愉悦。当帕勒斯神父对他的国王解释从日落地来到日出地的目的时,这位君主大为惊奇,高声说道:"我们怎么能迫害拥有此等教师的宗教呢?"同时还下令释放所有被镣铐锁身的奉教者,并声称此后也不再有人因此被加害。莫卧儿(Mogor)君主和许多小王公对我们和我们的教义也十分友善。天主保佑,中国皇帝的眼睛最终也会睁开,善待圣教和教士。请尊驾为我们求祷,我把自己完全交托给天主。

北京,1749 年 11 月 28 日。

主内最谦卑的仆人、在华传教士耶稣会士刘松龄。

附录二　德意志各会省来华耶稣会士书信列表

方记金中国来信：

册数/编号	地点	时间	收信人	内容梗概
第3册第67号	南昌府	1702年9月30日	Franciscum Voglmair，耶稣会奥地利会省会长	篇幅较长，讲述他在抵达广州之后观察到的中国传教区状况。
第3册第68号	南昌府	1702年10月15日	Balthassar Miller，神圣罗马帝国皇后的告解神父	信件简短，提及寄给利奥波德一世的书籍。
第4册第82号	南昌府	1702年10月18日	Joannem Paulum Studena，两位女大公 Elisabethae Magdalenae 和 Mariae Magdalenae 的告解神父	长篇信件。法国耶稣会士神父作为康熙特使返欧归来。赴京行程备受礼遇。
第4册第85号	赣州府	1703年10月19日	Franciscum Voglmair	简短信函。方记金从法国传教区调整到葡萄牙教区。经常性地走访中国官员并送礼令传教士不堪重负。

(续 表)

册数/编号	地点	时　间	收信人	内容梗概
第4册第86号	赣州府	1703年10月19日	Mengegati神父	叙述1702—1703年赣州的传教状况,包含丰富的基层信众形态以及欧洲传教士与中国传道员合作宣教的工作细节。
第5册第100号	济南府	1715年10月15日[1]	Balthassar Miller	这封信篇幅不长,类似新闻通讯。
第5册第104号	济南府	1706年10月28日	Studena神父	方记金在这封短信中强调对于英国商船的信任,提及费隐抵达中国。
第5册第105号	北京	1707年10月20日	Studena神父	信件篇幅仅有一页,谈基督教受到的迫害。
第5册第108号,	济南府	1710年10月20日	Studena神父	短信中方记金描述自己糟糕的身体状况,在华传教士并不宽裕的经济状况,简单提及教皇特使铎罗去世。
第6册第133号	济南府	1712年10月30日	Studena神父	简短的信件。信中称费隐曾奉命要前往欧洲,但皇帝后来改变了计划。

[1]《新世界信使》此处记录写信时间"1705年10月15日"有误,根据信件内容判断,当为1715年10月15日。

册数/编号	地点	时间	收信人	内容梗概
第6册第134号	济南府	1714年10月31日	Studena 神父	信中介绍了教会近况,特别是山东方济各会士的近况。
第7册第154号	济南府	1716年9月10日、20日,10月11日		三封信件的节选,保留文字非常简短。

费隐中国来信:

册数/编号	地点	时间	收信人	内容梗概
第5册第103号	镇江	1706年5月1日	Wolffgangum Eggendorffer 奥地利会省神父	抵达澳门、前往中国内地的旅程。
第8册第194号	北京	1720年10月29日		摘录(短),言及鞑靼地图、特使嘉乐抵华。
第30册第589号	北京	1739年11月20日、1740年11月16日	不具名耶稣会士	两封信件的摘录,提及新抵京的刘松龄、鲍友管、魏继晋;中国传教局势:皇帝的温和态度、奉教王室成员若瑟、[1] 东平教案。

---

[1] 按:从文中信息分析,疑为德沛。

(续 表)

册数/编号	地点	时间	收信人	内容梗概
第34册第674号	北京	1741年11月1日	奥地利会省某耶稣会士	内容芜杂,包括康熙处置皇子,乾隆处置高官的事例,1741年3名在华传教士去世:殷弘绪、巴多明、"铁老爷"洛佩兹(Emanuelem Lopez)。

南怀仁中国来信:

册数/编号	地点	时间	收信人	内容梗概
第30册第590号	澳门	1738年12月4日	苏美劳男爵 Sumerau Anton Thaddaeus,南怀仁的姐夫	信件长达16页,是南怀仁的旅行见闻录,采用日记的方式,逐日记述从果阿抵达澳门的经过。抵达澳门之后,南怀仁对澳门也有细致描述。
第30册第591号	武昌府	1739年10月10日	耶稣会维也纳学院药剂师 Joannem Mayr 修士[1]	谈及中医治疗方法和人参的功效。为避免被发现,不去就医。

---

[1] [法]费赖之《明清间在华耶稣会士列传(1552—1773)》称收信人为"维也纳会内从事医务工作的辅理修士"(第944页);[法]费赖之《在华耶稣会士列传及书目》称之为"维也纳护士玛耶(Jean Mayer)修士"(第802页),两种译名都不够准确。

(续　表)

册数/编号	地点	时　间	收信人	内容梗概
第30册第592号	武昌府	1739年12月3日	维也纳的亲戚	长篇幅信件,介绍从澳门到湖广沿途的风土人情。南怀仁身居险境,仍积极学习中文,并利用望远镜观察月全食。
第34册第672号	武昌府	1740年10月14日	苏美劳男爵	介绍、汇报中国教务发展状况,乾隆皇帝对待基督教的态度瞬息万变。
第34册第673号	德安府	1741年9月14日	母亲	信件篇幅不长,叙述一名在华传教士的日常生活。南怀仁的身体因为长期在潮湿之地而受到损伤。
第34册第676号	德安府下辖的胡金店Hu-kin-tien	1741年8月29日	维也纳圣斯特望教堂 Franciscum Peickardt 神父和他的朋友	长篇幅信件,介绍中国教会最新发展状况。全文分成四个小节,类似年度报告。
第34册第677号	武昌府	1743年6月30日	耶稣会修士 Ignatium Heindl	短札,简单介绍传教工作,同时向欧洲方面索要礼物。
第34册第678号	胡金店	1743年6月27日	席宾(Philippum Sibin)神父	原信为拉丁文,篇幅不长,述及神父本人在传教区几度遇险,均幸免于难。

(续　表)

册数/编号	地点	时　间	收信人	内容梗概
第34册第687号	湖广	1746年8月10日	Josephum Ritter,葡萄牙王后的告解神父	文字简略,叙述当地暴发洪水,所在教堂无恙。
第35册第689号	枣阳	1746年7月18日	奥地利会省耶稣会士Erasmum Frölich	与众不同的一封信,很少介绍教务信息。这封信件类似于法国耶稣会士巴多明、殷弘绪写给法国皇家科学院学者的信件,涉及多种中国信息。南怀仁在信中流露出对中国科学知识不以为然的态度。
第35册第691号		未标注完成时间（1748年10月之前）	苏美劳男爵	长篇幅信件,详细回顾1747年"福建教案"。对殉道的道明会会士白多禄有详细记述,未提及其他四名道明会士的最后结局。
第35册第698号	衡州府	1750年10月21日	奥地利会省安东尼·霍勒(Antonium Höller)神父,皇太子约瑟夫(Josephi)的告解神父	汇报1750年中国教会状况;传教士在各地遭到搜捕;许多传教士在澳门等待时机,但作为窗口存在的澳门城危机重重。

刘松龄中国来信：

附录二　德意志各会省来华耶稣会士书信列表

册数/编号	地点	时　间	收信人
第 30 册第 587 号	北京	1739 年 11 月 4 日	弟弟 Weichardum 神父
第 30 册第 588 号	北京	1740 年 11 月 6 日	弟弟 Weichardum 神父
第 34 册第 675 号	北京	1741 年 11 月 10 日	弟弟 Weichardum 神父
第 34 册第 681 号，北京 刘松龄神父致信来自同一会省的	北京	1743 年 11 月 1 日	Josephum Ritter，葡萄牙王后的告解神父
第 35 册第 696 号	北京	1749 年 11 月 28 日	那不勒斯会省倪天爵神父（Nicolaum Giampriamo，又名喜大教）

严嘉乐中国来信：

册数/编号	地点	时　间	收信人
第 7 册第 155 号	广州	1716 年 11 月 8 日	Julium Zwicker 神父，耶稣会布拉格学院、大学校长
第 7 册第 156 号	北京	1717 年 3 月 19 日	Julium Zwicker 神父
第 8 册第 203 号	南昌府	1723 年 10 月 14 日	Julium Zwicker 神父
第 12 册第 295 号〔1〕	北京	1725 年 11 月 20 日	波希米亚会省会长 Zwicker
第 19 册第 413 号	北京	1727 年 11 月 28 日	省会长 Zwicker

〔1〕《新世界信使》部分文字，严嘉乐信件中译本（第 7 号信件）不载。

魏继晋中国来信：

册数/编号	地点	时间	收信人	内容梗概
第30册第594号	北京	1739年12月3日	波希米亚会省France. Xav. Heissler神父，罗马代理处的德意志参赞（der teutschen Assistenz zu Rom Substitutum）	与同会旅伴抵达北京；同一会省传教士的传教成绩；北京圣若瑟教堂教士们的宣教成果。
第32册第629号	北京	1739年11月3日	富格伯爵夫人玛利亚·特蕾西娅（Gräfin Maria Theresia von Fugger/von Fugger-Wellenburg, 1690—1762）	果阿城与当地黯淡的传教形势；从澳门前往北京，沿途受到官员礼遇；京城内外传教士近况；交趾支那的教务。
第32册第630号	北京	1740年11月9日	富格伯爵夫人	在孩子与青年人中传播教理；欧洲捐款部分用于弃婴施洗，但进行这项工作的难度增加。
第34册第684号	北京	1744年11月15日	富格伯爵夫人	信件篇幅较长，主要介绍中国各地教务，包括山西绛州、直隶正定府、北京的传教士遭遇的危险与取得的成果；回答富格伯爵夫人关于弃婴施洗方面的诸多问题。

(续　表)

册数/编号	地点	时　间	收信人	内容梗概
第35册第692号	北京	年代不详	Udalricum Probst神父（奥格斯堡，Dom-Prediger bey S. Moriz）	两封信件的摘录，叙述与Udalricum Probst神父相识过程，感谢该神父为中国传教工作争取经济援助；汇报欧洲捐款使用情况。
第35册第693号	北京	1748年11月24日	富格伯爵夫人	汇报中国教务情况：对基督教的迫害仍在继续；两名耶稣会士谈方济与黄安多被处死刑，来自天主的正义随之而来，令素以温和著称的皇帝心情大变；各地传教士的命运：江西鄱阳、四川、湖广、陕西、山西、北京传教士的状况。
第35册第695号	北京	1749年11月28日	波希米亚会省Philippum Volter神父	中国境内基督教传播有好转迹象，相关信息与刘松龄同期信件内容相仿。魏继晋天真地寄望葡萄牙国王使团的来访，会改善基督教在华传播局面。
第37册第742号				独立文献，全名《中国最新事件并驳斥哥廷根大学校长约翰·洛兰兹·莫舍姆先生〈最新中国教会史〉中大量不公正的对比报导及错误》。

鲁仲贤中国来信：

册数/编号	地点	时间	收信人	内容梗概
第34册第680号	北京	1743年11月19日	富格伯爵夫人	中国教务情况；对震后重修的"南堂"的详细描述。
第34册第683号	北京	1744年12月2日	父母及友人	澳门城陷入危险状况：晏些嘘事件、安森船长与他的船只。北京的大饥荒；皇帝对欧洲传教士的善意姿态。
第34册第686号	北京	1745年11月27日	父母及友人	长篇幅信件。澳门的局势依然动荡，在澳门的中国人撤离；北京、南京因为热情过度的信徒与书籍引发事端；关于钦天监的详细介绍；欧洲传教士在治病与绘画两项上的突出业绩；欧洲捐款的各种用途。
第35册第690号	北京	1747年11月15日	富格伯爵夫人	长篇幅信件。来自果阿的消息令人喜悦；中国黯淡的传教环境；通过首席宫廷大臣讷亲提交的求情奏折没有任何效果；除了基督教，皇帝给予所有教派普遍的宽容诏书；福建五名道明会传教士被宣判死刑。信件最后夸赞Josephum à Costa修士，医生职业让Costa修士收获民众的敬意，为传教创造便利条件。

附录二　德意志各会省来华耶稣会士书信列表　385

德玛诺中国来信：

册数/编号	地点	时　间	收信人	内容梗概
第 7 册第 161 号	杭州府耶稣会学院	1719 年 9 月 27 日		信件篇幅不长。1718年9月1日至1719年9月1日，所在学院的年度汇报。德玛诺信中提到上海和松江的传教经历；买下杭州附近一座闹鬼的大宅子用作教堂。
第 8 册第 199 号	广州	1722 年 11 月 24 日	上德意志会省会长哈劳尔神父 Franc. Xaverium Hallauer	言空中现4个十字；东京的教徒受到迫害。
第 8 册第 201 号	广州	1723 年 10 月 6 日	收信人不详	信件篇幅短。梅若翰死于狱中；雍正继位，流放康熙第九子；基督教徒和道明传教士在福建受到迫害，其中一个主要原因是该会教士无视禁令，建立高耸教堂。
第 12 册第 293 号	杭州府	1725 年 7 月 28 日	哈劳尔神父	"最近一次"对传教士、教徒的迫害。雍正驱逐北京以外传教士出境，宫廷传教士争取让皇帝同意让传教士留在广州；视察员德玛诺给各地传教士发出特函，提醒他们小心藏匿，清理掉所有用于印刷宣教品的雕版，暂停传教工作。迫教行动的同时，戴进贤在北京受到器重，德玛诺对此表示不解。

(续　表)

册数/编号	地点	时　间	收信人	内容梗概
第12册第294号	杭州府	1725年8月3日	哈劳尔神父	讲述浙江传教区的神迹，尤其是两名守贞女的坚决态度。
第27册第548号		1735年8月24日		信件摘录，内容关于在华教务、传教成果。当时德玛诺秘密折返传教区，在晚上进行宗教活动。
第30册第580号	云南省	1735年9月22日	陈善策神父	讲述遭遇翻船事故，幸赖圣灵庇佑逃过劫难；圣依纳爵显神迹于某难产妇女和两位病人。

戴进贤中国来信：

册数/编号	地点	时　间	收信人	内容梗概
第7册第157号	北京	1717年10月18日		初抵北京，发现皇帝对待基督教并不友好。
第7册第162号	北京	1719年		言及圣母显神迹，满族贵妇皈依。
第8册第190号	北京	1720年3月1日		短信，寥寥数行。康熙警告在华传教士，称要将他们遣返欧洲。
第8册第198号	北京	1722年10月9日	上德意志会省哈劳尔神父	篇幅适中。信中提到1721年寄往欧洲的对数表；纪理安去世；苏霖为苏努之子施洗，洗名若望。

（续　表）

册数/编号	地点	时间	收信人	内容梗概
第 8 册第 202 号	北京	1723 年 10 月 10 日		短信，言康熙病逝引发的重大变化及雍正避而不见欧洲人和传教士。
第 9 册第 228 号	北京	1724 年 11 月 14 日		两封书信的摘录，专题是雍正禁教及北京教务。在戴进贤看来，皇帝对于欧洲传教士的容忍是在华传教的希望所在；詹森主义的威胁。
第 30 册第 575 号	北京	1734 年 12 月 10 日	里斯本宫廷教士、奥地利会省耶稣会士 Andreas Cappler	篇幅不长。中国教区遭遇多次不利影响，发展前景黯淡，福建、河南、北直隶皆有针对基督教传教士的事件发生。
第 30 册第 576 号	北京	1735 年 11 月 12 日	哈劳尔神父，驻罗马德意志助理（Germaniae Assistentem zu Rom）	信件篇幅不长。戴进贤汇报雍正逝世（1735 年 10 月 8 日午夜），死因不详，戴进贤给出两种说法：猝然离世；或早已染病，但遵照皇帝吩咐，秘而不宣。欧洲人身着白衣出席葬礼；不能确定新皇帝对基督教的态度；中国教区传教士最新动态。
第 30 册第 577 号	北京	1735 年 10 月 5 日	哈劳尔神父	信件篇幅不长。新皇帝乾隆首次迫害中国基督徒；称颂数位在华传教士。

(续 表)

册数/编号	地点	时间	收信人	内容梗概
第30册第578号	北京	1738年10月21日	"某议事司铎"(Chor-Herrn in dem Stift zu Diessen im Bayrland)	篇幅不长,主要谈在华传教士的活动、黯淡的传教前景。
第34册第669号	北京	1740年11月20日	本会在欧洲的一位成员	原文为拉丁语。信中谈及钦天监欧洲成员受到冲击的同时亦有官员给予一定庇护;中国境内的传教士受到迫害。德玛诺1740年致信戴进贤,告知浙江查禁秘密教派一事。

附录三　葡萄牙耶稣会士中国来信列表

苏霖、徐懋德、陈善策、安玛尔、黄安多中国来信：

人物	册数/编号	地点	时间	收信人	内容梗概
苏霖	第17册第380号	北京	1727年10月13日	葡萄牙某耶稣会士	信中不厌其烦地讲述苏努家族命运遭际。
苏霖	第17册第381号	北京	1727年10月13日		仍言苏努家族奉教者命运。末尾述及1727年5月18日葡萄牙使团来华。
徐懋德	第25册第526号	北京	1732年10月30日	Heinrich Carvalho, Prinzen von Brasilien 的告解神父	中国驱逐传教士至澳门，徐懋德出面呈递求情奏本。1732年10月16日，在京传教士接受雍正训话。
陈善策	第30册第579号	北京	1735年11月13日	同会一位神父	谈中国境内新一轮迫害；在不容乐观的环境下取得的传教成果，等等。

(续　表)

人物	册数/编号	地点	时间	收信人	内容梗概
陈善策	第34册第682号	北京	1743年11月	同会某神父	介绍北京及北京周边教务状况,提及Pao-si县信徒与非教徒相处融洽,在迫害期间安然无恙。
安玛尔	第30册第593号	松江地区	1739年6月	徐懋德	该神父唯一保存的私人信件。汇报江南教区黯淡的前景。
黄安多	第34册第685号	常熟	1744年9月6日	陈善策	该神父唯一保存的私人信件。信中追思新近去世的德玛诺生平事迹。德玛诺长期在基层传教,信众多为农夫和渔民。

后　　记

本书是在我博士后出站报告基础上修改完成的。合作导师邹振环教授的言传身教，帮助我回归学术初心。邹老师肯定了选题的价值所在，同时指出了可行的研究路径。我坐了四年多"冷板凳"，下了些笨功夫研读18世纪德文辑刊《新世界信使》，完成了出站报告撰写。该辑刊及其所处时代的全球性知识交流、知识生产皆可以从多角度深入探讨，本书的研究成果或可发其先声。

感谢图宾根大学杜尔教授、维尔茨堡大学柯兰霓教授的善意，我得以阅读《新世界信使》研究领域的最新论文；感谢德国奥古斯都大公图书馆、复旦大学史地所资料室、浙江大学西溪校区大型文献阅览室、北京大学图书馆古籍阅览室的诸位老师，在我查找资料时给予的便利。

本书出版获得凯里学院"中国史"校级一流学科项目给予的资助。作为该学科团队的新成员，感谢李斌、吴才茂、姜明、赵小明等老师真诚的帮助。

感谢我的丈夫张雷，能够回归学术研究道路，与他无条件的支持与鼓励密不可分。

柯　卉

2022年9月1日于凯里开元湖畔

图书在版编目(CIP)数据

《新世界信使》研究：以中国来信为中心 / 柯卉著
. —上海：上海古籍出版社，2023.1
ISBN 978-7-5732-0381-6

Ⅰ.①新… Ⅱ.①柯… Ⅲ.①中国历史-近代史-史料 Ⅳ.①K260.6

中国版本图书馆 CIP 数据核字(2022)第 151422 号

《新世界信使》研究
——以中国来信为中心
柯 卉 著
上海古籍出版社出版发行
(上海市闵行区号景路 159 弄 1-5 号 A 座 5F 邮政编码 201101)
(1) 网址：www.guji.com.cn
(2) E-mail: guji1@guji.com.cn
(3) 易文网网址：www.ewen.co
常熟市文化印刷有限公司印刷
开本 635×965 1/16 印张 25 插页 3 字数 337,000
2023 年 1 月第 1 版 2023 年 1 月第 1 次印刷
ISBN 978-7-5732-0381-6
K·3223 定价：98.00 元
如有质量问题，请与承印公司联系